· 国家社会科学基金教育学一般课题
"新课改教师阻抗的现象学分析及消解策略研究"（课题批准号：BFA110050）成果

教师课改阻抗
及消解策略研究

邵光华◎著

ZHEJIANG UNIVERSITY PRESS
浙江大学出版社

前　言

现象学是 20 世纪初德国哲学家胡塞尔提出的一种哲学理论,是社会科学研究方法的理论基石之一,同时也是社会科学研究的一种重要态度。现象学通过从研究对象的视角、观点回到原初看待事物,关注它们的体验,反思隐藏在其背后的意义。教育现象学作为现象学运动中实践现象学流派的影响结果,提倡理论与实践本然一体,相互促进生成,是对教育本真的重新追寻。教育本是具有浓郁人文性的活动,但在发展过程中逐渐被技术化而失去人文色彩,教育现象学在现象学"回到事物本身"理念的影响下,试图恢复教育的人文性。

2001 年 6 月,教育部颁布《基础教育课程改革纲要(试行)》,明确指出基础教育课程改革具体目标:改变课程过于注重知识传授的倾向,强调形成积极主动的学习态度,使获得基础知识与基本技能的过程同时成为学会学习和形成正确价值观的过程;改变课程实施过于强调接受学习、死记硬背、机械训练的现状,倡导学生主动参与、乐于探究、勤于动手,培养学生搜集和处理信息的能力、获取新知识的能力、分析和解决问题的能力以及交流与合作的能力;教师自身要成为研究者,成为学生的朋友,尊重学生,是平等中的首席,成为学生学习的引导者、帮助者,教学活动的导演。但是,多年实践下来,教师的教育观、教学观、学生观、管理观等方面没有太多改观,理念仍旧应试,方法依然陈旧,目标三维难以达成,学生的课业负担没有减轻,学生的学习方式没有怎么变化,学生的学校生活体验不够良好,学习获得感不强,社会上补课、家教现象越来越严重。这些现状折射着课程改革的效果与理想预期的差距,在一定意义上有教师对课改显性或隐性地阻抗的原因。

新课改要求教师与新课程一同成长,进行了大量的常规性培训。面对培训,教师态度也有不同样态。正如部分一线老师所形容的:"课程专家的讲座都是些公鸡讲怎样下蛋,怎样下好蛋,让母鸡学习。"对一些过于理论化的培训,教师有一种抵触情绪。新课改对教师提出了科研要求,要求教师成为研究型教师,"教师即研究者"的口号响彻中国基础教育课改大地,而多数教师对科研有阻抗。回顾新世纪课程改革的历程不难发现,教师对新课程改革的确存在许多阻抗现象,直接影响了课程改革的效果。为什么新课改会遭遇阻抗?原因何在?当然,原因"一言难尽",人们也从不同的视角进行了分析和研究。

本研究正是在新课程改革实施遭遇困境的背景下进行的。改革是硬道理,改革受阻也是自然之道。没有一帆风顺的课程改革。有些原因在课改自身,有些原因在课改实施者身上。课改合教师之意,则顺;课改背教师之意,则阻。作为课程改革最直接的实践者,教师对课程改革的阻抗直接影响着课程改革的实施过程与效果,教师课改阻抗的地方,就是课程改革实施难点或难以落实的地方。认清这样一种基本联系非常重要。因此,从教师因素考察课程改革实施难点及改进策略是恰当的。

课程实施影响因素中,人是关键要素,课程实施场域中的人包括教育行政人员、校长、教师、学生、家长等,其中教师是核心人物。影响课程实施的要素形成了一个"套环"结构系统:外环上是社会现实、经济基础、文化理念、课程本身,内环上是学生、家长、校长,环的中心是教师。课程实施最终要经过教师之手而落实,其他要素通过影响教师行为而间接影响课程实施。本研究确认在影响课程改革的诸多变量中,人是关键变量,教师是核心人物,教师是课改成功的关键。研究秉持现象学态度,对教师课改阻抗进行了深入剖析和研究,共分三大部分:教师课程改革阻抗的一般描述、教师课程改革阻抗的现象学分析、教师课程改革阻抗的消解策略研究。本研究成果阐释了教育现象学的方法和应用问题,为利用现象学作为研究方法论和工具开展现象学研究,进而融合教育理论与实践的关系提供了一种可能。本研究从教师日常教学生活中熟悉的关键事件入手,如教师教学方面、参加新课改培训方面、进行新课改相关的科研方面,通过对教育现象学作品的文本分析,从生活体验视角、身体现象学视角、叙事研究视角等进行本原性分析,对新课改教师教学生活体验和新课改教师情感体验进行现象学反思,最终提出教师课改阻抗消解策略。

其实,不同阶段的课改形态也导致教师不同的感受。从激情到平淡,再到反思,最后融入;从反对到逐渐接受,再到反对性融入,最后半推半就;从反对到适者生存,再到表面不违背,最后折中。时间是治愈创伤的最好的良药,课改也不例外。随着时间的推移,教师对课改的一些东西不断适应、不断调适,甚至进行"形变",也有各种不同的阻抗消解手段,但这些都是被动做出的,那么让教师主动适应或调适课改的策略存在吗? 这值得每位研究者去思考。本研究成果也许能够引发同行对此的思考和争议,能够收获更多宝贵的意见和建议,而这也是一本著作的重要价值之所在。

目　录

第一章

研究问题的提出

新千年之初,为了贯彻中共中央、国务院 1999 年 6 月 13 日发布的《关于深化教育改革,全面推进素质教育的决定》及 2001 年 5 月 29 日国务院发布的《关于基础教育改革与发展的决定》,教育部决定大力推进基础教育改革,并于 2001 年 6 月 8 日颁布了《基础教育课程改革纲要(试行)》,接着 2001 年 7 月 1 日颁布了全日制义务教育各科课程标准(实验稿)及"科学"和"历史与社会"等综合课程标准。从此,新世纪基础教育课程改革正式拉开了序幕。轰轰烈烈的新课程改革带来了新理念,也带来了新问题。

第一节 研究背景

这场以"课程"名义进行的新世纪基础教育课程改革,影响的不只是课程。它涉及学校教育的方方面面,关乎教育观念的改变,关乎教育制度的变革,关乎每一个学生的学习生活与精神成长,关乎每一个教师的教学生活和发展方式,关乎大众教育与精英教育的选择或扬弃,关乎东方文化与西方文化的取舍或融合,关乎传统教学思想与现代教学观念的折中或平衡。这场改革启动之快、造势之足、推进之猛、影响之大,远超历次教育改革。

一、新世纪基础教育课程改革启动

在教育部基础教育司的大力推动下,2001年9月,新学期开学,全国首批38个国家级实验区在义务教育三个学段的起始年级(一年级、四年级、七年级)开始实验性地实施新课程方案,使用新课标教材。一个学年之后,2002年9月,又有532个省级实验区开始实施新课程。接着,2003年9月,又有1072个实验区实施新课程;2004年,有更多的地区开始实施新课程;到了2005年9月,教育部要求全国小学及初中起始年级全部实施新课程。至此,历经4年,义务教育阶段新课程改革在各个地区全面铺开。

其间,为了衔接义务教育课程改革,2003年,教育部制定颁布了普通高中各科课程标准(实验稿),并于2004年9月在山东、广东、海南与宁夏四省区率先进行普通高中新课程改革实验,从此拉开了普通高中新课程改革的序幕。之后的8年里,其他各省区市根据各自的实际和准备情况,分7批先后进入普通高中新课程改革。其中,2005年,江苏省进入;2006年,辽宁、天津、安徽、浙江、福建等五省市进入;2007年,黑龙江、吉林、北京、湖南、陕西等五省市进入;2008年,河南、新疆、山西、江西等四省区进入;2009年,河北、湖北、内蒙古、云南等四省区进入;2010年,四川、重庆、甘肃、青海、贵州、西藏等六省区市进入;2012年,广西最后加入这一行列。历经9年,普通高中新课程改革在全国各地全面铺开。

那么,新世纪基础教育课程改革指向何方,又希望达到怎样的目标?《基础教育课程改革纲要(试行)》明确指出了改革方向:"原有的基础教育课程已不能完全适应时代发展的需要",需要"调整和改革基础教育的课程体系、结构、内容,构建符合素质教育要求的新的基础教育课程体系"。新课程的培养目标应体现时代要求,"要使学生具有爱国主义、集体主义精神,热爱社会主义,继承和发扬中华民族的优秀传统和革命传统;具有社会主义民主法制意识,遵守国家法律和社会公德;逐步形成正确的世界观、人生观、价值观;具有社会责任感,努力为人民服务;具有初步的创新精神、实践能力、科学和人文素养以及环境意识;具有适应终身学习的基础知识、基本技能和方法;具有健壮的体魄和良好的心理素质,养成健康的审美情趣和生活方式,成为有理想、有道德、有文化、有纪律的一代新人"。根据纲要精神,新一轮基础教育课程改革的具体目标定位在六个方面:

(1)改变课程过于注重知识传授的倾向,强调形成积极主动的学习态度,使获得基础知识与基本技能的过程同时成为学会学习和形成正确价值观的过程。

（2）改变课程结构过于强调学科本位、科目过多和缺乏整合的现状，整体设置九年一贯的课程门类和课时比例，并设置综合课程，以适应不同地区和学生发展的需求，体现课程结构的均衡性、综合性和选择性。

（3）改变课程内容"难、繁、偏、旧"和过于注重书本知识的现状，加强课程内容与学生生活以及现代社会和科技发展的联系，关注学生的学习兴趣和经验，精选终身学习必备的基础知识和技能。

（4）改变课程实施过于强调接受学习、死记硬背、机械训练的现状，倡导学生主动参与、乐于探究、勤于动手，培养学生搜集和处理信息的能力、获取新知识的能力、分析和解决问题的能力以及交流与合作的能力。

（5）改变课程评价过分强调甄别与选拔的功能，发挥评价促进学生发展、教师提高和改进教学实践的功能。

（6）改变课程管理过于集中的状况，实行国家、地方、学校三级课程管理，增强课程对地方、学校及学生的适应性。

为了实现上述目标，教育部改变现行的"教学大纲"称谓，使用"课程标准"一词，并规定，国家课程标准是教材编写、教学、评估和考试命题的依据，是国家管理和评价课程的基础，应体现国家对不同阶段的学生在知识与技能、过程与方法、情感态度与价值观等方面的基本要求，应给出各门课程的性质、目标、内容框架，提出教学和评价建议。正是在这个基本规定要求下，新课程改革中出现了最耀眼的一个词——"三维目标"，希望通过"三维目标"的实现来促进学生的全面发展。同时，课程改革希望教师在教学方式上，能够做到如下变革：

（1）教师能够在教学过程中与学生积极互动、共同发展，能够处理好传授知识与培养能力的关系，注重培养学生的独立性和自主性，善于引导学生质疑、调查、探究，在实践中学习，促进学生在教师指导下主动地、富有个性地学习。

（2）教师能够尊重学生人格，关注个体差异，满足不同学生的学习需要，能够创设引导学生主动参与的教育环境，激发学生学习的积极性，培养学生掌握和运用知识的态度和能力，使每个学生都能得到充分的发展。

（3）教师能够在教学过程中普遍应用信息技术，使信息技术与学科课程得到有机整合，变革教学内容的呈现方式、学生的学习方式、教师的教学方式和师生互动方式，能充分发挥信息技术的优势，为学生的学习和发展提供丰富多彩的教育环境和有力的学习工具。

那么,新课程改革实施得如何?课程改革目标实现得如何?学生的学习方式是否改变了?教师的教学方式是否变革了?师生关系是否更融洽了?学生是否发展得更好了?教师是否得到发展了?……这些在很大程度上都跟教师的教学行为改变程度有关。

二、新课程改革理念落实多少

对于新课改,褒贬不一。有人认为,新课改总算是平稳的,课改最初的目标是否达到或达到什么程度,似乎不重要,也难以衡量。不管人们对新课改的成败怎么看,每个人心中都有一个自己关于"新课改"的判断。无论成败,每一场改革,都能为下一场改革提供养料。

> 回顾改革历程,我们发现,改革之初,教师多关注行动、操作;之后,教师更关注思想、理念。改革之初,教师多关注"新"名词、"新"理念;之后,教师更关注文化土壤与现实条件。改革之初,教师跟着"专家"走;之后,教师跟着"自己"走……无论实践冲破了多少现实的阻力,是否达到了彼岸;无论有多少人走了"回头路",又回到了改革前的起点,课改造就的独特而深刻的思想经历,将永远沉淀在一些教育者的心里,成为教育界一场永远不会"回头"的观念革命。[1]

教师在这个过程中经历了酸甜苦辣,有抵触,有阻抗,有痛苦,有挣扎,有敷衍,有顺从,有观望,有拥护,有阳奉阴违,有"穿新鞋走老路",但都走过来了。我们不禁要问:课改理念落实了多少?

新课程改革中最响亮的一个词是"新课程理念"。改革实践表明,不可把理念和观念混淆。理念只有真正转变成教师自己的教育观念或者教学观,才能真正使教师课堂上的行为发生质变。也就是说,课改理念首先要落实在教师心里,然后才会落实到行动改变上。因为"即便教师打心底里认同这些理念,行为仍会不自觉地'复原'"[2]。如果不从根本上解决这个关键问题,课改仍然只会流于形式,课堂仍然无法杜绝一味地表演,教师仍然会继续束缚学生的发展,仍然只是在"培养考生",而不是在"培养学生"。

---

① 余慧娟.课改十年,我们走了多远?[J].人民教育,2011(18):33.
② 余慧娟.十年课改的深思与隐忧[J].人民教育,2012(2):31-35.

课改一开始就明确了培养学生创新精神和实践能力的理念,提出了重视学生兴趣、习惯、自信,让学生在学习基础知识和基本技能的同时,学会学习、形成正确价值观的要求,强调了教育教学过程中"自主、合作、探究"活动的重要性,要求教学要重过程、重实践、重创新、重能力、重体验。然而,在一次次的听课和座谈中,展现给我们的是十分难堪的局面。大部分学校,教师依旧、课堂依旧、学生依旧,并且有不少新问题出现。① 诸如,只关注课堂形式,不关注课堂本质,尤其是一些表演课上,只有预设的精彩,而没有生成的遗憾;只有一呼百应的热闹,而没有安静独立的思考;只有虚伪夸大的赞美,而没有真诚无私的批评。由此,人们慢慢才认识到,"气氛活跃≠思维活跃"。

　　如语文课程改革,虽大谈人文,但课堂上却重人轻"文"。许多老师对文本的解读不够明确,浅尝辄止。课堂上学生畅所欲言,但老师对学生发言不表态,导致有些学生对"文"误读,而不是个性解读。又如物理课程改革,一位山西临汾的教研员曾这样描述她听过的一节物理课:

　　　　老师一进来就给学生一人发了一张白纸,让学生折叠,还启发道,你们可以发挥自己的想象,把它叠成各种各样的形状。于是乎,有的学生折成帆船,有的折成千纸鹤,有的折成飞机……我心里想,现在这物理课本变得就是快,都和手工结合起来了。可没想到折完纸后,老师却总结了这样一席话:同学们,同样一张白纸,我们可以折成各种各样的东西,同样一道题,我们也可以有不同的解法。我恍然大悟,原来纸有不同折法和题有不同解法之间有因果关系,这位老师是"为赋新词强说愁"了。②

　　新课改开始第五年的一项简单的数学测试显示,学生在学习《毫米、米的认识》时的方式依然以记忆和书面作业为主,教师的教学行为还是以训练学生解答常见题型的解题技巧为主,应试依然是教师教和学生学的主要目标。③ 其实,测量教学最有必要也最容易实现教学行为的改变,其教学情况尚且如此,其他内容的教学可想而知。

　　在总结课改十年经验时,21 世纪教育研究院等机构于 2011 年做的一个关于

---

① 景国成.教育改革只能前进[N].中国教师报,2011-01-26(6).
② 张俊丽.十年课改,理性回归[N].中国教师报,2011-01-26(6).
③ 田佩章.学生的学习方式改变了吗[J].人民教育,2006(23):31-34.

"教师对新课改的评价"的网络调查结果显示,课程实施满意度只有25%。[1] 人们仍然看到,许多教师依然存在着"唯书是教""见成绩而不见人"的教育方式,教师和学生的关系主要还是"授"与"受"的关系,学生还是处在被动接受中,主体性得不到有效发挥,独立探究意识和创新能力得不到发展,成为单纯的知识"容器"。[2] 正如时任山西省教育厅副厅长张卓玉所说:观念不更新、发展不平衡、机制不完善是基础教育领域至今仍然存在的问题。部分教师对课改存在着抵触情绪,他们固执地认为自己丰富的教学经验足以胜任现在的教学工作,导致对学生在自主学习中指导不到位,影响了教学效果。[3]

我们在小学教师培训班中做小型调查时发现,在"您认为您的课堂教学跟课改要求的符合度有多高(用百分数表示)"的回答中,符合程度的平均值仅为60%($N=22,S=0.17$),这在一定意义上反映了课改的落实程度。

三、学生负担减轻了吗

课改的一个重要目标是"减负"。课改十多年,按理说,中小学生的课业负担绝对不应该再重了,但是,课改的残酷现实让我们汗颜,我们天天能够听到社会舆论"学生累",也经常听到教师的抱怨"我们太累了",似乎学生的负担比过去更重了。我们看到的现状是,学生的书包越来越大了,很多变成了拉杆箱。为什么以打着"减负"的大旗而进行的课改,通过减内容和降难度而不能真正实现"减负"的目标呢? 有人给出这样的答案:当一个完整系统的学科体系被"减"得"漏洞"百出时,教师的教学肯定就有了更多的麻烦,他们不得不频繁地修补漏洞,否则教学就难以推进,更不用说这个"系统"是否真正科学。正如有人所说,新教材只不过是用国外采来的鲜花扎成的"花篮"。

让一位老师谈课改以来体会时,他却说:"谈什么呀,现在都回归了,回到以前了。"其实,国家督学成尚荣先生早在2006年就曾对语文课堂这样描述过:"日常课总体上仍是以灌输为主,学生被动地接受;仍是以训练为主,简单、机械的训练逼仄着学生的思维,个性化阅读还处于边缘;课堂仍比较封闭,学生的视野还是被限制在文本里和教室里……五年后的今天,用这样的描述来形容我们大量的日常课堂仍不为过。"[4]其实,学生的负担来自未来发展定位的压力,并不是简单的一

---

① 余慧娟. 十年课改的深思与隐忧[J]. 人民教育,2012(2):31-35.
② 王玉宾,梁晶晶. 课改十年收获几何[N]. 山西日报,2011-03-24(C02).
③ 王玉宾,梁晶晶. 课改十年收获几何[N]. 山西日报,2011-03-24(C02).
④ 余慧娟. 十年课改的深思与隐忧[J]. 人民教育,2012(2):31-35.

次考试或成绩带来的压力,背后是对成年后从事什么职业的压力,而过于关注多年后的职业压力显然是个社会问题。社会各行各业的待遇差异让家长不得不为孩子未来的发展就业考虑,如此一来,学生的课业负担如何减轻?

在一些私立学校,更是注重中、高考,教室后面墙壁上张贴着学生的考试目标(见图1-1),各科考多少分,考什么学校,如此以目标为指引,以目标为动力,激发学生的学习斗志和拼搏精神。

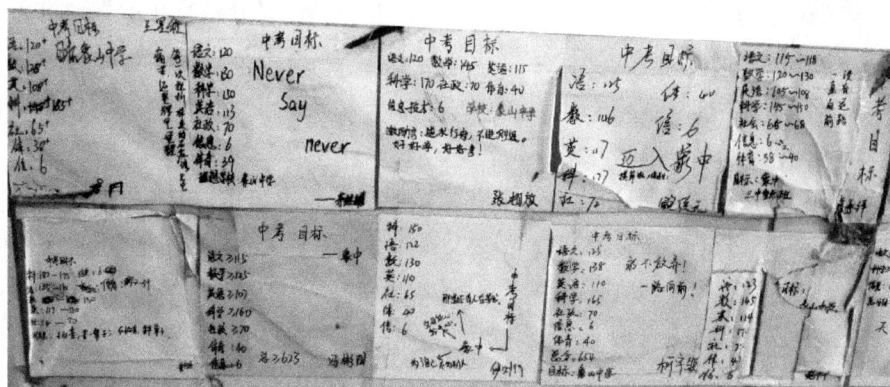

图 1-1　XSGSY 学校班级后墙成了中考目标墙

而后面墙壁的黑板报上书写着:

> 怀揣激情,执着目标,我们共赴六月的战场。
> 不读书不刻苦,你要青春干啥?!
> 中考不相信"如果",多一分勤奋细心,少一分后悔!
> 以"自信"为圆心,以"刻苦"作半径,画出自己圆满的人生。

四、作为新课程改革中的新尝试,"综合课程"的改革效果如何

综合课程改革是新课程改革的一个"亮点",典型的是初中科学、初中历史与社会两门综合课程的改革,在为数不多的几个省市进行试点。其中,尝试综合课程改革的深圳市,于 2012 年 7 月宣布:"从下学期开始,全市调整初中课程结构,将原先的科学、历史与社会两门综合课程改为物理、化学、生物、历史、地理分科课程。"深圳市教育局虽然没有承认 11 年前开始的初中综合课程改革失败了,但至少承认了综合课程改革不太符合深圳的实际。一些老师认为,这是好事,因为科

学课看起来是综合性的,但实际上还是按化学、物理、生物等几门学科分类,有点"拼盘"的感觉,机械地将几门课程的内容拼凑到一起,各部分之间又缺乏逻辑联系,没有任何意义;恢复原来的物理、化学、生物等分科教学,老师会更专业,学生对某一学科的理解也会更加透彻。深圳初中综合课程改革虽然画上了句号,但对有些人来说,"一个始终在心头挥之不去、无法画上句号的疑惑是,无论是综合还是分科,是否符合教育部的规定并不重要,重要的是,它到底是否符合深圳的实际? 当初有没有经过严谨、科学的调查与论证? 如果恢复分科意味着课改并不成功,那么,它为何没能得到及时调整,而拖延了 11 年之久"[①]? 试想当初,一个教物理的老师,同时还让他去教化学、生物,甚至还有地理,该是何等的抵触、何等的不情愿? 但是,你没有自由,没有选择的权利,只能硬着头皮上,边教边学,苦的不仅是老师,还有学生,老师不专业,即便花更多的时间去备课,也难免出现讲不深讲不透的地方,学生学习起来自然费功大,徒给老师的教和学生的学增加了困难。也因此,综合课程改革被人们看成是"一边叫着教师专业化,一边做着不是专业化的事情,甚至从专业化走向非专业化"。

"我们从中可以得出的启示是,对于任何一次中小学课程改革,一方面要有时不我待的紧迫感;另一方面,一定要明白,改革不是折腾的借口,要克制任何心血来潮,抱以更开阔的视野与更审慎的对历史负责的心态。毕竟,课改牵一发而动全身,不能让学生成为试验品,不能让个人的成长来为此买单。"[②]教育改革需要以充分的理论论证和扎实的实践调查研究为依据。

五、学科课程改革效果怎样

新课程改革引起强烈轰动的是数学课程改革。许多数学大家提出了反对批评意见,迫使教育部基础教育司委托《义务教育数学课程标准》研制工作组于2003 年 10 月在沈阳召开《义务教育数学课程标准》修订工作研讨会。会上一位专家如是说:"关于对课标的修订建议,我觉得课标还是一个理想化的设计,其中提到了情感态度与价值观的培养问题,在数学学习中注重经历体验是非常重要的,但也不能对数学教育本身加压太多。数学有一个丰富的外延我是赞成的,但数学终究只是科学系统中一个重要的分支学科,其主要任务还是让学生掌握一定

---

① 易运文.深圳十年课改失败了吗? [N].光明日报,2012 - 09 - 05(6).
① 易运文.深圳十年课改失败了吗? [N].光明日报,2012 - 09 - 05(6).
② 易运文.深圳十年课改失败了吗? [N].光明日报,2012 - 09 - 05(6).

的数学知识、基本技能与方法。"①

由生活化数学到学校数学，需要必要的抽象。数学教师必须进行这种抽象的过程。如果数学教学缺少这种必要的抽象过程，就失去了根本的方法。所谓的过程与方法中所指的过程，很重要的一个部分应该是抽象过程。如生活中的稳定性与数学中的稳定性，不是一回事，要想理解三角形的稳定性与四边形的不稳定性，必须经过必要的抽象。但是，许多课堂没有做到必要的抽象，还只是在现实中进行思维，学生认知得不到应有的发展。

课程改革还有一个自身的问题，许多课改主张或理念不甚明了，要求不够明确，操作不够具体，尽管100页左右的课程标准用了300多页的解读来阐释，但课改所提倡的许多东西仍让一线教师一时无所适从，使得一部分响应课程改革号召的教师不知道怎样上课，结果是穿新鞋走老路，或者是课上得似是而非，数学课没有数学味，语文课没有语文味。

（一）数学课没有了数学味

新课程改革强调情境教学、生活化，在《义务教育数学课程标准（实验）》文本中，"情境"一词出现了67次，课改实施中"情境创设"流行起来。但教师对情境教学、生活化并不能深刻理解，出现了一些"变味""走调"的情境创设。有的课堂只关注了现实生活情境却丢掉了学科特质而导致"去数学化"倾向，把"情境"等同于"现实生活"；有的课堂表现出为情境而"情境"；有的把含有数学信息的物化的场景混淆为情境。

【教学案例】

师：再过几天，什么节日要来了？

生：六一儿童节。

师：小朋友的节日要来了，你们最想干什么？

生1：我想去旅游。

生2：我想和老师、小朋友一起玩游戏。

生3：我想得到奖品。

……

师：有的小朋友还有很多想干的事情，可以对你的好朋友说一说。

---

① 义务教育数学课程标准研制组. 为了一个共同的目的——数学课程改革进程中几个热点问题讨论实录[J].辽宁教育,2004(4):40-46.

老师从学生的生活切入,以六一儿童节为话题,让学生说说怎样过好自己的节日,这无疑是有吸引力的,会引起学生极大的兴趣,形成轻松快乐的气氛。但这不像上数学课,更不像是以"统计"为内容的数学课,一点儿数学味也没有,提出的问题不需要经过学生思考或其思考价值含量极低,无法点燃学生心中的数学探究欲望之火。判断生活情景是否有数学味,不在于问题提供方式是否新颖多样或氛围营造是否活泼浓郁,而在于生活情景能否引起学习主体的数学思考,使他们进入一种"心求通而未达"的心理境界。此教学环节过于迁就学生的趣味,虽有生活情景的创设,却无数学问题,更无数学思想、统计观念的渗透和显示,所以这样的教学徒有"生活化",而无"数学味"。①

【教学案例】

有位老师出示了一幅图:天空中,有一些小鸟。老师问:小朋友们,从图上你们看到了什么呀? 孩子们有的说看到了小鸟,有的说看到了白云,有的更是发挥了想象力,说听到小鸟在唱歌……

就这样,数学课堂成了看图说话的课堂,老师也一直表扬孩子们说得好。孩子们是说得很好,但老师却忘了自己在上什么课,这堂课要完成什么任务。真正的情境教学应该是既要创设生活情境,又能承载学科教学任务,恰到好处地兼顾学生的特点和数学教学本身的特点,让教学走向生动、形象、深刻。数学课堂要创设充满数学味的教学情境,让情境拥有"数学"的脊梁,让学生在教学活动中深刻理解教学内容,激发学生探究的欲望。②

【教学案例】

一节《小数乘法》的练习课上,为了达到"逼真"的效果,教师在教室里摆放了多个高大的货架,每个货架上分别摆满了水果、饮品、书籍、玩具等,俨然是一个小超市。上课后,教师让学生模仿老板和顾客进行商品买卖的情境,学生跑上跑下好不热闹,沉浸于买卖之中,快乐至极,教师更是忙得不亦乐乎。

课中,教师出示了一个问题:"商店的香蕉每千克 4.6 元,如果你有人民币 16 元,要买 3.5 千克香蕉,钱够不够?"经过两分钟的思考、计算后,学生 1 回答:"不够。每千克香蕉 4.6 元,买 3.5 千克就要花 4.6×3.5＝16.1 元。

①　曹秋涛,浦月香."生活化"与"数学味"[J].云南教育,2005(32):27-28.

②　柳小梅.走出认识误区 创设数学味的情境[J].中国教育学刊,2009(1):78-80.

16.1 元大于 16 元。"大部分学生表示赞同。教师肯定了这种方法,微笑着让他坐下,准备继续进行下面的教学。

这时,学生 2 在下面小声嘀咕:"老师,我 16 元可以买到 3.5 千克香蕉。"

其余学生都愣住了,教师示意他接着讲下去。

"老师,就因为差 1 角钱而买不到香蕉,那也太可惜了。其实,只要和卖香蕉的人砍价,是可以买到的。"

"是的,是的。"有部分学生也认同。

学生 3:"如果在买之前和老板讲价的话,也许 16 元还有节余呢。我妈妈买东西时常这样做。"

学生 4:"是呀,买东西可以砍价,少 1 角钱一定能买到。"

听了这些意见,班里立马炸开了锅。

教师看着"有理有据"陈述的学生,尴尬地说:"同学们的生活经验真丰富,能把数学知识同生活联系在一起。这是一道开放题,你们的答案都对。"

让数学课真正"富有数学味",首要的是要从"认识"与"实践"这两个层面上找到"数学味"会淡的原因。目标膨胀导致数学课堂承载过多的额外任务,过度包装导致非数学、非本质的东西充斥课堂,误读新课标是"数学味"缺失的主要原因,教师自身"数学专业知识"的浅薄是其最根本的原因。①

过度的"情境包装"也是一个不容忽视的问题。将数学内容包裹以生活的外衣,以情境的方式呈现出来是当下数学课堂教学的时髦。但小学生往往容易被花哨华丽的、生动有趣的、富有吸引力的情境本身所吸引,却难以体谅教师情境创设的用心与立意,难以发现情境所隐含的数学问题及情境背后的数学意义。②

【教学案例】

《认识人民币》一课,在初步认识人民币后,教师设计了一个购物活动,让全班学生模拟超市购物场景,课堂教学气氛非常活跃,一刻钟过去了,学生还在兴致盎然地讨论如何购物。

如果单独看这一个教学片段,应该说教师顺应学生的情绪组织教学,并且在

---

① 徐友新."数学味"缘何会淡[J].辽宁教育,2006(6):49-50.
② 徐友新."数学味"缘何会淡[J].辽宁教育,2006(6):49-50.

生生互动中学生的思维是活跃的,主动参与学习活动,但问题的关键是《认识人民币》是一节数学课还是一节生活常识课,是应该教给学生数学知识还是应该教给学生生活常识。本案例中,大部分学生把注意力放在了具体的物品上,"买卖"双方都没有关注币值大小,对物品的兴趣远远超过了对人民币的兴趣,大有"喧宾夺主"之势,可谓生活气息取代了数学本真。①

新课程标准提出要赋予学生更多自主实践、亲身体验的机会,改变数学教学忽视学生实践和感性操作的倾向。但活动不应该只注重外在表现方式,更多的应是注重内在品质。反思让我们清醒,数学课堂在热闹与自主的背后,折射出一些令人深思的问题。因此,热闹而又走样的数学课引起了人们的反思。张奠宙教授曾告诫人们"当心'去数学化'",这一观点得到了广大教师的支持和赞同,"数学课要有数学味"成了老师们的共识。② 人们发出了"数学课堂首先要姓'数'"③"减少课堂'添加剂'"④"数学味是数学课堂的追求"⑤等呼声,也认识到"生活味"不能降低数学的高度,"形象性"不应是数学课堂的主角。

(二)语文课没有了语文味

《义务教育语文课程标准(实验)》强调,阅读教学应提倡标新立异,允许学生解读作品见仁见智,对作品进行创造性的思考。于是,课堂活跃了起来,学生们都有了发表自己见解的一片天空,还能基本上得到老师赞许的肯定,结果一些课堂变了味道。

【教学案例】

在学习课文《葡萄沟》课上,教师抓住描写葡萄多而且美的句子——"到了秋季,葡萄一大串一大串地挂在绿叶底下,有红的、白的、紫的、暗红的、淡绿的,五光十色,美丽极了",让学生说说葡萄怎么样,学生们都能说葡萄美。于是,教师就让学生读出葡萄的美,采用了自由读、指名读、男女读、同桌读、范读、齐读。而教师的评价是"他读得美不美,谁能超过他",读了很久,学生读得很流利,很熟练了,于是这个环节也就过去了。

① 林卫东.关注数学本质,留住"数学味"[G].江苏省教育学会论文集,2013:209-215.
② 施银燕,王尚志.关于小学数学课堂的数学味[J].江苏教育,2010(4):6-9.
③ 颜林忠.数学首先要姓"数"[J].湖北教育,2013(1):40-41.
④ 谭全海.减少课堂"添加剂"增加数学味[J].广西教育,2014(4):27.
⑤ 陈亚丽.数学味是数学课堂的追求[J].内蒙古教育,2013(4):40.

课堂是热热闹闹了,可是这种读有效吗? 学生对课文中的词语又理解了多少呢? 朗读与语言文字脱节了,课堂没有让学生沉下心,钻到课文中去体会"五光十色"是一种怎样的美;没有从朗读中冷静下来,认真地学习语言。这样的读又能带给学生多少关乎语文的东西呢?

在许多语文课堂教学中,许多教师把理解课文思想内容当成了一堂课的主要教学目标,将非本体教学内容作为主要目标,造成本体教学内容与非本体教学内容的错位。教学游离于语文之外,出现偏向,甚至走入误区。比如,误把语文课上成德育课。

【教学案例】

看一位教师对《高尔基和他的儿子》这篇课文的教学设计:

1. 揭示课题,创设爱的氛围。

2. 品读"栽花赏花",感悟父子情深。

3. 品读"写信教子",感悟信的内涵。

4. 拓展升华,理解伟大的父爱。

老师再送两句高尔基的名言,希望能伴随你们长大!

显然,这堂课的主要目标被教师设定为营造爱的氛围,感悟父子情深,让学生接受爱的教育。教师围绕这个目标组织课堂教学,其优势是能够实现情感、态度、价值观教育的最大化,但缺陷也是非常明显的,这堂课主要不是在学习语言文字的运用,而是在感受父爱,其结果就是改变了语文课的性质特点,把语文课上成了思想品德课。[①]

如果将课文隐含的价值观教育作为主要目标并且围绕这一目标组织教学过程,那么语文课就变味了。新课改提倡"注重跨领域学习,拓展语文学习的范围,通过广泛的实践,提高语文综合应用能力",有老师便误以为可以无限超越文本。其实,"立足文本"与"超越文本"应该有度。

【教学案例】

一位教师在执教《南州六月荔枝丹》一课时,在每个学生桌上都摆了荔枝、生物书和相关图片。教师一开场就明确要求学生自主学习,"学什

---

① 吴忠豪.跳出讲读课文的思维定式——也谈语文到底教什么怎么教[J].语文建设,2015(28):22-26.

么"由学生自己确定。于是,课堂很热闹,一会儿有人说要介绍荔枝的结构特点,一会儿有人说要研究荔枝为什么不耐储藏,还有要研究唐玄宗与杨贵妃的……教师让学生分组学习,查字典、查生物书、找画册,最后全班交流。

一堂课下来,这篇文艺性说明文的语言特点、说明方法及信息筛选方法等内容一点都没有涉及,甚至课文都没读一遍。出现这些偏差的原因,就是误把课文内容作为知识学习的对象了。[①]

【教学案例】

情境:以轮船的汽笛声引入,让学生闭上双眼,边听老师叙述边想象。

师:黑夜中,海风呼啸,无边无际的大海上漂泊着一艘大轮船。船上灯火通明,我们在船舱里唱啊、跳啊,快活极了!忽然,我们感觉到船身猛烈地晃动了一下,接着就听见有人大声地喊叫:"不好了,轮船触礁了,要沉船了,快跑啊!""扑通,扑通……"我们也跟着人群跳到了海里。顿时,冰冷的海水浸入我们的身体。船只不见了,伙伴不见了,茫茫的海面上只有我们自己。怎么办?我们该怎么办呢?同学们,此时的你心里怎么想的,你又会怎么做呢?

生1:我心里很害怕,但是我要忍着不哭,我要赶快游到岸边去。

生2:大海很宽,不可能游到岸边的,我要找一块木板浮着,等大人来救我。

生3:我会大声地喊,爸爸妈妈会听到我的声音,会来找我的。

生4:我不会游泳,我会大声叫,让周围的人来救我。

师:马金纳和你们一样害怕极了,看看课文第几自然段在写这样的内容?

生:第一自然段。

师:让我们一起来读一读,读出马金纳的害怕、绝望。

这是一位教师在执教《歌声》一课时的教学片段。

学生的体验要深刻就必须深入理解课文,品析词句。"马金纳很绝望,那什么

---

① 任玲.让语文课堂回归"语文味"[N].中国教师报,2015-01-14(6).

是'绝望'？马金纳为什么绝望？绝望了会有怎样的后果？"教师没有围绕着课文中这些关键的词句展开。这样，就缺少了语文味，语言学习不落实、不到位，就造成了语文的工具性模糊，人文性玄乎，学生的情感体验有如浮云。①

就课改本身而言，各路专家观点也不统一，除了大家熟知的所谓的"钟王之争"外，各课改培训专家观点也莫衷一是。②

六、客观科学地评价课程改革成效

杜郎口中学，一个几乎走到"山穷水尽"地步的薄弱学校——面临因教学质量差和生源流失严重原因而被撤掉的危险。新绛中学，一个遭遇办学危机的山西曾经的百年老校——教师被挖走，生源质量和教学质量明显下降。两所学校所进行的课堂改革均大获成功，改革后中高考升学率不降反升，名震大江南北。杜郎口中学"没了讲台，课堂乱了，学生反了，墙壁四周都是黑板了"，"预习、展示、反馈"成为课堂教学的三环节。新绛中学"每天只上半天课，下午全是自习"，但"学案"贯穿始终。学案编写的一个突出特点就是将学习目标问题化，让学生动起来，让课堂活起来，师生互动，共同发展。学生拥有自己的表达权、话语权、选择权……这正是以"自主、探究、合作"为主要目标的新课程改革所要传达的。③ 其实，杜郎口中学改革严格来讲并不算是新课程改革的产物。杜郎口中学教学改革起步于1997年，处于新课改之前，成功之处在于将课堂时间分为10分钟和35分钟两段，教师最多只能讲授前10分钟，而后就要把接下来35分钟的时间"还给学生"，真正让学生成为课堂的主体。这似乎显示了一点，教育改革或课程改革，外加的与内需的，在行动积极性上表现不同。只要当学校有改革内需，真正到了校长和老师认为非改不可的地步的时候，学校就会创造出"置之死地而后生"的奇迹。

在总结课改十年成败得失时，余慧娟的看法很客观："对于许多地方用大量'坚硬'的数据来描绘课改成果的做法，我感到忧虑。"④许多优秀的老师课改之前就是好老师，也就是说在新课程到来之前，就存在许许多多具有新课改理念要求的教师。她举了两个老师的例子，一个是宁夏灵武市东塔中学的许老师，她绝对不是新课程"锻造"的，她的学生观（尊重、平等、民主）和教育观（每一个

---

① 江亚丽.留住课堂的语文味——谈语文教学生活化的理性回归[J].四川教育,2008(2/3):64.
② 李小伟.新课改,你说我们该听谁的[N].中国教育报,2005－08－16(2).
③ 靳晓燕.十年课改:改得怎样？[N].光明日报,2011－10－31(6).
④ 余慧娟.十年课改的深思与隐忧[J].人民教育,2012(2):31－35.

孩子都有他的价值),与新课程的来临没有关系。只不过,如果没有新课程,她可能一直是这个学校里非常普通的一位老师。而在新的课改价值体系里,她"变"成优秀的老师了。另一个是湖北武汉市武昌区(课改实验区)中华路小学的吴老师。在十年前她的课堂里,那种师生关系,是何等的亲密,又是何等的温暖!这种关系,一年级的孩子装不出来,再有表演天赋的老师也演不出来。它的背后是尊重、平等、民主这些真实而深刻的观念。通过观察她的日常教育生活,毫不夸张地说,新课程所追求的最核心的变革,在吴老师的身上业已完成!似乎表明,只要教师能够始终真正以学生为本,具备应有的教育理念和教育信念,具有正确的学生观,其自身也能够成为好老师!教师的教学观显得很重要。反过来,如果理念不能深入人心,"即便政府强力推行(如大规模培训),教师仍然可以我行我素"①。

七、与课程改革期望目标的差距

纵观课程改革成效,针对最初的改革目标,问题依然存在。

第一,现在对知识传授的注重并没有减轻,课改之后的"问题学生"仍有很多,而他们的学习态度存在问题。

访谈教师"现在还注重知识传授吗",答案基本都是"当然重视了,知识掌握不住,怎么解题"。"您让学生获得基础知识与基本技能的过程是否同时成为学会学习和形成正确价值观的过程?"答案基本都是"教学中能够注意到'授之以渔'"。但是,从教师的教案或教学设计的目标中很少看到把价值观的引导作为教学目标的。

图 1-2 是 NBDC 中学学生的一幅漫画作品,作品反映了学生的生活,在一定程度上反映了当前作业抄袭现象的存在。

第二,新课程改革,编制了科学综合课程和历史与社会综合课程,并在一些省市使用,但是,绝大部分省市课程结构依然是学科本位。

十几年新课改下来,原来采取整合或综合课程的省市多又回归到原来的学科本位了,如前面提到的深圳。而让人不解的是,我们在推崇综合课程的优越性的时候,有没有数据支持?综合课程实验实施这十多年,为什么没有专家去实际测量研究一下它是否具有比单科进行教学更好的效果呢?为什么没有哪位课程改革专家或国家哪个机构去研究使用综合课程的学生与使用学科课程

---

① 余慧娟.十年课改的深思与隐忧[J].人民教育,2012(2):31-35.

图 1-2　NBDC 中学学生作品——交作业

的学生的教学结果有无差别、素质有无差异？凭空想象综合课程结果会好，但是缺乏研究数据证明使用综合课程的学生的学业水平或综合解决问题的能力强于使用学科课程的学生，这也是课程改革的一大败笔。推行综合课程而又不用科学的数据去检验说明使用的效果，以获得支持或反对的理由，缺少科学精神。

　　第三，在一定程度上，"繁、偏"得到了控制，但是，"难"度并没有减轻。

　　课程内容的"繁、偏"在新课程设计中基本得到了有效控制，但是，课程的难度对学生而言却没有降低，尤其是数学、英语学科，现在小学生学业成绩"两极分化"更加严重而且提前，足以说明这一点。"旧"其实很难界定，所选择的课程内容是否为终身学习必备的也很难裁定。而"探究学习成了把有难度的内容教给孩子们的工具"，在探究学习中课程的难度也加大了。

　　第四，课堂里逐渐发生了一些变化，但"记、背、练"仍是学生学习的主要方式。

　　新课改带来了课堂由"单一"到"多元"、教师由"主宰"到"组织"、学生由"追随"到"自主"的改变。在教师的教学中，"死记硬背"的学习要求不多了，但"记"和"背"的内容仍然不少；"机械训练"不多了，但训练并不少。而接受学习在美国认知教育心理学家奥苏贝尔那里分为有意义接受学习和无意义接受学习。有意义接受学习是学校教育的重要形式，也是主要形式，也许并不能简单地以"接受学习"为标准来判断课堂教学的优劣。

　　第五，评价方式改变了许多，多元评价理念有所渗透，考试成绩以行政命令的形式要求不能公布，但是，评价最终还是为了让学生考上更好的学校。

　　"三维目标"的确立使各个学科目标结构基本大同小异。目标结构限制死了，但教师制定目标也"方便"了。教师制定目标基本是套结构框框，或填空式的，根本还是知识和技能类的，或解题类的。平时教师仍将一节课的教学任务和目标确定为知识内容的理解和掌握。

量化考核促使教师仍然重视成绩,图 1-3 是 HP 中学的教学实绩考核计分标准。从中可以看出,对一个教师的教学实绩考核采取的综合评价是:根据三个指标(统考优秀率、统考平均分、统考中后 20%率)在七所中学中的排名赋分:排名在第 1～2 名的,分别赋分 5、15、10 分,而排名在第 7 名的,分别赋分 1、7、2 分。

对一个班级的考核也主要是根据期末考成绩情况及进步情况进行赋分,如图 1-4 所示。

附件1:教学实绩考核(30分)
1、文化课考核
以象南站站七所农村中学统考成绩为参照。

名次 得分 内容	1-2	3-4	4-5	6	7
优秀率	5	4	3	2	1
平均分	15	13	11	9	7
后20%率	10	8	6	4	2

2、综合组考核
综合组考核由校长室会同教务处进行考核。考核分值参照文化课考核。
①体育组学科教师
考核以体育中考、竞赛获奖、健康抽测数据和大课间活动为内容,根据南站排名为依据,进行综合考核。
②音乐、美术课考核
以音乐抽测、竞赛获奖、艺术节举办情况等为内容,以南站排名为依据,进行综合评定。
③信息技术
以初三中考成绩、竞赛获奖为主要内容,以南站排名为依据,进行综合评定。

图 1-3　HP 中学的教学实绩考核表

(三)、班级实绩(70分)
1、期末考成绩(50分):
(1) 有学校正规手续而中途增加班级学生的,该学生成绩不计入考核。有正当理由转出的,该生初一入学成绩也要去除再计算。班主任故意为难至学生辍学,期末成绩按年级最低分数计算。
(2) 平均分(30分)。期末统考的班级总分平均分,与年级总分平均分对比的差,记件f:
①f≥+5,记30分;　　②-2<f<5,记29;　　③-5≤f≤-2,记28分。
④-9≤f<-5,记26分　　⑤-15≤f≤-9,记21分;　　⑥f<-15,记10分。
(3) 后进生进步(20分)。年级后70名的人数,本班期末考与小升初时所占人数比较:
①减少1个及以上,记20分;　　②不增不减记19分;　　③增加1到2个记18分;
④增加3到5个,记15分;　　⑤增加6到9个记10分;　　⑥增加10个及以上,记5分。
(4) 初三中考进象中奖励:小升初时在年级前8名,一人次加2分;小升初时在年级第9名至第15名,一人次加5分;小升初时在年级第16名至第25名,一人次加10分;小升初时在第26名至39名,一人次加15分。小升初时,在第40名外,一人次加20分。

图 1-4　HP 中学的班级实绩考核表

第六,校本课程热闹一时,但持续开设的校本课程并不多。

课程管理过于"中央集权化"的状况得到了改观,行政管理方面实行了国家、地方、学校三级课程管理,形成了国家课程、地方课程、校本课程三级课程体系。但是,校本课程真正始终坚持开设下来的并不多,尤其是广大农村中小学校,现在基本没有校本课程在开设,还是只开设国家规定的课程。校本课程也许只是城市学校的点缀,而与农村学校无缘。

八、课程改革中的困境

课改十余年,课程改革整体而言带来许多成效。但是,我们也时不时能看到、听到许多不尽如人意的地方,存在许多课改困境。下面几个镜头的呈现能让我们窥见一斑。

【镜头 1:不交作业的学生仍有许多】

课改的大旗是为了每个学生的发展,那么我们是否关心到了每一个学生的发展了呢? 下面是全国中小学教师继续教育网上关于现在学生不交作业的现象越来越严重而怎样对待不交作业的学生的主题的一个群讨论。①

> 固安县柳泉镇李东内小学孙丽华:"小学生对于学习没有学习兴趣的现象比较普遍。"
>
> 阳原县马圈堡乡马圈堡中心学校郝军慧:"我在教学中经常会遇到不写作业的学生,很是头疼。"
>
> 蔚县南留庄镇中心学校韩娟娟:"确实,现在不交作业是老师最头疼的事。"
>
> 保定市涞源县第二小学王建国:"这样的学生的确不少。"
>
> 唐山市凤凰小学朱学文:"不完成作业的学生,是我们教学中经常遇到的。很让人头痛。这里有学生个人的原因,有家长的原因。我们老师只能是尽力帮他改正缺点吧。"
>
> 涉城镇南岗学校杨明义:"我平时也没办法,只是让他们抄一些东西,不至于闲着,不影响别的同学就好。"

---

① 怎样对待不完成作业的学生[EB/OL].(2014-10-15)[2017-04-21].http://c.teacher.com.cn/topic/topicDetail/65560? num=1&pageNo=15.

邯郸市丛台区十里铺小学王红燕:"工作中,我遇到很多不完成作业的学生。跟孩子交流以及跟家长沟通后,多数孩子都能够完成作业。但有一些孩子,以上方法对其起不了多大的作用,或者作用很快就会失效。我很苦恼。"

阳原县三马坊中心校刘晓兰:"我现在也在为这帮不做作业的学生头痛着,我所在的学校也是地处农村,这里的家长也不是特别重视孩子的学习,班里有那么几个学生的作业总是完不成,我也多次尝试让他们去课下补,甚至到办公室去做,可这几个孩子做得又慢,回家依然不做,上课的时候,倘若只让他们一味地补作业,他们又把新学的知识落下来……可每天看到这几个数学、语文作业都不能按时完成的同学,我是真的很头疼! 这种学生该怎么教育啊?"

天水市武山县城关镇清池小学韩未明:"作业完不成,不能按时完成,不能及时交作业的学生每班都有。"

固新镇中心校姚景根:"现在的学生越来越不喜欢完成作业。课堂作业还好,如果是家庭作业的话,每天交来的作业总是要少几个人的。对待这些学生,一开始我不知道怎样教育,后来经过慢慢思考,我认为可以从以下几方面着手:第一,多了解,找出不完成作业的原因,对症下药;多鼓励少批评;讲道理,给孩子树立学习的信心。第二,我对学生说:你不会的可以空着,但不可以不交,因为你空着至少可以让我知道你哪些不懂。不要对我说什么都不懂! 现在班里有一个的确几乎什么也不懂的学生,他在上课时也会尽可能找一些最最简单的题做(尽管没有几题能做对的,考试只是二十几分),但对于这类学生,他自己不放弃就是教师的成功,他能学多少已经是次要的了。紧接着第二句话:对你不会的题,你也应该像参加考试一样考虑怎样尽可能多得分,哪怕只写一两步得一两分也比得零分强。第三,每天让他在学校做完作业,做不完不准回家。实在太晚了让家长来陪着。第四,有个办法,就是一见到他就问他要作业,打电话到他家去催他交! 烦死一两个,这一两个搞定了,其他的就是抄也给你交上来了,当然,这个抄的你认为如何那就是另一回事啦。第五,给家长加压:每天必须监督孩子完成作业并签字。同时杜绝学生一切不做作业的理由:不会? 给你电话号码,打电话问我。忘了? 每天抄的练习本上写得很清楚,还可以问同学或老师。没带书回家? 当晚家长打电话亲口说明原因。否则,第二天放学家长来'接'。很有效,基本没有人不交作业。第六,强化对其他学生作业的检查,形成一个好的作业机制,产生一种威慑,对不交作业的先晓以利害,继而要严格处罚,可以做得不好,但一定要交,不可在同学面前,长了他的志气。第七,在教室的墙壁上张贴一张每日的作业记录表,可分学科张贴。课代表负责将每天的交作业记录登记在册,这东西全班都能看得到,家长会上家长也能看得到。这些孩子打骂骗哄都没用的,但他们很要面子,特别是自己在同学中的面子。以前只是老师口头批评,或者在课代表的记录本上有他们不交作业的记录,并不是公开的,这些东西对他们来说根本无所谓。现在全部公开出来,他还坚持不交的话,那自然会被同学取笑(不一定是公开的,背地里被人笑更没面子)。家长来开会,看到自己的孩子跟别的孩子差距这么大,也会很受'鼓舞',毕竟他们也会考虑别的家长怎么想的。为了防止混淆,建议用荧光笔把缺交作业的地方全部显示出来,一目了然。第八,我也是搞一帮一,但成效不大,所以我只有利用休息时间把两个班的差生(26人)放在一起进行辅导,补了一个月,终于有了起色,学生或多或少地有了进步。我补的是基础知识,计算方面的,对于用到思维解决的就很难补了,比如解决问题,是个令人头疼的问题,我一直在寻找方法,这是一个漫长的过程。"

易县第二小学董文秀:"'我对学生说:你不会的可以空着,但不可以不交,因为你空着至少可以让我知道你哪些不懂。不要对我说什么都不懂!紧接着第二句话:对你不会的题,你也应该像参加考试一样考虑怎样尽可能多得分,哪怕只写一两步得一两分也比得零分强。'我觉得这一点很值得借鉴,操作性很强,谢啦!"

某小学邹凤莲:"我就是进行作业登记的,并在教室的墙壁上张贴一张作业记录表,每周进行一次评比,没有欠交的就奖励一个五角星,效果很好!欠交作业的当天让其课间补做。"

某小学陈加忠:"姚老师提供了很多方法,我觉得都很实用,尤其是'在教室的墙壁上张贴一张每日的作业记录表'这个方法很好,准备采用。"

保定市蠡县万安镇中心校冉龙辉:"我觉得我们应该拿第一个屡次不完成作业的人开刀,杀鸡给猴看嘛。这个时候我们下手一定要狠,态度一定要坚决,处罚这个学生的力度一定要达到使学生不可接受的地步,才能达到目的。"

不交作业只是个结果,是教学的结果。是会而不做,还是不会没法做?对小学生而言,前者可能性大。导致这个结果的原因有很多:一是教师的教学本身,二是学生学习态度,三是作业的难度,等等。那么我们教师的教学如何?让我们转向第二组镜头。

【镜头2:传统教学模式依然存在】

下面是河北省农村中小学学科骨干教师远程培训一位学员提交的培训体会[1],从中我们可以看出,2012年农村学校课改实施的情况。

在我们的课堂教学中,"注入式""满堂灌"现象仍然存在。其主要表现为:一是注重教师的"教",而忽视了学生的"学"。我讲,你听;我问,你答;我考,你背;教师主宰了课堂。"教"的责任是向学生大量注入课本知识,"学"的任务是学生被动地接受被教师"加工"过的课本知识,记忆和强化那些结论性的知识。二是过分强调教师的作用,抹杀了学生的主体作用。在课堂上,讲得过多,讲得过细,讲得过烂,面面俱到,弄得学生没有思考的余地,没有自我学习、自我消化的时间,教育气氛多呈紧张、沉闷、压抑状,学生智力和能力的发展受到严重的遏制。最终导致教师教得苦,学生学得苦。我们的回报呢?学生掌握得差,考试成绩低,静下心来思考,我们的效率太低了。

我们也可从浙江宁波一名初中教师2011年给市教育局局长写的一封公开信[2](摘录)感悟一下。

黄局长:

您好! 我是宁波市的一名普通初中教师,同时也是一名一年级学生的父亲。

首先,作为一名教师,我有10年的教龄;作为一名一年级学生的父亲,我已经有2个多月的"家有读书郎"的体会。作为一名教师,我深深为我的学生担忧;作为一个父亲,我也深深为我孩子的童年无奈。

我的工作时间基本上是从早上7:15开始,工作安排是:四节课的工作量(包括中午和晚上的作业辅导课)+两节课的备课时间+三节课的作业批改时间,有时候还要完成一些所谓的教学和教育任务,那么这样的工作量基本上造成了很多教师提高自己的时间的缺乏,基本上就没有什么时间去反思教学问题和学生问题了。而学生们也是疲于应付:每天早上7:15开始早自修,

---

① 龙红梅. 培训总结[EB/OL]. http://hebeixkgg. gp2012. teacher. com. cn/IndexPage/index. aspx.

② Rich. 一封给宁波市教育局黄局长的公开信[EB/OL]. (2011 - 11 - 16)[2017 - 04 - 21]. http://bbs. cnnb. com/thread - 3221037 - 1 - 1. html.

到下午5:30才能放学。在学校的这10个多小时的时间里，教室里几乎都有教师在讲课或讲评作业，学生们几乎没有自己能够支配的时间，他们没有时间去思考问题，没有时间去交流学习心得，没有时间为自己的学生生活好好安排一下，他们所能做的就是跟着不同的老师做不同的题，仅此而已！他们的运动能力在年年下降，身体素质在年年下降，道德素质在年年下降，知识的应用能力也在年年下降。作为一名教师，我不知道我的工作意义何在？仅仅是将那些枯燥无味的知识通过反复的练习成为学生试卷上的分数吗？我想这不是我选择教师这个职业的初衷，更不是教育的真谛！我很想知道，为什么我们的教育改革每改动一次，学生的负担就要重一次？

其次，作为父亲，我的孩子现在正读一年级，他每天6:30起床，7:40必须要到学校了，上午11:30放学，到我的单位吃饭。中午12:15必须回到学校做中午作业（老师规定中午必须交上），下午3:10放学，家庭作业一般有背书、默写生字（一般有15个左右，中午已经在学校里完成了1个生字抄4遍的作业），拼音纸一张，数学口算一页。如果动作快的话一个小时左右可以完成，动作慢的话就不好说了。每天的背书和默写生字已经成了每一个孩子晚上入睡前的负担，至少我的孩子由原来的喜欢玩数学游戏、玩认字游戏成为一个看见这些就反感的孩子。难道孩子从进入校门的第一天就被我们的学校教育变成了远离学习兴趣的学习机器吗？

我希望教育局的领导能真正从孩子们的身心出发去减负，而不是从一个形式上看待减负这件事。

当然，例如规定不能补课等措施现在是真正落到实处了，但是其他一些问题的解决能不能也快点跟上呢？例如：少一些课程表上的做戏，多一些真正的措施。将学校中的自修课、活动课真正还给学生，不要再打着"辅导"的名义行"上课"之实。将学生的中午时间还给学生，学校不要再以管理班级纪律等各种名义让老师进行上课。

我想的问题可能过于简单了，可能会和教育主管部门的中、高考升学率有点矛盾；而一些措施的实施可能也会有些"不符合实际情况"。但无论如何，我们都不能在这样一种不正常的教育行为上越走越远了。这是一个教师的心里话，更是一名父亲的请求！

网友"Forestbreeze"评论道："该文反映的问题，不仅仅在宁波有，也是全国普遍存在的一个问题，看看中央电视台10频道的《成长的烦恼》和《人民日报》的《不快乐是一种普遍现象》就略知一二。教师们这样做错了吗?"

也许我们基于某种价值观来判断是没有错的。这些老师兢兢业业,牺牲自己的时间,做出自觉的奉献,起早贪黑,自我加压,是为什么? 也许下面这位校长新学期第一课的讲话能够回答。

【镜头 3:一位校长的教育观】

湖北随州二中校长(兼教育局副局长)王桂兰在 2016 年寒假开学第一次国旗下的讲话带给人们很多思考,其中也显露了很多问题。如何看待功利主义的激励方式? 如何看待学习刻苦与学习负担过重的不同? 一个学校的高考升学率在社会衡量一个学校时的分量到底有多重?

不读书、不吃苦,你要青春干吗[①]

老师们、同学们:

大家新年好!

今天我要给大家讲的主题是:不读书、不吃苦,你要青春干吗?

短暂的寒假结束了,新的学期开始了。回忆十来天的假期,你是否有值得回味的事情和经历呢?

我想,不同的人肯定有不同的收获和感受。

有的同学撇开喧嚣纷扰,选择了一本好书,与伟大的心灵对话,让自己的精神旅行;有的同学会利用丰富的网络资源来强化自己的薄弱学科,实现弯道超越;还有的同学会和自己的良师益友促膝谈心,获取前进的动力,感悟人生的真谛!

规划不同,过法不同,寒假对于我们的意义就不同。

有的同学可能难以理解,假期有必要这么拼,这么苦,这么累吗?

我的回答是:大有必要。

我们在羡慕别的学校厉害的时候,可曾想过他们的学生是多么的努力,多么的拼命!

这就是今天我要告诉大家的:怕吃苦,苦一辈子;不怕苦,苦一阵子。

---

① 王桂兰.2016 年第一次国旗下讲话[EB/OL]. (2016 - 02 - 17)[2017 - 04 - 21]. http://www.szez. cn/Article/ShowArticle.asp? ArticleID=1281.

人生有两条道路可以选择,要么吃苦十年,精彩五十年;要么安逸十年,吃苦五十年。

2015年热播了一部电视剧,叫《芈月传》,芈月作为一个女人吃了多少的苦头,付出了多大的代价才登上权力之巅,奠定秦国一统六合的基业!而作为主演的孙俪成为"荧屏霸主"何尝不是如此呢?她十年的付出换来身价暴涨:拍摄《玉观音》时,片酬为5000元一集,《甄嬛传》时30万元一集,《芈月传》时片酬涨到了85万元一集……出道10年身价暴涨了170倍。

现在有些同学谈到读书,谈到吃苦,犹如谈虎色变,避之唯恐不及。

一帮不学无术的女孩聚在一起,号称所谓的姐妹,以为有了姐妹就有了全世界。而一帮无所事事的男孩聚在一起,号称所谓的哥们,以为有了哥们就有了天下。他们看不起那些一天到晚只知道读书的好学生,还骂那些好学生是书呆子,骂他们傻,只知道读书。殊不知,两三年后,好学生上"一本",上"211",上"985",甚至上清华北大,而他们却要考虑去三本,去高职、高专,甚至考虑要不要南下打工。

那些占极小比例的没读书就成功的人,那是他们自身具备了成功的一些素质,而你们是否具备呢?

每个不想念书的学生,都会不约而同地找一个不读书就能成功的案例来作为他放纵的最后心理安慰。那么我很遗憾地告诉你们,这里是改革开放三十多年后的中国,这里再没有素质低下而钻了政策的空子就能一夜暴富的奇迹。这里优胜劣汰,这里适者生存。

叛逆和疯狂的青春当然可以,但几年的放纵,换来的可能就是一生的卑微和底层!

不读书或读书少也有用,但对社会的贡献少,他们赚的钱就少。读书多,花的钱也多,用的时间也多,但是贡献大,自己赚的钱也多,地位就高。

马云在《不吃苦,你要青春干吗》这篇演讲中这样说:"当你不去拼一份奖学金,不去过没试过的生活,整天挂着QQ,刷着微博,逛着淘宝,玩着网游,干着我80岁都能做的事,你要青春干吗?"

恰同学少年的你们,在最能学习的时候你选择恋爱,在最能吃苦的时候你选择安逸,自恃年少,却韶华倾负,却不知道青春易逝,再无少年之时。

同学们,什么叫吃苦?

当你抱怨自己已经很辛苦的时候,请看看在西部的那些穷孩子,请想一想几十年如一日起早贪黑的老师们,请对比一下那些透支着体力却依旧食不果腹的打工者！

风雨中这点痛算什么！

你来二中干什么？

你来这儿就是来刻苦学习的，就是来拼个好前程的，不是来荒废时日枉负青春的。

如果你优秀，你便拥有了大把的选择机会，否则你只能被迫谋生。

所以接下来的时间，无论是高一、高二的，还是高三的同学们，不要问什么时间够不够，什么基础行不行。这些都是次要的，最主要的你要从现在开始吃苦，开始用功。

当你想要放弃了，一定要想想那些睡得比你晚、起得比你早、跑得比你卖力、天赋还比你高的牛人，他们早已在晨光中跑向那个你永远只能眺望的远方。

所以，请不要在最能吃苦的时候选择安逸，没有谁的青春是在红地毯上走过的。既然梦想成为那个别人无法企及的自我，就应该选择一条属于自己的道路，付出别人无法企及的努力！

所以有人说，不仅要有高三无假期的心理预期，更要有高中无假期的铿锵誓言！

将来的你，一定会感谢现在拼命的自己！

祝我们二中高考大捷！

有位专家认为，这位当下教育体制里的敬业校长讲话表面看上去很"正确"，充满着"正能量"，看似很励志，传递的是"吃苦一阵子，享福一辈子"的观念，但体现的还是功利的应试教育思想，对学生健康精神的生长没有助益。我们应该教会学生学会思考，学会思辨，学会反思，学会批判。真正的学习，是有自己的思考，有问题意识，有批判精神，有自己的思想，哪怕幼稚，而不是为了考试，背模板，得高分，中状元。而网友"江湖"认为："我认为这个校长讲得不错，是个负责任的校长，作者和那个大学教授说应试教育，给学校校长扣上功利的应试教育成功学的帽子，试问素质教育和应试教育在国外有这个说法吗？"网友"我爱我家"则说："赞成这个校长讲话，充满正能量，说别人功利，其实自己才真正是功利的家伙！"课改十余年，人们的观念并没有统一，各有各的看法。

课程改革要求我们的教学目标多维化，尤其强调了情感、态度、价值观的目标维度。强调情感、态度、价值观培养的教育，培养出来的学生应该更有同情心，应该能够更多地为他人着想，能够有更好的人生态度、正确的社会价值观。但是，许多期望的课改的教育成效没有在这些方面体现出来。课改下的教育，校园暴力、泡网吧、以大欺小、逃学、早恋、抽烟、奢侈、攀比等现象丝毫未减，导致一些我们不愿看到的事件不断发生。我们的课改越来越让学生难教、难管理，许多人在思考：这是好的课改吗？我们的方向没有错吧？问题出在哪里？

【镜头4：校园暴力现象屡见不鲜】

2015年4月17日，北京市第105中学一名女生遭本校多名学生掌掴的视频在网上流出。视频中被打女生在被一名身穿牛仔衣的女生连扇两个耳光后，另一名身穿黄色校服的女生紧接着上前，一边谩骂一边也扇了两个耳光。最后有五六名女生轮番上阵，每个人都扇了两个巴掌，还"端了胸"。全过程中被打女生一直都在说对不起，但未能得到谅解。视频中有多名学生在现场围观，有男生甚至还指导打人者："别扇这边，这边肿了，扇另一边。""告诉她什么叫黑社会。"[1]

2015年5月3日，山东临沂兰陵县一群女学生殴打一名女生，打人者还拍视频上传到网络。视频中，多名女生不断向受害学生拳打脚踢，多次将其打倒在地。被打者13岁，在兰陵县实验中学就读初一，参与打人的女生共有8名，其中，3名系兰陵县实验中学学生，1名系兰陵县向城镇初级中学学生，3名系兰陵县泉山实验学校学生，另有1名系兰陵县泉山实验学校退学学生，年龄均在14岁左右。[2]

2015年8月14日，江苏扬州高邮市车逻镇境内，一名女生被另两位女生殴打、辱骂，又是扇嘴巴，又是脚踹，还有4名男生围观。这4名男生非但没有制止，还不断嬉笑，其中一个男生甚至还主动跳入视频画面中，用手指比画出V字，笑问是否将其拍下。[3]

---

① 北京105中学女生被打，多名女生轮流掌掴脱掉被打者衣服[EB/OL]. (2015-04-18)[2017-04-21]. http://www.newyeezw.com/a/jiaoyupindao/xiaoyuanshenghuo/nansheng_nvsheng/20150418/20852.html.

② 8名女生河边群殴女同学摆剪刀手拍视频[EB/OL]. (2015-05-16)[2017-04-21]. http://news.sohu.com/20150516/n413163320.shtml? pvid=tc_news&a=&b=8%E5%90%8D%E5%A5%B3%E7%94%9F%E6%B2%B3%E8%BE%B9%E7%BE%A4%E6%AE%B4%E5%A5%B3%E5%90%8C%E5%AD%A6%20%E6%91%86%E5%89%AA%E5%88%80%E6%89%8B%E6%8B%8D%E8%A7%86%E9%A2%91(%E5%9B%BE).

③ 女中学生遭两名女孩暴打，2分钟内被扇脸13次[EB/OL]. (2015-08-16)[2017-04-21] http://edu.qq.com/a/20150816/007130.htm? pgv_ref=aio2015&ptlang=2052.

2015 年 9 月 11 日,浙江省余姚市职成教中心学校一名一年级 15 岁新生遭多名女生殴打的视频在网络流传,视频中女生王某除遭殴打外,还被多名女生用树枝侵犯下体。视频显示,一名身穿白衣迷彩裤的女生被推倒在草地上,蜷缩着身子。视频中数名女生轮番上前猛踹,之后还揪其头发,数次掌掴受害女生。后来,受害女生裤子被脱掉,视频中未露脸的女生一边用树枝侵犯其下体,一边对其讥讽凌辱。在视频对话中,依稀可以分辨该事件的发生与学生之间的矛盾有关。这种采用拍视频等手段殴打、凌辱受害人的事件,性质极其恶劣。①

这些在一定程度上反映了新课改下学生的基本品德教育问题。课改中我们强调了情感、态度、价值观的教育,而实际上却没有看到我们想要的效果。而从下面这幅学生的作品(见图 1-5),我们能够感受到新课改之下学生的品德教育和感恩教育的欠缺。

图 1-5　NBDC 中学学生作品——母亲节

作品在一定程度上折射了部分学生的品德状况,也反映了这一代人的思想,以及家庭中的地位关系。学生教育是学校教育、社会教育和家庭教育三者合力作用下的结果,而同伴之间的相互影响也至关重要。

①　浙江职高女生遭多人猛踹掌掴 被拍视频上传网络[EB/OL].(2015 - 09 - 14)[2017 - 04 - 21]. http://news.163.com/15/0914/20/B3GGSB8800014SEH.html.

课程改革要求更加尊重学生,师生更应遵从平等的师生关系,教师要付出更多的关爱。但是,各种惩罚学生的现象仍屡见不鲜,惩罚措施仍被一些老师习惯性使用。

【镜头5:惩罚和辱骂学生的事件时有曝光】

2013年11月7日,河南省周口项城市民办学校英华学校小学五年级班主任邓宝珍老师,以特有的方式惩罚没有写完作业的学生。她让没写完作业的同学站在讲台上,让完成作业的男生上去依次扇他们耳光,谁扇得响,奖励谁一个作业本,致使其中一名学生豆豆左眼睛状体脱离,看不见东西。"当时被打的还有六七个同学,我被20多个男生每人扇了两个耳光。扇完了老师还让我到讲台下做俯卧撑,并且不让我吃饭。深夜一点多去上厕所的时候,我发现我的左眼什么都看不见了。"豆豆如是说。而邓宝珍老师给豆豆妈妈的解释是:快要期末考试了,学生没有写完作业,自己很着急,心情暴躁,可能做得过分了一些,责罚孩子是帮助孩子进步,是为他好才这么做的。①

2014年3月6日,浙江温州苍南县某小学教师将笔记本扔向学生,导致学生脸部受伤缝了13针。当事男生为该校三年级学生,当事教师因批改作业时发现这名学生的作业没完成,就把学生叫到讲台前,由于比较生气,就拿起笔记本朝他头上扔,学生嘴角被砸中。据称当事教师平时在校表现良好,对待学生认真负责。②

2014年教师节,黑龙江哈尔滨依兰县的一位班主任冯老师,由于学生未送老师礼物,辱骂全班学生"一群狗废物","咋那么没人性呢?穷嗖的,抠嗖的,那么不要脸呢"。于是,"重新选班长,选一个,干啥这么死乞白赖的呀,看别人班都是班长张罗的,咱们班就一点也不张罗,咋的,不把我当回事啊,我都知道,你们自己看一看我咋交代,人家别的班都买了,咱们班没买,你说我丢不丢人,十块二十块的你们都出不起了,赶紧地重新选班长,啥玩意啊,赶紧组织好,以后这事不能掉链子,咋那么死性呢?谁该你的,欠你的,必须对

① 老师让学生扇同学耳光 谁扇得响奖励一个作业本[EB/OL].(2014-01-06)[2017-04-21]. http://news.sohu.com/20140106/n392986678.shtml.
② 男生被老师打后缝13针,当事教师一次性赔偿3万元[EB/OL].(2014-04-13)[2017-04-21]. http://zj.qq.com/a/20140413/002656.htm?pgv_ref=aio2012&ptlang=2052.

你好啊？王八犊子"。①

　　从骂声中能够看出，教师认为学生没有给老师买礼物太让自己丢面子了，让其他任课老师看"笑话"了，因为这些老师收到了其他班级的礼物而没有收到她班里的礼物，也害怕班级任课老师将来不好好对待自己的班。如此，教师如何建立师德？如何为人师表？当下，不报学校老师的奥数班、不在学校指定的店铺购买教辅都可能会被骂。

　　有网友就说：乡镇初中、农村小学一般没有什么生命教育、师德培训，自己就是农村小学初中走出来的，被老师家长用各种方法"教育"过，但是不妨碍我现在仍然感激他们。也有网友说：原来我们上小学那会处，罚站、罚跪、罚倒立太常见了，也没见有什么，我们不也健健康康成长起来了？也就是现在人都变金贵了！有些小孩子不严格教育真不行！但是，当众罚跪还是有点过，不应在学校教育中出现！

　　这些体罚现象不断发生，说明了什么？能上升到教师职业道德问题上吗？是教师没有真正树立"以生为本"的教育观念吗？与教师的自身修养或个人性格有关吗？还是以强凌弱的人的本性的一种显现？该如何正确看待惩罚事件？尽管个案不代表整体，但这也折射了我们课改十多年，基本的课改理念诸如尊重学生，不能体罚学生，教师和学生的关系应转变，是朋友关系，而不是主从关系此类，对部分教师还是没有起到该有的作用。课改的理念和精神没有普照到他，抑或教师自身抵触或不接受这些理念，抑或老师没有更有效的办法去管理学生，这是一个非常现实和棘手的问题。有的老师就反映："社会对老师的误解，社会对老师的高期望，社会对老师的不公正的待遇，是造成老师这个社会角色尴尬的原因。家长通常对老师说的一句话是'把孩子当成自己的，该打就打，该骂就骂'，听着这句话就让人鼻子里冒冷气。现在社会舆论里一直反对体罚学生，你稍微不注意，学生就会告你，每句话说出口时都要掂量掂量，你还敢动他一手指头？"

　　课改下的教育同样也让一些学生变得更加脆弱，导致一些我们不愿看到的极端事件时有发生，尽管这不是学校教育单方面的问题。

---

　　① 教师节学生未送礼 班主任大骂全班学生"狗废物"[EB/OL]. (2014 - 09 - 14)[2017 - 04 - 21] http://news. sina. com. cn/o/2014 - 09 - 14/083830849742. shtml.

【镜头6:极端事件时有发生】

2014年11月4日,湖北郧县某中学八年级男生因在早自习时看小说、物理课上下象棋被班主任叫到办公室批评,并要求请家长到学校而跳楼自杀。尽管事后了解,班主任并未对学生说任何过激话语,只是说"请家长到学校",但"我不杀伯仁,伯仁却因我而死"。教育学家认为,对于学生自杀现象,学校、老师和家庭都应从学生健康成长出发,对自己的教育方式进行调整。心理学家认为,当前青少年自杀问题的共同原因是心理健康出了问题,精神抗压能力薄弱。腾讯网调查显示,71.16%的网友认为现在学生的心理承受能力太差,当前少年亟待补好挫折教育。我们的教育更多的是表扬、鼓励,是否因此导致学生抗压能力弱呢?珍惜生命,不能轻生,生命教育的这种教育内容在哪门课上讲呢?课程改革,不是教育改革的全部,之外还有其他。①

2015年11月6日,东莞某中学高二一名女生在晚修后从教学楼跳楼身亡,结束花季生命。而据不完全统计,仅就2014年,被媒体报道的东莞男生跳楼事件就有3例。此前,更有媒体曝出,早在2009年下半年,东莞半年有超过10名学生自杀。②

2015年10月18日,湖南邵阳邵东县3名十二三岁的学生上网后,爬进学校转悠,发现只有一名女老师守校,便萌生抢劫念头,持木棍将这名52岁守校女老师殴打致死,并抢走手机及2000余元现金。③

2015年12月4日,湖南邵东县一民办学校的高三学生因考试成绩不理想被叫了家长,在老师办公室内持刀将自己的班主任老师杀害。④校方资料显示,该老师连续9年获评优秀班主任,从没见过他骂学生、拍桌子,自己也有一套独特的德育措施叫"三支歌",分别是《父亲》《母亲》《祖国》。⑤

---

① 湖北当地某初中生因被老师批评后跳楼身亡[EB/OL].(2014-11-09)[2017-04-21]. http://news.china.com.cn/shehui/2014-11/09/content_34005590.htm.

② 高二女生跳楼自杀引关注 生命教育不能缺位[EB/OL].(2015-11-17)[2017-04-21].http://dg.southcn.com/content/2015-11/17/content_137060860.htm.

③ 湖南小学教师在学校被害 三名嫌疑人均未成年[EB/OL].(2015-10-20)[2017-04-21]. http://edu.qq.com/a/20151020/029214.htm?tu_biz=v1.

④ 湖南高三学生办公室内当母亲面杀害班主任[EB/OL].(2015-12-04)[2017-04-21]. http://news.163.com/api/15/1204/13/BA0BPRSR00014SEH.html.

⑤ 湖南邵东杀师案18岁学生:我从来没把他的命放在心上[EB/OL].(2015-12-10)[2017-04-21]. http://gb.cri.cn/42071/2015/12/10/8334s5193724.htm.

反思这触目惊心的一切,似乎离我们期望的课改效果还有不小的差距,我们曾一厢情愿地想,课改注重了情感、态度、价值观的目标,学生的情商会更高,素质会更强。也许我们会思考,这是课改背景下教育出来的学生吗？显然,这些是个别现象,这些是特殊的,让我们大胆地做个假设,如果任课老师都是按照课改理念和精神进行我们的教学活动,这些学生的这些行为还会出现吗？

下面一位教师对品行困难生的帮扶情况折射了当前"品行困难"学生的一角。

【镜头7:品行困难学生仍然很多】

图1-6至图1-9是一位教师关于他的班级品行困难学生的帮扶记录,从中可以看出,这个班至少有4名同学是品行困难学生。

学生1表现为厌学,影响班级秩序。对其进行两次帮扶,内容记录:一是自尊、自信教育,要求上课要遵守纪律,不能带手机;二是学生还是离家出走,最后离开学校。

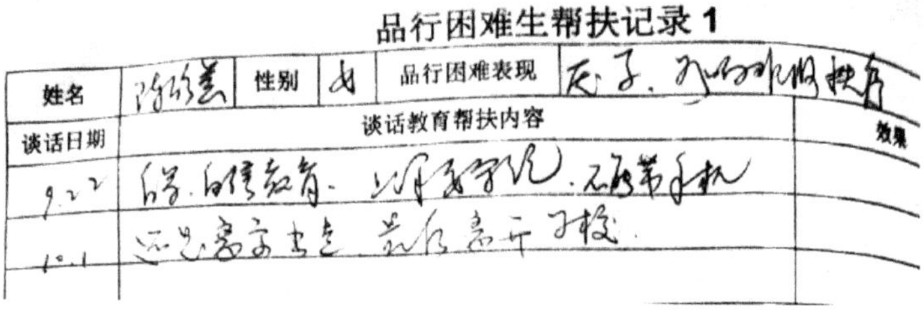

图 1-6　品行困难生帮扶记录1

学生2表现是易冲动,厌学。一个学期做了三次帮扶:一是克服冲动,主动交流沟通,当时有效;二是与教工冲突后的反思,清醒认识了;三是交流刺青、吸烟的原因与后果。

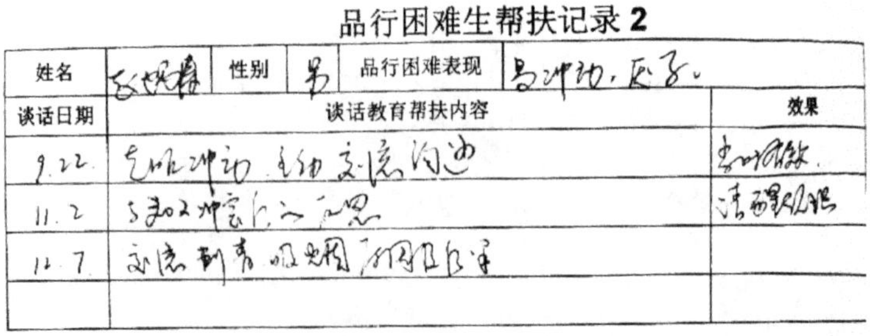

图 1-7　品行困难生帮扶记录2

学生 3 表现是厌学,有暴力倾向。帮扶内容:一是帮其认清错误,找到改正方法,当时有效;二是一起看望其出车祸住院的母亲,有触动。

品行困难生帮扶记录 **3**

姓名	吴尚俊	性别	男	品行困难表现	厌学,暴力倾向	
谈话日期		谈话教育帮扶内容				效果
9.21	帮其认清错误,找到改正方法					当时有效
11.28						
12.4	一起去看其出车祸住院的母亲					有触动

图 1-8　品行困难生帮扶记录 3

学生 4 表现是易冲动。帮扶内容:一是离家出走的危害;二是期中考后成绩的正确认识;三是明确目标。

品行困难生帮扶记录 **4**

姓名	林海婷	性别	女	品行困难表现	易冲动	
谈话日期		谈话教育帮扶内容				效果
10.15	离家出走的危害					有所触动
11.7	期中考后成绩的正确认识					
12.7	明确目标					

图 1-9　品行困难生帮扶记录 4

这从一个方面说明,在新课改之下,"问题学生"依然很多,课改并没有使所有的学生达到期望的水平。至于是新课改本身的问题还是教师没有按照课改精神进行改革造成的,我们暂不追究。好在对问题学生已有行动,有一些学校帮扶措施比较明确,如"四优先":课堂提问优先、作业批改优先、课外辅导优先、家庭访问优先;"四跟踪":思想跟踪、学法跟踪、作业跟踪、成绩跟踪。也许我们会追问另一个问题,这些学生能够达到义务教育课标基本要求吗?当前初中毕业似乎没有标准。初中没有了留级制度,不能留级,最后全部合格毕业。高中有个毕业考,不及格再给次补考机会,最后学生几乎都能拿到毕业证。试问这样培养出来的毕业生进入社会会是合格公民吗?

【镜头8:对待学生的态度不理想】

山西省2012年初中教师全员远程培训的一个学员提交了这样一个如何对待不专心学生的"我的教育故事"。

一直以来,我认为教书首要的一条就是管住学生。要想管住学生,就得严厉,不然的话,学生不怕你,以后你的工作就开展不下去了。可上周的一次课堂上,我正在兴致勃勃地讲课,大家说得头头是道,我也暗自高兴。我请吴俊杰回答我的问题时,我发现他的旁边刘小康正低着头,瞧他的神态,思想早飞到九霄云外。顿时,我的内心深处涌起一丝不满,决定借此机会"杀鸡骇猴"。于是,我放慢讲话速度,慢慢走到他的身边。全班同学都明显感觉到我的变化,教室里的气氛一下子凝固起来了,刘小康也感觉到了这种变化,看到我就站在自己的身边,脸一下子涨得通红。我立即请他重复一下我的问题,听到我叫他,他连忙抬起头环顾四周,然后扭扭身子,慢吞吞地站了起来,低头看了看书,又抬头看了看我,课堂上出现了短暂的沉默。很明显,他思想开小差了,不知我们讲到哪道题了。我暗自思索:是让他坐下去了事呢,还是继续?我耐住性子说:"请你把题目读一遍。"我原以为教学即将顺利进行,可谁知他脸涨得通红,牙齿咬住嘴唇,低下了头,沉默不语,周围也响起了窃窃私语声。我暗自提醒自己:耐心!"那你刚才在干什么?"我拼命压住心底的怒火,"你能把题目读一遍吗?"我知道,我的声音变得严厉了。"快说呀……"旁边的同学也觉察到了不对劲,开始悄悄提醒他。可他抬了一下头,看了看我,又低下了头。最后,我以"坐下吧,下课自己好好想想"结束了这段"对峙"。①

NBDC中学学生的一幅作品(见图1-10)在一定意义上反映了老师、家长和同学对待后进生的态度。

课改十多年,结果不尽如人意,这促使我们去反思课改,去研究课改中出现的种种问题,思考如何才能更好地让未来新一轮课改走向成功。在课程改革实施过程中遇到问题是自然的,任何改革都不会一帆风顺,改革有成功也有失败,可以在

---

① 王延龙.我的教育教学故事[EB/OL].(2013-01-04)[2017-04-21].http://shanxicz2012. feixueli. teacher. com. cn/GuoPeiAdmin/TeachingIntrospection/TeachingIntrospectionView. aspx? TiID= 36873&cfName=20130104shanxicz201236873.

图 1-10　NBDC 中学学生作品——后进生

改革过程中通过不断调适使之更加适应现实。但对于一些教育研究者来说,却有必要进行反思。唯有此,才能从中借鉴经验以便在下次课程改革中做得更好,才能使课程改革不断深入。

第二节　研究问题与意义

课改效果不能如期而至,是课改本身有问题,还是教师没有按照课改要求实施,其或二者都存在问题? 不论是课改本身有问题,还是教师没有按照课改要求去做,其中都存在教师课改阻抗问题。任何的课程改革,教师都会基于这样或那样的心态产生不同方面、不同形式、不同程度的阻抗行为,如何使课改实施面对更小的阻抗或抵触,如何使课改阻抗产生的不利影响降到最低,探求课改阻抗的心态,研究课改阻抗的心理,了解阻抗背后的原因,对课程改革顺利实施及未来新一轮课程改革推进都有着重要意义。

一、研究问题的提出

(一)研究问题

新世纪课改一度被形容成"新瓶装旧酒",其实这也暗含了教师的隐性阻抗。让课程改革产生较小阻抗的一个前提是课程改革方案的成熟;否则,如果课程改革方案没有基于国情经过充分论证,不成熟就推行,我们又呼吁和要求教师按照课程改革要求进行,教师自然会有抵触,结果大家都可能会成为教育的罪人。其实,任何改革都有风险,高明的决策是要把风险、损失和代价降到最低。所以,改革需要同时听到两种声音:一种声音是赞同声,这是改革推动者和决策者爱听的,但是一定要让赞同者讲清楚赞同的理由和道理,让决策者做到心里有数;另一种声音是反对声,这是改革者不喜欢听的,但必须让反对者讲出充分的理由,这些可以让改革者对改革做周全考虑、适当调整,也是作为警钟提醒改革的决策者要做预案,以应对风险。

教师是课程改革实施的主体,除了课程改革自身存在的问题会影响课程改革的进行之外,教师对新课程改革的阻抗应是导致新课程改革实施出现困境的重要原因。从研究教师入手,从教师真实的、原初的所思所想,来考察课程改革实施难点及改进措施,不失为一种恰当策略。为此,我们试想对新课程改革教师阻抗情况进行研究,切入视角主要从现象学方法去分析。

(二)研究目标

通过对教师课程改革阻抗的研究,期望能达到以下四个目标。

目标一:对课程改革实施过程中教师的教学生活现象进行系统的梳理、归类与分析,通过在研究过程中的生活化选题、对话式访谈、描述性写作、主题式分析与现象学反思,揭示教师以身体体验为主的日常教学生活体验,以及特定生活体验背后的教育学立场。

目标二:揭示新课程改革所面临的"教师阻抗"问题,真正了解教师课改阻抗,弄清教师阻抗的不同表现形态,教师在不同方面的阻抗体现,透过现象揭示教师课改阻抗的本质。

目标三:对改进课程实施难点、继续推进课程改革提出基于教师"身体关怀"的课程改革方面的建议,以及提出相应的消解教师课改阻抗的策略和措施。

目标四:以本研究为例,探索如何运用现象学方法研究和分析教育研究中的现实问题,以扩大教育研究的路径。

(三)研究内容

本课题具体的研究内容包括以下八个问题。

问题一　课改实施难点的描述与分析——课改阻抗的表现

课程改革遭遇许多困境,这些困境现状折射着课程改革的实际成效与理想的预期效果(课程改革纲要中阐释的改革的目的)之间的差距,同时也显现出教师对课改的显性和隐性的阻抗。

1.学校现状描述;

2.教师工作状态描述;

3.学生学习生活描述。

问题二　教师课改阻抗研究的方法论——教育现象学方法

本研究关于教师课改阻抗的研究视角采取现象学的态度,需要对现象学相关理论和方法进行梳理分析和具体化应用探索。

1.现象学相关理论;

2.教育现象学相关理论;

3.教师课改阻抗研究的现象学方法。

问题三　新课改教师教学阻抗的现象学分析

新课改对教师的课堂教学要求是扮演学生学习的引导者、导演、帮助者、合作者,那么课改实施中教师角色转变了吗? 转变得如何? 其中折射了怎样的教师课改阻抗?

1.教师课堂教学(观点/思想/行为)的现象学描述(对典型教师的观察和访谈,具体到教师的课堂教学行为、教师对待教学的观点、教师的教学思想观念);

2.教师课堂教学观的分析;

3.关于教师课堂教学的反思。

问题四　新课改教师培训阻抗的现象学分析

新课改要求教师与新课程一同成长,大量的培训开始了,面对培训,教师的态度是怎样的? 他们参加新课改培训的体验如何?

1.新课改教师培训阻抗的现象学描述;

2.新课改教师培训阻抗的反思性分析;

3.关于新课改教师培训的思考。

问题五　新课改教师科研阻抗的现象学分析

新课改对教师科研的要求是成为研究型教师,教师对教育科研的态度和做法如何? 对教育科研的体验如何?

1.新课改教师科研阻抗的现象学描述;

2.新课改教师科研阻抗的本原性分析;

3.关于新课改教师教育科研的思考。

问题六　新课改教师教学生活体验研究

教师在课改教学生活中是否获得了良好的体验? 幸福感、存在感、压力感如何?

1.教师日常教学生活的描述;

2.教师日常教学生活体验的反思；

3.新课改教师的教学生活启示。

问题七　新课改教师情感体验研究

教师情感体验直接影响着教师的课改行为。课程改革中教师的情感投入如何？他们的情感体验又如何？

1.新课改教师情感体验的描述；

2.新课改教师情感体验的分析；

3.新课改教师情感体验的反思。

问题八　教师课改阻抗消解策略研究

时间是治愈创伤最好的良药。随着时间的推移，人们对课改的一些东西通过不断调适自我，以适应课改要求，这些都是被动的，有更有效的消解阻抗的策略吗？

1.教师课改消极阻抗消解的基本策略与路径选择；

2.基于"教师情感与身体关怀"的教师培训策略；

3.基于"教师情感与身体关怀"的课程改革策略。

二、研究意义与价值

本课题具有较强的理论研究意义和实践应用价值。

课题的研究对象是作为课改主体的教师的切身日常生活体验，有望对课改中教师的生活世界、教师阻抗形成原因有深刻认识，为克服课改实施难点，进一步推动课程改革向纵深发展提供有意义的借鉴。

课题研究视角较为独特，通过对课改中教师的情感体验进行精确的描述，真正了解课改中教师的情感世界，有望找到共同的主题，为探讨课改中教师的行为改变策略提供情感现象学的理论依据，对教师接受课改理念、促进专业成长提供有效的策略。

课题研究内容充实丰富，从身体关怀的视角去描述课改中的教师处境，揭示新课程改革所面临的"教师阻抗"问题，为教育行政部门和教师培训专家从"身体关怀"的视角改进课程实施策略和教师培训方式寻找新的可能性和突破点。

在研究方法上，本课题以现象学方法论为指导，从教师日常教学生活体验来研究新课程改革实施过程中教师的行为表现和阻抗，具有较强的可行性。对课改实施过程中教师的教学生活现象进行系统的梳理、归类与分析，通过在研究过程中的生活化选题、对话式访谈、描述性写作、主题式分析与现象学反思，揭示教师以身体体验为主的日常教学生活本质,以及特定生活体验背后的教育学立场,可以展现阻抗背后的情境,视角较新。

本课题将基于解释现象学和情感现象学的立场,从教育学、伦理学、社会学等场域描写和探讨课程改革与教师体验的多种关系,会提出一些新的学术观点。

本课题将教师日常教学生活世界和课改体验作为文本来解读,并通过现象学方法真实描写新课程改革过程中的教师体验和阻抗,能开阔研究视野。

通过研究所提出的建议对进一步深化课程改革具有一定的现实指导意义。

三、研究假设与思路

(一)研究假设

本研究基于以下三个基本假设。

假设一:课程改革是诸多影响变量的多元函数,在这个函数中,人是关键变量,教师是核心人物。导致课程改革实施困境的重要因素之一是教师,从教师因素考察课程改革实施难点及改进策略是恰当的。

假设二:把教师的日常生活体验作为研究对象,从现象学的方法论视角来反思课程改革,更容易接近课程改革实施难点的"真相",从而更容易找出推进课程改革的措施。

假设三:课程改革的历史也是教师身体现象的变革史,课程改革对教育实践的影响必将落在教师的身体体验中,成功的课程改革必将落到教师的身体关怀与解放上。

(二)研究思路

本研究先进行相关文献的查找和梳理工作,再通过选择样本学校进行教育现场考察和描写,之后选择典型教师代表进行个案访谈和观察,最后进行分析和总结。本研究具体从点、线、面三个层面进行研究。

"点"的研究:以个案研究与叙事研究为主,通过与课程改革中的教师、学生与学校管理人员进行访谈,从现象学的角度来研究教师的日常生活体验和课改阻抗。

"线"的研究:以十余年课程改革历程为线索,研究课程改革的实施过程及其对教师所产生的影响,以及由此带来的身心变化。

"面"的研究:研究课程改革给教师带来的日常生活体验方面的变化、课改阻抗的形成及其内在动因。

本研究具体按照如下思路进行研究：对已有的研究文献进行系统梳理；对现象学研究的理论基础进行系统化和序列化，以便寻求本研究的方法论基础，设计研究工具；对研究的分析维度进行充分论证和分析，构建本研究的研究框架。根据现象学研究的要求，开展教师行为观察、对话式访谈、情境分析；对观察的记录与访谈的笔录进行描述性研究、意义分析；通过现象学反思把握当下教师日常教学和阻抗的现象本质，提出消解教师阻抗和改进课程改革实施的策略与建议。

第二章

相关文献研究

　　"阻抗"原初是指"当电压和电流按正弦规律变化时,具有电阻、电感、电容的电路对交流电所起的阻碍和抵制作用"[1]。之后,弗洛伊德(Freud)将其引入心理学领域而提出心理学意义的"阻抗"概念,给出的解释是"患者在自由联想过程中对那些使人产生焦虑的记忆与认识的压抑"[2],是个体潜意识中的自我防御机制,表现为对外界某种东西的抵触、排斥和反感情绪。心理阻抗常表现为人们对某种焦虑情绪的压抑,对涉及某种痛苦经历的回避,对触动某些特定事件的抵触,或是对改变某种行为及认知的拒绝等。教育变革理论中使用的"阻抗",直接来源于社会学中关于社会变革的研究,与心理学研究有着密切关联,重点强调的是出于人本能而表现出来的对外界的防御心理。而教师课改阻抗是指,作为直接实施课改的教师群体,受主、客观因素影响,教师固着于其个性结构中的有偏差或不完善的认知、情感、意志所产生的对课程改革的漠视或拒绝,对课程改革方案的一种拒受、消极、应付等态度。教师作为课程改革的实践者,是决定课程改革实施顺利与否的关键因素。正如英国学者埃利奥特(Elliott)所说,学校变革实际上是教师的变革,没有教师自身的主动适应与变化发展,学校变革是不可能实施成功的。[3] 我国学者钟启泉教授也指出,课程改革的成败"归根结底取决于教师。教师是理想与现实、理论与实践之间的转化

---

[1]　辞海编辑委员会.辞海[M].上海:上海科技出版社,1979:1449.

[2]　弗洛伊德.精神分析引论[M].高觉敷,译.北京:商务印书馆,1984:96.

[3]　埃利奥特.课程实验:迎接社会变革之挑战[M].赵中建,译.上海:华东师范大学出版社,2009:32.

者"①。然而遗憾的是,课程改革经常遭到教师的阻抗,这些阻抗有些具有消极影响,有些具有积极作用。为了能更好地理清课程改革中教师的阻抗问题,本章对教师课改阻抗做一文献研究。

第一节　教师课改阻抗性质的相关研究

"任何的变革,都会打破事物原有的平衡状态,为身处其中的人带来不确定性和不安定感。"②这种不确定性让他们感到心理不安,所以教师在没有得到切实的价值认同和利益保障的情况下,习惯于从本能上拒绝、抵制和反对变革的发生。这样,整个课程改革过程就笼罩于教师阻抗的统摄之中。但是,正如教育功能在其性质上有正功能和负功能之分一样,教师阻抗的功能也存在着正、负两种性质。③ 在总体上我们可以认为,教师阻抗的正功能更多地体现为有助于变革的设计者、决策者和领导者进一步反思变革的价值合理性和过程合理性;有助于维系一些值得珍视的"旧"价值、"旧"习惯;有助于在激烈动荡的变革场景中维持一定的平衡。④ 从某种角度来说,教师有阻抗课程改革的权利和义务。⑤ 在当前社会发展要求和教育改革的背景下,教师阻抗的正功能和负功能正越来越呈现出此消彼长的趋势。总之,人们认识到,课程改革中存在教师阻抗是正常的。教师阻抗反映了教师在落实课改时并不是"愚昧"忠实地实施,而是有所思考,是教师在面对不确定性时的正常表现。

一、课改阻抗的类型分析

从对课改的接受程度以及执行效果上来看,教师课改阻抗可以区分为屏蔽型阻抗、防备型阻抗、内隐型阻抗、异化型阻抗等类型。

(一)屏蔽型阻抗:你改你的,我做我的

当一场教育改革来临时,作为改革实施者的教师有意识或无意识地忽视或忽

---

① 钟启泉.中国基础教育课程改革:问题与行动[J].全球教育展望,2004(1):11-15.
② 操太圣,卢乃桂.伙伴协作与教师赋权:教师专业发展新视角[M].北京:教育科学出版社,2007:67.
③ 袁舒雯,邵光华.教师课改阻抗及消解策略研究回溯与反思[J].教育理论与实践,2013(17):33-35.
④ 孙元涛,许建美."教师抵制变革"的多维分析[J].教育发展研究,2009(15):12-15.
⑤ 于动,黄敏.论课程改革进程中的教师阻抗及其消解策略[J].中州大学学报,2010(5):99-101.

略改革的存在,以一种改革之前的状态进入教育改革,这是一种"屏蔽型"阻抗。这些教师或许关心自己现有的教学任务能否顺利完成,或许关心具体某一堂课该如何进行,但是,对于即将或者正在进行的改革"是什么,怎么做,需要变成什么"则表现出漠然态度。他们常常以一种既成的生存状态迎接教育改革,在心理上或"瞧不上"或"怀疑"甚或"拒斥"改革项目;行为上则不想为改革做任何准备,也不打算改变。即使他们偶尔看到关于介绍改革的材料,也是作为一个旁观者审视这些材料而没有任何实施改革的计划。可以说,这种外在施加的教育改革就像手机信号一样被"屏蔽"在他们自身的教学之外,用一句话来概括就是:"你改你的,我做我的。"[1]

新课改是新形势下课堂教学的重建,它无论是在抽象的课程政策、课程思想上,还是在具体的课程结构、课程内容和课程评价等方面都出现了一系列新变化,并对教师的教育观念、知识结构、思维方式、教学能力及教学手段等提出了一系列新标准和新要求。[2] 这对于大多数教师而言无疑是一种挑战和超越,它意味着要全面改变曾经得心应手的工作方式,全面更新曾经引以为豪的教师素质。[3] 面对这种革命性的变革,年轻的教师由于在教育教学经验和观念上还没有定型,适应尚且容易些,而中年以上的教师在适应上就显得困难,特别是那些原本经验丰富、成就感强的教师,更是觉得痛苦和失落。[4] 这部分教师往往对新课改产生完全的抵触情绪,一概不问你怎么改,"屏蔽"所有的课改信息,坚持"自我"。

(二)防备型阻抗:一边执行,一边防备

教育改革在经历了启动与初步实施后,教师们的行为会表现得更为丰富。当外来的改革影响了教师正常或者习惯的生活方式时,他们会通过各种行为来降低不利影响而"保护"自己,例如退出改革、遮蔽传统教学、表演改革或者抵制改革等。也就是说,这些教师在课改中随时防备着改革可能带来的对自己的"伤害"或不利。如有些教师在改革初期对教育改革培训非常欢迎,对改革理念也认同,在自己的课堂上也进行积极尝试与摸索,但是,这种积极的反应并不能维持太长时间,可能受考试成绩下滑的影响,或者是"感觉到"按课改进行下去成绩必定下滑的危险,他们逐渐退出了积极实施者的队伍,而表现为一种更为保守的、消极的适

---

① 王琼.基础教育改革中的教师行为类型研究[D].宁波:宁波大学,2014:27.
② 田慧生.新课改背景下的课堂教学重建[J].教育科学研究,2005(7):5-9.
③ 宋凤宁,李一媛,张琼.新课程实施中教师阻抗因素的调查及对策研究[J].教育探索,2005(7):21-24.
④ 黄向真.新课改背景下教师的心理不适及其解决[J].教育评论,2002(6):43-45.

应或抵制状态。他们把尝试过的改革视为需要防御或躲避的对象，采取了一系列的规避措施，以保证自己的正常利益不受伤害。这些不可侵犯的利益包括完成正常的教学任务、维持学生的成绩水平以及保证自身在教师小群体中的原有地位等。特别需要强调的是，这一行为类型的教师，他们中的大多数一开始并不是排斥教育改革的，反而对教育理念表示认同，只是由于种种原因而选择了较为保守或激烈的利己行为而已。①

　　虽然以全面实施素质教育为核心的新课改有政府大力主导，但是在具体实践中依然有诸多环节缺乏相互配套和互为保障（特别是考试制度和督导评估体系），加之制度化教育的选拔性和排斥性，使新课程实施仍陷入应试的怪圈。②因此，学校和教师在实施新课改的过程中经常处于两难境地：一方面，要根据教育主管部门的要求全面推行新课改，加快教师角色和教学方式的转变；另一方面，又要承受社会、家长乃至教育主管部门仍按学生的考试成绩和升学率来评判教学质量和办学质量的巨大压力。③ 学校和教师不得不用两手准备来兼顾两种相互矛盾的现实：对外热热闹闹搞素质教育，对内扎扎实实抓应试教育。④ 在这种状况下，多数教师感到无所适从、左右为难，并对自己虽有先进的教育理念却仍然实施落后的教学行为感到无奈和滑稽。当然，也有教师直言不讳：考试就是指挥棒，而且永远是指挥棒，它指向哪里，教师就跟向哪里。⑤ 所以，课改中教师首先选择的是保证家长的"评判"过关，成绩不能下滑，对实施着的"课改"随时防备着，一旦有导致成绩下滑的"苗头"，就会立刻终止正在实施的新的课改做法，而返回到"老路"上去。

　　也许，"教育中的种种需要改的东西的根源并不在课程本身，也不在教师本身，而在考试、升学、就业制度，是中国国情决定的。学生从下向上发展就一个天井出口，一种标杆检测你是否出得去，那就是考试成绩。尽管招生考试在改革，但终归是考试，只是形式不同而已的考试，那教师能不注重考试里的东西吗？针对考试教学那是必须的。教师受制太多，可谓夹缝中生存"⑥。在教师的认知中，如此课程改革解决不了最根本的问题，没有多大意义。所以，各类课改宣传难以起到大的作用，一些教师也只是先抱以应付的态度，这些教师其实心里并不反对课改，但又有"防备"心理，从而难以真正像改革决策者希望的那

　　① 王琼.基础教育改革中的教师行为类型研究[D].宁波：宁波大学，2014：39.
　　② 王铁群.制度化教育视域下的新课改实施[J].辽宁教育研究，2006（7）：47-50.
　　③ 杭海.论新课改中教师的阻抗心理及消除[J].新课程研究，2006（7）：57-59.
　　④ 李允.课程改革中教师的心理压力及缓解策略[J].中国教育学刊，2004（9）：33-36.
　　⑤ 李允.课程改革中教师的心理压力及缓解策略[J].中国教育学刊，2004（9）：33-36.
　　⑥ 邵光华.关于教师课改认知的反思性分析与启示[J].教师教育研究，2014（5）：29-35.

样从根本上去变革行动。

(三)内隐型阻抗:虚假认同,表面文章

随着新课改的全面推进,一些教师在大势所趋面前,不再采取直接的抗拒态度,取而代之的是一种表面虚假的认同,即以一种被动应对的心态对待新课改,而实质性地不执行新课改。很多教育改革实验研究发现,即使教育改革得到了很多老师的一致接受和赞同,也不能避免有些老师仍不明确他们正在实施的改革有什么基本特征、需要如何操作或者应达到何种目标。这些老师会陷入"虚假的明确性"中,把教育改革简单化、机械化,不能觉察到所实施改革的深层变化与要求。具体而言,教师的虚假认同即其常态、真实的教学实践仍然停留于旧有的经验惯习,大抵可分为三种类型:盲目性、口头性和应急性。所谓盲目性认同,指教师在未搞清楚何谓改革和为何改革的前提下,以从众的方式对新课改的要求表现出认同。换句话说,它不是发自教师内心的改革需求,而是一种随波逐流的被动性应对。所谓口头性认同,指教师对于新课改要求仅仅表现出一种空口的应允,而很少甚至根本不将之运用于自己的教学实践,致使新课改要求实际成为一种应付检查的摆设。所谓应急性认同,指教师为了获得新课改所赋予其某种特定利益或身份,往往采用"一次性任务"的形式进行课程改革。[1]

内隐型阻抗有两种典型表现:一是为了新课改实施中公开课的展示,这些教师往往会在一个规定的时限内,花费大量的时间和精力去打磨一堂显现课改精神的公开课以求展示成功,但随着公开课展示的结束又"涛声依旧";二是应付评审验收——当面对评审专家时,他们大多声称新课改是顺乎民心、合乎民意的政策与举措,并力举自己实践新课改的诸多成效,但实际上在他们的常态课程实践中并非如此。[2]

教师对新课改的虚假认同,说明部分教师对新课改缺乏应有的认识,仅仅将其作为不得已而为之的一种外部强加的任务。

(四)异化型阻抗:赞同改革,合我修改

导致教师课改阻抗的原因除了教师自身的因素之外,学校里的其他因素也影响着教师参与课程改革的积极性,如新课程改革所需的硬件与软件设施跟不上、

---

[1] 马新英,程良宏.试论教师在课程改革中的虚假认同及其改善[J].教师教育研究,2010(5):32-36.
[2] 乔建中,冯媛媛.新课改实施中教师适应性问题概览[J].江苏教育研究,2012(18):17-19.

学校评价体系的滞后和缺乏家长的配合等。① 而相较于那些深层或者肤浅遵循改革要求而形成的行为模式,有些教师虽然在改革起始阶段会按照要求进行改革,但是,随着课堂改革实践的实施,他们(特别是有着丰富教学经验的老教师)会自觉或不自觉地按照自己已有的教学理念修改教育改革所要求的教学行为方式。这些修改经过时间的"沉淀"便易形成一种变异教育改革的行为模式。这种行为模式下的教师,一般打心底赞同或者欢迎教育改革并积极地投入教育改革实践中,努力在自己的课堂中践行新方法和新理念。也正是这些积极的老师往往对教育改革所要求的行为模式修改更多。这里异化改革的行为模式不同于前述的防备行为对改革的改变,因为它是在理解和修改改革的过程中逐渐远离或者不同于改革要求的。而改变后的行为会融入自己的日常教学,进而成为自己实施改革的一种较为稳定的行为模式,影响着改革实践。② 在教学中主要表现为四个方面:(1)将"对话"变成"问答"——教学中的对话是教师与学生以教材内容为"话题"或"谈资"共同去生成和创造"文本"、构造"意义"的过程,但有不少教师在教学实践上把对话等同于师生问答;③(2)有活动却没体验——新课改所提倡的活动是外显活动与内隐活动、操作活动与思维活动的统一,旨在引导学生通过动口、动手、动脑,在亲自体验过程中获得发展,然而有些教师组织的活动中有相当部分是散漫的、随意的、肤浅的,可以说是为活动而活动;④(3)合作、探究有形无实——有些教师将"合作学习""探究学习"当作"体现课标精神"的标签,不管需不需要、应不应该、合不合适,只要有疑问,无论难易,一概用上,缺乏对其内涵应有的深刻认识和反思;⑤⑥(4)课堂有温度却无深度——有的教师片面理解"三维目标"与"双基"的关系,把主要精力用于如何让课堂气氛活跃起来、热闹起来,相对忽视基本知识和基本技能的培养和训练,还有的教师在短短的一节课里,安排过多的教学形式,一会儿讨论,一会儿表演,一会儿又合唱等,加之多种视听画面,把课堂搞成杂乱的"集市",弄得学生疲于应付,但对教学重点和难点却不甚明了。⑦

① 宋凤宁,李一媛,张琼.新课程实施中教师阻抗因素的调查及对策研究[J].教育探索,2005(7):21-24.

② 王琼.基础教育改革中的教师行为类型研究[D].宁波:宁波大学,2014:46.

③ 余文森.新课程教学改革的成绩与问题反思[J].课程·教材·教法,2005(5):3-9.

④ 余文森.新课程教学改革的成绩与问题反思[J].课程·教材·教法,2005(5):3-9.

⑤ 韩丽,马玉顺.新课改最大的误区——课堂教学的形式化[EB/OL].(2005-04-24)[2017-05-17].http://www.qtedu.net/sspd/jxlw/200504/8505.html.

⑥ 余文森.新课程教学改革的成绩与问题反思[J].课程·教材·教法,2005(5):3-9.

⑦ 韩丽,马玉顺.新课改最大的误区——课堂教学的形式化[EB/OL].(2005-04-24)[2017-05-17].http://www.qtedu.net/sspd/jxlw/200504/8505.html.

一些课程理论专家将西方课程理论作为研究的理论基础,从选题到论述与论证的过程,无不带有浓烈的西方色彩。殊不知新课改提倡的后现代课程理论仅仅是一种理论观点而已,其提供给我们的是一种思维方式,并不能代替已有的课程理论。而且,在课程改革的实施过程中,由于确定的是以西方课程改革的基本框架为基础的方案,因此,具体的课改实施过程实际上成了西方课程理论的验证性研究,而诸如体验、探究、感悟等的教学方法,在实施过程中教师其实难以真正把握其要义,更难以在实践中操作。① 三维目标是新课改的核心概念和推进素质教育的集中体现,但是,由于对三维目标的设计和操作缺乏理论指导和实践经验,很多教师对三维目标的多维性与整体性、一致性和差异性、显性目标与隐性目标、横向关联与纵向层次的关系缺乏正确的认识,以致在教学中常常出现顾此失彼的现象,并使三维目标失去了应有的价值。其主要表现有:(1)矫枉过正:为了突出"过程、方法"和"情感、态度、价值观"这两个以往课堂教学所忽略的新目标,使本应作为主线的"知识、技能"目标变得弱化或虚化。② (2)生拉硬扯:在教学设计与实施中不善于把握三维目标之间的有机联系,以致"过程、方法"的教学常常游离于教学内容和教学任务之外,而"情感、态度、价值观"的教学更是采用"贴标签"的说教方法。③ (3)平均对待:为了体现三维目标"一个都不能少",将其当作三个单独的目标平等对待,并人为地将一节课平均分成要达成三个目标的三大环节,进而陷入为了方法而讲方法,为了说教而空洞说教的怪圈。④

新课改倡导以人为本的思想,强调教与学是教师与学生在社会交往中形成的一种沟通与合作的交互主体性关系,要求确立学生作为学习主体的地位和权利,促成一种既有平等沟通又有自我表达,既有相互合作又有个人探索的教学互动关系形成。这不是一个看似简单的教学要求,而是一个涉及如何辩证处理立足学生主体性与发挥教师主导性的关系问题。在这个问题上,现实教学中普遍存在两种极端的代表性现象。其一,情不自禁的"居高临下":尽管许多教师在理论上也知道,教学不是一种简单给予、被动接受的活动,而是一种相互合作、共同探讨的过程,但是由于种种原因或理由,每当教学过程深入之时,他们又会"情不自禁"地主宰、操纵教学的话语权,习惯性地展露"居高临下"的教学面目;其二,淡化职责的

---

① 刘家访.课程改革十年:本土实践视角的检视[J].福建师范大学学报(哲学社会科学版),2012(4):162-166.
② 任京民."三维目标"几个有争议的问题探讨[J].中小学教育,2009(5):37-39.
③ 余文森.新课程教学改革的成绩与问题反思[J].课程·教材·教法,2005(5):3-9.
④ 任京民."三维目标"几个有争议的问题探讨[J].中小学教育,2009(5):37-39.

"课堂民主":有些教师将新课改所要求的新型教学关系简单地视为"放权运动",把自己"少讲"或"不讲"而让学生"多讲"或"多动"当作教学的基本策略,还美其名曰"把主动权还给学生""让学生做课堂的主人""让学生自主去探究"。① 他们在课堂上,虽强调学生的独特见解、体验,却忽视对文本的基本尊重;虽强调学生的自主、建构,却忽视教师的必要引导;虽强调对学生的尊重、赏识,却忽视对学生的正面教育。② 他们的课堂看起来异常民主、热闹非凡,其实是一种淡化教师职责的"课堂民主"假象。因为新课改的一些理念带有较强的理想化色彩,在实践中很难达到目的。

二、教师课改阻抗的辩证分析

教师阻抗是学校变革过程中的必然存在。一谈到阻抗,人们往往从消极层面去理解。其实,阻抗是一把双刃剑。对教师课改阻抗的性质应该辩证看待,既应看到它不利的一面,又应认识到它积极的一面。从对课程改革本身所起的实际作用来讲,改革阻抗可分为良性阻抗和恶性阻抗,分别具有正功能与负功能。如一些人对改革不符合实际的批判,虽然在主观上妨碍了课程改革进程,客观上却对课程改革起到了修正作用,这种阻抗就是良性阻抗;而出于个人利益阻挠,或带有惰性的学校组织文化、个体不愿改革的心理定式,或者是由于潜意识层面对教育改革不确定性的焦虑,以偏执的形式释放出来,并伴随着强烈的阻抗与抵制,其核心要素是害怕被剥夺,这些都属于恶性阻抗。而保守的民族性格与个性特征也从人性心理层面妨碍了教育改革的顺利推行,这是一种恶性阻抗。③

而从课改阻抗产生的原因上看,任何改革都必然或多或少地存在阻抗,课程改革也一样,辩证地看待课改阻抗,分清阻抗的种类,可以使改革更科学、稳步地进行。改革往往不是一蹴而就的。事实上,改革总是充满着困境,遭遇着阻抗。

(一)阻抗的消极面

教师阻抗往往被看作是在学校变革过程中教师阻碍变革顺利进行的心理状态及外显行为,所以,就推行课程改革而言,教师课改阻抗显然具有消极作用,不利于课改的推行实施。詹纳斯(M. Janas)把教师的阻抗具体分为挑衅性

---

① 乔建中,等.知情交融:教学模式新探[M].合肥:安徽人民出版社,2010:44.

② 余文森.新课程教学改革的成绩与问题反思[J].课程·教材·教法,2005(5):3-9.

③ 潘新民,石雷.基础教育课程"渐进"改革的理论构建与实践探索[J].教育发展研究,2012(2):13-17.

(aggressive)阻抗、消极—挑衅性(passive-aggressive)阻抗及消极性(passive)阻抗三种类型。① 挑衅性阻抗主要表现为直截了当地拒绝变革,教师在态度上完全否定变革,在思想上不接受变革理念。消极—挑衅性阻抗主要表现为委婉地拒绝,教师往往以缺乏时间和精力为由,达到不合作的目的,更多的人是因为自身能力不足和知识的缺陷无力进行变革,或者是害怕变革冲击到自身的既得利益而抵制变革。消极性阻抗主要表现为教师的"阳奉阴违"的心态和"穿新鞋走老路"的做法,虽然教师在心里不接受变革,但迫于外在的压力不得已而进行变革,实践中他们往往采用一些修修补补的老办法去实施变革,从而使变革在实施中回到旧轨道上去,难以达到变革的真正目的。② 显然,这种分类是基于阻抗是"负面"的前提。

葛春、费秀芬针对广大农村教师的课改阻抗进行了分析,认为中国当下的农村教师相对而言是"弱势群体",在面对强势的政治权力和精英的外在控制与规训时,出于自身安全和生存的考虑,往往都会采用"弱者的武器"——日常反抗,从而避免与强势一方发生正面的直接冲突,同时也可以最大限度地保护自身利益不受侵害,具有"减压阀"或"纠偏仪"的功能,但如此的"日常反抗"的存在会增加教育改革的成本。③ 教育变革带来的不确定性会让教师感到紧张,会让教师走出原来的舒适地带,有种不安全感。④

不同的教师,由于观念和实践执行中的表现不同,对于新课改实行过程中表现出不同的阻抗样态:有的散布悲观言论,"新课程改革条件不具备、时机不成熟,肯定不会取得理想的效果"⑤;有的抱怨,"我们教师是人,不是神,新课改在为学生着想的时候能不能多为我们教师着想一点呢"⑥;有的愤怒,"中小学教师本来就不容易,现在教育行政部门又用课程改革来整治我们,幸灾乐祸地看着我们像热锅上的蚂蚁"⑦。这种非理性的阻抗是典型的消极阻抗。

(二)阻抗的积极面

教师课改阻抗也有其积极的一面。孙元涛、许建美认为,教师抵制变革有三

---

① JANAS M. The dragon is asleep and its name is resistance[J]. Journal of staff development,1988(3):13 - 16.
② 韩登亮. 教师阻抗学校变革的理性思考[J]. 当代教育科学,2011(1):3 - 6.
③ 葛春,费秀芬. 新课程实施中农村教师的"日常反抗"[J]. 教育发展研究,2009(4):43 - 46.
④ 操太圣,卢乃桂. 伙伴协作与教师赋权:教师专业发展新视角[M]. 北京:教育科学出版社,2007:67.
⑤ 黄向真. 新课改背景下教师的心理不适及其解决[J]. 教育评论,2002(6):43 - 45.
⑥ 万伟. 新课程改革下的困惑与思考[J]. 走进新课程,2003(2):25 - 28.
⑦ 黄向真. 新课改背景下教师的心理不适及其解决[J]. 教育评论,2002(6):43 - 45.

重建设功能;有助于变革的设计者、决策者和领导者进一步反思变革的价值合理性和过程合理性;有助于维系一些值得珍视的"旧"价值、"旧"习惯;有助于在激烈动荡的变革场景中维持一定的平衡性。①

于动、黄敏也指出,阻抗的出现并不总是表示失败,阻抗是课程改革进程中问题深化的切入点,通过阻抗我们也可以更好地来审视我们的改革;阻抗是选择更有效的管理方法及途径的重要依据;从某种角度来说,教师有阻抗课程改革的权利和义务。②

韩登亮则做出了更加理性的思考。③ 第一,通过教师的阻抗我们可以更好地来审视我们的学校变革。既然阻抗产生了,那就说明我们的改革还有不尽如人意的地方,比如:是否我们的改革过于理想而不切实际? 是否我们的改革计划不够合理? 是否我们的改革方案不太可行? 是否我们的改革在执行过程中出现了偏差? ……这样,通过审视阻抗,我们再回头检查我们的改革就可能发现其中很多的不足,从而能够促使改革设计者更加全面而现实地对待变革过程中出现的问题,进而调整我们的改革,使改革取得更好的成效。第二,阻抗在一定程度上可以帮助改革推进者更深入认识改革实施主体。阻抗的一个外显特征是教师的教学行为基本没有太大的变化,甚至出现向传统回归倾向,改革所追求的目标仍停留在应然追求层面而非实然状态,学校实践与变革所倡导的理念之间依然存在着相当大的落差。一方面,面对过于激进的改革措施,很多教师出现心理上严重的不适,但迫于改革的压力不得不在表面和形式上附和,而在内心和实际行为上却存在着抵触情绪;另一方面,也有很多教师出于对教育现实的强烈反叛,虽从思想上完全接受了变革理念,然而由于改革的前期筹备乃至后期的培训工作不到位,在实践中感到迷茫,不能也不知道如何将观念转化成行为。阻抗的产生可以促使改革推进者深入研究和认识改革实施主体,寻找更有效的具体改革措施。第三,教师对于学校变革的阻抗,可以有助于变革的设计者、决策者和领导者变得更加理性。问题的出现是改善的前提和动力。教师阻抗的产生能有效地引导变革规划者认清现状,澄清问题,改变策略,弥补漏洞,使得激进的方案变得按部就班,空缺的筹备和培训也及时得以增补,从而使改革的规划和推进变得激情少了,理性多了。在这种意义上,教师阻抗完全可以看作是对具体情境(特别是存在严重危机的情况下)的适当反应。第四,在一定程度上,阻抗对变革

　　① 孙元涛,许建美."教师抵制变革"的多维分析[J].教育发展研究,2009(15):12-15.
　　② 于动,黄敏.论课程改革进程中的教师阻抗及其消解策略[J].中州大学学报,2010(5):99-101.
　　③ 韩登亮.教师阻抗学校变革的理性思考[J].当代教育科学,2011(1):3-6.

具有修正性。教师对变革的阻抗,体现的不仅是教师个体不良情绪的蔓延和转嫁,更多的是规划者与实施者之间不同价值观的碰撞,以及理想设计与现实基础、条件之间的冲突。阻抗能够使变革领导者重新审视变革自身的价值合理性和基于现实条件的变革深度推进的可能性,进而去调适、修正:这场变革是必需的吗?现有的变革设计是解决当前困局的最佳设计吗?变革的目标设计恰当吗?现有的基础、条件是否适合变革的即时开展?变革推进过程的设计是否充分考虑了实践主体的接受能力?深入思考这些问题,不单是为了消解变革的阻抗,更重要的是适时调整变革的目标设计和过程推进,以最大限度地提升变革成效。

事实上,许多课程改革失败或不成功是课程自身的原因。比如,就新课改高中数学课程改革而言,改革领导层为了使得各学科课程结构统一,非得要求把数学必修部分做成五个模块,模块之间要求是相互独立的,第一个模块是基础,其他模块不能有逻辑上的内在联系。但教学实践中,教师根本不按照这个来,根本没有哪个教师会随意想先上哪个就上哪个,原来的用意何在不为人知。结果事实证明教材编制出来,是人为地割裂了数学内在的联系,"独立成篇",数学独有的逻辑联系在这里不显现了,也打破了学习的记忆规律和应用规律。教师的这种阻抗是自然的,显示了课程改革在教材的编制上不能为了强求统一而实施"独裁"政策。再看高中新课程改革中的内容设计,选修课程的内容设计有很多,最后实施落实得如何?翻开课标,发现我们落实的是那样的少。怎样解释这样的课标制定呢?怎样解释这样的课标的落实程度呢?

变革是一项复杂的系统工程,在启动之初都应该综合考虑各方面尤其是作为变革实践者的教师的需求和建议,也就是说,变革蓝图的规划过程应该真诚地邀请教师参与进来,聆听他们的意见和建议。在变革方案的设计中必须对变革中可能遭遇到的教师阻抗及其强度、方式等有详细的应对预案,必须对变革中教师自觉或不自觉地改变变革实施方案的可能性及可能因此而造成的风险(在有些情况下则可能创造出"惊喜")进行理性的评估。不考虑教师意见的变革方案是不完备的,不遭遇阻抗的变革几乎是不存在的,不对教师阻抗做风险评估和预案设计的变革构思是危险的。[1] 新课改阻抗的积极一面向改革者释放了这样一个信号:课程改革必须在尊重中国现实的基础上进行改革,一是教师现实,二是中国社会及教育现实,三是学生和家长需求现实。

① 韩登亮.教师阻抗学校变革的理性思考[J].当代教育科学,2011(1):3-6.

总之,人们应该清醒地认识到,课程改革中存在教师阻抗是正常的,教师阻抗反映了教师在落实课改时并不是忠实实施课程,而是有所思考,是人们在面对不确定性尤其是危险性时的正常表现。教师课改阻抗除了消极影响外,也能够促进教育政策的制定者和教育管理者对教育改革本身不足的反思,所以对课改阻抗应保持一分为二的态度。[①] 尽管适当的课改阻抗可以帮助改革者更加明确地选择改革的策略,但在某种意义上说,分析课程改革中教师阻抗的原因,消除教师对课程改革的消极阻抗,是课程改革得以推向深入并取得成功的重要因素。

第二节 教师课改阻抗影响因素的相关研究

关于导致教师课改阻抗的因素,早在 1990 年,美国学者托马斯·哈维(Thomas Harvey)就对教师参与变革的障碍以及抵制变革的原因进行了系统而全面的分析,他认为教师拒绝变革的原因包括增加负担(increased burdens)、没有利益回报(lack of benefits)、不安全感(insecurity)、变革的突然性和整体性(sudden wholesale change)、非预期的东西带来的抵制(unique points of resistance)等十二种因素。[②] 我国学者施良方也认为教育变革的阻力主要来自教师,并归纳了教师阻抗的四个方面的原因:(1)教师已有的知识技能赶不上学科发展的速度;(2)一部分人之所以选择当教师,是为了寻求一个比较稳定的职业;(3)过于频繁进行的变革运动,使得教师采取"以不变应万变"的策略;(4)教师不了解变革的性质以及可能带来的结果,使得教师对变革采取不关心的态度。[③] 对新课程改革教师阻抗的原因,学者们也进行了系统分析。

一、教师自身层面

从知的角度,有学者认为,新课改推行中反映出的教师知识的缺失,理论水平、教学经验的不足,[④]以及教师文化转型中的种种问题,是导致教师阻抗的重要

---

① 袁舒雯,邵光华.教师课改阻抗及消解策略研究回溯与反思[J].教育理论与实践,2013(17):33-35.

② 杨明全.革新的课程实践者——教师参与课程变革研究[M].上海:上海科技教育出版社,2003:186.

③ 施良方.课程理论——课程的基础、原理与问题[M].北京:教育科学出版社,1996:135.

④ 王传金.教师教学观念转变的阻抗因素分析[J].山东教育学院学报,2002(6):1-6.

因素。教师已有的观念属于教师的个人知识，表现为惯性的思维和固化的经验，已有观念对教师改革的束缚称为教师的观念"固着"。教师从事的长期平静而又稳定的工作，变动较少，久而久之容易产生惰性心理。而教育变革是一项费时又费力的巨大工程，教师投入的成本必然要增加，而收益却未必随之增加，权衡利弊，在没有得到切实的物质和精神保障的前提下，教师很少能产生主动变革的愿望。作为教师，如何科学地认识教师的职业和特点，如何科学地进行教师角色定位，对新课改的实施和推进，有着至关重要的影响。长期以来，教师"教书匠"的角色得到普遍认同。"教书匠"主要指教师照本宣科，给学生硬生生地灌输知识和道理，让学生机械重复死记硬背知识的条条框框，教学工作按部就班、缺乏创造性是其明显特征。而"教师的价值与意义在于引起、维持和促进学生学习，促进学生全面发展"[①]。新课程背景下，教师理应成为学生成长和发展的引导者和促进者。长期以来，课堂基本上是独立的空间，这使得教师主要以孤立的方式进行工作，自然会造成个人主义的教师文化占主导地位。再加上教师为分数竞争而导致教师之间不合作的生态现象严重，教师主动分享和团队合作研究精神缺乏，这都是造成新课改实施中教师阻抗的几大因素。[②]

从情的角度，有学者认为，教师对新课改的阻抗主要源自对教育的误解、对改革的误解、对学校的误解、对自身的误解以及对学生的误解等几方面。[③] 教师对课改前途的悲观估计、教师的保守性[④]、教师对利益的担忧以及课程改革可能带来的人际关系的失调等问题，[⑤]使得教师的压力剧增[⑥]，从而对课改产生阻抗。对广大农村教师来说，产生课改阻抗的主要原因是心理压力过大，包括自我否定产生的痛苦感、自身素质欠缺引起的焦虑感、新型师生关系引发的不适感、相互矛盾的现象带来的茫然感。[⑦] 在变革过程中，教师对在变革过程中所遇到的问题会产生担忧和迷茫心理，主要表现为：一是对变革本身的担忧，对变革的重要性和必要性认识不足，对变革的方式和手段不明；二是对变革前途的迷茫，教师对变革的结果和带来的预期效益心存迷茫与疑虑，必然在行动上瞻前顾后，迟疑不决，不愿全

① 施良方,崔允漷.教学理论:课堂教学的原理、策略与研究[M].上海:华东师范大学出版社,1999:13.
② 袁舒雯,邵光华.教师课改阻抗及消解策略研究回溯与反思[J].教育理论与实践,2013(17):33-35.
③ 张勇.课改阻抗的教师因素分析与应对策略[J].基础教育参考,2011(7):34-38.
④ 王宗湖,李克信,程福蒙.关于教师对新课程改革阻抗的思考[J].现代教育管理,2007(1):57-59.
⑤ 蒋士会.试析教师对课程改革的阻抗[J].学科教育,2003(8):11-16.
⑥ 宋凤宁,李一媛,张琼.新课程实施中教师阻抗因素的调查及对策研究[J].教育探索,2005(7):21-24.
⑦ 陈细波.农村初中英语教师新课程实施之准备[D].长沙:湖南师范大学,2006:35.

身心地投入变革中去。

从意的角度,有学者认为,教师产生阻抗的心理因素有新观念取代旧观念后,教师自我否定的痛苦和矛盾、自身素质重建带来教师的焦虑和恐慌、角色转变引起教师的失落和不适、新课改的美好目标与现实操作困难冲突带来的茫然和无奈;而教师的观念"固着"、教师的担忧心理、教师的价值偏向也可能是阻抗行为出现的主要原因。[1] 随着现代社会世俗化趋势的加强,人们对教育价值的关注逐渐被世俗的功利主义动机所占据。当前社会,人们对知识与教育的功能的认识总是难以超越庸俗的功利主义框架。"应试教育"的短视眼光不光主宰了教育系统的命脉,而且早就渗透到教师的生活中,教师对改革的接纳与抵制态度完全受功利化原则的驱动,导致从事"未知"的教育改革的意志缺乏或减弱。

从行的角度,有学者认为,教师长期以来养成的惰性,使教学习惯积重难返,从很大程度上影响着教师观念的转变,而教师缺少培训深造机会的背后,是培训效率的持续低下。[2] 这些都影响着教师阻抗行为的产生。面对变革的蓝图,教师本能的反应是从自身利益和功利化动机出发,考虑改革所能带来的实际"分数"效益,一旦得不到期望的前景和承诺,他们必然坚持习以为常的教育教学理念和行为方式,而对变革的存在或者置若罔闻,或者表面上接受而实际上"穿新鞋走老路"。教师在已有的教学模式和行为下,成绩上升的空间不大,那为何不积极投身新的改革,争取有个新的突破呢? 在一定意义上,也许不仅仅是分数的问题。

二、学校层面

导致教师课改阻抗除了教师自身的因素之外,学校里的其他因素也影响着教师参与课改的积极性,如新课程改革所需的硬件与软件设施跟不上、学校评价体系的滞后、缺乏家长的配合等。[3] 教师培训机制不完善,校本培训多走形式,专业培训大众化,忽视了教师专业发展中的自我需要,培训的覆盖面不够广,培训内容和方式难以符合教师的特点和需求。[4] 教师在实施新课程过程中遇到很大的困难,这不仅让教师感受到很大的压力,同时也削弱了一部分教师参与课改的积极性。

新课改是自上而下实施的。一方面,现实教育改革中存在行政化、简单化和

---

① 韩登亮.教师阻抗学校变革的理性思考[J].当代教育科学,2011(1):3-6.
② 罗珊,葛静.走到背后——新课改阻抗之教师因素分析[J].新课程研究,2011(2):48-50.
③ 宋凤宁,李一媛,张琼.新课程实施中教师阻抗因素的调查及对策研究[J].教育探索,2005(7):21-24.
④ 陈细波.农村初中英语教师新课程实施之准备[D].长沙:湖南师范大学,2006:39.

庸俗化现象,这是教育改革实现的阻抗因素。① 国家教育行政部门的文件中开始出现一些西方课程理论的规定,应当说这对于我国教育行政的改革与创新起着积极作用。但是,各种文件的规定多半仅仅是话语方式的改变而已,多数规定由于水土不服,要么流于形式,要么不了了之,甚至可能把来自西方、沿海、城市或内地的课程改革经验过度普遍化,当作放之四海而皆准的真理。② 因此,在自上而下的学校变革或校长强制推行的学校变革中,应该允许教师在变革之初存在缺位现象,这是正常而合理的。③ 另一方面,新课程要求管理者的管理方式、教师的教学方式和学生的学习方式发生转变,而这些转变顺利实现的一个前提条件就是需要有大量现代化教具和学具等教学硬件做支撑。如果教师将自己看成是学校管理系统的最末端,对于改革更多的是被动地接受和应付,一旦部分地区新课改中出现一些问题,就会对新课程整体产生阻抗心理。

变革阻力不一定以统一的方式表现出来。在现代学校变革中,有无意识阻抗和有意识阻抗两种类型,而且不仅表现为教师个人层面的阻抗,还可能出现学校组织层面的阻抗。教师个人层面的阻抗主要来源于教师个人的个性心理和经济利益的驱使,力度较小,但却是构成学校组织变革阻抗的基本单元;学校组织层面上产生变革阻抗的因素却有很多,既有显性的,诸如学校的组织结构、规章制度等,也有隐性的,如学校文化、教师的工作习惯等。英国政府在推行国家课程时就曾遭受到教师工会组织的集体抗拒,因为这一政策直接危害到教师的专业性和专业权利。教师个人层面的阻抗与学校组织层面的阻抗之间也有着相互影响,施良方从课程计划本身、交流与合作、课程实施的组织和领导、教师的培训以及新闻媒介、社会团体、学生家长的理解和支持等几个方面论述了学校组织层面的活动对教师个人形成阻抗的影响。④ 从教师在教学生活中参与的教育活动来看,学校组织层面的活动主要包括教学活动、科研活动以及参加新课改方面的培训等,在这些方面各表现出不同的原因。

三、社会文化层面

教育根植于社会土壤,教育变革受社会发展的制约。教师阻抗的出现也和社

---

① 刘庆昌.教育改革的正当性之思[J].教育发展研究,2014(21):1-12.
② 许可峰.警惕新课程中的"吃西瓜吃皮"现象[J].内蒙古师范大学学报(教育科学版),2012(6):25-27.
③ 靳涌韬.教育学视域下我国现代学校变革有效性研究[D].大连:辽宁师范大学,2012:99.
④ 施良方.课程理论——课程的基础、原理与问题[M].北京:教育科学出版社,1996:145.

会变迁、传统文化以及社会对教师的评价有关。① 许多学者指出，社会对教师的评价制度是课改阻抗出现的一个重要原因，而它实质是一种基于事实认识的价值认识活动，它反映评价主体对教师劳动价值效用的认识，而这种对教师的评价观念及在实践中的显现必然会影响教师的价值取向，从而影响教师参与课改的积极性。② 史晖认为，"教学者"和"研究者"的角色冲突、社会分工的规定性、科层管理制度的控制性、教师成为研究者的行动羁绊和社会评价机制的偏失是新课改要求教师成为"研究者"而产生阻抗的主要原因。③ 杨跃认为，制度的刚性与实践的弹性、理想的清晰性与惯习的缄默性、知识的霸权性与控制的辩证性、理想的虚泛性与利益的切身性之间的冲突是教师教育改革阻抗的主要原因④。

　　文化是历史的厚积，具有固守性、稳定性，也常常是变革的重要阻力。杨红英认为，工具理性主义课程文化观的制约、教师保守的专业个人主义文化、传统文化心理结构的负向牵引、校园文化建设的不良以及大众传媒和网络文化的冲击是导致教师抗拒课程改革的主要原因。⑤ 张雪认为，无论强势文化还是弱势文化都抗拒变革，新课程所倡导的教师文化形式与传统的教师文化形式之间的对立主要表现为自然合作与个人主义的对立；而在教师文化的内容上，对教师权威的崇尚、保守的价值取向、"官本位"的价值取向、社会分层的代理人等文化内容与新课程所倡导的教师文化产生对立与冲突，最终引发教师阻抗课程变革。⑥

　　评价杠杆左右着教师的利益和教师的教学思想，评价标准表面上看是成绩，而深层根本因素是社会文化。许多学校变革的失败就是因为教师在变革过程中一直缺位、消极抵抗、阳奉阴违，并没有把变革作为一次积极的发展历程，而是视其为政府推动的一次国家运动或校级改革。

　　对于农村教师而言，"新乡土社会"的外在环境影响、农村教师的队伍素质偏低、继续学习进修和培训的机会少、缺少教育科研的支撑力量、⑦群体文化与课程改革的内在冲突则是新课程实施中农村教师产生"日常反抗"的主要原因⑧。

　　① 王传金.教师教学观念转变的阻抗因素分析[J].山东教育学院学报,2002(6):1-6.
　　② 王传金.教师教学观念转变的阻抗因素分析[J].山东教育学院学报,2002(6):1-6.
　　③ 史晖.教师成为研究者阻抗因素的社会学分析[J].当代教育科学,2009(24):8-10.
　　④ 杨跃.教师教育改革阻抗的社会学分析[J].湖南师范大学教育科学学报,2006(3):41-44.
　　⑤ 杨红英.新课程改革中教师阻抗的文化检视[D].桂林:广西师范大学,2004:32.
　　⑥ 张雪.教师抗拒课程改革的文化解释[D].金华:浙江师范大学,2009:46.
　　⑦ 王师宇.论农村新课程改革的教师阻力[J].滁州学院学报,2010(2):97-98.
　　⑧ 葛春,费秀芬.新课程实施中农村教师的"日常反抗"[J].教育发展研究,2009(4):43-46.

四、课程设计层面

课程自身设计存在的缺陷也是教师课改阻抗的主要致因。尤其对广大农村教师而言,课程改革自身的设计缺陷与实施偏差是新课程实施中农村教师产生"日常反抗"的主要原因。[①] 课程改革在内容设置与价值选择方面出现的城市化、贵族化、精英化和信息化的倾向以及教材编制城市化倾向都给农村教师带来了"心灵"的创伤。由于"竞争失序",农村教育及农村教师处于相对弱势的地位,在资源竞争中不断受挫,相对被剥夺感加剧,从而引起农村教师对课程改革的不满。而课程改革中存在的准备不足、过于仓促,课程改革中理论与实践的脱节,课程改革不完备,课程改革缺乏与之配套的可行的教学评价体系等课程改革本身的问题,也导致一些教师采取抗拒行为。[②]

课程是实现教育功能的最主要的手段,课程改革是教育改革的核心。[③] 但从课程改革本身存在的问题出发去分析课改阻抗的研究相对较少。关于课程改革自身的致因分析,单文经以哈维的 12 项原因为框架、以台湾中小学九年一贯课程改革的发展状况为例,将教师抵制课程变革的课程方面的原因归纳整理为四项:改革幅度太大;未有明显可期的效益;教学文化与改革的互斥性;配套措施难臻完善。这对分析新课改教师阻抗的课程本身致因是个值得借鉴的研究框架。

课程设计方面的另一个问题,正如一位学者所说:新课改造就了许多"专家",但是,也导致了不懂学科的专家指导学科课程设计,不懂教学的专家指导教学改革,学科不通的专家指导学科教学。所以,所谓的"专家"的很多讲座受到一线教师的排斥,慢慢也演变成对课程改革的阻抗。另外,课程改革初期产生了少数既得利益者。然而,在初期的改革热潮过后,利益关系经过重组而形成多种新的利益群体,被改革热潮所暂时掩盖的利益冲突开始突显出来。在课程改革中成长起来的改革支持者,面对新的利益也可能出现分化,相当一部分人因成为新的既得利益群体而趋于保守,出现摇摆甚至开始从改革的支持力量演变为阻抗力量,后期的改革就很难撼动前期所形成的利益格局。[④] 这也说明了为什么每次改革都不是那么顺利,总有许许多多的各种"保守派"阻抗改革。

① 葛春,费秀芬.新课程实施中农村教师的"日常反抗"[J].教育发展研究,2009(4):43-46.
② 刘义国.教师在课程改革中的抗拒[J].教育学报,2008(1):32-36.
③ 张雪.教师抗拒课程改革的文化解释[D].金华:浙江师范大学,2009:2.
④ 吴刚平,陈华.课程改革政策滞后现象探析[J].湖南师范大学教育科学学报,2014(3):46-50.

新课程改革致力于通过激发学生自主参与的学习动机以提高学生学习的自主性、实践精神与创新精神,强调学生的自由全面发展,注重塑造学生的鲜明个性,满足学生终身发展的需要。[1] 在教师的教学实践中,教师自认为在教学中能够合理地运用新的教学理念,但在具体的教学实践中总是不自觉地陷入旧的教学理念的窠臼之中,实际效果与理想目标之间存在着较大差距。一项对全国 10省市 1075 名高中数学教师及 62 名高中数学教研员的调查表明,课改实施十余年,在数学模块课程实施中,仍然存在课程理想与实施行为的背离,教师对数学新课程的阻抗普遍存在。对于模块课程,只有 46.1% 的教师认为较以前的教科书更为科学合理,40.2% 的教师认为新教材更利于教师教学。[2] 这说明将近有半数的教师对数学模块课程的设置感到不满,这必然导致在课程实施中教师负面情绪或行为的产生。[3] 传统的"应试"观念仍旧存在,方法依然陈旧,三维目标难以达成,导致学生课业负担过重,新课改推行困难。此种阻抗的产生除了教学习惯难以改变以及高考约束以外,课程内容容量过大和教师知识不足也是重要原因。[4]

五、心理层面

徐俊康认为,教师阻抗心理来自两个方面:一方面是他人的影响,即群体心理效应,强调他人对自己固定的看法和期待会束缚自我改变的决心和能力;另一方面是自己对自己的影响,即个体心理效应,强调害怕无法预测自己,害怕陷入崩溃和混乱而不敢改变。[5] 刘毓认为,导致教师心理阻抗的因素包括传统观念、客观条件、自身素质以及担心得不偿失的心理的影响。[6] 如课程改革要求消除教师非常看重的"权威"地位,在教师看来,教室里教师没有了权威,课堂如何管理?他们心理迈不过这个坎,导致阻抗。事实上,课程改革在未完全消除掉教师这个权威之时,却又树立起了另一个权威——教研员。教研员掌握着对教师来说至高无上的权力,从而也就具有了权威性——评课的裁判、评优的专家、实践指导的专家。教师其实没有太多的创生空间。而"云游四海"进行新课程培训的"专家"灌输给被培训者——教师的一个重要理念,就是放下教师权威跟学生们平起平

① 廖思伦.教育改革中的教师阻抗行为分析[J].基础教育研究,2013(12):3-5.
② 于波.高中数学课程实施的阻抗因素[J].课程·教材·教法,2013(2):40-43.
③ 尹弘飚,郑鑫.课程实施中的教师改变:困境与对策[J].教师教育学报,2014(1):62-68.
④ 于波.高中数学课程实施的阻抗因素[J].课程·教材·教法,2013(2):40-43.
⑤ 徐俊康.自我改变应克服"阻抗"的干扰[J].心理世界,2005(19):40-41.
⑥ 刘毓.中小学教师对教育科研的心理阻抗及改变途径[J].现代中小学教育,1999(9):55-57.

坐做朋友,而自己却非常享受被培训者称呼为"专家"的那种"权威"心理,让教师做何感想?

第三节　教师课改阻抗消解策略的相关研究

众多学者抽丝剥茧般地分析阻抗致因,最终都是为了能够更好地寻求对策、推动改革进一步良性发展。因此,结合教师阻抗的成因分析,国内许多学者从不同视角出发探讨了消解教师阻抗的方法或策略。

一、教师视角

教师是最重要的教育资源,在课改中起着关键的作用。为此,许多学者将教师自身改革作为消解课改阻抗的主要着力点。学者们认为,首先,教师应感情先行。关注教师情感是教师从抗拒到关心转变的关键。应帮助教师提高自信,正确认识新课改,增强课改效能感,在新课改中寻找乐趣。[①] 应为一线教师从心理上提供导向,唤醒教师自觉改革的意识;应动员广大教师积极面对深层次的思想、价值、观念等方面的变革,让"发现学习"成为教师建构课程观念的主要手段。[②]

其次,教师应反思自我,充实知识。一方面要敢于正视现实困难和问题,反思压力源,掌握积极的应对压力策略,学会调控自己的生活;[③]另一方面,应具备现代教育意识、创新的教育理念、扎实宽厚的知识基础、良好的教育技能训练等。[④]因此,必须加强教师,尤其是农村教师的学科知识、一般教学法知识和学科教学知识的培训提高。[⑤]

最后,实践学习。以工作中的问题解决激发自我发展动机,同时教师应面向学生做好教学设计,让课堂彰显实效。以科研促教学,教师面向教学现实问题做

---

① 杭海.论新课改中教师的阻抗心理及消除[J].新课程研究,2006(7):57 - 59.
② 王宗湖,李克信,程福蒙.关于教师对新课程改革阻抗的思考[J].现代教育管理,2007(1):57 - 59.
③ 邵光华,顾泠沅.关于我国青年教师压力情况的初步研究[J].教育研究,2002(9):21 - 25.
④ 张勇.课改阻抗的教师因素分析与应对策略[J].基础教育参考,2011(7):34 - 38.
⑤ 张新海.新课程实施中的教师阻抗研究[D].兰州:西北师范大学,2008:184.

科研。① 通过"请进来"和"走出去"两种方式来提高教师科研实践能力,通过工作能力的变化和工作效益的提高体现课改的价值,感受到课改的成就。

　　教师对课改的情、知、行是在理解与误解的基本矛盾中前进的。通过对教师感情先行(情)、反思理解(知)、实践学习(行)的转变方略的作用过程,使教师在理解中消除对教学改革的误解,在消除误解中增进理解,笃行不懈,做到情、知、行的结合。②

二、学校视角

　　学校是课改理念转变为实践的摇篮,而学校和教师的关系也影响着教师对于课改的阻抗心理的产生或消解。因此,有学者提出,应不断完善教帅培训和激励机制,改革评价体系,实现学校管理科学化,建立规范有序的学校管理制度,创造宽松和谐的人际关系环境,构建良好的校园文化氛围,③充分利用现代网络技术平台加强教师间的交流合作,进一步增强教师培训的针对性,④完善三级培训网络,建立持续有效的教师指导和培训制度,实现教师主动自觉发展,⑤通过选拔培养高素质校长,发挥领导班子带头和引导作用。⑥ 还有学者从学校变革进程的制度设计的角度出发,认为校长必须兼具制度意识和机制意识,需要在机制的平台上理解制度,在机制发现、运作和创生的过程中设计制度和创新制度。⑦ 同时,校长应及时更新观念、转变角色,切实成为课程改革的促进者和实施者。⑧ 从校本教研的角度来看,学校应建立校本教研中的激励机制,激发教师投入教学研究的热情、纠正错误认识、打破合作障碍,在校本教研层面推动改革的顺利实施。⑨

　　也有学者从农村学校的特殊性出发,提出消除农村教师阻抗的方略。一方面应改革升学考试制度与方式;另一方面应改革农村学校管理体制,包括重视"以人

　　① 邵光华,涂俊甫,范雨超."新课改"背景下教师教学发展现状研究[J].课程・教材・教法,2011(11):102-107.
　　② 张勇.课改阻抗的教师因素分析与应对策略[J].基础教育参考,2011(7):34-38.
　　③ 毕发贤.论我国基础教育课程改革的几个问题及其解决策略[D].武汉:华中师范大学,2011:25.
　　④ 邵光华,涂俊甫,范雨超."新课改"背景下教师教学发展现状研究[J].课程・教材・教法,2011(11):102-107.
　　⑤ 毕发贤.论我国基础教育课程改革的几个问题及其解决策略[D].武汉:华中师范大学,2011:24.
　　⑥ 陈细波.农村初中英语教师新课程实施之准备[D].长沙:湖南师范大学,2006:48.
　　⑦ 李政涛.为学校变革寻找"机制之魂"[J].中小学管理,2009(4):卷首语.
　　⑧ 张新海.新课程实施中的教师阻抗研究[D].兰州:西北师范大学,2008:192.
　　⑨ 尚金鹏.校本教学研究之教师阻抗与应对[J].教书育人,2006(26):18-19.

为本"的管理模式、给教师创造宽松的工作环境、构建发展性教师评价体系等。①

总之,作为"社会、学校、家庭"三位一体教育的中坚力量,学校要积极创造条件、提供机会和渠道,让家长、社区和社会各界人士参与到新课程中来,为新课程的推进和实施贡献他们的力量。②

三、社会视角

从社会环境改善的角度来看,加大社会支持力度有利于消解教师阻抗。营造有利于新课程实施的社会氛围,努力完善教师的支持与保障系统,包括教材与教参、环境氛围、文化氛围、协作机制、评价体系、成本与收益等方面。③

具体来说,首先,各级政府及教育行政部门要提高认识,加强领导,增强对新课程实施的监督和评价,坚定不移地推动新课程的实施,包括建立层层控制的教育管理体制、建立有效的信息反馈和评价机制、建立有效的奖惩系统等。④

其次,加强舆论宣传,动员社会参与,构建有利于新课程推行的支持系统,包括增加新课改信息在媒体上出现的频率或次数,"暗示"或引导公众了解课改、支持课改、参与课改;充分利用家长学校,定期进行家长培训,改变其旧有观念,引导全社会关注事关"中华民族复兴"和"每位学生发展"的课程改革,并在心态和行动上全面支持课程改革;扩展宣传的广度,不仅在教育报刊或教育电视节目中,还应在其他影响力更大、受众更多的媒体上进行课程改革的宣传和造势。⑤

再次,加大教育经费投入,加强地方课程和校本课程的开发和实施力度,重视农村教师,尤其是偏远山区和少数民族地区教师的培训提高,关注教师在新课程改革中的投入与回报问题。⑥

最后,同步做好中考和高考制度改革。有学者提出,在中考制度改革上可采取"三大举措",即实行开卷考试方式、创新素质实践加分制度和自主招生制度。而高考制度应逐步形成分类考试、综合评价、多元录取的考试制度,包括择优录

---

① 陈细波.农村初中英语教师新课程实施之准备[D].长沙:湖南师范大学,2006:49.

② 教育部基础教育司,教育部师范教育司.新课程的领导、组织与推进[M].北京:高等教育出版社,2004:119.

③ 高琼琼.课程改革进程中的教师阻抗探究——以宁波市 C 镇 Z 小学教师为例[D].上海:华东师范大学,2010:35-37.

④ 张新海.新课程实施中的教师阻抗研究[D].兰州:西北师范大学,2008:188.

⑤ 陈细波.农村初中英语教师新课程实施之准备[D].长沙:湖南师范大学,2006:50.

⑥ 张新海.新课程实施中的教师阻抗研究[D].兰州:西北师范大学,2008:111.

取、自主录取、推荐录取、定向录取和破格录取五种录取制度。①

总之,各级教育行政主管部门、各级各类学校以及有关媒体只有高度重视基础教育课程改革,大力宣传基础教育课程改革的重要意义,营造良好的改革氛围,才能真正使社会、家长、学校形成推动基础教育课程改革的合力。②

四、文化视角

文化是人们的生活方式和认识世界的方式。人们总是遵循他们已经习惯了的行为方式,这些方式决定了他们生活中特定规则的内涵和模型,社会的不同就在于文化模式的不同。③ 学校中同样存在着文化,因此,有的学者从文化重建的角度提出消除教师阻抗的策略。首先,应倡导对话的课程文化埋念,因为课程本身就是一种对话,是所有与课程利益有关的人员或部门之间的对话,而对话是教师参与教育改革决策的主要途径;其次,批判性地继承传统文化,因为传统文化作为一个相对稳定的综合体,是历史发展的积淀物,这种稳定性保证了文化的积累与再发展,构成民族文化深层结构中最不易冲破的部分,同时这种稳定性的负面是消极、保守、故步自封,形成文化的惰性和障碍,阻碍新文化的发展;最后,通过培育积极的社会运行机制,创建健康的人文环境,加强工作宣传。④

同时,需要重视审视教育自身存在的问题并采取措施加以改正,包括实施正确的改革策略、减轻教师的负担、建立合理的激励机制以及多边互动的课程决策机制;重塑教师文化,包括倡导教师的"团队合作精神"、倡导民主的教师文化、倡导开放的教师文化;促进教育界与社会各界的合作;提高教师的素质,注意树立新的教育观念、形成新的工作方式及复合型的能力素质;⑤确立课程改革激励机制,改变偏重技能的师资培训模式。⑥

作为改革的不同主体,无论是教师、学校,还是政府、社会,都承担着"新课改"的责任,不同主体应共同努力建构有益于"新课改"的新文化,促使教师积极主动地参与"新课改"。⑦ 然而,文化具有惰性,改变一种文化不容易,观念性的文化直

---

① 毕发贤.论我国基础教育课程改革的几个问题及其解决策略[D].武汉:华中师范大学,2011:27.
② 张新海.新课程实施中的教师阻抗研究[D].兰州:西北师范大学,2008:111.
③ 张雪.教师抗拒课程改革的文化解释[D].金华:浙江师范大学,2009:9.
④ 陆竞文."新课改"中教师阻抗的文化检视[J].现代中小学教育,2005(11):35-37.
⑤ 段旭.中学教师对新课程改革阻抗及其消解[D].长春:东北师范大学,2005:32.
⑥ 蒋士会.试析教师对课程改革的阻抗[J].学科教育,2003(8):11-16.
⑦ 陆竞文."新课改"中教师阻抗的文化检视[J].现代中小学教育,2005(11):35-37.

接影响人们的价值选择。创建一种新的文化也不易，一种新型的学校文化建立非一日之功。

第四节　关于教师课改阻抗研究的反思

课程改革最大的动力是教师，最大的阻力也是教师。课程改革的最重要工作之一就是将教师从阻力状态转变为动力状态。只有当教师不断地反思自己的信念，改变自己的教学行为以适应改革方案的需求之后，学校变革才有可能发生。[①]

《领导变革》一书的作者约翰·P.科特(John P. Kotter)在对许多公司的变革方案进行追踪调查时发现，对变革的阻抗是普遍发生的，而且人们不仅抵制不利于自己的变革，同时也抵制明显有利于自己的变革。也就是说，阻抗变革是普遍的，具有变革价值的无涉性，即不管变革措施对个人有利与否，利大还是利小，阻抗都是必然的。当然，并不是说人们不追求利益，不在乎利益。如果变革行为触动了个人利益，阻抗一般会势必发生。但是，人们在变革中是要进行选择和衡量的，当他们意识到参与变革所获得的利益远不及参与变革后所失去的，那么即便变革是有利可图的，阻抗也会发生。[②]　也就是说，人们参与变革的行为并不是纯利益驱动式的，也不是纯风险规避型的，而是二者之间的比较。普拉特(Prat)曾将人们在面对变革时的表现描述为五种形象，分别是热诚者、支持者、沉默者、拖延者和反对者。其中，沉默者所占的比例最多，约为 40%；其次为支持者和拖延者，各约占 25%；热诚者与反对者最少，各约为 5%。[③] 李春玲博士对浙江省公立高中、初中、小学的部分教师和校长进行的调查表明，当"政府要求学校进行某项变革时"，整体而言积极执行者占 52.4%，消极应付者占 42.5%，明确反对者仅仅占 4.0%。分别统计时，校级干部中 62.5% 的干部的态度是"积极执行"；中层干部中 10.1% 的干部的态度是"明确反对"；而普通教师中 44.3% 的教师表示"消极应付"。[④]

正如泰亚克(Tyack)和库班(Cuban)所指出的，课程改革增加了教师许多认

---

① 操太圣,卢乃桂.抗拒与合作:课程改革情境下的教师改变[J].课程·教材·教法,2003(1):71-75.
② 约翰 P.科特.领导变革[M].徐中,译.北京:机械工业出版社,2014:10-15.
③ 单文经.与教育伙伴谈"课程改革"[J].全球教育展望,2002(4):6-11.
④ 李春玲.理想的现实构建——政府主导型学校变革研究[D].上海:华东师范大学,2007:58.

知和情绪的压力,如教师必须改变一些过去习以为常的教学行为;在负担已经沉重的教学工作中增加一些新任务;除了要说服自己新的做法会为自己的教学带来良好的效果,更要面对来自家长和同事的质疑。[①] 课程改革最为核心的因素是教师的改变,若缺少对教师的情绪关注,改革就会失去情感关怀,教师也就不可能有好的情感体验,课改就会受阻。哈格里夫斯(Hargreaves)就曾提醒过教育变革的决策者和领导者:变革政策必须承认和关注教师的情绪,变革政策的制定者、变革的管理者和教师之间需要更好的情绪理解。[②] 情绪直接影响教师的变革与教学行为,在教学中具有关键影响作用。教师有一个好的情绪会产生一个好的教学场景、一个好的教学行为、一个好的教学效果。但改革实施现实中,"以人为本"的教育理念中的"人"并没有把教师包括进来,缺少对教师的情感关怀。一味地要求教师这样改、那样做,甚至有时不顾及教师的自尊。在新课程改革实施过程中,教师其实一直处在一种心理矛盾的职业情感困境之中。不改不行,因为上头压着让你改;改也痛苦,因为"改变教师就是改变一个人……改变他的生活……然而,无论是教师个人抑或是教师生活的改变,事实上都不容易发生"。[③] 人们习惯于在舒适区内活动。舒适区是指一个人所熟悉的生活模式和习惯的个人经验,在这个舒适区内活动,人就会觉得舒适、安全和稳妥,没有危机感,而逾越了这个舒适区,人就容易产生恐慌、不安和焦虑等。课程改革要求教师处理许多新问题或者担任新角色,而结果对教师而言具有不确定性,这种不确定性在教师看来会产生不安全感。对眼前教学生活方式感到很舒适的教师不愿为他们不清楚会带来什么结果的教学新理念和新做法而进行改革,阻抗变革、渴求稳定以及追求传统延续性的本性让他们宁愿停留在某种已知的不足,而不愿为不确定的未来冒险。这本身就是一种痛苦的情感抉择。

关于教师课改阻抗,学者们大多是从教师自身、学校层面和社会层面来展开讨论,在一定程度上能够很好地启发课程的开发者、推进者和实施者在课程改革的过程中充分考虑多方面的制约因素,这无疑具有积极意义。但是,对这几方面的统整,很多学者往往也仅限于标题上的整合,依然没有跳出一一列举各个因素的局限,让人感觉问题很多,不知从何下手解决。另一方面,教师阻抗的研究自然

---

① TYACK D, CUBAN L. Tinkering toward utopia: a century of public school reform [M]. Cambridge, M A: Harvard University Press, 1995: 478.

② HARGREAVES A. The emotional practice of teaching[J]. Teaching and teacher education, 1998, 14(8): 835 - 854.

③ HARGREAVES A. Curriculum reform and the teacher[J]. Curriculum journal, 1991, 2(3): 249 - 258.

应该以教师为落脚点,但是,以往的研究往往立足于宏观层面,将教师阻抗预设为负面影响来分析,并且忽略教师阻抗课程改革的阶段性研究。文献研究中的阻抗多指显性阻抗,而事实上,教师许多阻抗是心中内隐性的阻抗,这部分没有揭示出来,缺乏研究。许多研究是从"人是惰性的""人想安逸"等前设出发去分析教师的阻抗,到底教师内心是怎样想的,阻抗背后的原因是什么,不得而知。我们想还原到最原初的、最本原的事情上去,即悬置先见和已有假设,直面课改阻抗事实,去反思性分析。① 因此,要解决这些问题需要我们进行本原分析,"只有返回到直观这个最初的来源,回到由最初的来源引出的对本质结构的洞察,我们才能运用伟大的哲学传统及其概念和问题;只有这样,我们才能直观地阐明这些概念,才能在直观的基础上重新陈述这些问题,因而最终至少在原则上解决这些问题"②。

所以,采取教育现象学态度,悬置成见、回归本原和教师体验,探讨教师课程改革阻抗背后的本真的东西,可能会更有效地寻求到消解阻抗之策略。

---

① 邵光华.关于教师课改认知的反思性分析与启示[J].教师教育研究,2014(5):29-35.
② 李树英.教育现象学视野下的教师课程决定研究[J].河南大学学报,2011(1):147-151.

第三章

研究方法的选择

现象学已以其独特的研究态度步入教育研究的殿堂,教育现象学研究在我国教育学界正不断扩大其影响并呈多样化趋势。本研究将采取现象学的方法及教育现象学的态度进行分析和探讨。

第一节　现象学与教育现象学

现象学(phenomenology)是 20 世纪在西方流行的一种哲学思潮。它不是一套内容固定的学说,而是一种通过"直接的认识"描述现象的研究方法。它所说的"现象"既不是客观事物的表象,亦非客观存在的经验事实或"感觉材料",而是一种不同于任何心理经验的"纯粹意识内的存有"。

一、现象学

关于教育的现象学视角研究,从 20 世纪 70 年代开始就已成为西方教育研究的新视点。美国、加拿大、法国、英国等国家的教育学者竞相涉足这一领域,进行了一系列卓有成效的理论探索。马克斯·范梅南(Max van Manen)在《生活体验研究——人文科学视野中的教育学》中以现象学的视角对教学生活本质进行探究。① 威廉姆·派纳

---

① 马克斯·范梅南.生活体验研究——人文科学视野中的教育学[M].宋广文,等译.北京:教育科学出版社,2003:2.

(William F. Pinar)等在《理解课程》中把"身体"当作现象学文本来解读。① 保罗·弗莱雷(Paulo Freire)在《被压迫者教育学》中尖锐批评对人的生命关怀的漠视,提出身体的解放是激发人的创造力的开始。② 在此,我们选取其中四个较有代表性的有关现象学的理论进行阐释,以展示现象学理论和方法的基本概貌。

(一)马克斯·范梅南的教育现象学

关于教育现象学的内涵,马克斯·范梅南曾在《现象学教育学与意义问题》中概括了它的四个特点:第一,关注普通日常生活经验,而不是沉重的认识论、本体论或形而上学的问题;第二,具有规范性倾向,而不是坚持社会科学的价值中立;第三,着重具体经验的反思而不是理论的抽象;第四,现象学研究有一种不言自明的共识,即要求兼具深刻文本的高超写作才能和反思性的学识。③ 马克斯·范梅南认为教育现象学就是以现象学为研究的方法论依据和哲学基础,对教育学展开新视角的研究。

关于教育现象学的方法,在《生活体验研究——人文科学视野中的教育学》一书中,马克斯·范梅南将其界定为人文社会科学研究和写作的解释现象学的方法,并对该研究方法的内涵、特征、主要环节及基本条件进行了系统的探讨。他认为,现象学研究具有以下特征:第一,现象学研究是对生活体验的研究;第二,现象学研究是对引起人们注意的现象的解释;第三,现象学研究是对本质的研究;第四,现象学研究是对我们生活经验的意义的描述;第五,现象学研究是对现象的人文科学的研究;第六,现象学研究是一种周全反思的积极实践;第七,现象学研究是一种对人类生存意义的探寻;第八,现象学研究是一种诗化活动,是对初识经验的思考,是对最初体验的描述。④ 而作为一种研究组织形式,他又指出,解释现象学可以看成是以下六种研究活动之间的动态结合:(1)转向对一个深深地吸引我们并使我们与世界相连的现象的关注;(2)调查我们真实经历过的经验而不是我们所抽象的经验;(3)反思揭示现象特点的根本主题;(4)通过写作和改写的艺术方式来描述这一现象;(5)保持与这一现象的强烈而有目的的教育学关系;(6)通过考虑部分与整体的关系来协调整个研究。⑤

---

① 威廉姆·F.派纳,威廉·M.雷诺兹,帕特里克·斯莱特里,等.理解课程[M].张华,译.北京:教育科学出版社,2003:3.

② 保罗·弗莱雷.被压迫者教育学[M].顾建新,等译.上海:华东师范大学出版社,2001:3.

③ 徐辉富.教育现象学及其研究步骤[J].开放教育研究,2008(2):32-39.

④ 马克斯·范梅南.生活体验研究——人文科学视野中的教育学[M].宋广文,等译.北京:教育科学出版社,2003:11-16.

⑤ 马克斯·范梅南.生活体验研究——人文科学视野中的教育学[M].宋广文,等译.北京:教育科学出版社,2003:38.

从马克斯·范梅南的表述中,我们看到教育现象学具有很强的实践性,但又不是简单的实践行为,而是在实践中蕴含着反思性。他指出:"教育学是一门实践科学,其研究目的不仅仅为了知道事情是怎样,而是为了了解近期或者长期时间之内人们应该怎样做。"[①]这就依赖于关注当下的教育实践的同时进行理论反思,从而推动教育实践的提升。这有助于弥合教育实践和理论,有助于促进教育的发展与改善。

由上可见,作为研究方法,对教育现象学的探讨与应用,推动了教育研究范式从科学理性向人文式的转变,教育研究的对象从抽象普遍的规律转向对真实的个人的生活体验的捕捉与关注,教育研究者的形象也从冰冷理性的实验家和操作者向富有人文情怀的生活者和思考者转变。

(二)舍勒的情感现象学

马克斯·舍勒(Max Scheler)是现代德国哲学的杰出代表,是价值情感现象学的重要创始人,最深刻的思想家之一。舍勒说:"自从我的哲学意识第一次觉醒时起,'人是什么? 他在存在物中的宇宙中处于何种地位?'这些问题,我认为比任何其他问题都更为深刻和重要。"[②]舍勒的价值情感现象学是以哲学人类学为研究的起点和基础的。在舍勒那里,人类学的目的是确定人的本性及其在整个宇宙的关系中的地位。舍勒强调直观的重要性,他认为对本质的直观先于所有哲学研究。这种直观只有通过提供新的事实领域的现象学才成为可能。舍勒对同情感、价值和人格的分析,都试图证明正确地判断和推论任何事物,都首先必须经受最深刻的最内在的震动,继而由人格的整个精神内核采取爱的主动态度,从而理性深深扎根于存在的根底即其精神本质之中。因此,舍勒的现象学也可以称之为"本质现象学",同时,因为其在价值、情感方面进行了颇有成效的现象学分析,也可以称之为"价值情感现象学"。[③] 价值情感现象学不仅是舍勒整个现象学哲学的重要组成部分,也是他推进现象学哲学的重要领域。他的价值情感现象学对于我们反思近现代哲学包括教育哲学有极为重要的参考价值。在一定意义上讲,舍勒的价值情感现象学将是近现代教育哲学包括道德哲学和情感哲学的极为重要的生长点。[④]

舍勒指出,道德存在的意义不仅仅在于某种目标的实现,应该探究这一意向行为之下隐含的内容,这一内容的基础往往是个人的价值喜好,更深层的是情感

---

① 宁虹,钟亚妮.现象学教育学探析[J].教育研究,2002(8):32-37.
② 舍勒.人在宇宙中的地位[M].李伯杰,译.贵阳:贵州人民出版社,1989:5.
③ 高伟.教育现象学:问题与启示[J].清华大学教育研究,2004(1):18-26.
④ 高伟.价值情感现象学:一种道德教育现代性的思考方案[J].现代教育论丛,2004(5):22-27.

的支配。情感是个体生活及其伦理行为的基本质料,因为我们可以在情感中直接确认价值的性质,而这些价值的性质可以完全不依赖于某个个体的意见,而是依存于具有内在法则及等级秩序的价值世界。越是高的价值,人们越是偏爱因而也就越具有优先性。

舍勒的价值等级体系由五种价值组成,由低到高分别是:(1)可感觉的价值:包括从令人愉快的价值到令人痛苦的价值的领域;(2)功利性价值:包括实践性价值、效用性价值以及经济性价值在内的领域;(3)生命价值:包括从高贵生命价值到低级粗俗的生命价值在内的领域;(4)精神价值:包括审美价值、公正价值以及对于真理的纯粹认识的价值在内的领域;(5)绝对价值:包括圣者价值和非圣者价值在内的领域。① 在舍勒的价值等级体系中,价值由等级构成价值的秩序,这种秩序蕴含在道德活动之中,而不是抽象的思想里。如果一个人倾向于某个等级的价值内容,那么在他的道德实践中就会体现出来。

舍勒的情感现象学扭转了人们对生命的错误理解,在情感的意义上建立了有血有肉的人的生命性质。舍勒认为,现代生命观由于其形式化而"凡能称为生命和生命世界的一切都被排除了",其后果是"他们处于一间巨大的机器房中,没有热血,没有欲望,没有爱和恨"。舍勒的价值情感现象学因而从根本上讲是一种内在的生命表达,是对生命观探讨的一种新的尝试。舍勒的情感现象学从人的情感出发,在剖析人的内在感知与体验的基础上,试图整合并建立某种价值秩序,这是对近代基于自然科学的自我认识论的批判。

(三)梅洛·庞蒂的身体现象学

早在古希腊时代,身体就是被压抑与忽视的。毕达哥拉斯就说过,灵魂的坟墓就是身体。② 柏拉图以"洞穴"为隐喻,提出要想重见真理的光芒,必须摆脱"洞穴"(身体)的束缚,以认识灵魂。因此,哲学家不"关心他的身体",而是"尽可能地把注意力从他的身体引开,指向他的灵魂"。③ 这种身心的区分,虽然贬低了身体,认为浑浊的身体是对纯净灵魂的拖累,但仍承认身体的本性和存在。到了近代哲学,身体开始被遗忘——身体与意识或者灵魂不再有关,仅仅与物体相关,成为万物之一。这种对身体特性的误解从近代哲学的创始人和奠基人笛卡尔这里开始,他曾明确地说:"是灵魂在看,而不是眼睛在看。"④

---

① 高伟.价值情感现象学:一种道德教育现代性的思考方案[J].现代教育论丛,2004(5):22-27.
② 龚振黔.谈毕达哥拉斯哲学的内在矛盾性[J].贵州教育学院学报,1994(4):1-6.
③ 柏拉图.柏拉图全集:卷一[M].王晓朝,译.北京:人民出版社,2003:61.
④ 笛卡尔.第一哲学沉思录[M].庞景仁,译.北京:商务印书馆,1996:92.

"哲学史上对于身体欠了两千多年的债,脑袋越来越大,身体越来越小。这么一个畸形的西方哲学,到了梅洛·庞蒂这儿,对身体做了一次赔偿。"①身体的意义被发现了,被凸显出来了。梅洛·庞蒂的现象学是以知觉为起点,强调身体的作用和价值,提出了"身体主体性""身体场"等概念。

身体主体性。尽管哲学家们已经从各种不同的角度建构和诠释着主体性,建构即为某种程度的解构,而对已存在的主体性内涵的解构也可被视为一种建构。梅洛·庞蒂的"身体"是躯体和心灵的一种本原的结合,结合到了一种现象学的境域的思路,并不是抛弃"我思",而是让其沉浸在我们的身体里。从传统西方哲学的意识主体返回到身体主体上,将身体从观念的躯体返回到具有体验和反思的身体上,返回到一种为反思提供非反思的基础的行动的身体上。梅洛·庞蒂认为:"之所以我们能理解主体,是因为我们不是在其纯粹的形式中,而是在其各个维度的相互作用中研究主体。"②如果不能再现和接受其属性,并把其属性如空间性、时间性等作为其存在的维度,而是孤立地理解身体的存在,这并不是完整的身体。因此,每一种属性实际上都与主体本身有关,没有主要问题与次要问题之分,所有的问题都有同一个中心,那就是身体。梅洛·庞蒂的身体主体性的提出,使"身体"的概念与意识、主体概念形成对立。

身体场。梅洛·庞蒂认为,身体作为意义的纽结,是意义的发生场。梅洛·庞蒂坚持原发的意义发生场的第一性,因而他也就顺理成章地坚持身体对意义的原发构成性和场域性——身体是躯体和心灵的结合,而且比这两者更本原,是最本原的意义的发生境域。③ 身体作为一种主体性存在,具有空间、时间等内在属性,构成了身体场,这些无需还原到其他概念上,比如条件反射、信息推测、回忆、联想等,反而,这些概念需要还原到身体这个本原上。正常人的身体场是跟世界融为一体的,边界都是模糊的,是共在式的,在整个共在中,你从哪一点都能达到你所要运动的肢体,所以我们的身体非常灵活。

(四)赫尔曼·施密茨的身体现象学

德国新现象学家赫尔曼·施密茨把梅洛·庞蒂所谓的主观空间,如黑夜的空间、梦和性的空间、神话的空间等包含着情感体验的空间性,全都归入到身体空间中去,并成为他论述身体空间的一个核心内容。他对主体性有自己的诠释:主体性体现为一种身体震颤,由此感受到主观事态、程序和问题造成自身的差异和变

---

① 张祥龙.朝向事情本身——现象学导论七讲[M].北京:团结出版社,2003:23.
② 郑震.论梅洛·庞蒂的身体思想[J].南京社会科学,2007(8):46-52.
③ 张祥龙.朝向事情本身——现象学导论七讲[M].北京:团结出版社,2003:45.

化,它将主观性和客观性内在统一于身体。身体以空间性的"当下"作为开放性的起点。身体性知觉具有整体性与不可分割性,这些确定了身体性知觉的绝对位置,它被施密茨称为身体空间。身体空间不仅仅凭借感官来感知空间(主要指肉体的知觉空间),而且也可以在没有感官感知的情况下直接感受到。施密茨对严格意义上的身体空间做了较为细致的界定,如他认为身体空间的体验有三种方式:宽度空间、方向空间、位置空间。[①]

宽度空间。宽度空间包括狭窄和宽广两个要素。身体的情感和知觉,通过空间宽度的这两个变化而被体验到,比如当人体验着消极的情感,如害怕、焦虑、愤怒时的身体蜷缩和紧张感;愉快、喜庆时的身体放松和膨胀感。狭窄由"原初当下"的事实状态所给予。身体动力学的轴心就是狭与宽的维度,身体空间上所有的其他空间结构都会在此基础上凸显出来。

方向空间。身体动力学的狭窄与宽广之间还存在着身体方向。宽度空间是以方向空间的自我中心开始扩展,即从一个绝对地方(零点,身体图式的一个没有具体的坐标位置)所延伸到的空间,即以一个身体绝对为中心,通过身体方向形成身体的宽度空间,在其中缔结了身体交流的编织网。

位置空间。在身体方向空间的基础上产生了位置空间,在身体方向目标之间的位置和距离关系中确定了相对的位置。这种位置和距离是以方向目标(目的地)和网这样一对关系为前提,即按照位置和距离定位。这样的网呈现了一个节点,身体方向在深度空间(宽度空间,因为宽度空间是空间中最深的层次)横渡。它总是连接这样的方向目的地,并为那个网的布局、拆卸、改建创造了一个活动空间,这个活动空间在一定程度上独立于方向空间。

施密茨强调"当下"的意义,它不仅是身体开放性的起点,"当下"直接体验到的经验,也是在日常生活中现象学还原的基础。而且他尤其强调了我们的情感体验本身所具有的空间性力量。施密茨认为,如果只把空间性化约到时间性,即认为人在"此地"比在"此时"根基更少,那么就未免太仓促了。身体处于某种情态之中,从而对主体性、现实性、身体性、情境、空间、情感、气氛等进行新现象学意义的诠释,消除了传统对意识、体验、情感的误解,建立了一个身体交流与情境融为一体的情境存在论,这是一个我与他人、世界融于情境的共生理论,为解决主体间性问题和身心二元问题尝试了新的途径。[②]

对于现代教育而言,"身体教育学"意味着关注身体的整体发展,而不仅仅只关

---

① 李昕桐.施密茨的身体现象学及其启示[D].哈尔滨:黑龙江大学,2013:82.
② 李昕桐.施密茨的身体现象学及其启示[D].哈尔滨:黑龙江大学,2013:1.

注脑袋。如果把人才的素质分为德、智、体、美、劳五个要素,那么,"知识教育学"主要负责德育和智育,"身体教育学"并不拒绝智育,但更加关照体育、美育、劳动教育。

(五)现象学的基本观点

1.现象即本质

现象学的基础立场就是"现象即本质",现象与本质不能分开,本质不是隐藏在现象背后的东西,一个人可以通过直观把握本质。

2.回到"实事本身"

这一概念由胡塞尔提出,具有两方面的内涵:实事是直观之物,是被把握的对象;实事还意味着哲学应探讨的实际问题本身,指的是那些自身被某种方式展示出来的实际问题,以此来区别那些远离实际问题的话语、意见与成见。

3."悬置"已有成见

这是研究者"面向"实事本身最为主要的立场与方法,它的原意是为事物"加上括号",引申为把所有直接或间接的存在联系及判断都置而不论,即"中止判断",让自己暂时处于"价值中立"的地位。这是研究者使用现象学作为研究方法时遇到的一个难点,因为研究者不仅需要悬置个人的主观意见,还要努力将之前已做的相关理论和研究判断"放入括号",零起点思考,而任何研究想要完全保持价值的中立都是很难做到的。

4.返回"生活世界"

人所直接经验的周围世界,也是人们日常生活的世界。"悬置"即是为了还原那个前科学的、被给予各种内涵定义前的世界,这也是直观的基础。任何科学、理论、知识都是从生活世界中抽象、概括出来的,生活世界是一切知识和认识的前提和基础。重返生活世界,就是要唤回被遗忘、被遮蔽的生活世界的丰富意义。

5.现象学反思

对个人经验的反思与研究过程中做到"悬置"二者并不冲突。虽然在研究中,要求研究人员"悬置"个人的价值判断,但"我"同样是生活世界中众多主体当中的一员。因此,"我"的体验与其他主体的体验一样,具有研究价值。因此,马克斯·范梅南说,"现象学研究将自我作为逻辑的起点","一个人对自己生活经历的描述发生在他人身上也是可能的","现象学的描述具有普遍的跨主体性的特征"。[①]

---

① 马克斯·范梅南.生活体验研究——人文科学视野中的教育学[M].宋广文,等译.北京:教育科学出版社,2003:67.

但现象学的反思与一般意义上强调抽象、提炼或进一步演绎不同,它指向的是对现象意义和本质的把握。在"反思过程中,研究者将自己的心智与情感从当下的情境中抽离,与具体情境保持一定的距离,回溯到一个更宽泛的视界中检查自己的行为,以期对那些经历所隐含的意义进行考虑"①。

二、教育现象学

现象学与教育学研究融合,或者将现象学研究的态度应用到教育学研究中,形成了教育现象学,也称现象学教育学。

(一)教育现象学研究的基本特征与发展趋势

现象学作为一种人文范式关照下的研究视角,因与教育学研究有着较多切合性,在教育领域影响不断扩大,而当代教育现象学研究也呈现出自己鲜明的特点。

1.教育现象学研究的基本特征

(1)实践性:立足于日常生活世界的教育教学情境

教育学研究具有很强的实践性,这一方面体现在教育学研究对教育教学情境的关注上,另一方面体现在研究主题源自日常生活世界。

而教育现象学是一种以现象学为研究视角展开的教育学研究,决定了教育现象学也内含实践性的这一特征。而实践性意味着研究者必须参与到教育生活中,同时对教育教学情境保持开放性。因为"通过事先预设的理性前提是不能走进教育情境的,因它受到先在的社会形态的稳定的影响,也受到赋予教育关系以实际形式的方法论的影响"②。马克斯·范梅南认为:"教育学根本上是一门实践的学问。教育学不能从抽象的理论论文或分析系统中去寻找,而应该在生活的世界中去寻找,在母亲第一次凝视和拥抱新生儿时,在父亲静静地注视孩子横过大街时,在老师向学生眨眼睛对学生的工作表示赞赏时。"③

基于此,教育现象学强调以一种敞开的心态生活于教育生活世界,研究者在教育教学情境中,保持一种开放的心态,真正达至事物本身,走进教育情境,使自己与情境相遇,与研究主题相遇,教育才会发生,分析研究才有意义。

(2)人文性:关注每个个体在具体教育情境的体验

按照目前主流的学科与知识分类框架,所有的学科都可以归属在自然科学

---

① 宋新芳,刘成新.现象学教育研究方法探析[J].现代教育技术,2006(6):33-35.
② 王道俊,王汉澜.教育学[M].北京:人民教育出版社,1989:1.
③ 马克斯·范梅南.教学机智——教育智慧的意蕴[M].李树英,译.北京:教育科学出版社,2001:42.

（含技术科学）、社会科学和人文科学三大领域。在科学主义和技术理性的影响下，教育学的学科定位问题是长期以来的争议焦点之一，不确定应该归属于社会科学还是人文科学。

教育现象学研究的起点是生活经验，它强调每一个个体在具体教育情境中体验的独特性，并不会刻意地去归纳某种普遍的规律，而是认真对待每一个个体的体验，认为这些都是值得重视的、有研究价值的。正如厄尔所说："人类生活的关键并非个体所共有的东西，尽管关于共同的知识往往是有趣的和有用的，然而这些知识无法避免肤浅的处境。人类生活最深刻的东西只有在个体化的王国中才能找到。"①而研究过程对已有观念的"悬置"，也是对现代技术理性主导下的"科学"的拒斥，对教育教学情境中具体人的关注，这些都是教育现象学人文性的体现。

基于此，在运用教育现象学时，研究者也往往倾向使用对话式访谈和描述性写作。因为对话式的访谈，能够通过对关键事件的层层追问去捕捉和描绘每个个体的独特的生活体验故事，而对这些生活体验故事的鲜活的、直接的、感性的描述，增强了故事性、可读性和画面感，更能使人产生共鸣，尤其是对日常教学生活体验故事的描述，从习以为常的对话的情景入手，揭去蒙在故事之上的科学理性的定势，激发人的思考。因此，对话式访谈、感性语言描述等方法的运用，也是教育现象学具有浓郁人文性的表现。

（3）伦理性：在教育教学实践中遵循道德准则

"教育学是一门研究教育现象，揭示教育规律的科学。"②这是教育学最常见的定义，按照这样的界定，只要找到了教育规律，我们就可以在任何教育情境下按照所谓的教育规律、教育规则办事，就可以一劳永逸地找到放之四海而皆准的普适性规律。这是一种理性至上的理想，但现实与理想总有差距。教育总是复杂的事情，譬如课堂教学，即使教师设计出了完美的教案，提前预设好所有的教学环节，课堂中也总会有一些意外情况发生。如果简单地遵循一种方法，运用一种模式或技术是不妥当的，所谓的教育规律或原则，在多变的情况下总是失语。可见，教育并不是一种技术或生产活动，不能只知道其"是什么"，更应该知道"应该怎么做"、"如何做是合适的"，因此，在教育研究中应重视伦理性。教育的伦理可以从家长与儿童、教师与学生之间的关系中找到源头，因为无论是有意或者无意，成人的每一步行动都暗含着他的立场，对儿童具有某种影响，这也是教育情境中最初

①　汪霞.课程研究:现代与后现代[M].上海:上海科技教育出版社,2003:63.
②　王道俊,王汉澜.教育学[M].北京:人民教育出版社,1989:1.

的规范。

马克斯·范梅南在谈到他的教育现象学写作宗旨时指出,虽然学习了同样的关于课程开发的方法和相关的教育技术,但是有优秀的教育家和拙劣的教师之分,这是为什么呢? 可能在于无论是教学、写作还是反思,前者不仅仅用头脑而且用心,更确切地说是用整个身心来表达。① 从"对不对"的教育行为判断标准到强调适宜性、情境性的"好不好""合适不合适",这是教育的伦理,也是教育现象学笃信的原则,特别是当我们与学生一起生活时,道德伦理应是我们决定如何去教育学生、如何对待教育体验的第一准则,而理性观念是第二位的。② 教育现象学的伦理性特征再次对教育的技术理性提出挑战。

(4)反思性:教育反思超越了归纳与演绎

一般认为,研究方法的逻辑过程有两种基本的类型,即归纳推理与演绎推理。归纳推理一般被认为是实证研究所采用的逻辑,被应用在自然科学中取得了辉煌的成就,促成了现代科学技术的发展。演绎推理一般被认为是哲学研究、人文研究的逻辑过程。现象学的方法同时舍弃了归纳和演绎两种逻辑,超越于归纳和演绎的逻辑之外,选取了自由想象的变更(free imaginative variation)。正如马克斯·范梅南所说:"现象学的方法论与其说是一种技巧,倒不如说是一种精心培养的周密性思考。"③这种"周密性思考"之所以"周密",在于其严密的逻辑过程,这正是现象学在认识论上的巨大贡献。

教育现象学研究将教育生活体验作为反思的对象,并将反思贯穿于教育现象学研究的全过程,反思如教育现象学不可或缺的元素一般充盈在其所有作品之中,成为教育现象学的特点之一。"为了理解世界,仅有知觉是不够的,因为生活世界不是一个经验的综合体,而是一个由无所不在的意义所组成的综合体。"④理解教育生活体验的意义需要借助于一定的手段,反思就是一个有效的选择——"充满智慧的反思能够发现事物,而未经反思的行动是'缺乏智慧'的、没有机智的"⑤。

① 马克斯·范梅南.教学机智——教育智慧的意蕴[M].李树英,译.北京:教育科学出版社,2001:1.

② VAN MANEN M. Phenomenological pedagogy and the question of meaning[M]//VANDEBERG D. Phenomenology and educational discourse. Durban:Heinemann Higher and Further Education,1996:39 - 64.

③ 马克斯·范梅南.生活体验研究——人文科学视野中的教育学[M].宋广文,等译.北京:教育科学出版社,2003:174.

④ SÁENZ C L. The child, the school, and philosophy:a phenomenological reflection[J]. Thinking, 2000,15(2):34 - 39.

⑤ 马克斯·范梅南.教学机智——教育智慧的意蕴[M].李树英,译.北京:教育科学出版社,2001:269.

2.教育现象学的研究转向

随着理论研究的深入和实践活动的推进,特别是马克斯·范梅南等人做出的研究和努力,教育现象学研究有所转向,重点建立在以下六种活动基础之上。

(1)关注与我们密切联系的生活世界

教育现象学从人文领域如艺术、社会科学、历史学、文化、文学、日常生活体验以及语言来寻找意义的资源,试图扩大我们的经验范围。教育现象学认为意义的来源可以是所有能够激活生活体验的东西。发现这些意义的来源并不难,困难的是如何才能接近它们。①

有学者将教育现象学的研究称为"家庭、厨房、街道"的研究,认为这些才是实践的"真对象",这些都是生活中常见的东西,它们已和我们的生活密不可分,以至于我们可能会对它们习以为常,甚至熟视无睹。从这些"真对象"中,我们可以把握到一些最隐秘、却又紧密相连的最本质的东西,这也是我们教育现象学所要回到的"实事本身"。教育生活世界,既是教育现象学研究的起点,又是教育现象学研究的对象。因此,教育现象学的研究不是对现象学艰深晦涩的理论的解释,不是对干巴巴的抽象的教育现象的现象学分析,也不是运用现象学的理论对教育学进行思辨的研究,而是实实在在的、选取生活化的题目,对鲜活的教育现象进行的探索和考察。② 吸引我们关注的现象,使我们和生活世界真正相遇、发生联系,而这也是我们开始教育现象学研究的最根本的动力。

在舍勒的情感现象学中,爱是作为一个奠基性存在为其他情感奠基,同时也为认识活动奠基,通过爱的秩序从价值的角度来说明情感如怨恨、受苦、羞愧等产生的根源。现代人"头脑代替心灵",情感变成理性的附庸,甚至是障碍,这些都是舍勒所极力批判的。对有限的"善"——物和身体享乐的追求胜于精神的追求,从而产生情感的麻木和迟钝,导致失落感、忧心、恐惧的产生。

(2)对真实经历过的经验的捕捉

胡塞尔(Edmund Husserl)将现象学定义为"用现象学态度观察的先验纯粹体验的描述性本质学科"③。在胡塞尔看来,现象学研究的重要方法在于对问题的描述,这种描述是"悬置"后的,是先验的,解释和分析会让体验失去纯粹性。"胡塞尔给初生的现象学下的第一道命令——使之成为一门'描述心理学'或重返

---

① 高伟.教育现象学:理解与反思[J].教育研究,2011(5):11-18.
② 李树英,王萍.教育现象学的两个基本问题[J].华东师范大学学报(教育科学版),2009(3):40-45.
③ 胡塞尔.纯粹现象学通论[M].李幼燕,译.北京:商务印书馆,1995:181.

'事物本身'……"①为了能够很好地重返事物本身,胡塞尔提出研究中的表达方式以及对意义的描述采用第一人称进行,而不是以观察者的角度进行展开。② 在教育研究领域应用现象学研究时,研究者收集的教育故事大多以第一人称展开。从第一人称的视角进行描述,意味着个体的当下的体验被关注,这也是现象学人文性的体现——由"我"来描述"我"所看见的、感觉到的事物的样子,由"我"出发去把握"我"所体验到的事物的意义。

然而实际研究过程中,往往很难事事亲自体验,而教育情境也往往很难实际再现。因此,搜集他人对亲身经验的描述就成为另一种重要的方法和途径。而这种方法除了观察和撰写观察笔记,访谈是最重要的方式。现象学的访谈与一般访谈最大的区别在于,前者更重视每一个受访者的独特性。因此,教育现象学的对话式访谈开放性极强,而研究过程并不需要严格按照访谈提纲进行,更重要的是坦诚地参与到对话当中,根据对话的情境提出自己的问题,捕捉真实体验。

体验,在马克斯·范梅南看来是对被给予的、非反思的"生活世界"的感知,即通过"看"或"文本"等形式进行的本质直观后的真实感受。如对于教师的形象,一般的提问可能是:"你是如何看待教师是蜡烛、教师是灵魂的工程师这一观点的?"而现象学的提问,会直接指向体验本身,比如"你是否能记得第一次作为老师被认可时的情景?""当时你的体验是什么样子的?""你可以具体地把当时的体验描绘出来吗?"访谈者可以根据受访人员的描述调整访谈内容,努力推动访谈和事件的描述向纵深处发展。关注个体对具体经验的描述与反思,而不是理论上的抽象和概括,以此去接近本质事实。

(3)对揭示现象特点的主题进行现象学反思

人类能够对现实生活不断进行反思,在对现实存在的追求和意义的反思中实现超越现实,努力接近自由的本质,这也是人类区别于其他动物的特点之一。反思也是现象学的最显著特征,教育现象学同样具有现象学反思的特点。教育现象学研究人员需要在教育研究过程中对教育生活体验世界进出自如,既能够深入教育实践,捕捉最鲜活、丰富的个人体验,又能够"悬置"已有经验和价值,对现象的本质进行把握。反思过程中,研究者将自己的心智与情感从当下的情境中抽离,与具体情境保持一定的距离,回溯到一个更宽泛的视界中检查自己的行为,以期对那些经历所隐含的意义进行考虑。③

———————————

① 莫里斯·梅洛·庞蒂.知觉现象学[M].姜志辉,译.北京:商务印书馆,2001:2.
② 维克多·维拉德-梅欧.胡塞尔[M].杨富斌,译.北京:中华书局,2002:31.
③ 宋新芳,刘成新.现象学教育研究方法探析[J].现代教育技术,2006(6):33-35.

关于反思,舍勒提出感受的意向性分析。他认为感受和反思的对象并不是被客体化的可直观的外显行为以及各种概念对象,而是应当依托于行为本身构造出来的价值对象。因而,这种价值对象不是通过感知直观的奠基被认识到的,价值是被感受到的。"在意向感受活动的进程中,毋宁说对象本身的世界向我们'开启'自身,只是恰恰从它的价值方面向我们开启。在意向感受活动中常常缺少形象客体,这正表明,这种感受活动自身原本就是一个'客体化的行为',它不需要以任何表象为中介。"①

例如,以"感受到雪山的美"为例进行舍勒的意向性分析:在看中呈现出"雪山"是一个表象意向;在感受行为中呈现出"美"是另一个独立的与前一个意向根本不同的意向,它不需要雪山的表象奠基,只凭感受行为就足以"感受到"美。而"感受到雪山的美"是随后在思维中对上述两种意向相关项的联结,本质上属于思维而不属于感受。我们只能说"感受到美"而不能说"感受到雪山的美",后者其实错把后来思维到的东西当作原初的感受行为。②

(4)通过写作和改写的艺术方式来描述现象

写作并不是研究的终结性环节,而是贯穿于研究始终的一种研究性活动。马克斯·范梅南借用巴斯的话说,"研究不仅仅'涉及'写作:研究就是写作——写作是研究的基本内容";他进一步说,"写作即思考和行动的调和",因此"写作即方法"。③ 现象学研究的"写作"虽然和作家的文学创作在一定意义上是类似的——都要取材于生活,但又不是对生活的机械复制,而要力求提炼并揭示出具有启示意义的主题;但二者又是相互区别的——作家的写作虽然取材于生活,但大多是虚构的,而现象学家需要以严谨的态度描述"现象",进而揭示"现象"背后蕴含的意义。

所以,文学作品可以成为现象学家借鉴的素材,但在进行现象学写作时,不能像作家那样去创造。思考贯穿研究过程的始终,要求研究者随时将思考的过程和结果记录下来,并在实践和反思中不断进行修改。④ 教育现象学的研究不沉迷于宏大的理论体系的构建,而是关注个人教育实践的丰富多彩,试图从个体体验的特殊性中去寻找生活和教育的意义。马克斯·范梅南认为:"写作是将内在的东

① 马克斯·舍勒.伦理学中的形式主义与质料的价值伦理学:上册[M].倪梁康,译.北京:生活·读书·新知三联书店,2004:264-265.
② 刘景萍.舍勒:道德建构中的情感研究[J].学术交流,2003(9):21-26.
③ 马克斯·范梅南.生活体验研究——人文科学视野中的教育学[M].宋广文,等译.北京:教育科学出版社,2003:163-165.
④ 左群英.儿童同情的教育现象学研究[D].重庆:西南大学,2010:19.

西外在化,它使我们离开自己直接面对的世界。"①这种写作应该是审慎、细致而又准确的,通过描述日常的细节,让读者看到熟悉的事物,引领读者"看"到某个现象的"庐山真面目",而研究者却不出现在文本中。

(5)保持与这一现象的强烈而有目的的教育学关系

面向实事,在研究中保持中立的态度,这实际上很难完全做到,因为现象学作为一种质的研究立场,研究者"参与"其中并对现象和体验进行描述是必经过程,在这个过程中,要做到完全的"忘我"很困难。而研究的伦理性特征,决定了研究的过程离不开价值立场的约束,而作为一种研究的人文性特征,正是需要通过人们研究立场与价值判断的彰显来证明人的意义,而任何教育研究都不能借故价值中立以躲避自己的学术立场和价值判断。②

因此,教育现象学不是"教育学+现象学",而是以现象学的方法为研究视角,坚持研究立场的教育性,将方法与理念融为一体,成为研究"教育现象"的学问。③而且教育学的立场应体现在整个教育现象学研究之中——教育生活实践为教育现象学提供了鲜活的研究主题,现象学提问和反思的对象是源自教育生活的体验故事,最终为了追寻教育生活体验的意义,因此,教育现象的理论是对教育生活体验捕捉并反思的结果。

教育现象学研究人员通过生动、丰富、细腻的感性语言描述研究结果,而且将对意义的揭示和判断的权力交给读者,读者的"感同身受"是现象学文本最大的价值,它会让阅读它的读者频频点头,这是一种"现象学点头"(phenomenological nod),在认同中增强在教育实践中对习以为常现象的敏感度,增长在教育实践中的教学机智。因此,这种教育关系是这样一种风格,"它允许教育者和受教育者共存于当前,既拥抱过去的经验,也接受未来的可能性"④。

(6)研究过程秉承整体性的原则

首先,教师应当作为一个整体,是一个完整的人,和学生相遇时,他不仅仅是一个知识的传授者。⑤ 其次,教育实践活动也是以整体的形式发生和出现的,人

---

① 马克斯·范梅南.生活体验研究——人文科学视野中的教育学[M].宋广文,等译.北京:教育科学出版社,2003:165.
② 薛晓阳.价值中立与教育研究的学术立场[J].教育科学,2003(4):16-20.
③ 王萍.教育现象学方法及其应用[D].开封:河南大学,2010:9.
④ 威廉·F.派纳,威廉·M.雷诺兹,帕特里克·斯莱特里,等.理解课程[M].张华,译.北京:教育科学出版社,2003:448.
⑤ 李树英.教育现象学:一门新型的教育学——访教育现象学国际大师马克斯·范梅南教授[J].开放教育研究,2005(3):4-7.

们虽然可以按照各种维度,将活动分成若干部分进行逐一分析,比如时间、空间、影响因素、发生条件等,但这些要素的提取只能是在事情出现之后,或者仅仅是一种预测;当事情正在发生时,这些因素不可能孤立地存在,因为,整体性、不可分割性也是实践与认识的区别之一,实践不可能像认识那样就某一个因素或方面进行单一的剖析,它是一个不可分割的整体。那些可以被分解出来的侧面和因素,在实践发生的当时,都会有相应的体现,但它们是没有边界的。最后,教育现象学致力于对体验故事意义的揭示,而意义是不占空间、不拘于时间的,它不可以被分割,同时它具有无限的丰富性与可能性。这里所揭示的意义,不能像一般概念那样,因被概括、提炼出来而与实事本身分离,这里的意义就是实事本身,它向实践所敞开,因为它与实践的本然关系,决定了意义不论被如何分割,都仍然整体地存在和显现。①

(二)国内教育现象学研究现状

国内教育理论界于 20 世纪 90 年代开始关注教育现象学研究,其中大部分是理论性介绍或探讨,也涉及应用教育现象学方法以及对教学实践的反思研究。自 20 世纪末以来,教育现象学研究日益增多。2006 年 10 月,第一届现象学与教育学国际学术研讨会在首都师范大学召开,会议的主题是"多元世界的教育学意义";2010 年 10 月,第二届现象学与教育学国际学术研讨会在首都师范大学召开,会议的主题是"现象学教育学:体验与实践";2015 年 9 月,第三届现象学与教育学国际学术研讨会在首都师范大学召开,会议的主题是"现象学与专业实践"。三次关于现象学与教育学的国际学术研讨会将国内教育现象学研究引向深入。

1.关于教育现象学自身理论的构建研究

关于教育现象学自身理论的构建研究,有学者着力于梳理从胡塞尔的"本质直观"和"生活世界"到马克斯·范梅南将"悬置"的现象学方法运用于教育研究之中,其间所经历的从内在理论生发到实践应用的演变历程。② 高伟认为理论教育现象学与实践教育现象学共同构成了教育现象学的整体取向,而实践教育现象学则直面现实生活世界提出的问题,它并非现象学方法在教育研究中的简单运用,而是一个相对独立的研究范式,有其独特的认识论、方法论、意义来源、研究方法与程序。③

---

① 宁虹.实践——意义取向的教师专业发展[J].教育研究,2005(8):42-47.
② 郭莹.论教育现象学的演变及其趋势[J].基础教育,2013(1):19-25.
③ 高伟.教育现象学:理解与反思[J].教育研究,2011(5):11-18.

宁虹从现象学与教育学的结合点入手，认为二者之所以可以融合，是因为虽然二者有着不同的面向，却都遵循"直接的直观"——将"括号"里的知识还原成能够引起学生直接、原初觉察的意识状态，促使人类文明向学生意识敞开。现象学教育学使学校、课堂、教与学的一切回到教育本身，还原其引起教育发生的真实形态。①

刘良华从教育现象学的观念入手，认为现象学的核心精神是"意识现象学"，教育现象学的核心精神为直觉教育学。教育现象学的使命是重新恢复人的智慧。发达的意向性可以成全诸种"神童"的出现，但"神童"的出现如果以身体的孱弱、与他人交往的无能作为代价，反不如节制人的直觉，限制人的意向性，让人展开"非意向性"的生活。② 有学者提出，构建以"具体的人"为基础的教育学，意在追求教育实践智慧，重视教育生活体验，珍视师生生命创造，③认为教育现象学通过其独特的运思路径、言说方式与行动策略，敞亮了人之"诗意栖居"的返乡之旅，最终将现象学对教育研究的启发定位在"学会看"，并主张以现象学的态度和精神来进行教育研究。④

2.关于应用教育现象学方法对教学实践进行反思的研究

如何应用现象学方法进行反思的研究，主要集中于对师生的互动交往的描述与反思。

有学者从身体角度进行反思，如从对学生的口感体验描述的分析，导出其身体现象的动力机制与意识结构的基本成分，以探究深层教育体制和成为宏观教育环境的细微切口与重要视角。⑤ 有学者以教师批评学生的口头语现状为研究对象，从真实的批评教育故事入手，以现象学的态度和方法描述现状，分析原因，提出对策。⑥ 也有学者从职业情感的角度进行反思，指出现象学是一种比之于哲学思辨和科学实证更适切于研究"教师情感"的方法，用情感现象学中贯彻的现象学的审视态度，如"回到现实本身""本质直观"、意向性分析，去探究师爱的本质与意义；⑦并从教育现象学的主要观点即关注体验研究、强调实践和反思、动态性知识

① 宁虹.认识何以可能——现象学教育学研究的思索[J].教育研究,2011(6):11-16.
② 刘良华.教育现象学的观念[J].教育研究,2011(5):19-24.
③ 刘徐湘,胡弼成.教育学中"具体的人"——现象学的视域[J].高等教育研究,2005(3):17-22.
④ 李政涛.现象学对于教育研究的意义[J].宁波大学学报(教育科学版),2003(4):9-13.
⑤ 熊和平,潘岳玲.探究深层教育体制和宏观教育环境的细微切口与重要视角[J].全球教育展望,2012(7):62-67.
⑥ 许瀚月.中学教师批评学生口头语的教育现象学研究[D].重庆:西南大学:15-30.
⑦ 李红博.师爱的情感现象学解读[D].北京:首都师范大学,2009:10.

观中,提出教学机智是一种智慧实践,教师需要通过生活洞察儿童内心世界并且提高自身素质,等等。① 还有学者对"教学反思"进行现象学描述②,探讨现象学对于理解教师之教以及教师反思的意义。③

总的看来,教育现象学的理论探讨十分丰富,而我国学者对教育现象学的研究为我们呈现和转译了当代教育现象学研究的丰富成果,研究主题的另辟蹊径也展示了教育现象学方法的独特魅力。这些理论探讨大多从理论到理论,用教育现象学的理论推演教育实践中的各种问题,是思辨和演绎推理的结果,一些研究往往只有研究结果的呈现,而忽略了过程的精彩,没有具体研究方法及过程的展示。

第二节　教师课改阻抗研究的现象学方法

现象就是体验,现象学意味着对体验的研究。④ 现象学不仅是一门科学,同时并且首先是一种方法和思维态度,其基本特征可以概括为"回到实事本身",即返回到直接观察这个最初的来源,回到由最初的来源引出的对本质结构的洞察。

一、教师课改阻抗现象学研究视角的选取

关于教师课改阻抗的研究,在一定程度上,能够很好地启发课程的开发者、实施推进者在课程改革的过程中充分考虑多方面的制约因素;但是,许多学者仅限于影响因素的列举,让人感觉问题很多,却不知从何下手解决。另一方面,教师阻抗的研究自然应该以教师为出发点和落脚点,但是以往的研究往往立足于宏观层面,将教师阻抗预设为负面影响来分析,并且已有研究较少关注对阻抗中的教师的生活世界的考察,对教师在课改实施中的情感体验缺乏揭示,而教师的课改生活体验和身体感受显然与阻抗产生有着直接而重要的关联。因此,采取教育现象学方法,悬置成见,回归本原和教师体验,从教师的日常生活体验出发,对教师的

---

①　刘佩佩.教学机智的教育现象学解说[J].河南教育学院学报(哲学社会科学版),2011(1):106-109.

②　胡萨.反思:作为一种意识——关于教师反思的现象学理解[J].教育研究,2010(1):91-92.

③　胡萨,宁虹.教师反思何以可能——教师反思的现象学研究及其现实意义[J].首都师范大学学报(社会科学版),2010(1):67-71.

④　洛伦·S.巴里特,等.教育的现象学研究手册[M].刘洁,译.北京:教育科学出版社,2010:33.

阻抗做进一步深入细致的分析考察和探索,以深刻揭示教师情感深处产生阻抗的原因,探讨教师课改阻抗背后的本真的东西,才可能会更有效地寻求到消解教师阻抗之有效策略。[1]

当下教育现象学领域的研究主要是以现象学教育学研究意义以及如何实现教育学的"现象学转向"为重点,几乎未从现象学的视角来系统反思此次新课程改革的意义与存在的问题,更没有对课程改革中教师的教学生活体验进行现象学视角的分析和研究。

二、现象学视角研究教师课改阻抗的理论阐释

现象学方法从直接探究呈现在我们意识中的被体验的现象开始,尝试去把握这些被体验的现象的根本结构以及它们之间的根本的相互联系,探究意识中的现象的结构,努力理解这种体验的发生及其意义。[2] 现象学强调从经历这些体验的角度对体验进行仔细描述。现象学家不是想当然地认为他们知道的事情对所观察的人们意味着什么。

如观察某一行为,现象学家不仅注意某一行为的发生,而且尽力去理解这些行为对行为人意味着什么。就其本质而言,现象学方法是强调在"亲历者的眼睛和头脑里"现象意味着什么,强调被研究者看待他们经验的方法。[3] 事实上,人的现实存在可分为三个层面:周围世界——自然界或物质世界,遵循物理规律;共同世界——人际世界,人与他人相关联;自我世界——个人体验的世界,人与自身相关联。现象学研究的对象主要处于后两种层面,即主要是人的生活世界。生活世界是我们所处的原初世界,它直接给予我们,不需要任何加工和抽象。

课程改革是诸多影响变量的多元函数,在这个函数中,人是关键变量,教师是核心人物,导致课程改革实施困境的重要因素之一是教师。因此,研究新课程改革实施困境和对策的"原点"应该是教师,对新课程实施中教师的情感、教师工作的荣誉感和紧张感、教师的职业幸福感、教师课改焦虑等进行现象学描述和分析,对考察课程改革实施难点及改进策略而言是恰当的。把教师的日常生活体验作为研究对象,从现象学的方法论视角来反思课程改革,努力查看教育现象本身,并且在思考之前始终忠实于教育现象,更容易接近课程改革中教师阻抗和实施难点

---

① 魏春梅,邵光华.教师课改阻抗的原因与启示[J].教师教育研究,2013(2):78-82.
② 洛伦·S.巴里特,等.教育的现象学研究手册[M].刘洁,译.北京:教育科学出版社,2010:47.
③ 威廉·维尔斯马,斯蒂芬·G.于尔斯.教育研究方法导论[M].袁振国,译.北京:教育科学出版社,2010:277.

的"真相",从而更容易找出推进课程改革的措施。

课程改革的历史也是教师身体现象的变革史,课程改革对教育实践的影响必将落在教师的身体体验中,成功的课程改革必将落到教师的身体关怀与解放上。忽视教师日常教学表现和情感体验有可能使课程计划步履蹒跚甚至落空。将教师切身日常生活体验作为研究对象,有望对课改中教师的生活世界、教师阻抗形成原因形成深刻认识,为改进课改实施难点提供共享的资料。对课改中的教师的情感体验进行精确的描述,有望找到共同的主题,为探讨课改中教师的行为改变策略提供情感现象学的理论说明,有助于揭示课改中教师"身体"内涵的丰富性,包括生理的身体、社会的身体、伦理的身体等,为教育行政部门和教师培训专家从"身体关怀"的视角改进课程实施策略和教师培训方式寻找新的可能性和突破点。

以现象学方法论为指导,从教师日常教学生活体验来研究新课程改革实施过程中教师的行为表现和阻抗,属于新视角。基于解释现象学和情感现象学的立场,从教育学、伦理学、社会学等场域描写和探讨课程改革与教师体验的多种关系,有可能提出一些新的学术观点。将教师日常教学生活世界和课改体验作为文本来解读,并通过现象学方法真实描写新课程改革过程中的教师体验和阻抗,有助于开阔研究视野。在新课程改革实施中,教师其实是处在一种心理矛盾的职业情感困境之中,通过对教师日常教学生活现象的考察和反思,通过深度访谈和交流,能够获得教师新课程阻抗的原初分析和最本真的东西。

根据马克斯·范梅南的解释,"生活体验研究"就是在教育学意义上对生活经验的现象学、阐释学、符号学立场上的研究。生活体验研究关注教师的个人经验,面向日常教学事件,反映教师对教育的理解,让教师有意识地体验教学事件,或采取自传的方法记叙教师自身的教育经历。在体验中,让教师主动观察、反思自己的经验,对自身认识事物的方式进行思考和重新解释,使得教师能更好地监控自己的思想,理解自己的行为,使教师不只是在执行现成措施的水平上而且还在解决问题的水平上工作。与科学实证主义的方法相比较,生活体验研究无意归纳推论出一般意义的规律、法则,而是强调个人体验意义的原始性、情境性和真实性。[①] 而科学实证主义严守价值中立的研究标准,把个人的情感、愿望、态度、价值观等视为主观的东西,一律从研究中剔除,以求结论的真实、可信、具有普遍适用性。生活体验研究恰恰相反,它认为教师的经验不是抽象的,而是生活化的,个人的喜怒哀乐、思想态度是构成个人经验的重要部分。生活体验中无处不体现教

---

① 金美福.生活体验研究:含义、原理与主要环节[J].外国教育研究,2004(6):23－26.

师的思考与筹划,具有强烈的个人倾向性。这些"主观"的个人经验方式,正说明了其真实性。生活体验研究者把体验看作是人类的经验、行为以及作为群体和个体的生活方式。从这点上看,"体验"不再仅是主观意义上的产物。^① 因此,现象学一直强调和关注"生活体验",强调体验具有持久的重要性和意义,是生动、充盈而丰满的,以这种方式展现出来的教育理念也是鲜活的,且比抽象理论更具说服力。

三、课改阻抗的现象学研究方法

通过对课改实施过程中教师的教学生活现象进行系统的梳理、归类与分析,通过在研究过程中的生活化选题、对话式访谈、描述性写作、主题式分析与现象学反思,可以揭示教师以身体体验为主的日常教学生活体验以及特定生活体验背后的教育学立场,揭示新课程改革所面临的"教师阻抗"问题,提出相应的消解教师阻抗的策略和措施。[②]

(一)基本原则:悬置已有观念,面向教育事实本身

教师课改阻抗现象学研究必须尊重现象学研究的基本原则,即"悬置"先前的思想、观点和假设,直面教育事实本身,重在生活体验特点及生活体验所传达的意义的描述和解释。也就是说,要面向教师生活,关注教师的生活体验,将教师置于具体情境中,关注教师在日常生活中的种种体验,并以忠于体验的原本面目的方式揭示生活体验的本质。尽可能避免对被研究的现象形成先入之见,同时复杂的现象不能被缩减为一些变量,要开放地接受对现象的不同理解。

(二)基本方法:观察和访谈

教师日常教学生活体验研究的主要方法是观察和访谈。

观就是看,察就是思。通过观察,可以看到现象的发生、发展和变化过程,可以获得比较原初的感性认识,可以直接涉入被研究者的日常活动来了解其行为规范和意义建构,可以从日常生活中发掘人们的实践理性。"观察",也就是一种有距离的"拥有"。只有"看到"了,"拥有"了,我们才能"理解"。[③] 观察者应近距离观察教师日常教学活动、生活状况及其变化,并探寻其中的原因与规律。

---

① 王慧霞.生活体验研究:教师专业发展的新视阈[J].淮海工学院学报(社会科学版),2009(2):127-130.

② 邵光华.新课改背景下教师阻抗及其现象学方法论分析[J].教师教育研究,2012(5):56-61.

③ 张尧均.隐喻的身体[M].杭州:中国美术学院出版社,2006:1.

访谈是研究者"寻访"被研究者并且与其进行"交谈"的一种活动。"与观察相比,访谈可以了解受访者的所思所想和情绪反应、他们生活中曾经发生的事情、他们的行为所隐含的意义。""观察往往只能看到或听到被研究者的外显行为,而访谈则可以进入到受访者的内心,了解他们的心理活动和思想观念。"[1]"访谈可以提供观察中漏掉的信息,并能够检验观察的准确性。""访谈法通常是了解人们想法的有效并可靠的途径,但有些想法只通过访谈是不可能得到的",这时,观察法可能是有用的。因此,"结合观察和访谈法会比只采用其中任何一种提供更为具体和准确的结果"。"访谈是最受教师研究者和学生研究者青睐的收集资料的方法。"[2]访谈可采取如下的一般方法步骤:选择访谈对象—设置场景—建立彼此信任—使用录音机或做笔记记录—描述场景—访谈分析—关注"但是"的分析—反馈。通常,观察以非参与性观察为主,访谈以深度访谈为主。[3]

深度访谈是访谈中的一种重要而常用的形式,主要是半结构式深度访谈(semi-structured depth interview)。半结构式深度访谈有两个最重要的特征,第一个是它的问题是事先部分准备的(半结构的),第二个是"要深入事实内部"。也就是说,访谈员事先准备的访谈问题必须具有开放性,在具体的访谈过程中,这些问题可以根据被访者的回答或访谈过程中出现的具体情况进行修改,增加或删减。半结构式深度访谈最重要的目的在于它的第二个特征,即"深入事实内部",这是深度访谈之深度的应有之义。关于"深度",有两层意义:第一,"深度"了解某事乃是要获得关于它的更多的细节知识;第二,"深度"指的是了解表面上简单直接的事情在实际上是如何更为复杂的,以及"表面事实"(surface appearances)是如何极易误导人们对"深度事实"的认识的。深度访谈的实质,并不是仅由对待"深度事实"的态度所构成,而是与如何达到深度的问题密切相关的。如果对深度访谈的具体方法没有清晰的认识,也很难达到访谈的目的。研究者要进入被访者的日常系统中去,"必须以他们用来解说发生在他们身上的那些事的习惯语句来表达","你需要询问具体的事件和行动,而不能问一些概括化的抽象的问题",[4]才能达到"深描",然后再将所得信息"转译"为教育研究的语言,对此信息的意义给出解释。

对被访者的访问,首先可从个人生活史开始,将访谈引入一种自然状态,有利

　　① 陈向明.教师如何作质的研究[M].北京:教育科学出版社,2001:70.
　　② STENVE HERNE,JOHN JESSEL,TENNY GRIFFITHS.学会教学[M].丰继平,徐爱英,译.上海:华东师范大学出版社,2009:151.
　　③ 邵光华.教育研究方法[M].北京:高等教育出版社,2016:153,110.
　　④ MAXWELL J A.质性研究设计[M].陈浪,译.北京:中国轻工业出版社,2008:120.

于被访者放松戒备,开始一种"自然"的讲述。当被访者开始这样的讲述时也就不会被动地一问一答,而是主动和连贯的叙述。这种主动和连贯的叙述会清楚显现被访者的叙述意图,即他最想告知或诉说的是什么;而在叙述背后,决定这样的叙述意图和叙述方式的则是被访者的价值观念。另一方面,在这样的自然讲述过程中,研究者可以发现和触及被访者的兴奋点(他们对自己的哪些事情最有兴趣),这会有利于研究者引导访谈的深入,更好地了解属于被访者自己的重大事件,以及被访者对这些事件的看法,进而借由被访者对日常生活的态度去了解被访者对课程改革的看法。研究者也可以通过被访者课改生涯过程中的"特殊"现象和生活史,去深入挖掘被访者生命过程中发生的重要事件,透过这样的事件,研究者可以看到被访者如何在一种具体的教育情境中去应对和处理他所面对的问题。在这样的事件中,被访者显然有着对周围环境的理性的认知,其行动因此也有着明晰的主观意图,而这些背后又有着社会、教育管理部门、学校的投射和个人个性、周围教师群体及家庭的影响,研究者需要理解和解释的意义因此也会凸显出来。近些年,有关教师工作的应然性形象研究的数量有所增加,但是有关教师实然性形象研究却很少。换句话说,关于教师在学校中应该如何表现的著作和论文汗牛充栋,而关于教师工作的经验研究和学校生活实际情况的真实记录却是少之又少。生活史研究就是旨在拓宽教师工作研究的视域,拓宽对教师教育与教师发展的关注点。倾听教师的声音启示我们,自传性质的生活资料对讨论教师的工作有重要影响。生活史研究为教师的"生活周期"、教师压力与职业倦怠、教师流失等现象的研究提供了视角。教师的生活受到空间和社会化的限制,对教师生活的研究,能让我们看到个体与其所处的历史时代的关系,使得教师能够审视和分析自己的教学生活。

从教师教学生活体验研究开始教师课改阻抗的现象学视角的分析研究,研究者可选择不同类型的典型教师代表作为研究样本,通过开展教师行为观察、对话式访谈、情境分析,对观察的记录与访谈的笔录进行描述性研究、意义分析,通过现象学反思把握当下教师日常教学和阻抗的现象本质。具体可分三个层面:(1)"面"的研究:研究课程改革给教师带来的日常生活体验方面的变化、课改阻抗的形成及其内在动因。(2)"线"的研究:以新课程改革历程为线索,研究课程改革的实施过程及其对教师所产生的影响,以及由此带来的身心变化。(3)"点"的研究:以个案研究与叙事研究为主,通过与课程改革中的教师、学生与学校管理人员进行访谈,从现象学的角度来分析研究教师的日常生活体验和课改阻抗成因。研究者也可搜集近几年教师的传记、个人生活史、日记、札记、笔记、博文,作为理解教师生活体验的资料来源,丰富对教师实际生活体验的理解。

第四章

课程改革中教师阻抗的多维透视

众所周知,对于一项变革,总会有教师持反对态度并阻抗改革,因此课程改革的过程是一个不断克服阻抗的过程。我们试图从多维度分析课程改革中存在的阻抗现象,避免课程改革盲目性的发生。

第一节　考试视域中的教师课改阻抗透视

新课程实施受诸多因素影响,关键在教师,而根本在考试。考试使课程目标异化为考试目标,中国现实国情一时难以摆脱考试的"魔咒",教师在"两难"夹缝中生存。新课程所倡导的先进的教育理念、先进的制度建设,以及所带来的课程结构、教学方式、学习方式、评价方式、管理方式的改变,都是值得肯定的。但是,在新课程看似平稳推进的背后,我们通过深入社会、学校了解和课堂观察研究发现,在新课程实施中还存在许多影响新课程改革理念落实的阻碍因素和现实问题。①

一、影响新课程理念实施的根本因素是什么

课程改革涉及亿万学生和家庭、万千教师和学校,是个复杂的社会问题,而不

---

① 邵光华.高考视阈中的高中新课改[J].教育发展研究,2010(6):74-76.

仅仅是一个教育界内部的问题。正是影响课程改革的因素非常多,使得课程改革呈现出复杂性。在这个复杂的影响系统中,关键因素是教师,但影响课程改革的根本因素是中考和高考,尤其是高考。高中教育不同于义务教育,其面对高考的压力之大,实非教育界内部所能解决,它受制于社会、家庭、学生的意愿和要求。高考是一种为国家社会选拔人才的机制,其特点就是优胜劣汰,本身是残酷的。①对一个中小学生来说,能否上大学,能否上重点大学,被视为人生重要的转折点,决定其日后的社会分层和社会地位,学生自身有考学的迫切需要。对家庭来说,家庭希望学生考上大学的愿望是实在的,是近景性的,只要能让自己的孩子考上大学,倾其所有也是心甘情愿的。尤其是广大的农村家庭,他们的一个美好心愿就是让孩子跳出农门,考上大学,将来能够有出息,有个好的出路,这样的想法很质朴。其实,城市阶层的中小学择校现象所折射的一个根本问题也是考学的问题,将来考个好大学的问题,孩子考学对一个家庭是"至高无上""不可动摇"的。学校、教师迫于这样的社会、家庭、学生期望的隐形压力,也是为了满足民众的诉求和需要,抱着对学生"负责"的高度责任心,在课程改革中许多事情都是不得已而为之,任何"教学创新"举动都被认为是"高危"的,而自己习惯的教学模式和方法被认为是最有把握的,是最有效的,这无形中给课程改革带来了莫大的阻力。

二、高考对新课程理念落实的影响

广大民众要求自己的孩子能考上大学的期望错了吗?没有!教师为满足民众的愿望而产生的种种为了让自己的学生能考好的想法和做法都应该被理解。因为国家教育行政部门也一再表示,"要办好人民满意的教育",人民满意最重要。那么,人民的满意度在哪里?标准是什么?很简单,就在自己孩子是否能考上大学!事实上,不是教育行政部门,而是社会无形中将高考作为评价老师或学校教学效果的重要指标。这就不可避免地导致课程改革中的奇怪现象——"高考不改,一切照旧","高考考什么,我们就教什么",从而出现"实然的课程观":新课改只不过是课程内容的增减和调整,课本换了换,内容改了改,要求调整了调整。"新课程不就是新教材吗?"这是许多教师面对新课程改革的真实反映,他们的目标是如何将新教材教好,关注的是如何应对新课程下的中考高考。事实表明,一个省如果进入高中新课程改革,那么这个省的学校最期盼的就是本省高考方案能

① 刘海峰.高考改革何去何从[J].教育研究,2005(3):29-34.

早早出台。这是为什么？因为高考方案出台,他们就可以"有的放矢"了,可以撇开新课程的这理念那理念,而紧紧围绕高考方案做文章,安排选修课,以及取舍内容了等。这使得"课程→教学→考试"三要素的正常决定关系颠倒成了"考试→教学→课程"的关系了。课程实践也表明,凡高考方案没有涉及的新课程选修专题内容,学校几乎都不会学习,使得高中新课程改革仍然没有摆脱"考什么学什么"的现实,"多样性和选择性"理念形同虚无。

高考是个不争的事实,而高考的影响作用是个仅靠教育机制改革所难以改变的一个变量,它是受社会发展、传统观念、现实理想、现代意识等因素制约的变量,它既难以靠扩大高考招生规模根本解决(好学校找好工作,孬学校不好找工作,甚至找不到工作,还是得竞争好学校,高考竞争压力不会减轻),也难以靠扩大职业技术教育根本解决(现代意识下的职业技术院校不被看成正规大学,从职业技术院校招生录取分数线如此之低也能看出,被社会认为是"四流"学生的去处,一流一本、二流二本、三流三本或专科、四流高职高专),也难以靠减少高考科目数或内容来减轻学生负担(对山东、广东、江苏三省高三学生的访谈表明,他们的学习负担没有差别,而三地的考试科目或同一个科目的考试内容都有所不同,如山东比之广东数学科目中少考了选修专题,而江苏高考只考语文、数学、外语三个科目)。过去我们说高考是指挥棒,是教师的教学指南针,现在,高考考试说明大纲的要求实际上替代了课程标准的目标要求而成为真正教育目标了!教育目标的实际"变更"使得课程实施难以真正按课程改革理念进行,教育教学一律瞄准高考,为高考而教,而不是为完成课程标准目标而教,高中教育的实际教育教学目标的"异化"使高中教育走样,致使一些省教育主管部门出台"选修课不开全取消省级示范学校"称号之类的政策,但这并不能从根本上解决问题。

三、课程改革何时能摆脱高考"魔咒"

许多文章都说"传统教育"是"应试教育","传统教学"是"应试教学",不能跳出"应试"的圈子。其实,新课程改革能否成功的一个关键也在于是否能摆脱"应试"的魔咒。事实上,不管旧课程还是新课程,只要能走出"应试"的圈子,都可谓是改革的伟大成功。"应试观念"与"课程改革"理论上是不相关的,尤其是与课程内容和结构无关,如果能认识到这一点,那么,就不难看清楚中国教育的症结在哪里,不在于课程体系和内容的重构,而在于"应试观念"的改变!尽管这已为人们所公认。但是,根据中国目前的国情,一时很难摆脱"应试"的魔咒,因为这是受各方面制约和影响的。应试问题看似是考试制度造成的,而实际上是一些社会问题的折射。① 大众期望子女能考上大学,没有超然对待教育的态度——"孩子考上考不上没有关系,只要受到教育,提高素质就可以了",而这是教育走出"应试"的前提观念。高考改革不管如何多元化,只要考试分数在录取上占大比例,在不能超然对待上大学问题的前提下,"应试"教育就难以遏制。我们没有做过严格的随机抽样问卷调查,但最近几年,曾不失时机有意地进行过简单随机访谈。被访谈对象的年龄大多是在 30~45 岁,有农民工、城市市民、知识分子、商业生意人等。被记录的访谈对象共计 68 人,涉及 13 个省区市,包括北京、上海、海南、宁夏等。被访谈内容首先是"你是做什么的?"或"你这是到哪去打工?""孩子上几年级?"当最后问到"你让孩子上学的目的是什么?"几乎得到一样的回答——"考大学"。可以估计,中国目前 95% 以上的家长还是将孩子考上大学当作受教育的一个首要目标,尤其是独生子女家庭。这样的一个社会现实我们不能不考虑和正视。这个现实严重阻碍着新课程改革冲出"应试"圈子,但这个现实又非教育界人力所能改变,因为它既是传统观念,又是人们的主观愿望,也是现实社会的产物。人民的要求如此,教育是人民的教育,为人民而教育,作为教育工作者的教师怎能不满足人民的教育要求呢? 满足人民教育要求的一个自然的做法就是让自己的学生在考试中占优势,一旦自己的学生考得好,家长满意,学生高兴,自己也随之受益(奖金、荣誉、职务或职称升迁等),教师也是凡人,何乐而不为? 结果是,"不管是新课程还是老课程,我都会围绕考试进行",这就是所谓的"应试"。其实,在教师价值观体系中,绝大多数教师认为"让自己的学生尽量多地考上大学、尽量多地考上名牌大学"是自身价值的最大实现,而这又根源于社会的人才观,即一个人如果被培养成科学家、某个领域的专家,成为名人,常被认为是极大的成功。课程改革最终九九归一到教材和教学,"应试专家型"教师(我们大部分名师可能都沾得上边)都能够做到不论什么样的教材都可以找到教学方法让自己的学生考好。他们可能在教学思想观念上一部分遵从新课程提倡的,改变一些传统教学方法,但主导他们的目标思想——考试要考好及一切以考好为中心的思想是难以动摇的。对学校来说,改革的前提多是"不影响高考考试成绩",因为一旦学校高考成绩下滑,校长的位子就会受到威胁,学校老师也会受到社会责难。这一切表明,中国教育现阶段及未来一个时期,是难以摆脱高考"魔咒"作用的。而这一切源于高考作为社会分层的工具的实际社会化功能,即高考是对青年人社会等级位置的一次预

---

① 姜传松.高考制度的合法性、现实困境与出路[J].教育发展研究,2008(7):21-24.

分配。①

　　基础教育教学改革看似是教师自己的事情，其实不然，教师"不由自主"，也不是说课程改革主导者让教师改就能改的。改革的结果要受到广大人民的检验和认可，作为教育"投资者"的人民要从中"受益"。教育给教育投资者带来的利益是什么？什么是教育受益？在这里"益"常被理解为狭隘的"益"。根据目前的情况看，一个省本科统一划线或地区统一划线，一个地区或一个县的上线人数多或升学率高，该区或县的人民就感到受益了，这样的教育被认为是这个区县人民满意的教育。反之，就觉得受损，会埋怨，校长或教育局局长就可能有引咎辞职的危险，这样的教育不是人民满意的教育。而高考竞争就是考试分数的竞争（计算机投档更充分体现了分数的重要性），竞争是不择手段的，能让自己的学生在这场竞争中获胜，教师可以"在所不惜，不及其余"。而作为这场竞争主角的学生，大概也都是这种想法——老师您要教我们获胜的本领哦！不论高考怎样考，怎么改，高考都改不了它的竞争性本质，因为它从根本上讲永远是选拔性的，也恰恰是因为这样，家长才希望子女能在这场竞争中获胜，那叫成材，那叫"有出息"，那样将来才能找到好工作。大学是个"香饽饽"，什么时候失去"香味"，什么时候高考才可能失去"魔力"，而这又不是我们想看到的。

四、在高考"魔咒"下教师的课改实然表现

　　受制高考，高中教师在新课程改革中处于两难境地，同时兼顾高考和课改。面对高考，教师有强烈的危机感和竞争意识，因为中国目前教师已经不紧缺（至少在当前大班额制下情况如此），甚至可以说已有富余。很多学校实行聘任制，聘任制中一个暗藏的机制是末位淘汰。所谓的末位就是所带班级期终或高考考试成绩排在年级末尾的，末位淘汰制就是所带课程考试成绩处于末位的老师下次聘任将被淘汰出局。末位淘汰制是一把双刃剑，既能激励督促教师的上进，又是制约课改的大敌，因为考试成绩是检验教师业绩的主要指标，面对末位淘汰制，教师是拼死抓成绩，"周考、旬考、月考，考考不断；制卷、阅卷、讲卷，卷卷相连；班级比、年级比、校际比，样样揪心"②。学校向来对成绩好的老师网开一面，高考考试成绩上不去的老师不可能被评为优秀老师。考试成绩的要求在一定程度上限制了教师教学改革的自由度和参与课程改革的热情，让教师在课程改革中谨小慎微。另

　　① 周彬. 论高考制度教育功能的缺失与提升[J]. 教育理论与实践，2009(1)：17-21.
　　② 阮成武. 示范性高中教师队伍建设的特殊矛盾及对策[J]. 教育发展研究，2008(6)：20-24.

外,现在的高中学校的招生是靠高考升学率吸引学生及家长的,学校可以说是靠这个生存,靠这个创牌子、赢声誉,这也是中国的一个现实,许多民办学校生存不下去,原因就是生源不行,为什么不行?就是没有升学率。升学率低,老百姓花了钱把孩子送进去,结果考不上大学,也就没有人送了,所以,学校也要求教师出成绩。这样一个现实,让新课程改革中的高中教师为难,对上应付新课程改革,转变观念;对下抓考试成绩,抢占上课和辅导时间,课堂不放心给学生自主学习的时间,坚信自己讲总比学生自己学效率高。高中教师可谓是在夹缝中生存,一面是高考的压力,一面是新课改的冲击。要想在这个夹缝中游刃有余,教师只有走专业发展途径,使自己的教学兼容考试成绩和学生发展。一方面主动促进自我专业发展,丰富专业知识,提升专业素质和能力水平;一方面积极参加各种专业引领发展活动,而且不能只是形式的,而要实质性地参与。

五、谁来引领教师专业发展

高中阶段的课程教学改革主要体现在学科课程教学上,更关注学科教学。鉴于高中课程改革的高考阻力,高中课程改革的实施关键要从课堂教学逐步开始,不可能大步子跨越式进行。从课堂开始,那就需要学科教学专家引领,而我们现在缺少的就是能指导高中课堂教学的学科方面的课程教学专家!可以说,当前高中课程改革最需要的是各个学科方面的教学专家,而不是教育家,也不是学科专家,缺少的是真正能指导一线各学科教学的专家,恰是这些专家才可能引导高中教师摆脱"两难"境地而将高考需要和课改理念落实统一到课堂教学中。课程改革进到一线,能否顺利实施,关键在于教师。而在新课改理念的贯彻中,高中教师不兼顾高考是不现实的,能够不影响高考成绩而又能落实(或部分落实)新课程理念的课堂教学需要恰当的教学模式和学习方法。课程改革如果只是课程内容改革,是很简单的事情,关键是改革教学模式和方法!归根结底是改变课堂教学。而这个适切的教学模式方法的创新靠谁?自然,一是靠一线教师自己,二是靠学科教学专家,三是靠他们的深度合作探索。而恰恰在改变高中课堂教学中,我们缺少学科教学指导专家!

六、谁能担当高中学科教学指导专家

从一些研究中所提及的引领教师专业发展的专家类型来看,很大一个主体是师范大学从事中学学科教育教学研究的人员,这些人员的确应该来担当此重任,但是,事实上这些研究人员中大部分不能跟高中学科教育建立密切联系。究其原

因,一是长期以来,人们一直把普通高中看作是教育教学改革的禁区,认为高中承受着沉重的升学压力,很难在高中开展各种教育教学改革实验,大学研究人员也就很少有人敢于碰;①二是就高中学科教育而言,对大学学科教育专家也是一种严峻挑战,面对高考试题有时他们也显露出无奈,有力不从心之感;三是大学教学科研压力越来越大,不能抽出更多的时间指导高中教学实践,即便能做一些,惠及面也是非常的小。那么,真正能够寄予厚望的当是教研室人员,但现实并不像我们想象的那样好。教研室制度是中国基础教育的特色和优势,各级教研人员多是从一线抽调的"名师",本来是研究教学和指导教学的学科教学专家,可由于他们所处的地位,使得他们在课程改革中也难以作为,他们做的有关新课程改革的主要工作就是举行一些教学观摩和比赛,在教学观摩和比赛评比标准中体现新课程理念。但在目前的形式下,教学观摩和比赛是一套,实际教学又是一套。一个地区的教研人员又要对一个地区的高考负责,平时是组织考试,出试卷,而试卷往往会冒出超标、超基础的试题,这样的教学评价试题是导致教学无限膨胀、课程实施变形的一个重要原因。现实教学状况是,平时(如高一、高二)教学不是先将基础知识、基本技能、基本过程教给学生,等课程学完迎接高考复习时再拔高学习难度,而是在平时的教学中就渗透进了"高考难度"的试题,进行训练,以应对期中或期末考试。这样的课程实施计划安排导致高中教师感到课时紧张,在课程标准规定的课时内难以完成教学任务,直接影响课程的真正落实。教研室在课程改革中本来是个很重要的角色,是一个有力的助推器,它可以通过教研和统考引导教学改革走向"正轨",可实际运作中,教研室多半是奔着高考形式而命制平时统考试卷的,这使得教研室不能真正发挥新课改教研和引领功能。教研室必须回归本原职能,不能以出试卷、编写复习或辅导资料、组织考试测评为主,而应该深入教学实际,寻找课堂教学改革中存在的问题,进行研究、解决,在新课程改革的大潮中充分发挥好自己的教研功能,与其他相关研究人员一起联合作战,以有效指导一线的教学改革实践。

七、课改现状带来的启示

高考是中国的一个现实,是中国的重要国情,走出这种现实,改变这种国情,还需要相当长的时间。所以,第一,课程改革首先必须尊重传统文化,正视中国现实,不能超越社会发展阶段,不能只有乌托邦式的教育愿景,改革的正常进程也许就是稳中求进、渐变而非突变。第二,课程改革要从国情出发,在借鉴国外发达国

---

① 张志勇.在新阶段新起点上努力深化新一轮高中课程改革[J].当代教育科学,2007(21):3-8.

家课改经验时,要持系统分析观,整体考虑它的改革基础、改革目标、改革方法和内容,不能只看它的改革形式,而不看它的改革基础和社会、经济、文化、传统等背景。第三,各级教研室教研人员需要回归教学研究阵地,回归课堂,聚焦课堂,深入研究有效教学,提高课堂教学效率,向效率要"减负",向效率要成效。第四,高中教师需要主动丰富学科素养,增长学科教学知识,勇于探索,在无法回避的提高高考成绩的探索现实中多注意创新和尝试科学有效的教学方法,在保证质量和成绩的前提下压缩学生花在自己学科上的时间,而留出多一点的时间给学生进行综合素质的训练和提高。第五,大学学科教育研究者需要将研究的重心向高中学科教学上适当转移,提高自身专业水平和研究能力,不能固守"象牙塔",要走进高中学校深入实际研究课堂教学,引领教师教学改革。第六,国家需要加强学科教学专家式教师的培养,扩大学科课程与教学论专业的研究生招生数量,改革现阶段学科课程与教学论专业研究生招生统考模式,因为这一统考模式阻碍了一批优秀本科生特别是理科生对课程与教学论专业的选择,使得学科课程与教学论专业生源非常不理想,不利于培养未来优秀的学科教学论专业研究人员和优秀的中学教师,建议入学考试中需增加学科专业考试科目。

高中新课改路漫漫而修远兮,希望我们的课程改革专家能够尊重国情现实和教育培养目标的国家性或本土性特征,坚持"洋为中用,古为今用"的原则,保证课程改革能反映国家的意志,体现国家的战略。希望我们的教师能够胸怀国家,在顾及自己所教学生的利益的前提下,能把眼光放得再远一些,把国家对教育的寄托放在心上,树立宏大的价值尺度,送一个学生进大学使之成为国家栋梁之材是一种教育贡献,让一名合格的高中毕业生直接进入社会成为合格的社会主义劳动者建设者同样也是一种教育贡献!

第二节　教育价值视域中教师课改阻抗的现象学反思

新课改遭遇许多现实困境和阻抗。分析研究新课改教师阻抗以考察课程实施难点,将有助于课改的有效推进。关于教师课改阻抗已有许多学者做过研究,如操太圣等曾从心理学角度出发,指出"大多数教师抵制都是由于他们对未知的恐惧和对超越自我舒适地带的犹豫而造成的,他们本能地担心人际或组织的变革为自己带来的潜在威胁和影响"①。万明钢等则从文化学角度切入分析,认为课程改革是一种文化变革,教师对课程改革的阻抗是文化变革冲突的体现。② 蒋士会从教师惰性、知识的缺失、利益担忧与教育体制等角度对教师阻抗因素进行了研究。③ 这些研究通过逻辑思辨分析阻抗的致因,并据此探求消解策略,对推进新课程实施具有积极作用,也为进一步研究教师课改阻抗提供学理基础和参照。但是,已有研究较少关注对阻抗中的教师的教育观和教学生活感受的深度考察,对教师在课改实施中的情感体验缺乏揭示。我们试从教师教育教学价值观出发,对教师的阻抗做进一步深入细致的本原分析、深度考察和探索。④

一、基础教育的国家性决定着以教育决策者的社会本位为主的课改价值取向,而现实情况决定着以教师的为学生升学考虑为主的课改实用主义价值取向

教育决策者多持社会本位主义而从国家立场来看待教育,认为国家办教育的基点就是国家的富强、民族的振兴、下一代的成长,教育改革必须与国家和社会发展相联系。这可从我国早期的教育方针之"教育必须为无产阶级政治服务"到1995年3月制定的《中华人民共和国教育法》之"教育必须为社会主义现代化建设服务,必须与生产劳动相结合,培养德、智、体等方面全面发展的社会主义事业的建设者和接班人"的变化历程清楚看到。《国家中长期教育改革和发展规划纲要(2010—2020)》也进一步提出,"教育是民族振兴、社会进步的基石,是提高国民素质、促进人的全面发展的根本途径"。这些纲领性文件,无一不把教育的目的与国家发展、社会人才培养紧密联系在一起。即使是发达国家的美国,也是如此。1983年美国教育优异委员会发表著名的《国家在危机中:教育改革势在必行》,将国家的安危与教育紧紧联系在一起;1996年,美国教学和未来委员会发表《什么最重要:为美国未来而教》的重要报告,明确指出,为美国未来而教是最重要的,将教育教学上升到国家前途和民族命运的高度上。⑤ 作为国家,教育的成败关乎其存亡,教育必须强调国家责任、社会责任、为国家服务的准则。也因此,教育决策者主张教育为国家富强而改革,为社会发展进步而改革,为创新型人才培养而改

---

① 操太圣,卢乃桂.抗拒与合作:课程改革情境下的教师改变[J].课程·教材·教法,2003(1):71-75.
② 万明钢,王平.教学改革中的文化冲击与文化适应问题[J].教育研究,2005(10):44-48.
③ 蒋士会.试析教师对课程改革的阻抗[J].学科教育,2003(8):11-16.
④ 魏春梅,邵光华.教师课改阻抗的原因与启示[J].教师教育研究,2013(2):78-82.
⑤ 袁振国.中国教育政策评论[M].北京:教育科学出版社,2002:238.

革,这些是第一位的。

作为教育实施者的教师,奉行的是实用主义价值取向的教育改革目的观。实用主义的根本原则是一切以效果、功用为标准,它的两个基本特点是功利主义和唯名主义,信奉"信仰和观念是否真实在于它们是否能带来实际效果","有用即真理,真理即有用"。当下的教育实践,多数教师关心学生考试分数多于关心学生学习感受,关心学习成绩多于关心学习过程,关心学生成功多于关心学生成长,教育的直接目的是让学生考出更高的分数,考上更好的学校。在教师的观念里,考学和成才具有等价性,送出一个大学生就等于输送了一个人才,向地方重点中学送进一个学生就等于输送了一个人才苗子,考上高一级的好学校就是学生最好的发展。让自己班里的学生成绩更好些,考上的更多些,高过其他班,高过其他学校,成为一般教师的人生最高的价值追求。总之,当下教师奉行的是实用主义的教育价值取向,从微观或细节上关注学生的具体"发展",即考上好的学校,考出好的成绩。这可从下面一位班主任在一次谢师宴上发表的演说中凸显出来。

回顾高考,我不能不伤感地告诉大家:我们的过程是完美的,但结局却留下了不可弥补的遗憾。我们那些个信誓旦旦要为荣誉而战的勇士,无一例外地折戟沙场、铩羽而归!……也正在这时候,陈曦出现了。他的出现给我们带来新的黎明和曙光。得知他以691的高分夺得了市理科状元,我长嘘了一口气:幸亏有你呀,陈曦!否则,我们将让我们这个百年名校置于何地!感谢有你呀,陈曦!感谢你为我们学校占领了这一制高点!

……如果陈曦语文三道选择题不出现错误,总分再加9分,他就会稳稳当当地进入全省"前十";如果……一切都是我的错!我觉得自己对不起授课教师,对不起学校,是我连累了同事,辱没了学校!如果有人要怨,就请你怨我;如果有人要怪,也请你怪我……我想,那只能是我的个人能力有问题了,也许是我压根儿不具备培养精英、打造状元的水平!

教育的目标是一切为了学生,为了学生的一切。程老师安慰我说:只要学生的利益不受损害,只要学生的发展不受影响,我们的理想就已实现。令我感到安慰的是,从录取趋势看,我们班同学的利益已达到最大化、最优化。面对我们几十个同学能上全国一流大学的事实,谁还能说一个省状元或几个省"前十"比这更重要呢?[1]

---

① 魏春梅,邵光华.教师课改阻抗的原因与启示[J].教师教育研究,2013(2):78-82.

从上面的感言中,我们能体会出由于没能教出一个省"前十"老师心中的自责和愧疚,以及视学生的考学为学生的根本利益的真实想法。教师想通过学生的成绩为学校争光,为班级争名誉。在这样的现实主义思想背景下,教师是以国家大局为重还是以自己的学生升学为重也是不言而喻的,这对教师而言也许无所谓。

教育决策者或代表决策者意志的专家的课程改革价值取向,与广大一线教师的教学改革价值取向存在很大不同。

二、教育决策者"抽象"的学生发展观与教师"窄化"的学生发展观之间的不协调导致教师的教学行为偏离教育本质

学生的良好发展是国家未来的保障和社会发展的基础,新课改在强调国家意识的同时,也强调"以人为本"的科学发展观,强调"育人"的教育目的观,不仅关注学什么,还要关注学习过程以及积极的情感、态度和正确的人生观、价值观、世界观的培养,关注学生的健康成长。从宏观上对学生发展提出"抽象"要求,说宏观或抽象,主要是落实到一个个学生个体身上时,教师似乎也难以把握或衡量发展水平或状况。至今基础教育质量内涵都不明晰,也没有合理的测量或判断手段,就是一个写照。

对教师而言,学生考上学就是最好的发展,至于是否全面发展在教师看来似乎不是他们考虑的事情,他们的潜在假设是,国家课程是面向学生全面发展而整体设计的,所以只要各科教师"各负其责",就能让学生获得全面发展。因此,教师关注学生的发展,但更关注学生的分数。在教师观念里,"学生考出好成绩才是硬道理",也是被社会广泛认可的真命题,从而不断演绎着所谓的"分数教育"。分数成绩遮蔽一切,即便是被广大中学作为学习楷模的杜郎口中学里的老师也难跳出分数成绩的圈圈,"不少老师,课堂上出现了问题,教学成绩落到了别人的后面,就会偷偷地流泪,并主动到有关领导跟前做检讨、表决心"[①]。高考的竞争性导致教师的"自私性",都希望自己的学生考出好的分数,考上好的学校,学生考出好成绩就是教师自身价值的最大实现。支撑教师蜡烛精神的是送出大山、送进高等学府多少个孩子,自己班里有多少个学生考上大学。每年寒假能有学生看望老师,每年暑假有学生摆谢师宴,是对教师教育目的观无声的认可和强化。

新课改在很大程度上就是要改变教师这种分数"应试"教育观念,抑或学生发

---

① 陶继新,等.名校解码——陶继新对话名校长[M].上海:华东师范大学出版社,2009:18.

展观、成才观。然而,教师不是圣贤,教师为分数而"应试"教育有其逻辑合理性,下面是就应试教育话题对一位教师的访谈摘录。

　　教师平时教学面对考试要求似乎无可厚非。教师的教学质量通过什么来检验? 信度最高的就是考试。做个假设:如果课程标准反映了课改精神或新的教育理念,而依据课程标准编写的教材也充分反映了课程标准,那么,我教教材应没有错;如果考试大纲也反映了课标对人才素质的要求,考试命题反映了新要求,那么,面向考试要求的教学跟基于课标的教学有什么区别吗? 如果我们将考试大纲编制得跟课程标准一致起来,那么,基于考试大纲的教学跟基于课标的教学不就是一回事了吗? 关键在考试大纲的编制和考试命题的质量! 如果这样,应试教育还有多少错? 所以,应充分发挥我们现有的考试院的研究功能作用,好好地基于课标研究考试命题吧! 决定应试教育好坏的不是应试教育这种形式,而是应的什么"试"! 不应将罪过归咎于教师身上。与其去改变教师的应试教育,不如去研究基于课标的考试改革。

分析这位教师的话语,似乎显现出,在教师看来,教师进行"应试"教育"错"并不在教师,"错"在作为目标的"试"的设计命制上,没有研发出好的"试"来。从本质上讲,"应试"教育是一种目标教学,如果命题专家能够研制出真正能考查出学生能力和素质的"试"来,那"应试"教育也就成了一种有效的目标教学模式。随着对考试的研究和改革,当下的考试是既有知识考查又有能力考查,至少是"智"性的考查,对于广大的"智"性学科教师而言,能够针对这样的"试"把知识、能力、智育搞好已属难得,因为我们还有许许多多的教师连教好教材的能力可能还不完全具备。可见,在教师深层观念里,应试教育被视为一种具有合理性的目标教学模式,操作具有简易性,这也是应试教育难以改变的一个重要原因。教师的目标对其如何看待教学有显著影响,每个教师都会用不同的方式和取向理解自己的教师角色,如有些教师视自己的目标是帮助学生通过考试,有些教师视自己是知识、技能的传递者等,外来的变革对教师产生冲击的一个可能的原因是变革所秉持的理念与教师最为关注、最为重视的一些价值取向发生矛盾。[①] 教师秉持的学生发展观是以学生升学为重的实用主义取向,课改虽没明确要求教师放弃升学教育观,但要求教师树立新的学生发展观,理念中透射着对只为升学的教育的摒弃。若再

　　① SIKES P J. Imposed change and the experienced teacher[M]//FULLAN M, HARGREAVES. Teacher dvelopment and educational change. London, UK: Falmer Press, 1992: 36 - 55.

延伸一下看,较之二十年前,当下社会的考试更多了,大到国家公务员考试,中到各种事业编制的考试,小到各种行业证书的考试,哪种考试不需要考试者的应试技能? 难道这些考试考出来的不是人才?

支持教师各种教学行为的最本原的理由是对"学生发展"的窄化理解,抽象的"德、智、体"全面发展被教师"具体化"为学习进步、成绩提高、考上好的学校或大学。"学生发展"概念尤其是落实到每个具体的学科教师身上更是被窄化为知识的学习、技能的训练、成绩的提高。教师对学生的发展理解偏颇或片面理解,落实在课改实践中就是过于关注学生的成绩而忽视其他,如学习感受、情绪变化。这样的学生观背后隐藏的改革观必然是以能否提高学生分数为接受改革的标准,教师落实改革理念的基本底线也必然是以不降低学生的分数为准绳,任何教师认为有可能降低其学生分数的外来不确定因素都将会被拒斥。

三、教育改革目的观的冲突阻碍着课改的实施

教育决策者奉行的是社会本位观,兼顾宏观的学生发展,在其改革观念里,并不关心"谁的成绩会提高,谁能考上学",这些不在改革决策者的视野里,决策者的改革观念里只要整体学生素质能提高。而教师实际秉持的是实用主义的价值观,关注的是学生的微观发展,在其改革行动中,恰恰关心的是"我若变革我的教育教学,我的学生成绩是否会提高,我的学生是否还能考上学"。这个教育决策者的宏观关注点与一线教师微观关注点之间的差异是导致教师对课改产生阻抗,不能按照课改理念实施教学,使课改推行走样或陷入困境的一个重要根源。

正如著名教育家顾明远教授所指出的,当今教育受到三种拉力的影响:一是国家要培养合格的公民,希望他们成为国家发展、社会发展的人才;二是家长把教育看成是敲门砖,认为自己的孩子是天才,望子成龙,望女成凤;三是市场把教育作为逐利的工具,扰乱教育的社会视听。三种力量如果不能取得平衡,教育问题将难以解决。[①] 而在国家需要和家长需求两股力量之间,教师更倾向于家长,因为家长、社会对学校、对教师的评价更直接。因此,教师的教育教学观主要是随家长的需求而定,符合家长的现实期待,这也正是教师的教育不管是否落实课改精神大都能得到家长的认可的根本原因。这一点在课改之初决策者也意识到了,也想积极地在社会层面上为改革造势,希望广大民众能够积极拥护课改、参与课改。但是,社会民众似乎表现不够积极,可能因为民众个体想法是现实的,他们只要

---

① 顾明远.教育要回归"人的发展"原点[N].中国教育报,2011-07-11(1).

"我的孩子能上好学校，考上好大学"的结果，而不管课程如何改，过程如何进行。家长也大多只关注学生的学习成绩，而不太关心学生学习的情绪感受。这无形中"助长"了教师的"分数教育"的"气焰"，"分数教育"被认为是符合广大人民需求的。

四、教育改革应尊重社会现实和教师需求，在教师专业"最近发展区"进行改革

教育改革是诸多影响变量的多元函数，在这个函数中，教师是关键变量，预设良好的课改经过教师的教育实践会发生扭曲，其中教师的现实教育目的观决定着课改的扭曲率。尽管如此，我们说教师是课程改革的执行主体，但不是责任主体，课改实施不力不能把责任全归咎于教师身上。否则，对教师不公，也伤害教师的感情。

教育改革需要回归本原，思考教育的真意。回归本原的教育改革关键在于不同群体间教育价值观冲突的消解和调适、学生发展观的融合，在于教师的"超凡脱俗"的现代教育观的形成，而这种教育观的形成根植于社会现实和文化传统的交织土壤。教育本质的回归，必须抓住教师这个关键，不仅将教师培养看成一种专业培养，而且看成一种事业培养，让教师真正意识到教师的职业特性和责任。

教育改革使国家、家庭、学校跟教师建立了一种新的隐性社会契约关系。关于契约建立，卢梭曾指出："正如建筑师在建立一座大厦之前，先要检查和勘测土壤，看它是否能担负建筑物的重量一样；明智的创制者也并不从制定良好的法律本身着手，而是事先要考察一下，他要为之而立法的那些人民是否适宜于接受那些法律。"[①]在制定课程改革政策时可以借鉴，多考虑广大教师的接受力以及教师专业的"最近发展区"。人不能一口吃成个胖子，教育改革也不可能一步到位，改革理想与教师现实的"悬殊"不可太大，改革设计应该在教师专业的"最近发展区"规划。

应该树立正确的课程改革观，不能把课程改革看成是实现某种确定目标的过程，而应看成是一个问题解决的过程。课程改革涉及课程理念、课程内容、课程实施、课程评价等诸多方面的变革，其中理念的改变应是渐进式的，而不是激进革命式的。课程改革终究属于一种文化变革，一定要在继承基础上变革，而不是在否定先前基础上的"另起炉灶"，要关注教师的情绪和感受。

---

① 卢梭.社会契约论[M].何兆武，译.北京：商务印书馆，2010:55.

把学校看成"社会人"的加工车间,把毕业生看成是出炉的产品来检验,不利于新的评价理念的落实,也势必阻抗"过程性评价"理念的实施。教师专业发展惰性、缺乏动力是制约课程改革发展的瓶颈。教师如果缺乏内在发展动力,再有力度的教师教育也是苍白的。如何调适和构建教师专业发展的动力系统,是个棘手的现实问题。

将教育作为学生发展的手段还是作为谋生的手段,教育之于教师是事业还是职业,注重学生创新精神和能力的培养还是实用主义的升学就业,显性的答案估计多数教师都会选择前者,但隐藏在教师思想背后的、真正支配着教师实际教育教学行动的深层观念给出的回答或许多数是后者。逐步引导教师教学观的改变是深化课程改革的关键。由于教师教育教学观受社会现实环境因素和传统考试文化、及第文化、学校文化、教师文化等的影响,只有不断改善社会环境,消解传统文化的消极影响,逐步建立起新的教育文化,才能使教育改革驶上合理的轨道。

第三节 教师课改认知的反思性分析

课程改革对每位教师都具有独特的主观意义,教师赋予课改的主观认知是课改研究应该关注的一个重要课题,它直接影响教师参与课程改革行动的积极性和课程实施行为的主动性。人们已经普遍认识到教师是课程实施的主要动因,是决定改革成败的关键力量。① 其中,教师对课改该怎么改的认知、对课改学生发展观的认知、对课程改革必要性的认知等直接影响教师课程改革的参与度和热情。我们尝试透过课程改革中教师的若干认知,来分析教师所思所想及情绪体验。②

一、关于教师对课改逻辑认知的反思性分析

教育改革取决于教师如何想和如何做,③教师对课程改革逻辑理路的认知即对课程改革应该怎么改的看法,直接影响着教师的课改观、课改情绪以及课改实

---

① 马云鹏,唐丽芳.新课程实施的现状与对策[J].东北师大学报(哲学社会科学版),2002(5):124 - 129.
② 邵光华.关于教师课改认知的反思性分析与启示[J].教师教育研究,2014(5):29 - 35.
③ 卢乃桂,操太圣.中国教师的专业发展与变迁[M].北京:教育科学出版社,2009:202.

施。访谈发现,许多教师认为课程改革的逻辑理路应该是:课程改革首要的是课程大纲或标准的新制定或修订,包括课程内容的添加或删减;其次是相应新教材的编写;最后落实到学校和教师身上,就是参照新课程标准来使用新教材、教好新教材,至于教学方法则教无定法,不拘一格。可见,在教师的认知空间里,课程改革的关键在于新课程标准的制定或修改、新配套教材的编写和使用! 在教师看来,课程改革改的应是"上位"部分,教师就是运用改革的成果——新课标、新教材。正如一位教师所言:"就我一个中学老师来说,我能在课程改革中做什么? 课程标准我左右不了,教材我动不了,不就是学好标准,教好教材吗? 不,用课改的话语说,就是依据课标用教材教好! 教材那么多版本,我想用哪个版本我都做不了主,那是县教育局教研室统一确定的,更不用说其他了。所以,课改对我而言,基本就是换新教材、教新教材!"教师的这种关于课程改革逻辑的认知跟课改专家想象的或倡导的课程改革逻辑完全不同。在课程改革专家的课改逻辑中,教育改革的核心是课程改革,课程改革的核心是新理念新标准,而课程改革的主战场是课堂教学改革,课堂教学改革的核心是教师的改造或专业发展。没有好的教师,再好的课程、教材也是枉然。因此,在课程改革专家那里,课程改革的核心之一就是"改"教师! 教师是课程改革的核心主体,"改"教师又被专家称为"教师专业发展与新课程一同成长"。

关于课程改革的两种逻辑理路可用图 4-1 表示。

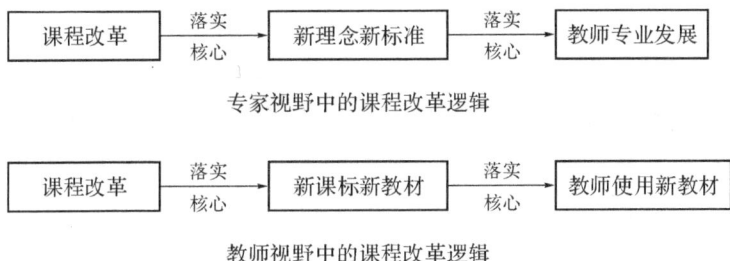

专家视野中的课程改革逻辑

教师视野中的课程改革逻辑

图 4-1 专家与教师视野中的课程改革逻辑比较

依照专家的课改逻辑,课程改革的根本之一在于改教师,使教师脱胎换骨,大换血,将课改演变成教师的改造,革命式的洗脑,包括教育观念转变、新知识补给、旧知识淘汰、教学方式方法更新等,摧毁原有的传统教学观念系统,建立新的现代教育教学理念,于是要求教育行政部门加强各级各类新课程培训,要求教师"改",彻底地"改",甚至"改"到了教师都不知道怎样教了的程度。然而,依照教师对课改逻辑的认知,课程改革应该是新的课程标准的制定或修订、课程内容的更改或变动、新教材的编写或改编,而教师就是教新教材、用新教材教,甚至教学方法改革都不能算在内,因为"教无定法","殊途"可"同归",最多是采用新的、更合适的教学方法。正是两种认知存在的偏差或不一致,导致教师对课程改革的认同感差,从而出现教师对新课程改革要求的不理解甚至阻抗现象。2011 年的一个全国性教育调查结果就显示,有 75.4%的教师对新课改的总体评价表示"不满意"或"很不满意"。①

事实上,课程改革专家或决策者与一线教师没有建立起课程改革的真正"对话",并在对话的基础上进行协商如何改革,终归是"一厢情愿"。正如一位教师的心声:"课改最后变成了主要改教师了,而这个改不是老师想要改的,想想看,一线的老师有几个叫着要非改不可? 而是上头,大叫改革势在必行,非改不可! 其实,教师想改的是教育大环境,减少社会升学或考试的压力,而不是他们的教学方式方法。教学方式方法与升学考试压力直接相关! 在目前考试升学压力不减的情况下,什么合作学习、探究学习等教学方式都是做做样子而已。大环境不改变,教师怎么能改得了! 他受制于大环境啊!"在教师看来,课程改革把改教师作为改革的焦点是有问题的,教育大环境乃至社会大环境不是随教师的改变而能改变的,也不会因教育系统或部门想改而能改得了的,而恰恰可能是反过来的,只有社会大环境得到改变,教师才可能应环境的改变而改变,这是教育改革中的因果关系,似乎难以颠倒。

教师在课改方面并不是主动方,但却是被改的主体,是主要的被改造者。从这个意义上说,课改中,教师的角色既不是课程改革的制定者,也不是课程改革的被动的"执行者",说教师处于课改边缘化境遇不恰当,说教师是课程改革的参与者也不合适,教师想游离于课程改革之外都不可能,因为他们是课程改革的被改造者,缺席不得。也就是说,课改实际上在很大程度上是在纠正教师过去的诸多"不当"教育教学行为,包括课堂教学方式方法、学生评价方式、对待学生的方式、教师的自我行为方式等,而这些对教师来说不是他们想改就能改的,是受社会大环境制约的,"适者生存"同样也是教育领域教师的生存法则。

依据课改专家的逻辑,通过制定新课标,编写新教材,改变教师的教学观念,课程改革就会顺理成章地获得成功。但在教师看来,要想改变以往教育中的弊端,只进行新课标制定、新教材编写、对教师进行改变是不行的,因为教师"身不由己",自己不能做自己的"主"。教师担心若按新课改理念进行教学很可能冒着教学效果达不到学校或家长的要求而"进退两难"的危险。而"事实"也让教师有点

---

① 查有梁.十年新课程改革的统计诠释[J].教育科学研究,2012(11):5-15.

"打退堂鼓"，或对课改进行"瘦身"。比如说，新课改要求"以人为本"，尊重学生，放下教师的尊严，成为学生的朋友，结果教师课堂上就一味夸张或廉价地对学生进行表扬鼓励而不给以必要的批评，甚至一些地方、学校，可以允许学生惩罚老师而不允许老师惩罚学生；课堂管理一时不知道怎么操作，新型师生关系难以建立，学生反而"欺负"没有在班里立规矩的"脾气好"的老师。又如新课程倡导合作式学习、探究性学习，于是，学校或管理部门要求无论什么课程什么学习内容，教师都要安排分组讨论或自主探究，讨论得看似轰轰烈烈，探究得看似有板有眼，结果成绩并不理想。一个阶段下来，大部分教师感觉太累，成绩不见提高甚至反而下降，而成绩是教师的"命根子"，不说评奖、评优、升迁甚至绩效等都会与之挂钩，单说学生家长这一关就难以交代。于是，还是"回归故里"，教学依旧，学生观依然：要镇住学生，要给学生立规矩，课堂管理上还是经常出现"杀一儆百"现象。总之，在教师看来，课改专家应深入社会实际、教学一线，综合考察教育环境，再科学合理地、实事求是地制定符合国情的课改方案，而不是方案制定出来后，强行让教师执行。

二、关于教师对学生发展观认知的反思性分析

课程改革不论是为了学生的发展，还是为了民族复兴、国家富强，都不能直接通达，必须通过教师的教育教学行为才有可能达到改革的目的。因此，教师在课程改革中具有关键核心作用，也因此，课程改革专家直接将课改指向教师，通过教师的改变使学生获得课改益处、国家得到想要的人才类型，其关系如图4-2所示。课程改革中教师秉持什么样的学生发展观，就会做出相应的教育教学行为表现。那么，课程改革中，教师是如何认知学生发展的呢？在教师认知结构中，学生的发展意指什么？

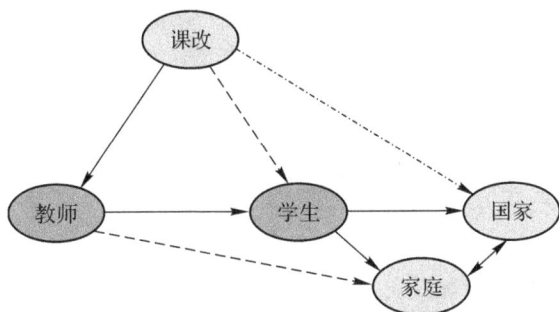

图 4-2　课程改革系统结构中教师、学生、国家、家庭之间的关系

事实上，教师对这个核心概念并不清楚，也似乎没有可操作性定义，访谈中一位教务主任如是说："课改高举'为了每个学生的发展'旗号，这很好，但这还只是

一种假想或假设,其实,现阶段'学生的发展'内涵还不够清晰。且不说社会主义制度下和资本主义制度下的国家的'学生的发展'内涵是否一致,单说社会主义初级阶段和高级阶段下的'学生的发展'的目标是相同的吗?现在谈及的'学生的发展'与50年前谈及的'学生的发展'以及50年后谈及的'学生的发展'内涵是一样的吗?也就是说,'学生的发展'在不同的历史阶段目标定位一样吗?答案应该是不一样的吧。那么,课改专家了解现阶段学生的发展需要吗?他们知道学生的现实想法吗?未必知道。但我们老师知道,他们想考上学!想考上好的学!教师在课改中所做的一切,可以说,或隐或显,都是应学生的这个需要。"在一些教师看来,"让学生考上理想的大学就是给了学生最好的发展,不论你课改怎么要求,让学生出成绩、考上学总没有错吧"。教师在促进学生发展方面的作用又是被如何认知的呢?一些教师认为:"教育活动本身就带有方向性,是作为智者的教育者对受教育者的单向行为,在这个上面,没有平等可言,教师就是教育者,学生就是受教育者,教师是知识拥有者,学生是求知者,教育学生好好学习,刻苦努力,就是在帮助学生发展。教育学生如何做人、教授给学生知识是帮助学生发展的最有效途径,抓住这点就抓住了根本。"还有一些教师认为:"教师被誉为辛勤的园丁,不只是给花浇水施肥,也不单单是用个绳子约束一下树木改变个造型,那是要对花草树木进行修剪的。学生不管不行,不立规矩不行,果树不剪枝能结出累累硕果吗?"这些与课改精神看似不太协调的认识观反映了广大教师对什么是学生发展和怎样促进学生发展的本真看法,也许我们认为这种学生发展观是狭隘的,但它根植于中国社会现实与文化传统之中。

课程改革要求教师要关注学生的德、智、体、美等全面发展,强调素质教育。那么,作为一个学科教师,又是如何看待自己在促进学生全面发展中的作用的呢?一位数学老师如是说:"我重点发展学生的数学方面的'智',其他方面的发展就由其他学科的老师去做了,如思品老师、体育老师、音乐美术老师去负责学生德、体、美等其他方面的发展。学生在我这个学科上能学会,掌握住该掌握住的数学知识技能,培养起来该具有的数学能力,就是很好的发展了。所以我主张,学科教师主要负责好自己这一科的'智'的发展,具体说就是本门学科知识和能力的增进和提高。如果各个科任教师各司其职,保证学生在自己这一科上学好,那么在各学科的协同效应下,学生便能获得全面发展了。"学科教师心里认为关键是教好自己这门课程。在教师心目中,德、智、体、美各方面的发展分工分得很清楚:思品老师负责德,体育老师负责体,音乐美术老师负责美,语文数学等老师负责智。负责智育的老师不负责其他的理据是:"我课堂上不渗透体育从没有人说我,也从没有人要求过,那我不渗透德育又有何妨？如果说体育有专人负责,德育不同样有吗？学科教师就是把学科教好,让学生在你这门学科上发展好,其他都是次要的。"教师通常都会自我认定自己在为学生发展而做教育、搞教学,一切在为学生"好",一切在为学生着想。

可以看出,教师在看待学生的发展方面,还存在许多不到位的地方,离"立德树人"的要求尚有距离。对学生发展的理解过于狭隘,对自身执教学科在学生的全面发展方面的作用认知偏窄,教书育人目标更多地落在教书上,而对育人看得过淡。如果不能树立正确的学生发展观,也就难以真正落实新课改精神。访谈发现,绝大多数教师根本不了解《中华人民共和国教师法》,不知道《中华人民共和国教师法》对教师职责的基本规定,多数教师是凭良知教书育人的,任劳任怨,加班加点,工作地点常由学校延伸到家里。

教师的教学生活世界"被殖民化",教师在学生、家庭、国家、社会关系中也进行着情感挣扎。国家对学生的要求折射到课改要求上及延伸到对教师的教学要求上,与家长对学生获得的成就期望折射到教师的教学要求上,是不太一致的,这也正是素质教育与分数教育的差别。国家课改要求教师注重学生素质培养、全面发展,家长期望教师能教出别的班级教师教不出的成绩分数。要兼具两种功能要求,教师要在两者之间徘徊、挣扎、平衡。最突出的体现就是,有人听课、上公开课是一种做法,没人听课、自己上课是另一种做法。而最终偏向于哪种做法,基本由教师的教育观、教学观、学生观决定。教师担心按课改要求教学,考试成绩会下降,对不起家长。如果不按课改要求教学,又不符合时代教育潮流,有违国家教育方针和政策。挣扎之后,多数教师尤其是高中教师都会潜意识地决定,首先向学生及家庭负责,对得起家长,对得起学生,先获得家长(社会)的赞誉,而不是向国家负责。怎样才算对得起学生及家长？对教师而言,答案就是让学生考出好成绩,有好成绩学生就有好发展！

国家、社会需要高素质的人才,培育出高素质的人才的教育才算得上是好教育、高质量的教育,具有利国性。但这是从社会学的视角看待教育的好坏。从家长、教师的视角看就不同了,他们需要的是相对的高质量和好成绩,我的学生好于其他学生、不比其他学生差,就算是好教育了,具有利己性。一个是从长远的真才实学来判断,一个是从暂时的相对成绩来判断。所以,办人民满意的教育与办国家满意的教育在有些时候会出现不一致性。

三、课程改革需要关注教师的情感体验

课程改革领导者和推动者尽管都能充分认识到教师在课改中的作用,但是,

在改革掀起和推动方面,却常会犯一个错误——忽视教师的情感和心理感受。课程改革者先是否定原来的"教"——"改革势在必行",指出一大堆所谓传统教学的弊端和毛病,甚至将个别教师的"不良"做法扩大化,以便突出新课改的"必要性",而这就等于否定传统教学的操作执行者——教师原来的所作所为,从而导致对教师感情的伤害。更为关键的是,课程改革领导者和推动者高喊"改革势在必行",而广大教师似乎并没有意识到课程到了非改不可的地步,尤其是"大动干戈"地改。教师没有看到原有教育的危机,没有看到专家所说的那些"可怕"的现象,体验不到改革的必要性,认为改革造势大有"耸人听闻"之嫌。结果,情感的"伤害"加上必要性认知不足导致教师心理逆反,对课改产生情绪阻抗。[①] 在教师没有认识到改革必要性的情况下,"大事渲染"的"改革势在必行"势必会对教师造成情感方面的伤害。行动与情绪情感有直接关系。新课程改革没有顾及教师的情绪,大大增加了改革的复杂性。课程改革的主体是教师,只有教师全身心地投入课程改革中去,课程改革才可能有效实施和获得成功。如果教师阻抗课改或变味课改,就会严重影响课改的实施及效果。必须重视课改中教师的认知和情感体验,课改中不能缺失对教师的情感关怀。[②]

人们习惯将教师专业化与医生、律师等专业化类比,建立教师的专业理论基础,事实上,仅此是远远不够的。教师被要求模仿医生、律师等成熟专业的特质,只是从职业分工这样一个较为中观的层面展开论述。其实,对教师角色的思考,应放在教师与国家之关系的宏观背景下讨论,这正是教师职业与其他职业的显著不同。只讲专业化,不讲职业化、事业化,是不够的,许多问题不容易分析解决,需要对教师工作的政治、经济和社会背景做分析。作为社会的一个职业类型,教师必须体现国家的意志,不可避免地担负起培养符合社会规范和要求的人的责任,他们既要实现对统治阶级意识形态的传递和服务于政治秩序的稳定、经济生活的繁荣等社会工具性价值,又要作为具有"自我"的人而存在,张扬个性,富于创新。而医生只对"个人"负责,对服务对象"病人"负责,"救死扶伤",治病救人,除去病魔和病痛就好了,不承担国家意志,不负有对其治疗对象的价值观、道德观等塑造的责任。教师是国家和政府的雇员,必须肩负国家的重托,不仅教书,还要育人,要求他们本身对受教育者产生榜样的"正能量"作用,而这种作用影响反映了一定的社会政治要求。[③] 教师的职业是一份事业,教师只有把这份职业当

① 魏春梅,邵光华.教师课改阻抗的原因与启示[J].教师教育研究,2013(2):78-82.
② 邵光华,纪雪聪.国外教师情感研究与启示[J].教师教育研究,2015(5):107-112.
③ 邵光华.发挥教师道德示范作用[J].教育研究,2014(5):73-75.

作一份事业来做,才能符合国家社会对教师的期望和要求。课改中的教师只有逐步提高责任意识才可能兼顾国家需要、学生需求和自我价值实现。

社会将教育看成是实现社会公平的有力工具,应该说是一种教育异化。学生将受教育的结果看成将来成名成家的必需,也是对教育本质的误读。这也难怪,100多年前,就连伟人毛泽东也立誓求学:"孩儿立志出乡关,学不成名誓不还,埋骨何须桑梓地,人生无处不青山。"将教师只是当作实现教育目的的工具,而没有当作一个具有个性的人看待,没有考虑到作为一个人其受周围制约因素对其的影响,没有考虑教师的情感需要,教育界和社会各界貌似都能对教育品头论足,这一切都会挫伤教师的情感。其实,教师的需要或价值追求也是有不同层次的:有些旨在促进学生成绩的提高,有些在于促进学生的健康成长,有些在于满足学校的需要甚至国家的需要,有些在于实现教师个体生命价值,等等。教育改革最终是为了提高教育教学质量。教育教学质量始终是一个让人捉摸不定的东西,它的多维性和综合性,让人们无法用一把公认的尺子作为标杆来度量。再加上学生发展的内隐性和长期性、后效性,一些指标更是难以检核了。评价的杠杆有时难以真正触动到教师除了成绩细胞以外的神经。关注教师的情感需要和教师的生活世界,是进一步深化课改必须注意的方面。教师也是人,以人为本,对教师而言也具有同样的意蕴。

教育改革与经济改革不同,经济改革的主体是广大人民,他们从改革中几乎可以即时地受到益处,从而积极拥护经济改革。而教育改革,作为改革主体的教师,却不但不能从改革中"获益",课程改革反而淘汰了教师的许多旧知识,需要他们进一步补充新知识,让他们感觉到自己的专业技能显得不足,教学显得力不从心,这直接影响教师专业满足感、职业幸福感。而且改革还增加了教师的工作负荷,教师普遍反映课改后工作压力比课改前更重了。对这样的改革,改革主体不能积极拥护似乎也可理解。

教师关于学生发展观的认知理解偏颇,导致课程目标难以全面落实。也许我们应该追问,我们的课程改革,是因教师而改,还是为学生而改?是因教师的教而改教学观念、改教学方法,还是为学生的学而改学习观念、改学习方法,抑或都是?抑或都不是?但不论怎样,都不可能越过教师这一关。教师专业发展缺乏动力已成为制约课程改革发展的瓶颈,也是产生课改阻抗的原因之一。教师如果缺乏发展动力,再有力的教师教育也是苍白的。教师"被发展"是缺乏动力的表现之一,许多教师缺少改革的内在动力,自我效能感差。面对这样的现实,我们如何触动教师专业发展的动力神经和刺激其改革的积极性呢?根据改革的动力源划分理论,课程改革分为两种基本类型:一种是内生型,即改革的动力主要源于学校内部特别是教师群体;另一种是外生型,即改革的动力主要源于政府或其他社会力量。① 我国新课程改革应该是属于外生型的,其倡导的主体不是教师和学校,而是上级和专家,大有把上层的教育价值观和道德取向强加给教师的倾向。世界范围的教育改革经验表明,强加于教师身上、改变教师教学实践的改革往往会以失败而告终,其主要原因是改革者采取一种"过分理性"的思考取向,他们对"教师首先是一个人""学校首先是一个社会机构"这两个事实缺乏足够的认识。② 如何调适和构建教师专业发展的动力系统,需要做动力源及动力机制分析和社会学视角分析和内在心理机制研究、动力系统调节机制研究等。教育理想和信念是教师专业发展的动力源和职业幸福感的来源,缺乏幸福感和内部动力就会产生阻抗。③ 不过,任何改革都必然或多或少地存在阻抗,课程改革也一样,辩证地看待课改阻抗,可以使改革更科学、稳步地进行,改革往往不是一蹴而就的。

我们的确需要慎重思考所谓的先进理论,并谨慎用于指导教育实践,正如一些学者所指出的,2亿多中小学生每天背着书包去学校,却由于"知识仅仅靠'教师讲授'是难以习得的""教师的知识无法硬生生地'灌输'给学生"等课改新理论影响,教师就得让他们"必须靠自己建构知识",这难道就是国家层面基础教育课程改革的创新吗?④ 基于中国的现实,教育中的问题不是引进一个新理论、提出一种新理念、制定一个新标准、编写一套新教材能够解决得了的。教育改革必须从涉及学生未来的就业机会、社会保障、行业差距等实际社会环境的综合改善方面着手,先优化教育大环境。

教育思想、教育路线、教育方针、教育目的等具有国家性质和社会属性,关系到国家兴衰、社会进步和发展。教育具有前瞻性、适度超前性,又要适应社会发展水平、符合国家性质。教育改革远远超越教育边界! 教育改革绝非只是教育内部事宜,它处于政治、经济、文化、社会、历史、传统等交织之中。

---

① 魏春梅,邵光华.教师课改阻抗的原因与启示[J].教师教育研究,2013(2):78-82.

② 卢乃桂,操太圣.中国教师的专业发展与变迁[M].北京:教育科学出版社,2009:202.

③ GITLIN A,MARGONIS F. The political aspect of reform:teacher resistance as good sense[J]. American journal of education,1995,103(4):377-405.

④ 邢红军.中国基础教育课程改革:方向迷失的危险之旅[J].教育科学研究,2011(4):5-22.

第五章

课程改革中教师的角色体验与多重角色实现困境

新课改对教师的课堂教学身份要求是引导者、导演、帮助者。教师在教学过程中,到底扮演着什么样的角色？课改在教学中对教师的要求和期待与被教师理解到的期待和实际的操作之间,往往不能简单地通过抽象的概念将其对比、概括,如,自古至今,教师被赋予的是"传道授业解惑者"的称号,更形象的有,"教师是蜡烛","教师是春蚕","教师是警察","教师是保姆","教师是灵魂工程师"。教师教学行为的改变在一定意义上取决于其角色意识和功能的改变,教师若始终认为自己就是一个传道授业解惑者,他就很难去实现课改所要求的引导者、导演的身份。那么,课改背景下,教师的角色意识是怎样的,其角色体验如何,我们有必要去深入了解与研究,通过教师言语行为和内心表达也许更能揭示出其真实的想法。

第一节　课程改革中教师的角色意识

教师作为新课程实施的主体,是影响课程改革的关键之所在。在传统学校教育中,教师是知识的载体,是真理的化身。新课改中,教师并不熟悉和擅长运用新课程中提出的新理念,这些新理念对教师的思想观念和教学实践提出了更高的要求,促使教师的角色意识和角色体验在教学实践中对其做出回应。

一、教师角色意识

角色是指个体在特定的社会和团体中占有的适当位置和被该社会与团体规定化了的行为模式。角色也可简单地理解为个人的社会身份,它标明了个体在种种社会关系中的地位、作用和权利与责任。在人类社会中,由于个体的主客观条件不同,从而不同的个体就有了不同的角色。但无论什么角色的个体,他都必须对自己所"扮演"的角色有正确的较为客观而全面的认识,同时也应该能做出较为贴切的评价,并按自己对角色的认识去体验、体现角色的社会意义,努力实现其社会价值,否则他就承担不了这个角色的社会职责,也就难以获得或体现出这个角色特定的社会地位。这里所说的个体对其角色的认知和评价(或体验),便是角色意识。

角色意识是个体对所要承担角色的自觉性、主动性的认识。角色意识不单指充当什么角色,而更指怎样充当这个角色。而由社会赋予的、与其角色相适应的行为便称之为角色行为。由于人们的角色意识是客观存在的,故其行为也就必然受其角色意识的支配与约束。① 什么角色应具有什么角色行为往往是约定俗成的。如具备教师角色的人就应以教书育人为己任,就要具备"传道授业解惑"等若干角色行为,否则角色便被架空而失去了存在的意义。个体一旦被赋予角色,往往会以相应的角色行为来要求自己、指导自己,否则他便得不到人们和社会的认可与承认。

教师角色规定了教师应该做的事和不应该做的事。角色行为是教师角色的权利、义务和行为规范。作为教师角色,应该知道其角色行为,即作为一个教师可以做什么以及怎么做。这些属于规定角色行为。现实中,又存在应然和实然,即期望角色行为和现实角色行为,前者是人们对教师角色的期望和提出的标准,后者是教师自己主观上或实践上对角色的规定和行动。规定角色是外部要求,期望角色是社会期望,现实角色是个人行动。

教师的角色意识反映了教师对教师这个职业的认识。角色意识结构包括个体对角色地位的认识和理解、对角色行为规范的理解和把握、对角色扮演的认识与体验。②

传统教师角色意识中,把传道授业解惑作为核心根本,过于强调教师的社会

---

① 黄达卿.教师的角色意识[J].四川理工学院学报(社会科学版),1990(1):32-38.

② 梁玉华,庞丽娟.论教师角色意识:内涵、结构与价值的思考[J].教育科学,2005(4):39-42.

责任,忽视教师的个人生命价值和需要;过于强调教师的主权,忽视师生之间的共同合作关系;过于强调教师劳动的传递性,忽视师生在教学过程中的创造性。新课程改革下,教师不再只是知识传授者的角色,教师肩负着学生全面发展的责任,要从教会知识向教会学习转变,从居高临下的身份向平等相长转变。教师是学生发展的促进者,这是新课程改革赋予教师的新的责任吗?其实不然,教学促发展很早就有这样的提法,教师本身就有着促进学生发展的责任,辛勤的园丁就是要保护好花草,让他们能更好地成长。教师成为教学的研究者,这是过往不主张不提倡的。课改前后,对教师的角色期待不同。教师能否按照课改行事,受角色意识的支配和调节影响呢?

新课改之前,学者们关于教师角色已有研究。1991年,孟育群就借鉴国外的研究给出了中国教师的角色研究,其中介绍了威尔逊的教师角色冲突的六种类型:第一,教师角色的责任的弥散性或模糊性造成的冲突。教师角色的责任具有一种弥散性。对于教师在学生考试成绩、论文发表或获奖等方面取得的成果可以清晰地给予判断,但是对于教师在改变学生的兴趣、行为、态度和价值观等更为广泛的责任范围,却很难证明已经取得了什么成绩。因此,教师个人希望看到自己角色扮演的成果的需要与他的角色扮演中许多成果的"无形性"之间产生矛盾。第二,对教师角色的不同期望造成的冲突。教师不能在人们对教师角色的所有期望中都很成功,他人对教师的要求与教师自我要求之间常常会脱节。第三,学校机构的特征造成的冲突。教师感到学校机构的安排和社会中人们对待他们的一般方式与他们所期望的职业地位与自我形象不一致。第四,教学中角色责任与个人事业方向造成的冲突。教师角色责任的弥散性导致教师"取得业绩进展"不容易,而年轻教师又"急功近利",想早点"崭露头角",到更好的学校去执教。第五,不同价值观造成的冲突。当教师既想以学生发展为目标又想以让学生考高分为目标时,冲突就来了。第六,角色的边缘地位造成的冲突。当教师感到在同事或管理部门的眼中,他们仅处于无关痛痒的边缘地位(例如许多学校的艺术教师等被认为是多余的)时就会产生冲突。[①] 在角色冲突方面,李湘玉认为,最突出的是"为人师表"与"普通人"的角色冲突,"人类灵魂工程师"与教师实际地位偏低的角色冲突,教师角色同家庭角色的冲突。[②] 孙龙存把教师角色冲突分为以下几种类型:第一,所扮演角色的转换引发的角色冲突,教师在日常生活中需要及时、频繁地转换角色。第二,不同角色期待引发的角色冲突。第三,对教师行为的不同理

---

① 孟育群.教师的自我意识与角色冲突[J].现代中小学教育,1991(1):49-52.
② 李湘玉.论教师的角色意识及其调适[J].天中学刊,1996(8):72-74.

解引发的角色冲突,作为"一个人的教师"和"一个教师的人"之间经常会发生冲突。第四,高付出与低待遇引发的角色冲突。第五,角色责任与自我价值实现引发的角色冲突。第六,角色扮演竞争引发的角色冲突。第七,学校机构的特征引发的角色冲突。①

关于教师角色扮演,杨艳颖认为,教师要扮演知识的传授者、年青一代个性的塑造者、学生集体的管理者、学生的榜样、学生的朋友和知己等角色。② 冉祥华认为,教师要扮演家长代理人、知识传授者、榜样、集体领导者、纪律监督者、朋友和知己、心理调节者等角色。③ 特别是教师和其他职业人员的区别就在于,他们时常以父母代理人的角色出现。王伟杰认为,教师除了扮演教学专家、促进者和激发者、管理者、领导者、学生的榜样、咨询者等多重角色外,还扮演"教室环境"工程师角色,安排教室的设置、改变座位安排、开辟学习角等。④

而当前,教师角色意识方面存在的主要问题是,对角色地位的认识与理解不清楚,对角色规范的理解把握不准,对自己所要承担角色的能力估计不足,当所扮演的角色在实际工作中出现困难和问题时不知从何处寻找原因。⑤ 关于上海教师角色认同的一个调查显示,教师职业角色认同总体排序为:第一位是"文化的传播者",第二位是"学生学习能力的培养者",第三位是"学生人生的引路人",第四位是"教育教学的研究者",第五位是"学生的心理顾问",第六位是"课程的建设者和开发者",第七位是"学者",第八位是"社区型的开放的教师",第九位是"教育家",第十位是"专家"。⑥

回观国内已有的关于"教师角色意识"的研究,或是围绕教师这一职业,将教师角色意识定义为教师通过对自身所从事工作的对象的认识、体认及把握而产生的角色意识和服务意识;抑或是从专业意识的角度,认为教师角色意识的本质是一种自我"关系"的认识、确认与把握,它是教师对自身专业资质与发展进行自主独立的反思意识,它的形成源发于教师在教学生活中的自我投射、反思、回应及其互相作用的机制的建立。虽然在教师角色意识的内涵方面,已有研究未有统一的定义,但是研究者们立足于教育改革,达成的共识是将教师角色意识的发展定义为有意识的行动、对现实的批判以及教育系统改革的基础和关键。有学者指出,

① 孙龙存.知识经济时代教师面临的角色冲突探微[J].教学与管理,2001(1):3-5.
② 杨艳颖.关于教师角色意识的几点思考[J].中小学教师培训,1993(4):2-3.
③ 冉祥华.试析教师角色及其角色丛[J].黄淮学刊(社会科学版),1995(4):100-101.
④ 王伟杰.课堂教学中的教师角色行为分析[J].外国中小学教育,2003(9):35-38.
⑤ 王雁.小学教师角色错位与角色意识的培养[J].中小学教师培训,2009(12):4-6.
⑥ 沈之菲.新课程背景下上海市中小学教师职业角色认同的研究[J].心理科学,2005(3):723-726.

教师角色意识的觉醒,不仅有助于扭转教师技术取向和工具理性的专业定位,而且将有利于超越教师作为"高级技师"的职业角色,摆脱"被殖民的心理状态"。

而本研究中理解的教学生活中的教师角色意识,既包括教师的职业角色意识,又包括教师的专业自主反思意识。已有研究充分肯定了教师角色意识的重要性,却又忽视了教师对教师角色意识的真实体验,即使是使用"回到现象本身"的现象学研究,大多也是从理论切入理论,着重说明现象学方法对研究教师角色意识的意义和价值,搜集的资料多是集中于认识层面,而体验很少涉及。

二、课程改革中教师的角色意识

针对已有研究中教师角色意识研究的不足,通过近距离观察、教师叙事、深度访谈和作品分析等方式,去追问教师自我意识本原性体验,去看、去听、去感受教师体验到的教师角色意识是否与现代的理念相吻合——理想中的教师应该是怎么样的,而现实中教师又是如何做的——还是存在冲突和不一致。这不仅要求研究者深入教育现象的情境中,成为极具敏锐性的参与者,而且能够保持一定的距离,充分尊重教师在新课程改革中的生命体验和生活史,将教师的传记、个人生活史、日记、札记、笔记、博文等作为理解教师教学生活体验的资料来源,丰富对教师实际教学生活体验的理解,同时为相关研究者提供经验和可操作方法的借鉴——不同于以往研究者只呈现提炼之后的主题,展示运用生活体验研究的具体操作环节。[①]

教师角色意识产生于教学生活之中,既包括教师的职业角色意识,又包括教师的专业自主反思意识。一方面,教师可以通过日趋清晰的角色意识,将"教师"的角色作为自己认知和行为的核心,进一步规划包括专业自我形象、职业动机、职业满意度、工作知觉和职业前景在内的发展路线;另一方面,教师在面对所从事的专业(学科)而衍生出一种专业自主意识。

在履行"教师"角色的规范和实现与它有关的角色期待中,在对从"教师"这一基本角色延伸出来的多种角色的承担中,教师角色意识日渐丰富完善。而教师除了应符合社会普通公民的形象之外,还被社会赋予特殊的职业形象,不同的社会对教师身体形象提出了不同要求。在我国,关于教师身体形象的描述是多种多样的:"教师是辛勤的园丁","教师是蜡烛,燃烧自己、照亮别人","教师是一桶水","教师是灵魂工程师",等等。

---

① 袁舒雯,邵光华,魏春梅.教师课堂身份显现的现象学反思[J].教师教育研究,2013(5):64-68.

教师的角色意识,在一定程度上决定着他在课堂上的行为。我们想看看,课改多年以来,新课改教师新的角色意识水平如何? 提倡的教师新的角色方面的意识体验如何? 新课改提倡的教师角色在教师角色意识中占有多大的成分?

访谈中,教师对教师角色意识的认识,大致从教师角色和教师专业自主反思两个方面展开。

GXZ 老师就教师角色提出了自己的观点:"我很不同意教师是蜡烛这样的比喻,我认为教师是'电灯'。"

在这里,GXZ 老师对教师角色下了自己的定义,这是她对教师角色意识的一种理性认识,是她的教师观。通过这一定义,我们无法知道 GXZ 教师是否真的如此体验并且如此行为,还是仅仅从外界习得这个说法。因此,教师角色意识有时无法用语言直接描述,而是浸润在教学生活的真实感受中,通过教师的言语、行动诠释揭示出来。

PXG 老师:"'这帮孩子''现在的孩子',这样的称呼,更多于'这帮学生''现在的学生'的称呼。这反映了教师在一定意义上以父母的角色在对待学生。而这个角色会随时间而改变。随着你年龄的变化,你和学生的关系也在变化,刚开始可能是姐姐,渐渐成为阿姨,现在可能比他们妈妈还要大了。"

从 PXG 老师的言语中,我们感受到教师扮演着家长的角色——"父母替代者角色"。无论是姐姐、阿姨或是妈妈,PXG 老师反映出来的师生关系或拥有的教师角色都是"代替管制"角色,有一种责任在。正如中国传统教育中所说的"一日为师,终身为父"。责任的爱在其中。

在专业自主反思意识方面,教师通过全面系统地掌握所教学科必需的知识,获得对学科性质必要的认知,这不仅有助于把握学生的认知及心理特征,而且对采用何种方式、方法,能够最有效地示范道德、传授知识,从而促进学生健康人格的发展有清晰的认识和理解。然而,当教师在由学校制度时间划分出来的时间里从事着教学、作业、教研等专业活动时,他有着怎样的体验?

在教师的角色体验中,几乎没有显现出新课改理念说的组织者、导演、合作者等角色,而主要是学生的征服者角色。

我必须征服学生

我自己的态度在一年内发生了很大的变化。刚开始时,是踌躇满志,逐渐自己也浮躁起来,感到上课是一种折磨,自己好像一个小丑,在讲台上唱着独角戏。学生简直是牛鬼蛇神,他们的眼神都让你很难受,你叫他来订正问题,他却说"老师你能不能快点,我还有事"。后来我的心态也慢慢平和了许多,静静地观察学生,发现在这样班级的学生也很可怜,自己也十分不愿意,有时想要好好学习,到了学校,几个人凑在一起就乱了,每天迷迷糊糊来到学校,吵吵闹闹地一天,稀里糊涂地回到了家,自己也烦。可事情发展到了这一步,谁又能改变呢? 我初步体会"老师和学生是相互征服的关系",看谁能把谁征服了。有的老师,学生十分听他的话,有的老师尽管付出真心,很真诚的付出,学生对此却无动于衷,甚至于讨厌。①

新课程改革要求教师要成为学生的朋友,要懂得尊重,平等对待学生,更不能惩罚学生,也许教师只有真正进入朋友角色,才能与学生平等相待,把学生作为一个独立的个体让他们受到尊重。但是这位老师通过自己的教育实践却总结出师生之间的关系其实是一种相互征服的关系,在这位老师的角色意识里,教师首先要是学生的"征服者",征服不了学生,课堂就管理不好,这种观点与新课改的要求有点"相背"。当然,有各种征服,课堂上严厉对待学生让学生怕你是一种征服,提高自己的学识修养从学问上让学生佩服是一种征服……亲其师,信其道! 在老师尤其是年轻老师的观念里,"学生听话"才算好学生!

三、教师对传统角色的质疑

教师体验到的每天的教学生活到底是怎样的? 教师角色体验是在慢慢的时间消磨中逐渐树立的。然而,课改推行至今,从国家、社会到教师、家庭,大家普遍的共识是对学生批评惩罚是错误的,应该尊重学生。教师被"请下""神坛",但是,教师却有了一个尴尬的身份——既身负教育培养适学孩子的重任,又需要束手束脚,不能使用他认为的"正确的"方式进行教育。许多情况是由于个别教师的言行失德,而影响整个教师群体的形象,导致对教师的诋毁。

新课程背景下,教师的角色在发生着变化。有人说,新课程背景下,教师应该"做火柴不做蜡烛,做农夫不做园丁",显示了新课程背景下人们对教师角色有了新的认识,但是,我们也要慎重看待。

做火柴不做蜡烛

为什么老师要做蜡烛呢? 我觉得老师更应做火柴。每个人的内心都有

---

① 夜幕下的烟雨楼. 我做班主任的故事[EB/OL]. (2006 - 10 - 21)[2017 - 04 - 22]. http://bbs. tianya. cn/post - 140 - 563993 - 1. shtml.

一根"蜡烛",这根蜡烛有着无限的能量。老师的任务不是"点燃自己的蜡烛,去照亮孩子",而是要做一根火柴,"点燃孩子心中的蜡烛,点亮孩子心中的光明"。也就是说,"火柴"的作用在于激发并强化学生内在的学习动机,让其成为激励孩子主动探索、积极进取的永不枯竭的源泉。因此,老师更适合做一根火柴而不是蜡烛。

其实,惯常我们比喻教师为蜡烛,讲的是教师的精神,燃烧了自己照亮了别人。而"做火柴",讲的不是一种奉献精神了,而是一种纯粹的作用。也许,我们会觉得,做蜡烛与做火柴不是一个层面的,一个讲的是精神,一个讲的是实用,不应混为一谈。但做火柴或许应该成为教师的另一个角色。

做农夫不做园丁

农夫的工作是疏松土壤、兴修水利,让植物自行生长,而园丁按照要求修剪植物的枝叶,通过捆扎等技术,控制和改变植物的生长。而人们总以为孩子的成长离不开老师的修枝剪叉,却时常忽略孩子这棵幼苗除了"修剪"外,更多的需要是肥沃的土壤、雨露的滋润、阳光的沐浴等。因此,老师不要做辛苦的园丁,而应当选择做一名智慧的、让孩子自由发展的"农夫",让孩子在适合的土壤中接受需要的条件茁壮成长。

其实,我们惯常称老师是园丁,而把孩子比喻为祖国的花朵,赞美老师的辛勤的培育和对花草的爱护。我们又说把孩子培养为祖国的栋梁之材,这就不是园丁所能做的事情了。园丁多指小学老师。农夫并不好当,不同的农夫做的活也不同。农夫同样需要做"修剪"工作,并不是让庄稼自由成长。做园丁意味着对学生花草既要爱护又要修剪,有更多的爱在里面。园丁的职责是什么?既要施肥浇水使花草健康生长,又要剪枝修叶对其塑型。而农夫更多的是为了实惠的果实,目的性更强,也许体现不出爱!或者爱的程度没有爱花草的高。农夫可以痛心地任由他的庄稼在暴风雨中受摧残,而园丁却为了不让他的花草受暴风雨的袭击而想到各种保护措施。农夫面对他的庄稼是"一视同仁",难以"因材施教",而园丁许多情况下要对不同的花草进行不同的处理。有人说,教育是农业,而不是工业。农业需要精耕细作、因情况而作业,旱了就要灌溉,有虫就要喷药;而工业只需按工序进行加工,简单粗暴。这也是有道理的,也是我们反对"千校一面"的原因。

第二节　课程改革中教师的时间体验

海德格尔（Martin Heidegger）认为："任何一种存在之理解都必须以其时间为其视野。"[1]教师的教学生活总是在特定的时间中发生，因此，时间应是考察教师教学生活中角色意识的重要维度之一。[2]　当我们问及教师，为什么不抽空做点科研时，教师几乎一律是说："太忙了，没时间做科研。"那么，在教学生活中，课改在教师角色意识方面带来怎样的时间体验？

> 老师的生活其实非常贫乏而且单调，白天在学校一节接一节地上课，下班回到家累得真的什么都不想做，然后第二天又继续。我们没有什么时间去参加活动或者出去活动什么的，休息时候就想睡觉。（LY老师）
>
> 老实说，我有点后悔做老师了。我感觉这种工作方式没什么发展，每天就是上课、备课，天天就这些事，再感兴趣也没有新鲜感了。（CYM老师）
>
> 当教师并不是我自己的选择，因为家里人都说老师比较适合女孩子，稳定、单纯。我现在太后悔了，每天像个机器一样工作，感觉我都快成活的复读机了！（EDM老师）

这几位老师感觉教学生活的"贫乏""单调"，"天天就这些事"，自己成为"活的复读机"。教师体验的时间是循环的，时间好像一个圆圈，循环往复、周而复始。

> 教小学的（老师）就是小学水平，教初中的（老师）就是初中水平。（PXG老师）
>
> 学生一批批地毕业，我们（老师）却老了。（YG老师）

中国传统的时间观生发于农耕文化之中，与农业生产、养殖过程紧密结合，农耕是记录时间的重要维度——春种夏耘、秋收冬藏，四季更替、节气变化是中国人独特的感知时间的方式。古代的中国人认为，万物均为天地育化而成，宇宙本身

---

[1]　马丁·海德格尔.存在与时间[M].陈嘉映，王庆节，译.北京：生活·读书·新知三联书店，1999：1.

[2]　纪雪聪.教师教学生活中的情感体验研究[D].宁波：宁波大学，2015：40-48.

就是一个大的循环,个体在宇宙的大熔炉中经历着生命的轮回。由于受生活经验和古代思想观念中天时循环变化的影响,中国传统的时间观念感受的时间是一个不断变化的周期,整体呈现循环时间倾向。

在某中学校园的走廊里,贴着这样的横幅:"人生没有彩排,每一天都是现场直播。"既是对学生的提醒,也是对教师的忠告。

因为是现场直播,如果失败便是不可逆的,此时的时间好像一条河,它总是以一种永不停息的节奏,不断地流逝,单向线性地向前奔进——一旦逝去便无法挽回,过去是不可重复的,现在是短暂的,只有未来是无限的。这体现了工业生产领域狂热追求效率和效益对社会时间意识的影响,因为在这个时代,进步是关键。人们确信通过现在的规划,未来是可以控制的。那么如何通过规划现在实现对未来的控制呢?学校作为学生完成社会化的重要社会组织,无疑担负着帮助其应对未来风险的主要责任,这是现代化进程中理性发展的必然结果。

作为自然的时间,均匀地流淌,是客观存在,并独立于主观感受之外。在教学生活中,一般用"年""月""日""时""分""秒"等自然时间单位来表征进程。同时,在学校场域下的教师,体验着来自教育行政部门、学校等有计划、有目的制定的社会时间,它们往往用"学年""学期""学周""学时""课程表"等社会时间度量单位来计时。而与这两种时间并行存在的,是教师个体内部体验到的个体时间,这具有极大的个体差异性,即使同一教师在等量自然或社会时间内,体验到的个体时间也不尽相同。比如,当教师全身心投入备课或者授课中时,感觉时间过得飞快;当面对学校检查或者批评时,又感觉时间过得很慢。①

当教师的个体时间与均匀的、线性的不断循环的自然时间和计划性、组织性极强的社会时间相遇时,个人时间发生了"异化"——这两种时间分割着、宰制着教师的个体时间,让教师觉得没有时间,这种冲突导致教师在面对外部要求时或者将外部时间观念内化、改变自己,或者让教师迷茫,感到冲突,出现阻抗现象。这种冲突是否伴随着教师自我意识的程度而越发地强烈?

一、时间体验描述

课改带给教师的是什么? ZM 老师是一位小学教师,下面是对她的一次访谈。

---

① 罗儒国.教学生活的反思与重建——基于生存论的审视[M].济南:山东人民出版社,2009:165.

访谈者：课改之后教学感受是否更好了？

ZM 老师：没有。各级培训自不待言，就教材而言就让人无所适从。高年级语文教材没有生字表，积累中只有两三个词语，余下的让学生根据自己的情况摘录，美其名曰发挥学生的主体作用。而考试的时候想考什么就考什么，仅就生字词的学习就给老师和学生带来无尽的烦恼。

访谈者：小学不是不让考试了吗？

ZM 老师：只是换个名头而已。你不考怎么知道学生学得怎么样？为了应付考试，老师把每篇课文中要掌握的词语都给学生划出来，出现好学生能吃饱，中等生和学困生受不了的现象。这无疑是增加了学生的课业负担。再有，所选课文有相当一部分是没有经过改写的，语言和现有很大的出入，学生读着很别扭。我认为这是很不合适的。窥一斑而知全豹，老师的忙和累，我们就知道是怎么造成的了。

访谈者：就您而言，课改让您更忙了，教材用得也不愉快了？

ZM 老师：课改增加了我的负担。首先是教材不成熟，总是在修修补补，给老师的备课增加了不少的困难。其次是要求不具体，弹性较大，如前边所说的词语的积累没有最低标准，完全让学生根据自己的实际去摘录积累，考试又没有一个统一的标准，这无疑增加了老师和学生的负担。最后是单一的评价体系，定期和不定期的质量监测，让老师和学生厌烦。

从访谈言语中，可以感受到 ZM 老师对课改的不满，而不满主要源于课程改革后的教材导致教学任务的不明显，考试内容与教材内容不具一致性，由此带来的烦恼以及占去的时间，使教师不仅忙碌而且心生厌烦。课改的初衷是减轻学生的负担，然而推行下来，却给"老师和学生带来无尽的烦恼"，甚至加重了师生的负担，让教师感到整天忙忙碌碌，时间不知去了哪里。

除了对教材和教学方法的改革和适应，与教学相关的活动也让一些普通小学教师感觉到有压力。

LY 老师是某城区小学的数学老师，现担任两个班的教学和一个班的班主任。访谈中，她说：

很多人认为，小学老师很轻松，下午三点多就下班了，但其实事情真的很多，并不是到时间就可以不管了。而且学校有很多东西要写，周记、单元总结、培训心得、听课记录、家访记录、读书笔记和反思等，如果遇上公开课就更忙了。

有时候小朋友出现比如打人这样的恶性事件,我很想好好教导他们,但是上课的时间太宝贵了,学校现在不单元测试,只总的测一次,虽然自己把课程进度已经安排得很快了,但其他老师更快,所以不敢耽误上课时间,怕自己拖课,跟不上其他老师的进度。

可能因为读了研究生的原因,总想改变现在的教学方式,多一些活动,让学生们去发现、探索,尽量少去干预,但是想想其他老师飞一样的进度……而且虽然探究的过程,小朋友都很喜欢,但是反映在作业上,短期内不如直接让他们背诵的效果好,学校定期会来检查作业完成情况,如果错误率过高,总觉得没面子。

谈到未来的发展,LY 老师说:

作为新教师,前五年可能是比较辛苦的。五年之后也就好了,至少这些培训手册、听课记录、反思很多不用写了,也就轻松些了。

我知道学校让我们学习,写反思,是为我们好,但是你看看,这么多任务,我哪有时间做别的。

许多教师反映,现在"用于教学上的时间没有用到其他杂事上的时间多,非教学的事务太多了"。

二、教师时间体验的反思

时间就是生命的一种特殊形式,个人的感知和时间经验是在一定的历史和文化背景中,通过实践形成的,是人认识世界、解释生命的方式。时间既是客观的存在,同时也包含着丰富的文化深意,因为不同的民族对时间有着不同的理解和对待方式,所以衍生出各类不同的时间观。

通过访谈我们发现,教师在日常生活中有着周而复始的时间体验,每一天,甚至每一周、每一个月被"上课—课间—上课"这样的制度时间切割成有序的时间间隔,通常是以一个月的周期,以月考作为一个周期的结束,穿插着定期的教研、例会等活动,有着固定的安排,从倾向性和主导性思维的角度看,教师在日常生活(在学校场域内发生)中体验的是循环的时间。但是,实际教学工作中,教师并不像社会舆论所想象的那样,"一轮结束之后,以后便不再花力气备课"。

教师们已经意识到教育改革的常态化,对于备课、师生关系都有了需要实时更新的认识。一天的工作中,教师跟着学校的制度时间转动,个人时间完全被占用和控制,课程计划成了对教师的一种束缚,时间自在流逝,但教师的生活范围和工作内容却被严格控制,很难跳脱出来透透气。在疲于奔命的教学生活节奏中,"滴答""滴答",时钟上的指针走着,走着,终于,时间不再为教师服务,教师反而沦为停不下来的时间的奴隶。

在教学时空中,教师体验的是线性的时间。而在日常生活(在学校场域内发生)中体验的是循环的时间。这两种时间,同时制约和影响着教师的认知和行为方式。

(一)不同时间观念的教师行为差异:无序或有序的时间

时间的序列体现在人们对于事情的轻重缓急以及实施顺序的认识上,它暗含着人们的价值取向与思维方式。受传统循环时间观的影响,教师在非课堂的教学生活中,并不重视对时间序列的把握,下意识地表现为重"铺垫",如在日常交谈或者行动时,习惯于先寒暄一番,从无关的日常话题谈起,接着才转向具体的实质的阶段,并没有很强的时间的序列意识。例如,LY老师在办公室中不得不参与的讨论,往往会打乱她的备课计划,使下班时间拖延,但是,为了不成为"陌生人",她不得不加入讨论。这种日常生活中无序的时间观,会让课下的教师感觉"每天很忙,却不知道忙了什么"。

与之相对应的是现代学校井然有序的课程表和时间安排,正如LY老师一天的工作安排,从早到晚,时间被细化、分割。上午上新课,下午是习题课的安排,除了考虑到儿童的身心规律,更体现了线性时间对关键事件优先排列顺序的原则。一节理想的教学设计,时间被精确划分为几个部分,环环相扣,层层推进,而与课堂"无关"的,如怪问题、怪答案、怪动作、怪要求等,因为强烈冲击了已有的教学设计和教学目标,因此大部分被教师镇压或冷处理了。而有的教师谈到新授课前的忐忑,实际上是对学生是否能够如期待般做出相应反应的担心。因为线性时间观念的影响,教师们期待着一堂课能够顺利按照自己的计划进行,别出"岔子"。

(二)教师对时间的具体把握和使用:模糊或精确的时间

在非课堂的日常教学生活中,教师往往强调对时间的适应,在时间的使用上体现一种模糊原则。教师在同一时间可以批改作业、参与办公室讨论,甚至观察不远处教室的动静,并且能够根据需要自如地调整做某件事情的时间。做事时,更加重视状态的完成(LY老师:参与讨论可能会让我晚一点下班,但是只要在下班前完成就好了),却并不计较具体耗时。

在 LY 老师讲述的一个故事中,LY 老师原本计划简单"清算"未交作业,却因为看到"空白的作业本"后大受刺激,进而"又发了一顿火",总共花费了12分钟,原本用来检查课堂作业本的时间被挤掉了,LY 老师因此感到自责和气恼。"在课堂上的时间是很宝贵的","感觉自己很失败"。课堂上的时间不同于课下的时间般弹性、自由,重要的课、关键的单元被安排在上午的课程中,耽误了时间就意味着整个教学计划的拖延、教育质量的下降、领导的批评等一系列的后果。教师不得不谨慎处理每一个细节,"没有时间",成为老师的口头禅。此时的时间好似一条通向未来的道路,而这条路又由几个独立的部分组成,稍有闪失便会在某一段掉队,而因为各部分的独立性,掉队则意味着不可修复的影响。在经验观念中,优秀的教师应该擅长对教学实践进行精确安排,每件事包括突发事件都能够预先预留出时间来处理,精确而高效,一旦教师无法安排好自己的时间,出现拖课等现象,常常被认为是不负责任或者是无能的表现。在这样的压力下,课上每个教师都严阵以待,上课的时候像打仗,回到办公室就"瘫了"。这也是国内外教师压力的一个重要致因。[①]

一个课堂就是一个"世界",既有"世"的时间性,也有"界"的空间性。没有空间的时间性只能被压缩为虚无,没有时间的空间性也只能在凝固中消亡。

(三)教师处理事务所用时间的长短:可逆或未来的时间

建立在传统农耕文化基础上的时间观,虽然意识到时光的飞逝,但是就像"冬天来了,春天还会远吗"。此时的时间好似在日月轮回间旋转进行,逝去的时间能够补回来,这就给人一种时间的充裕感,而且是可逆的。教师受其影响,往往在用时上具有很强的持续性,即认为成事的关键在于对于事情的长时间的坚持,而且耗时越长越能体现出它的重要性,谚语"只要功夫深,铁棒也能磨成针""业精于勤,荒于嬉""读书百遍,其义自见"等教育思想就是这种思想的写照。坚持与重复是成功的关键,这种观点好的方面体现在它认为无论何时开始,只要坚持下去,就会有好的结果,而不足的地方是它倡导的方式是机械地重复,认为即使不理解所做事情的深意,当重复达到一定的数量,都可发生意义的变化。同时,在守时、计时方面,因为时间的可逆性而抱有一定的侥幸心理——"亡羊补牢,未为晚也"。

在现代时间观念中,时间的价值正是在于它是一去不复返的,现代学校采用较短的时间单位来计量,强调时间的未来性和不可逆性,因而在时间的安排和使

---

① 邵光华.国外教师压力研究综述[J].比较教育研究,2002(5):20-24.

用上追求时间节点的精确和对未来的影响。置身于线性时间观交织的现代学校中，教师有一种强烈的时间紧迫感，他们被要求在尽可能短的时间里实现效率的最大化。每个教师都非常珍惜自己的时间，因为时间的有限和不可逆，决定了他们必须充分利用时间，或者剔除与成绩提升无关的事务。

第三节　课程改革中教师的身份体验

教师的身份主要体现在课堂。课堂是教师教学生活的重要空间，这是一种具有社会性的文化生态系统。师生言语交流作为课堂教学活动的核心，通过对其分析，可以了解到教师在课堂中的空间体验，进而捕捉到教师的角色意识。受科学主义和行为主义的影响，关于教师课堂言语的研究多从教师对课堂的控制、教学艺术、课堂评价等外在行为方面进行探究，并且多是立足于研究者的观察资料来解释，很少从作为教育实践主体的教师的真实体验角度探析其言语背后的深层次内容，然而若不能从教师体验本身来理解，则很难触及言语交流的内在本质。因此，我们尝试采用现象学方法，从课堂观察描述和对教师的访谈资料分析入手进行回归本原的教育学追问，回到"教育事实本身"，考察教师课堂言语交流中教师身份变化现象背后的内在意义。[①]

一、教师课堂教学中的身份描述

课堂教学中，教师的身份会发生变化吗？发生了怎样的变化？影响其身份变化的主要原因是什么？在身份方面教师的体验又如何？ACG 是某中学的数学老师，教龄有十年以上；GXZ 是某中学的语文老师，刚刚参加工作未满一年。让我们看看他们课堂上一些教学语言的特征。

ACG 老师课堂教学中的言语抽取描述：

(1)这就是我们平时说的，要养成分析能力，不要一个题出来了，觉得它很难，你就放弃了，多去思考，肯定是有好处的。

(2)昨天我们一模一样的题目出现过，老师只是没有讲透，那么现在放在

---

① 袁舒雯，邵光华，魏春梅.教师课堂身份显现的现象学反思[J].教师教育研究,2013(5):64-68.

作业中,你应该自觉去把它巩固一下。

（3）老师不是一直呼吁吗？所学过的性质也好,判定也好,必须不断在脑子里面回炉。

（4）老师点到一次,你就该自己把它掌握好了,要不这课就越上越无趣。

GXZ 老师课堂教学中的言语片断描述:

GXZ 老师:用一个词形容一下你理解的安塞腰鼓的场面。
生 1:尘土飞扬。
GXZ 老师:很好,这个词我喜欢。
生众:嘻嘻,你喜欢？(有几个同学怪声怪气地重复道)

从这些话语和我们的一些访谈中,我们发现如下现象学主题:

第一,课堂中教师个性"我"的隐遁。如话语(1)～(4),ACG 师在表达自己时,倾向于用第一人称复数"我们"或第三人称"老师"代替单数的"我",而教师的第一人称单数"我"隐遁于教室。对于这种现象,YG 老师说:"这可能是教师潜意识的,认为需要尊师,把自己和学生放在不同的位置,教龄不同,会和学生有一定的距离,而为了管理方便必须树立权威。"

第二,不同老师有着不同的身份体验。GXZ 老师说:"以前我在听大型公开课的时候,他们(公开课教师)都是用'老师说'这样的说法,不过我刚毕业不久,没觉得自己和学生有什么太大差别,所以不敢用'老师说'。"DXM 老师说:"正式的课堂中,如有其他老师旁听的那种,我会有意识地用'老师'代替'我',因为如果用'我认为',会感觉很不舒服,感觉没有那么正式。"ACG 老师默认"我就是老师",DXM 老师已经接受了教师这个头衔,并且有意识地运用代词变化赋予自己的话语更多正式的意义,而 GXZ 老师虽然已经开始从事教师这一职业,但是并未完全"接纳"教师这个身份,这除了和教龄有一定的关系,还和他们完成对于教师的角色规约的程度有关。

第三,学生已经习惯内含了权力关系的"师生关系"而不是"我与你"的平等对话关系。当 GXZ 老师使用原本体现着平等对话的"我"与"你"时,却招来学生们的嘻笑,这背后隐藏的教育事实可能是,学生们已经习惯了从"老师"那里获得评价,而作为教师个人的"我"的评价不具有"权威性",或者说,在学生看来,课堂上教师对学生的评价应该是"官方"的或"权威"的,如"很好""好极了"

（教师地位的课堂隐喻），而不应是你老师个人的"我喜欢"。在学生那里，教师被官方化或权威化，"老师"与"老师本人"被分离，老师代表的不是他个人，而是"官方"发言人。

二、课堂中教师"我"的隐遁的本原性分析

为何课堂之外用"我"这个第一人称表现自我的教师，踏入教室之后，却用第三人称的"老师"或第一人称复数"我们"来表现自己，并且拼命隐藏"我"这一主格，造成课堂中"我"的隐遁？影响教师在课堂教学中产生身份体验的差异的主要原因是什么？"我"和"你"在课堂中应该是怎样的关系？除了人称代词变指的一般交际意义之外，"回到事情本身"，从教师自身去做本原性分析可能更为重要。让我们回到教师教学事实原点，看看教师们这些话语变化背后有着怎样深层次的原因。

（一）人称变指背后体现的是教师科学的、道德的伦理身份

从 GXZ 老师的"不敢用'老师说''老师认为'这种说法"，到 DXM 老师"觉得在正式场合不用'老师说'就觉得不舒服、不正式"，再到 ACG 老师在一节课中多次出现"老师说"，并且在多种人称代词之间流畅变化、选择，演示了在同一时间维度上，教师们有着从畏惧教师身份到逐渐内化教师身份的差异体验，而从身份认同程度和课堂上学生们的反应来看，ACG 老师更接近作为社会的代表、知识的权威、道德的化身等传统教育者的身份。

然而当问到如何看待教师这一身份时，GXZ 老师说："我认为教师是'电灯'，就像它需要通电一样，我们需要领工资吃饭，也要参加培训不断提高自己。但是电灯的光是有限的，我们努力做的就是用一小片光去唤起孩子们心中对知识的渴望。在课堂上你如果对他们太好了，他们就不怕你了，你就得花很长时间管纪律，原来的思路被打断了，课就很难按照计划上下去，所以刚开始一定要很凶的。"从这些话中我们可以体会到，GXZ 老师认识到教师不仅需要满足社会的需求，同时也应将个人价值追求与学生成长发展相结合。和学生一样，教师也是一个具有自身发展需要的发展中的人，但是她同时承认这一切都是在自身权威已经树立的基础上的。反观 ACG 老师的课堂，她作为主格的真正意义上的"我"正随着她越来越接近传统教师的身份而逐步减少，甚至消失，即伴随着对自己职业身份的确认，教师的个体生命体验被掩藏，失去了个性的"我"，取而代之的是成为科学的、道德的代言人的"老师"，这与教师们成为发展中的人的理想初衷相违背。

在教师的内心深处，教师是科学的、道德的化身，对刚刚步入教师队伍的年轻

教师而言,他们还不敢、还不好意思以"化身"的身份自居。随着执教的年限的逐渐增长,他们越来越会认为自己真的是"传道授业解惑"的角色,对学生的言语是"字字珠玑",充满"教诲"。教室空间不只是一个自然空间或者物理空间,是受到学校环境、学校文化等因素影响和规范着的"文化空间"。因此,教师在这样"秩序化""规范化"的空间中,身体实践(言语、行为)受到规约,同时通过身体实践,不断加强原有的位置和地位,教师意识不断增强。

(二)课堂教学中教师的个体话语被淹没,教师的工具性作用凸显

DXM 老师在正式的场合使用"我"表达观点和评价的时候,"感觉很不舒服","怕听课的人觉得我很不正式","我的这些话难登大雅之堂",因此就会不自觉地使用"老师"。从权威("教材""教研员")和学术理性("专家""教授")那里发出的权势话语被教师频频引用,然而教师作为教育世界里真实的主体,却害怕发出自己的声音。

教师以实践者的身份通过践行的方式对教育经验进行具体的表白,在相当程度上体现的是一种"隐喻的权力"。在课堂中,教师大部分时间是对教学内容的一种独白,而自己的观点是通过以"IRE(import reading expand)单元"为主的师生对话来表达的,如:

WJ 老师:"传粉有两种方式,哪两种方式?"(同时在多媒体中给出图例,学生读出)

WJ 老师:"很好。"

WJ 老师:"要完成自花传粉,这种花必须具备什么样的结构,是什么花?23 号(学号)。"

23 号学生(小声回答):"两性花。"

WJ 老师(立刻大声地重复一遍):"必须是两性花,很好。"

作为观察者的笔者尚未听清学生的回答,但感觉学生说的并不是这个答案。课下追问老师在这个地方为何这么处理,WJ 老师说:"有的学生想表达,却表达不出来,我知道他是知道的。""那只是一个复习旧知识的过程,如果慢慢启发他,新课就没时间上了。"

当问到有没有想过认真回应每一个学生的回答,而不只是说一句"很好""注意听讲"或者"有没有其他同学想要补充"时,DXM 老师说道:"我曾经看过人家外国的教学视频,他们老师用到很多启发、探究的方式,但一节课就讲一点点内容,

如果拿到我们这里上，一节课肯定要学完性质、定理和学会简单的计算，如果（像他们）这么弄下来，课是上不完的。"教师的个人话语被旨意明确的评价性短语所代替，教师表达自己个人话语的空间很小（"没时间""赶进度""怕放开多了，收不回来"），提问从师生对话变成一种教师帮助学生回忆已学知识、检查预习情况、提醒学生注意听讲的方式，丧失了师生真正交流的机会。教师仅仅是知识的一个代理人而已，作为工具理性的代表，教师泯灭了自己鲜活的个性。在教室这种"公共性""社会性"空间中，教师只能顺应着空间文化，难以在教学中创造或生产空间；教室的围墙和大门构成了教室空间的"封闭性"——"我的教室就是我的城堡，其他封地的君王一概不受欢迎"[①]。然而，新课改中提倡教师不仅是课程的实施者，同时，是研究者、行动反思者，一味地顺应显然不利于教师发挥作为"我"的主体性；与此同时，新课改中提倡的新理念、新方法，单凭教师个人很难凭借单一的经验去理解和应用。因此，打破固化的教师空间，营造开放的教学空间，建构教学共同体，才可能为教师真正寻找到"我"提供途径。

（三）教师是真理的化身，体现的是师生关系的"主客"属性

DXM 老师在教学时有意识地进行人称的选择，在她的观念里，课堂上使用"我"来展示观点和规育学生被认为是一种非正式的教导形式，其他老师或专家会不认可。因为在一般老师的观念里，老师传授的是客观知识和真理，不是个人的观点，不宜用"我"，而作为育人的主体，老师给予的也是普适的道理，不是老师"我"个人的想法。也就是说，老师是一个拥有绝对真理和懂很多人生大道理的长者，教学就是将这些真理和道理讲给那些还不知道这些的年轻人，作为年轻人的学生需要抱着虔诚的姿态去学习和受规训。这时的教室空间仅仅被当作师生进行认知活动的认知空间，为了保证认知活动有序进行，教师的权威和师生之间的"主客"关系也逐渐形成。因此，我们经常会看到或听到老师在教育不听话或犯错误的学生时说"老师批评你、惩罚你可都是为你好啊"。然而，除了认知空间，教室应当也是师生共同的道德空间和审美空间，如果只是单一的知性空间，由于其师生在认知上的授受关系，难以形成真实的师生"平等对话"。

与之相似的，GXZ 老师从原先"笑笑的，想和他们做朋友"到如今"现在只要一有人吵，马上开骂"，"原来就是没经验啊"，"我也想爱学生，但是这些学生真是让我爱不起来，你对他们好，他们就不怕你了"，从她的话语中透露出的是作为实

---

① 帕克·帕尔默.教学勇气：漫步教师心灵[M].吴国珍，余巍，等译.上海：华东师范大学出版社，2005：148.

践者和教育主体的无能、无力和空虚。① 而 PXG 老师经历了第一年"失败"的教训后,第二年作为新生班主任的她从学生入学之初就板起了面孔。"现在他们都很怕我,"PXG 老师笑着说,"现在已经上初二的、我第一年教的学生,看到我还是嬉皮笑脸的,有一次被我现在班里的学生看到,他们(现在正在教的学生)都很惊讶,说'你们怎么敢这么跟老师说话'。"如果作为道德和审美空间,师生之间可以结成彼此相互促进的教学共同体,实现教学相长,而不是通过"踏入教室之后就完全不会笑"而树立起教师在认知方面的权威,使得师生关系从"我觉得我也是学生,和他们没有什么不同"的"我与你"的平等对话关系变成内含了权力关系的失衡的"师生关系"("可以对他们好,但是一定要让他们知道,谁是老师,你得听我的"),师生关系陷于"主客两分"的认识范式。

三、回归教师"本我"的身份

从对教师们的话语分析及体验访谈中,我们意识到,教师在课堂上人称代词的选择背后蕴含着对其教师身份的体验,当完成对其教师身份的认同和内化时,教师在课堂中个性的"我"却常常被第三人称的"老师"所取代。通过本原性分析,我们认识到在课堂教学中,教师的主体性往往被忽视,或是陷入主体性神话中难以自拔,如果连教师都丧失了自我,学生又将如何,这样的教育将何其堪忧? 我们认为,尽管当下倡导的师生关系应是平等关系,课堂教学应是平等对话,操作难度较大,实施带来的效果并不像想象的那样美好,但是,出于教育的本质,课堂教学中仍有必要寻回教师"本我"的身份,给学生一个真实的老师"自身"形象,实现真正的"亲其师,信其道",而不是给学生一个"泛老师"或"模式化老师"的形象。

(一)从教育本身的伦理学来看待教师的主体身份

教研室制度是中国特有的,它在中国基础教育中的地位和作用不言而喻。教研室把握着新教师入职培训、职称考核、考试大纲编订等标准的制定权,无形中掌控着学校改革发展的命脉,教研员被学校和老师们"供着"。特别是在教师职业发展呈现证书化、职称化、专业发展标准化的今天,教师的发展被限定在既定的成长路径中,而发展规则的制定权紧紧地握在行政管理部门的手上,而在这些决定着学校改革发展的教研室中的教研员许多是应试教育的骨干,这就形成了极其矛盾的局面。同时,教师们缺乏源自组织内部与其他力量相博弈的意识和力量,原本

---

① 佐藤学. 课程与教师[M]. 钟启泉,译. 北京:教育科学出版社,2003:110.

以学生的成长和师生之间的情感共鸣为基础的教师的幸福感和存在感被淹没和扭曲，升学率成为衡量学生成长的标准，师生之间的情感由考试和分数维系，教师的主体性难以确认。

建构教师自身的精神家园，寻找教师身份的"本我"，必须对教师的主体性问题进行重新认识和思考，反思和更改教师主体身份的归属范围，即从科学的、道德的伦理学身份转到教育本身的伦理学身份上来，改变依靠对学生的规训来确认自身主体地位的方式，实现在平等对话基础上的与学生的双向建构机制。

（二）确立教师自我关怀的审美形象

知识应当是人的知识，课本只有与人相遇后才有意义。在后现代知识范式下，教师解释的规范性被认定为一种当地性的解释，它的有效性只存在于当地情境中，没有普遍性。因为教师总是处于不能使之客观化或无法脱离的特定的课堂情境中，无法跳脱出当时的情境给出解释，因此教师的解释常常面对着两种张力，即教材知识和自己所在的情境之间的张力，以及教材理解和自己所在的情境之间的理解。所以，所有的解释都应该包含教师的自我理解。这是课堂上教师主体地位确立的前提。

当教师将课程活动看成教师主体自由创造的活动，能够积极地反抗各种先验的规范和强制，表达自己的生活愿望时，就不需要强迫自己凭借科学的或道德的力量使自己成为真理和世界的主宰。在现代化进程中，弱化自己作为大我（理性主体）的工具性地位，确立自我关怀的小我（生活经验）的审美生存形象。[①] 尊重作为个体的人的教师的生命自我，重视其价值情感的体验、人生意义的领悟、生命过程的润泽和生命境界的拓展，并与教师这个职业紧密关联起来，是努力追求教师个体的生存之路。

（三）追求主体间性的师生关系

课堂中以"IRE单元"为主的师生对话，构建的是"我"和"你"，不是"我—你"平等的交往关系，即主体间的相互尊重、理解，这里的"你"是作为"我"的动作的宾语的形式出现，是"我"发出的动作的接受方，教师通过使用"IRE单元"实现学生对某个知识点的记忆强化或者是达到某个课堂管理目的。而教育是人与人精神的契合，是主体间的对话，若把教育视为训练，人就成了单纯的客体。但学生不是客体，不是"我"实现目的的手段、工具，他们同样与"我"一样是有目的、渴望自由的人，是一个"他我"。

---

① 熊和平，赵清良.教师：灵魂工程师的困境与出路[J].当代教育论坛,2006(11下):81-82.

同时,已有的学习经历让学生们已经对师生间的主客体不平等关系化成一种集体无意识,因此才会有GXZ老师在教学中出现的那一幕。只有改变观念,将教育看成是交往、对话、理解的过程,放弃主客关系,才能实现师生、生生主体间的多向互动交往,在共享中造就彼此。教师应坦诚地展现自己的思想情感,和学生进行换位思考式的主体间指导与交流,在讲解过程中与学生共同探讨知识的生成过程,追问其生成之由来,以探究性思维同学生一同理解并达成共识,并将知识和情意内在相融为一体;同时回归日常生活世界,关注人的幸福与价值,发掘生活的意义,追寻美好的生活。① 当教师有了"我"的话语、"我"的观点、"我"的主张,而不是压抑和钳制人性的远离学生生活的"老生常谈",才能真正引发出学生的观点,实现师生在精神、智慧、意义等方面的共享,所以在建立师生关系时一定要考虑师生各自的主体性,在承认了教师和学生各自主体性的基础上才能建构真正和谐的平等师生关系。

福柯(Michel Foucault)认为,话语即权力,话语中蕴含着权力,话语的实践过程潜隐着权力的运作,对话语的争夺实际上即权力的争夺,话语的拥有则意味着权力的实现。② 从对老师们的话语分析及体验访谈中,我们意识到,教师在课堂上对人称代词的选择蕴含着自身对其教师身份的体验,然而当他完成了对其教师身份的认同和内化并拥有了作为"老师"的话语权时,却丧失了个性的"我"的发展。如果不改变对教师的行政审视与制度框束,就无法挣脱虚假主体性的藩篱,而抽离了个体生命体验和灵魂的教学是丧失自己、丧失他者的空洞的行为,教师也很难在教育生活中成为具有自身发展需要的真正的实践者。

第四节 课程改革中教师的多重角色实现困境分析

为了更好地实施新课改方案,实践担当者——教师被要求从传统较为单一的角色转变为现代多重角色,这些多重角色体现于理论描述和行政规定中。但主观愿望往往会遭遇先存条件的制约而无法付诸现实,我国教师目前实现多重角色进入困境。为更有效地促使教师摆脱目前的状况,对实现多重角色困境进行分析与反思显得非常必要。③

---

① 刘邵岚,乔元正.主体间性视角下新型师生关系的建构[J].教学与管理,2012(11):30-31.
② 米歇尔·福柯.性史[M].张廷琛,等译.上海:上海科学技术文献出版社,1989:90.
③ 朱江涛,邵光华.教师多重角色实现困境分析[J].教学与管理,2010(11):8-10.

一、教师多重角色实现现状

《基础教育课程改革纲要》提出，"教师在教学过程中应与学生积极互动、共同发展，要处理好传授知识与培养能力的关系，要注重培养学生的独立性与自主性，引导学生质疑、调查、探究，在实践中学习，促进学生在教师指导下主动地、富有个性地学习。教师应尊重学生人格，关注个体差异，满足不同学生的学习需要，创设能引导学生主动参与的教育环境，激发学生学习积极性，培养学生掌握和运用知识的态度和能力，使每个学生都能得到充分发展"。简言之，就是要转变教师角色：使其从传统的"知识传递者""道德示范者""控制者"等角色转变为课程的设计者、创生者，学生的朋友、协助者，时代学习者等多重现代角色。但是课改的启动并不代表教师会顺利自动地实现多重角色，有的教师被动接受、被动实施，有的教师主动接受也主动实施，却与改革者的期望相差甚远。总结教师在多重角色实现方面，主要有以下表现：一是习惯难改。一些教师习惯于传统角色行为模式，服从于自身期望，维持传统的形象。特别是某些老师无法放下身架与学生平等相待，还是习惯于以上对下的口吻与学生交流。对于现代角色，他们很少去实现，或虽去实现也是应景而已。二是遇难而退。传统教师角色单一，具有一定可操控性，特别对新手教师还具有引导帮助作用。现代教师角色对教师提出了较高的要求，需要教师学习其背后理念以及理念所要求的思维行为方式，这就使一些教师虽有心却无力，遇难而退。三是不管不问。一些教师在自己的工作岗位上是得过且过，对于课程改革所要求的角色内涵更是懒于了解和认识，这是由于缺乏基本的热情和职业道德所致，也就是说即使给予权力和自由，他们也倾向于随大流，不会行使和利用。四是抵触排斥。心存抵触和排斥心理的教师个人主义色彩较浓，他们很可能了解现代多重角色的内涵和理念，但却认为与自己的实践相去甚远，是纸上谈兵，不仅自己不实现，可能还影响其他教师去远离现代角色形象。应该说，以上都是教师在实现多重角色陷入困境的表现。

二、教师角色实现困境的反思性分析

（一）教师现代角色内涵的混乱、模糊与繁杂

众所周知，教师只是庞大教育系统的一个因素，其角色的实现受到很多条件的限制和影响，特别是来自"上层"理论者的理念引导。教师关于革新后的一切所知，包括新时期对教师角色的要求与规定都是通过"上层"所得。如果"上层"所传

达的概念没有明确清晰的表达与诠释,就难以要求教师对自身新使命有理解与实践。理论者对教师课堂多种角色的介绍与提出在某种程度上是忙于对传统角色的批判与覆盖,新的要求的角色形象急涌而出:组织者、引导者、管理者、协调者、合作者、倾听者、促进者、资源的开发者、朋友等,新角色分析、探讨的文章不仅花样百出,更是让人惊叹词语更迭与变换的频繁。这些角色要求或者说名词的提出大都移植自西方著作,虽说能激起教育者的憧憬与实践愿望,但是能在本土土壤中生根发芽才是最重要的。

移植的理论总是脱离实践者的环境,同时也阻碍实践者的创新意识。实践直接担当者——教师只能通过融自身之于本土语境来触摸理论者的意图,而其夹杂的舶来品与某些理论争风吃醋的混乱,使得教师对于自身角色定位与内涵无从把握,甚者引发教师的邯郸学步。先不说论者所介绍的教师角色背后所暗含的社会、文化、科学技术等大语境的不同,单是课程内容、师生心理、文化背景、经济地位这些课堂因素就足以决定对教师角色的期望、内涵、要求。例如,美国是个移民国家,课堂中的学生来自不同地区,于是便会有种族、文化、经济地位、语言、肤色等差异,并且这种差异之巨大触及的不仅是教育范畴更是美国所提倡尊崇的价值观,于是,承受政治、社会、学校压力或尊重实现自我内心信念之压力的教师都会被动或主动地创造民主平等的课堂氛围。而此"民主平等"在同源文化的不同区域略有差异:批判传统课堂的欧洲把民主平等之焦点更多地聚于师生之间,而多种文化汇合的美国课堂可能更关照生生之间平等地位的实现。此差异直接影响到教师行为与期望的不同。正如教育社会学家比德尔所认为的:教师角色即是教师行为与对教师的期望。[1] 由此可见,就算同源文化,教师角色内涵还有如此差异,更不用说我国现实所要求实现的教师角色与西方如何之不同。而论者却忽视类似差异,剥夺教师"知情权",生搬硬套地论述教师角色——这些角色不仅"新"而且更"多",这就使教师"乱花迷眼",无法越步。

(二)教师角色冲突

如果说角色内涵的混乱模糊了教师新时期对职业信念的构建,角色冲突更是让教师无法形成固定的行为模式,痛苦地徘徊于各角色之间,使教师实现多重角色既无力也无心。冲突主要表现为传统角色与现代角色的冲突以及现代多重角色之间的冲突。

---

[1]　李瑾瑜.课程改革与教师角色转换[M].北京:中国人事出版社,2003:104.

1. 传统角色与现代角色的冲突

人们通常认为,传统意味着落后,扯时代的后腿,必须抛弃,现代意味着先进与革新,推动历史的发展,要采纳。具体到教师角色来说,传统与现代对教师要求确实有很大差异。

首先,在对待师生关系上,传统角色强调教师是控制者与领导者,学生是服从者与纪律的遵守者。教师运用纪律与自身威严强制学生遵守学校一切规章制度。师生之间是一种信息单向交流,过度强调教师向学生的灌输作用,轻视学生对教师的影响。虽然传统角色具有某些程度的可操作性,对新手教师的教学质量起到一定保障作用,但长此以往,不仅阻碍了学生成长,也影响了教师对自身职业使命的思考,僵化师生关系。现代角色提倡师生地位平等,尊重学生人格,以学生为本。承认师生之间的相互影响,在重视教师教的同时,也注重学生学习能力的培养。因为在信息浩瀚的今天,教师不可能把所有的知识都教给学生,只能教给学生自己辨识、学习知识的能力。

其次,从课程运作角度,教师传统角色只是官方课程的执行者。制定课程是专家与政府的事情,教师只是在按照计划逐步实现他们的教学预想,不能修改课程结构与教学进度。课程资源是已经配给好的,教师较少具有开发整合教学资源的意识,只能运用有限的资源来完成教学任务。在课程评价方面,教师没有任何机会评价课程的科学性和合理性。现代角色在课程运作方面给了教师很大空间与自由,给予教师根据情与景的不同创生的空间,赋予教师调度各种教育资源的权利,让教师参与到课程评价中来,允许教师根据学生情况的不同自定教学进度,调整课程结构。

最后,从自身发展角度,我国传统教师是"知识传授者"与"道德示范者",是知与德的权威,道统、政统的合一,其现实社会地位得到官方确认,精神引导者的作用也有"道"的支撑。新中国成立以后,我国师范教育是封闭独立的,师范生毕业后由国家分配。这样的文化与制度保证了教师稳定的社会地位,使教师免于职业竞争,惰于向时代学习。然而信息化与市场化的今天,教师不再可能稳坐讲台,要建立终身学习观念,使自己不但能做教师,还能弯下腰来做学生。这不仅是现代角色的要求,更是时代的要求。

从以上分析我们可以看到,无论是在处理与学生、自身关系方面,还是课程方面,传统与现代角色都有不同,这就需要教师不停地学习。这对一些观念守旧的教师特别是老教师来说无疑是一种巨大的挑战。

需要指出的是,由于现代角色很多是舶来品,与本土传统角色没有历史的延续,更加深了两者的冲突。这就需要理论者关注教师的现实生存环境与状态,建构出更加符合我国实际的教师角色形象,缩小传统与现代的差异。

2.现代角色之间的冲突

"教师角色的多重性决定了角色冲突的必然性。"[1]不论多重性与冲突是否具有直接因果关系,单分析各角色背后的理念就会发现价值与方法论的多元。"引导者""协助者"形象来源于布鲁纳的发现法学习思想。发现法是要求教师充当指导角色,学生作为学习主人去探索和发现,师生协作,保证学生积极主动开展学习活动的一种教学形式。教师作为指导与协助者要创造问题情境,提供设备与材料,保证学生的自主性、创造性。而"倾听者""朋友"形象来源于人本主义在教育上的运用。这两种角色要求教师采用的方法也是相异的:前者要求教师创造情景,激发学生兴趣;后者要求尊重、聆听与情感的沟通。正是由于有感于"制度课程"对教师过度规约,我国学者在新一轮课改中提出了"课程设计者、创生者"教师形象。这一角色概念本身也有不同程度的解释。施瓦布为代表的课程实践开发理论流派提出的课程是基于"教师、学生、教材、环境构成的"[2]。教师应该根据这四因素进行课程的创生与设计。课程领域的概念重建流派认为,课程就是依个人知识结构与理解重新建构的过程,文本的原意义并不重要。[3] 两个流派对教师的"解放"程度不同。可以看到,一种理念往往是以批判先存理念的姿态出现的,其所支持的教师角色便有很大差异与冲突,如果教师不能很好理解,不要说实现,也许识辨的能力都没有。现代角色之间的冲突还有另外一层意思:有限的能力使教师不可能同时实现多重角色,必然是有选择地实现。这就使角色之间存在着竞争。教师在角色实现中必然选择自己能够很好理解与建构的角色,抛弃自身较少体验与陌生的角色。

3.管理理念与角色多重理念的矛盾

对应于传统的"制度课程"的管理是经验管理与科层管理,管理者依据官方教条与受之于上层的"启发",对教师做了过多的限制与控制,同时,课程内容的不容置疑与变更也压抑了革新所提倡的创生。课程创生是师生双方的创造,无教师的引动更奢谈不上学生的参与,于是,两者的发展无法实现。此次革新允许鼓励师生对课程材料赋予自我想象与意义,为两者的自由创生预留了很大空间,也就是

---

① 梅新林.聚焦中国教师教育[M].北京:中国社会科学出版社,2008:333.

② 张华.课程与教学论[M].上海:上海教育出版社,2000:20.

③ 徐文彬,孙玲.课程研究领域中概念重建运动的新近发展与趋势[J].比较教育研究,2007(10):65-69.

说课程不再"制度"了。在这种自由中,论者好像大都没有忘记实现学生的发展必然要实现师生双方的发展,所以在注重学生地位、权利、参与度的同时,对教师的要求也水涨船高——要求教师实现多重角色。然而,革新只"革"了教师,却忘记了新课程的管理者,他们成了局外人,管理依然因循经验与科层模式,主要从评价的角度对课程实施进行控制。这是"以制度化的方法试图管理意在超越制度化的课程及教学"①。传统管理模式与新课程理念相悖必然挤压教师的创新空间,管理者对教师的期望与革新要求教师实现角色的不同也必然造成教师的双重压力。一方面,教师要紧跟"形势",极力呈现出官方与理论文本所要求的课堂样貌,努力符合为实施新课程所要求的多重教师课堂角色形象;另一方面,教师在想方设法创新的同时还要尊重直接面对的管理者权威。面对管理的旧思维与课程的新思维,教师免不了两头讨好,哪里还有动力与意愿去理解与体验多重教师角色的内涵?教师是教育系统的一个因素,既然是一个因素,便会有触一发动全身的可能。对教师角色期望的改变与要求需要其他因素的支持与配合,也需要整个教育系统相应的调节。在整个大环境僵化的状态下,很难实现教师的自主和活力。作为教育系统中重要一环的评价,不仅关系到学生培养方向,也是教师发展的关键因素。当批评教师角色单一,为其填充丰富内涵时,必须提倡教师评价主体与方式的多元、标准的多样。长期以来,管理者的评价是教师绩效决定因素之一,这就不免造成教师多少看重管理者的脸色教学,甚至自己的教学风格也会参考管理者的喜好。既然强调教师要成为学生的合作者、倾听者、朋友,为什么管理者就不能成为教师的合作者、倾听者、朋友?也许过多的赋权使管理与教学脱节,对立自然产生。当前最重要的是评价权与管理权的分离,管理者不能既评价又管理,管理评价教师的时候不受别人的评价与管理。所以,面向教师的革新理念也必须面向管理层,让双方成为"课程实施的共同体"。

三、走出困境的途径探索

从以教师为主体的角度看,其素质跟不上时代要求是主观原因,理论与管理问题是导致实现多重角色困境的重要客观原因。这就需要从主客观两方面寻求走出困境的路径。

(一)主体的反思性实践

多重角色实现应该被理解为教师的成长过程,一个需要时间的过程,而非简单

---

① 杨启亮.一种假设:以新课程理念导引新课程管理[J].当代教育科学,2003(19):3-5.

的呈现形象。目前,我国教师的成长模式注重教师的职业教育和专业发展,其中的不足是过多依赖技术性知识的灌输以及学历教育的形式主义模式,各种角色是"被实现""被变革",忽视了教师自我理解过程。科特坎普(Robert B. Kottkamp)于1990年提出的反思性实践是一种通过反思把理论和实践联系起来的模式,它以提高自身职业水平为目的,并对自身的行动进行思考和批判性的分析。[①] 此种成长模式应该说是一种自我内控的教育。它要求教师注重实践与理论的反思,通过反思自我经验来达到多重角色的要求。教师只对自我经验反思还不够,还必须学习各种角色背后的理念,改变认识框架和思维方式。反思性实践所提倡的实践是超越个人具体经验的实践,是促使教师反思今日与昨日不同、自我与他人优劣的实践。

(二)角色理论的清晰诠释

对于教师多重角色理论问题,有两方面需要注意:一是完整诠释各种现代角色。目前的教师角色大都来自外文直译,其名称很简单,通过一些专业培训可以被教师识记,但背后的理念和方法却很少被教师理解。例如,学生的"引导者"教师角色形象更多地对应于布鲁纳发现教学法,是以探究活动为主的教学方法。教师很容易记住"引导者",对发现教学法却不一定了解。这就需要论者给予教师全面的理念,不可只是皮毛。二是构建本土化的角色。外来理论在我国的水土不服这一问题,随着实践的展开会逐渐显现出来,这就需要论者参照国外理论,根据本土,提出切实能够指导与提升教师思维行为方式的角色形象。如我国现在的小学教师,可谓"既当爹又当妈",是真正的"父母替代者",而在新课程改革理念中并没有阐述这样的角色。

(三)管理理念的重建

管理层不能只当局外人,必须深入教育实践,跟教师一起学习现代角色内涵,仔细体会角色背后的理念。在进行教师培训与专业发展的同时,必须对管理者进行培训,改造其旧有的管理理念与方法,建立符合课改精神的现代管理制度。要让管理者与教师成为"共同体",一起承担改革的责任。

四、关于教师角色意识冲突的反思

(一)新旧身份的冲突:影响着教师教学生活体验

针对传统教育中教学方法单一、体罚盛行、学生课业负担重等教学实践中出

---

① KOTTKAMP R B. Means for facilitating reflection[J]. Education and urban society,1990,22(2):182-203.

现的问题,新课改提出以学生为本,注重全面发展,尊重、重视学生的主体性,提倡个性发展等。而这些观念,渗透在与新课改相关的各种教育文件、讲座、培训等之中,民主、平等的师生观洗礼着教师,也影响着社会中每一个人。主动或被动的教师参与着"与时俱进",积极或消极地跟随着新课改的步伐,改变着以往的教育教学方式。但民主与平等不等于取消教师的权威,这可能和一部分人对新课改理念的误解有关,甚至将教师的权威与新课改对立起来,使得一部分教师在教学活动中不得不放弃自身合理的权威,然而又未具备新课改所希望的教育素养——高尚师德,对教育事业有着很大的热情与投入精神;不仅善于教学,而且善于研究;除了讲授法,同样会使用探究法、讨论法等新的教学方法;等等。这导致出现"虚假的繁荣",增加教师的工作压力,让教师教学生活体验不够良好,感觉"缺少尊重",产生课改阻抗。

课改本身的定位是知识的虚无主义,在知识虚无主义面前,教师不再是知识权威。在课改大力提倡的"平等"中,教师作为一种传统的权威符号被取消了权威地位,但这并不意味着,教育活动中就不存在权威了,只是权威从一种具体的、可观察的状态,变成了抽象的、难以察觉的状态。比如课程改革所提出的标准和要求,这便是改革的权威,学校和老师的圣经——与之相符合的,即是正确的;不符合、不理解的,便是行不通的、错误的。在现实中,因为过分强调尊重学生、维护学生权利,社会舆论往往把责任一股脑儿推到教师的头上,批判教师道德低下,违背师德。而对学生的错误,人们往往基于学生的未成年和不懂事等对学生比较宽容,有时都可以称为纵容。媒体也是推波助澜,往往这类报道向学生倾斜,舆论往往对教师不利。这让学校和教师对教育工作谨小慎微,有的教师为了避免节外生枝,采取放任自流的态度,①这本身就是一种消极的阻抗。

教室是师生共处的求知场所,协助师生在现象空间中获得自我存在的体验。然而在现有的教育体制下,尤其在基础教育阶段,完全平等的课堂师生关系能否真正建立?新课改本身是否有超前和过于理想的成分?教师应该具备角色意识,并不是以新课改为圣经,而是面对具体情境,运用经验和教育智慧,进行灵活的教育活动。

(二)时间体验的冲突:时间上的连续性影响着教师的教学生活体验

"时间表"有三个功能:规定节奏、安排活动、调节重复周期。② 教师在教学场

---

① 沈萍霞.教师权威的困境与出路探索[D].西安:陕西师范大学,2012:88.

② 米歇尔·福柯.规训与惩罚[M].刘北成,等译.北京:生活·读书·新知三联书店,1999:169.

域中,经历着周而复始的程式化的社会时间,教师的个人时间被纳入一个整齐的、由社会时间切割而成的秩序之中,蕴含着教师不得不严格遵守的强硬规范。[①] 这可能会引起教学生活的程式化、同质性,让教师感觉到教学生活的单调、重复与压抑。

同时,由于其线性特征,教师不可以犯错,需要不断地努力。教师的教育活动具有时间上的连续性。这意味着身为教师,工作上并不是严格意义上的上下班(教师是个良心活儿,下了班也在为那些学生担心)。教师要了解学生的过去和现在,对学生的未来发展做出预测,及时检测教学效果,获得教育和教学反馈,准备新一轮的教育活动。但匆匆流逝的时间,催促着教师"应付式"地完成手头的工作,教师被一个接一个的事务性工作催逼着,这就形成了一个看似矛盾的体验:教师在同一时间中,体验着稳定的进程,但同时思想绷得很紧。[②] 教师根本没时间去思考怎样改变才能让自己更好地规划自己的人生,生涯发展的想法只是闪烁一下就消失了。[③] 而这种按部就班的教学生活显然与新课改的要求相差甚远,导致教师在实践中出现阻抗。因此,教师不仅要适应社会时间,同时要合理利用、安排社会时间,在个体时间中,"拥有"时间,"创造"时间。

(三)空间体验的冲突:"教室之门"的存在影响着教师的教学生活体验

教师角色意识作为教师对自己身体的感知,是空间性的,此时的教室空间也是身体性的。当教室空间内的潜在规训严格限制了师生的行为标准时,教师不再能主宰自己的身体行为,教室之门作为连接教室空间内外的接口,代表权力规范了门与身体之间的关联,不再能庇护人的身体、带给人们安全的象征,它威严、高耸,透视着压抑与彷徨。

教室之门作为隔离教室内外空间的屏障,构成了教室这一封闭空间最灵活的出入口,一方面成为一种获得准入资格的规训道具,是某种无形的道德尺度与奖惩方式——"站到门口""喊报告"等,最终目的是让学生逐步建立起自我审视的机制并按照"合法"的规则自我约束,对那些漫出秩序之外的行为产生负疚感与羞耻感。学生的身体在踏入教室的门之后,便开始被多层次地分解和规训,最终逐渐达到统一而整齐的道德标准。那些漫出教室秩序的身体姿态与习惯则被视为"违法"的,而教室的目的在于制造一种规训的环境,这种"规训改造在某种意义上使原始的身体能量,使那种游牧般的放荡不羁的灵魂禁锢住了"。紧闭的教室之门,

① 孙利天.死亡意识[M].长春:吉林教育出版社,2001:93.
② O.F.博尔诺夫.教育人类学[M].李其龙,等译.上海:华东师范大学出版社,1999:91.
③ 王丽荣.关注教师的心理成长:职业倦怠的心理调适[M].长春:东北师范大学出版社,2005:58.

为身处教室之内的人们创造了一个理想的道德空间,并用一种渗透的方式建立起学生自我反思、自我内疚的,教师自我意识抑制的规训机制。师生在默无声息的门内文化的逼视下,肉体逐渐丧失最原初的淳朴表达,剩下毫无秘密、整齐规范的空洞身体。然而,教师不仅是"空间中的人",更应是"创造空间的人"。除了认知活动,教师在人格和道德发展的方面与学生是一种平等的、相互促进的关系,应该共同建构教室中的审美和道德空间。

另一方面,处于关闭状态的教室之门,勾勒出完整而密闭的教室空间。虽然有界限的教室空间有利于教学管理,但同时教室内的师生被外界孤立了,丧失了开放性的教室空间,使教师失去了与同事、教研工作者进行合作,共同解决教学实践中出现的问题,进而发挥集体智慧的可能。当个人经验和理解无法支持问题解决或新课改实践要求时,阻抗就产生了。①

教师是一个完整的人,教师的生活是连续的,教师的生命是完整的,学生的思维和兴趣也是相互关联且持续的,片断化的教育时间(上课时是教育时间)、割裂的教育空间(门里门外)是机械的、强制的。只有拆除教室空间中那道无形的门,让教室变成教师、学生、同事、教研工作者共处的求知场所,构建教学研共同体,才能协助教师在教学时空中获得自我存在的体验。

---

① 袁舒雯.中小学教师教学生活体验研究[D].宁波:宁波大学,2014:65-70.

第六章

课程改革中教师科研阻抗的现象学研究

教育科研正日益成为广大中小学教师的内在需求和自觉行为,大部分教师科研成果已经或正在为推进基础教育改革和提高教学质量发挥着至关重要的作用。这是真的吗? 尽管中小学校经常发生"开题轰轰烈烈,中期冷冷清清,结题灰飞烟灭"的科研现象,但是,对教师来说,教育科研是不可或缺的。我们不禁想知道,课程改革中的教师科研的状况到底如何? 教师该做怎样的科研? 教师进行教育科研的体验如何? 对此,我们想做本原性分析。

第一节 课程改革对教师科研提出的新要求

随着社会的快速转型、新课改的推进以及教师专业化发展水平的提升等,学校不可避免地会遇到新问题、新困惑和新矛盾,这些在一定程度上制约了学校的发展,影响了学校教育变革的推进,如果不及时解决,学校教育适应社会和学生发展的真实需求就难以实现。在一定程度上,这些需要从学校实际出发研究解决,也就是说,很多问题需要通过教师的科研来解决,这同时也是新课改对教师的基本要求。

一、关于教师科研地位的认识

新世纪基础教育课程改革不再是我们表面看到的对教科书做出改变,更本质的是对课程观念和体制的变革,进而转变教师的教育思想。由于学校教育问题一直都伴随着社会转型和教育变革出现,那么依靠原有的教育经验和方法则难以奏效,教师科研因此成为解决这些问题的基本途径。教师通过从事学校教育科研而获得专业化发展已成为共识,提升教师科研水平成为解决学校实际问题、提高教育教学质量、确保教育教学改革成功的关键。我国中小学教师科研在新课改的推动下发展迅速,研究方向由"理论层面"向"实践层面"回归,研究主体由"被动参与"向"主动探索"回归,研究领域由"宏观研究"向"微观分析"回归,研究形式由"单一呈现"向"多元思考"回归,研究空间由"封闭"向"开放"回归。新课程改革对中小学教师的科研素质提出新的要求,新课改所倡导的崭新理念、所传达的强烈愿望,如"教师要成为研究者""教师要成为反思性实践者""研究型教师""专家型教师"等逐步为中小学一线教师所认可。各中小学校纷纷探索校本教研的道路,"科研兴校"成为广大中小学管理者推崇的信念。教师走上了教育科研一线,开启了新课改后教师科研的全新道路。从一定意义上讲,教师自身具备的科研素质、从事教育科研的方式、对学校教育科研的态度等直接影响着学校教育科研的发展。

教师加入科研,促进了我国教育研究的发展,改变了教科研队伍结构,正如原中央教育科学研究所在对中国教育科学研究 20 年进行回顾与展望时指出的:"教育科研队伍建设呈现鲜明的层次性,理论研究队伍少而精,应用研究队伍是中坚,群众性科研队伍宽而厚。队伍的总体构成和绝大多数课题的成员构成都突出反映着专、兼、群相结合,教育科研人员、行政人员和校长教师相结合的特点。"①仅以《北京市"十一五"期间教育科学研究规划纲要》所显现的"十五"期间的科研状况来看,"在基础教育实践层面,立项的市级课题多达 300 余项,区县级课题近 3000 项,校级课题近万项。以这三级课题为纽带,近 3 万名教师参与了各类主题的研究活动"②。这种具有广泛"群众性"的教育科研队伍构成,虽在一定程度上降低了教育研究的专业意味,但却有了广泛的群众基础,进而实现了量的积累。

二、关于教师科研作用的认识

新课改实现了课程从"知识传授为主"转变成"服务学生的全面发展",同时还

---

① 秦行音.教育研究、教育的科学研究与我们的选择——我国教育研究的现状分析与趋势研究[J].教育理论与实践,2004(21):13-16.

② 孙金鑫,王晓玲.关于教育研究方式转变的思考[J].教育科学研究,2012(3):15-18.

促进我国当代教育由"应试教育"转变成"素质教育"目标的实现,这就需要中小学教师进行学校教育科研,变革教育教学的思路和方法,促进新课改的顺利实施。其实,任何的教育科研成果最终都要受到教师的检验,真正的理论必然来自于经过实践检验的理论,才能促进教育教学实践的发展。教师处于教育教学实践的一线,是推动新一轮基础教育课程改革的中坚力量,更是教育科研第一手资料的创建者、拥有者、使用者。教师要提升教育水平,就要不断转变教育观念,探索教育规律,创新教学方法,从"知识传授者"转变为"学生知识建构的引导者",成为"在研究中进行教学、在教学中进行研究"的研究型教师。广大中小学教师只有认识到科研在自身专业发展中的重要性,才会积极投身基础教育科研一线。《国家中长期教育改革和发展规划纲要(2010—2020年)》中明确提出了对教师素养的要求:"教育大计,教师为本。只有好的教师,才有好的教育。要严格教师资质,提升教师素质,加强教师队伍建设,造就一支高素质、专业化的教师队伍。"此外,按照教育部新颁布的《教师专业化标准(试行)》条例要求,"新教师"首先扮演的是教育专业者角色。教师专业化包括学科专业和教育专业两个方面。"教师专业化水平受到学科专业知识结构的影响,更取决于教师对'教育学''心理学'的研究,要具备学科知识'心理学化'的能力。"[①]实现学科专业知识"心理学化",就需要教师具备较高的教育研究能力,在教学实践中不断反思。教师在"反思性实践"过程中进行科研,不仅能促进他们的知识构建和专业成长,还有利于合作精神的形成,最终改变现有的教育研究方式。

从教师知识的构建上看,教育实践要求在进行科研的过程中完善理论知识,健全的理论知识体系进一步促进了教师教育教学实践能力的提高。"后现代主义知识观强调知识具有不确定性、情境性和构建性,人们不可能完全获得已被证实或证明的知识,所有的知识都是一种'暂时的'理论。"[②]这些表明教师知识的构建过程是一个动态过程,一方面,教师只有在研究中不断总结才能实现个人发展,科研才会成为教师升华个人经验性知识的有效途径;另一方面,教师只有参加学校教研组或其他课题组科研活动,才有更多机会获得帮助,或是遇见教师成长的"重要他人",促进教师发展。同时,便于形成同伴互助和专家引领相结合的"协同攻关式"教育科研,共同实现教研方式的改变。以"同课异构"为例,同组教师共同参与听课并进行评课,加强了教师之间的教研协调,形成了学习共同体,有利于教师

---

① 李炳亭.新教师标准[N].中国教师报,2012-02-15(6).
② 邵光华,周碧恩.教师专业知识结构分析研究[J].宁波大学学报(教育科学版),2010(2):69-74.

更加深入地反思,使其发展成为真正的研究者。① 中小学教师做研究是教师专业发展的必然要求,是提高教学质量的必由之路。事实也表明,无数中小学校正是通过开展教科研活动才走上了良性发展道路,无数中小学教师正是通过做科研才成为一代名师。正如一位名师所言:"作为一线教师,要研究教育过程、教学策略、试题等,更要研究学生。新课程所蕴含的新理念、新方法以及新问题,都是过去的经验和理论难以解释和应付的,都是值得研究的内容。事实上,一线教师生活在真实的教学活动中,最了解教师的教学困难和需求,最能清楚地感知到问题之所在。教师在教学中要学会发现问题,课堂里会出现很多值得研究的素材,教师要写好学习笔记,研究数据信息;写好教学札记,研究教学现状;写好案例分析,研究个案比较等,方能做到教中研、研中教。"②

从上面我们可以看出,教师进行学校教育科研水平的高低,对新课改的顺利实施产生了重要影响。新课改的顺利实施要求教师进行学校教育科研,没有教师的积极参与,也就难以实现新课改的顺利实施和课改目标的真正落实。

第二节 教师科研阻抗的现象学描述

"教师成为研究者"已是时代发展提出的必然要求,新课改要求教师成为研究者,更是在"教师与新课程一同成长"的口号下重视教师科研的期待之情。一些地方和学校愈来愈重视学校教师科研,看下面这个报道。

浓厚的教育科研氛围在"十三五"开局之年已然形成③

"科研兴校"的办学思路,让我校教育科研氛围日益浓厚。在实验学校建校十周年之际,在"十三五"规划开局之年,刘校长强调:教育科研要从学校发展规划中发掘科研课题,以开展行动研究为主要方式,强化科研实效性和领域覆盖面,促使教育质量提升,促进教师专业发展。

2015年10月初,学校科研处接到教育学会2014年立项课题结题的通

---

① 王晓玲,胡慧娟.论学校教研方式的转变[J].教育科学研究,2012(2):28-31.
② 邵光华.教师专业知识发展研究[M].杭州:浙江大学出版社,2011:298.
③ 郭寻梅.浓厚的教育科研氛围在"十三五"开局之年已然形成[EB/OL].(2015-11-12)[2017-04-16].http://www.lnjzsy.com/lnjzsy2013/webViewNews.do? newsId=12022.

知,同时接到市学会转发的文件。科研处及时下发通知,落实要求,主动完成了督促、检查、指导和审阅等工作。

截止到 11 月 10 日,历时一个月,经过反复修改,8 项市级课题结题材料通过了科研处审核;7 名教师填写的课题立项书通过审核;62 名教师撰写的学术论文、教学随笔、调查报告等通过了科研处的审核。此次论文质量和数量均创实验学校历史新高。《创建愉快学习、快乐生活班级文化的实验与研究》课题、《如何提高中小学音乐教师的钢琴即兴伴奏能力》论文和《让责任在学生心中升腾》论文等都能从学校发展规划中发掘素材,可以说有近 80% 的教师均依据"十三五"规划要求撰写了论文。

这次活动参与人已过总数一半,加上 2015 年各级别已经立项的 29 个课题参与人,全校全员都积极参与了科研活动。

众所周知,浓厚的教育科研文化氛围是学校教育科研走向繁荣的重要保证,是研究型、专家型教师"批量"诞生和成长的摇篮。要形成浓厚的教育科研文化氛围,就必须实现教育科研的群众化,即教育科研必须在广大教师中得到普及。可以说学校已然形成"无处不科研,无人不科研"的局面。

可以说,学校教育科研形势一片大好。但教师真的非常喜欢科研吗? 现实状况究竟如何呢?

一、个案教师的科研体验

王老师是某城区中学教师,16 年教龄,工作兢兢业业,下面是与她的一个访谈对话片段。

访谈者:您对教师教育科研有什么看法?

王老师:忙得要死,不要说搞科研了。

访谈者:通过教育科研有可能帮助您解决教育实践中的实际问题,提高教学效率,有可能让您的工作事半功倍,何乐而不为呢?

王老师:现在教师做科研写论文不少是东拼西凑应付,你想那能有什么作用? 能提高成绩吗? 这样的科研搞起来没有什么意思。另外,好像平时教学中也没有碰到需要研究才能解决的问题啊。即便有什么问题,有你们这些大专家研究研究就够了,哪还用得着我们去研究? 再说了,全国那么多老师,哪有那么多问题要研究啊?

访谈者:那么平时除了教学,其他时间您还做些什么呢?

王老师:除了教学工作,剩下就是吃饭、睡觉了。有点夸张啊,呵呵。我们平时时间确实很紧的,备课、上课、批改作业、辅导等常规工作就够忙的了,现在备课不光是看教参,还要从网上去搜资料,时间过得很快的。

访谈者:评职称需要论文,那您不担心评职称的文章要求吗?

王老师:那个弄弄就够了,又不需要多。

访谈者:您一般怎样做科研写论文?

王老师:具体也不知道该怎样做,从来没有进行过科研方法的训练,依葫芦画瓢呗。不过,因为一般是一学年交一篇论文,所以,到时候想个题目,从网上搜索、阅读相关的论文,拼拼凑凑,结合自己的教学经验,就 OK 了。

从访谈对话中,我们不难分析出如下主题:(1)课改使教师更忙碌了,难以抽出时间做科研,科研缺少动力。(2)在教师的观念里,教育科研是由科研人员、专家做的,好像用不着老师做。(3)日常教学中似乎没有"问题"可研究。(4)做科研就是写论文,对教学没有什么促进作用。(5)教师对教科研抱有"应付"心态。(6)文献拼凑加经验是常态的"科研方法"。

容易看出,王老师以工作忙、时间紧为"理据",为自己不愿做科研找"托词"。她觉得科研应该是科研人员做的而不是教师做的事情,而最根本的是在她的工作中缺少研究的"必要性","没有"需要研究的问题,而"例行公事"似的"科研"又带来不了科研实效,没意思,引不起科研的兴趣。可见,王老师对教育科研存在一种隐性的阻抗。

二、群体教师的科研困惑

博主"心灵的诉说"曾在一篇评论中提出:

请问专家:中小学老师为何要做研究?难道中小学教师都是研究专家吗?您觉得现在的孩子和老师被折腾得还不够吗?有资格、有能力去做研究的该是谁呢?这些人要去搞研究的目的是为啥呢?为了论文,还是为了解决目前存在的实际问题呢?那么请问:目前教育存在的问题是啥呢?孩子的困境又是啥呢?我之所以有这么多的困惑,是因为我发现就是专家们倡导班班要课题、师师都来当专家的时候,学生很累、老师也很累!搞的课题是为啥?为了论文、为了量化得分?论文是为啥?为了职称?量化是为啥?为了给老师排名次？这就是专家们所倡导的教育改革吗？教育是为啥？如果说是为了孩子，为啥在一切过程中没有看到为了孩子的影子？

可见，有些教师把搞课题做科研等同于写论文，从而滋生抵触情绪。更广泛的调查访谈发现，教师科研阻抗是一种普遍现象，呈现不同样态，大致可区分为四类。[①]

第一类，思想上藐视教育科研。这类教师总认为"教育科研没什么用"，对"教研相长"持怀疑的态度。访谈中，王老师时不时地会抱怨写文章是一件令人头疼的事情。她说，她阅读期刊上发表的文章，有时会有些感慨，可每当决定拿起笔来写些什么的时候，又觉得无从下手。有时候会突发灵感，查阅资料，列出提纲，绞尽脑汁地写，可投稿之后，却石沉大海，杳无音讯。看着其他专家，一个个就像是写文章的机器，每期都有他们的文章。这样下去，科研就让他们搞好了，一线教师做科研没用。思想上的藐视分为两种：一是教师认为教育科研高不可攀，表现出畏难情绪。就拿申报课题来说，有些学校很少有教师参与，有些学校大部分教师积极参与，参与其中的教师表现也不一样，有些为了评职称，选择在第一作者后面挂名等。这些现象足以说明，教师对教育科研存在一些畏难情绪。究其深层次问题可以发现，教师对教育科研抱有一丝神秘感。二是教师认为教育科研是"小菜一碟"，缺乏刻苦钻研的思想准备。有教师认为发文章并不是难事，找人带笔、托人情等都是解决的办法，觉得教育科研也就那么回事。毋庸讳言，现在的职称评定办法也在一定程度上助长了这种情绪的滋生。

第二类，行为上消极对待教育科研。当前，新课程理念尚未深入社会大众的内心深处，在学校里，将新课改挂在嘴边而不付诸行动的也大有人在。原因很简单，这类教师相信教育科研能够解决教育实际问题，但"远水解不了近渴"，还是抓教学、促成绩实在，搞应试教育比素质教育方法更简单，省去了不少繁复，少动脑筋，何乐而不为呢？有些教师关心更多的是学生成绩的高低、事关切身利益的公开课和评选等，而不是如何促进学生的全面发展、如何落实新课改理念、如何上一堂好课。这些教师一般表现为"不积极参加教研活动，要么以各种理由迟到早退"，往往以缺乏时间和精力为由，婉拒教育科研活动，只在自己认为值得的地方下功夫，精心设计活动和教案，其他的都懒得去管。部分教师对于学校不定期布置的文字材料基本都从网络下载，不肯动脑动手，消极对待。各级教育部门通过

---

① 邵光华.教师教育科研阻抗的现象学分析[J].教育发展研究,2012(18):48-52.

组织申报课题等方式来促进中小学教育科研的开展,但还是有些教师将教育科研等同于写论文,并没有将教育科研与教学活动和教育改革联系起来。我们会发现,一些教师的课堂教学活动呈现了教研活动成果,但没有想到每一节课其实就已经是一篇好文章了。有人认为,区别于高校教师,中小学教师应该把大量的时间和精力同时放在学生健康成长和成绩上。

第三类,观念上抵制教育科研。"每天都这么忙,哪有时间搞科研"是这类教师的口头禅,在观念上反对做科研,不接受"教师即研究者"的观念。有教师就谈论到自己所处的校园氛围:"记得有一次,市里准备在我们学校安排一次教研活动,那就一定要挑选一位老师上课。此时,作为新人的我被推到了前面。刚入职不久,我对教研课似懂非懂。但为了表现一下自己,过程中请教了其他教师,但让我惊讶的是,除了我的师傅,其他同事基本没有给我提出任何建议。试教后,他们就留下几句话:'挺好的''不错''加油吧,年轻人'等。后来,才慢慢知道了他们的'苦衷',不是他们不想搞科研,而是没有时间的'窘境'让他们从观念上觉得科研可有可无。"从观念的角度来看,人们的行为总是会受到执行者观念的支配,而行为结果直接受到观念正确与否的影响。目前,广大教师对教育科研仍然存在片面的认识:一是将教学活动与教育科研对立起来。一些中小学教师认为,搞教育科研的话肯定会占用教学准备时间,分散教师备课精力,影响教学活动质量和升学率,这在一定程度上挫伤了教师参与教育科研的积极性。二是对教育科研内涵的认识不够。久而久之,教师没有能够正确理解教育科研的真正目的。虽然观念上的抵制与教师所处的工作环境紧密相连,但是更新教师教育科研观念应得到重视。

第四类,态度上应付教育科研。学校催得紧了,需要上交科研论文,教师才急急忙忙,随便写篇文章,应付了事,并没有沉下心来认真发现、分析、解决、反思问题,只是迫于外在压力不得已而为之。在写工作总结或撰写论文时,教师总是喜欢在文章里挂上"积极推动新课改……""新课程背景下的……"等这类词句,尽管不少教师清楚地知道自己具备的教学知识还远远达不到要求,但他们对提高教科研能力的课题项目依然存在"赶鸭子上架"情绪。作为教师的个体显然无法与学校的安排抗衡,在缺乏话语权的实际情况下,服从此类"应付"理所当然地成为一种教师生存策略。何况,在不得不参与的情况下,若反响较好,还可以收获良好的声誉或较高的经济回报,这也算得上满意的结果了。所以,应付教育科研,"有效果就算是赚到,没有效果也不吃亏"成为一批年轻教师的真实心态。

教师对待教育科研的漠视、消极、回避、应付甚至抗拒的态度,直接影响了教师教育科研的有效投入及效能,难以达到教师教育科研的真正目的。

第三节　教师科研阻抗的本原性分析

教师科研阻抗的形成既有客观原因,也有主观因素。在功利主义思想的影响下,为了获得好的教学考核结果和高的社会评价声誉,教师不得不追求"成绩"教育,自然只能成为兢兢业业的教书匠,心无旁骛,时不他用,按部就班,许多事情"司空见惯""见怪不怪",发现不了教学中的"问题",也就无从"研究",即便"研究",也是"无病呻吟"。从功利主义和现实主义分析,教师科研缺少动力、没有积极性的根本原因还是科研不能"明显"提高成绩。那为什么科研不能像我们通常宣扬的"教研相长"提高教师教学业绩呢? 原因可能是多方面的,除了从教师个体或群体维度、环境因素等方面进行诊断之外,"回到事情本身",从教师做教育科研自身去做本原性分析可能更为重要。让我们回到教师科研事实原点,看看教师在以怎样的方式做着怎样的科研。①

一、教师做着与之不太相称的教育科研活动

杨老师,某实验学校教师,在研课题是"九年一贯制学校学生励志教育一体化的探索与实践";张老师,某市区实验小学教师,在研课题是"幸福教育观下的小学素质教育行动研究";董老师,某区中学教师,在研课题是"基于生涯发展的初中生学业管理研究";李老师,某区中学教师,在研课题是"高中数学默会知识的局部探究的实践与研究"。分析这些课题,似乎能够看出,课题距离课堂教学研究较远,与学生学习成绩提高方面相关性似乎不高。尽管课题是他们自己申报的,但做起来似乎缺少动力。"当初觉得学生需要励志教育,就报了这个课题,真正研究下来才发现,所谓的励志多半还是功利主义的,还有许多是'有点过时',不符合现代学生的价值取向,对学生产生不了大的影响,尽管希望通过激励教育学生能够养成一种刻苦学习精神,但实践一段时间后好像没有感觉到学生学习劲头面貌方面的变化。"杨老师如是说。当问及课题研究带来怎样的效益时,李老师说:"原想着数学解题的默会知识挺有意思的,想探讨探讨,现在发现课题有点难做,要想把默会知识应用于解题教学就更难了,实效大概还需假以时日。"当问及课题研究对个人

---

① 邵光华.教师教育科研阻抗的现象学分析[J].教育发展研究,2012(18):48-52.

专业发展的影响时,张老师说,"素质教育都在搞,而幸福感因人而异,说实话,到目前为止,我们还没有提出与众不同的幸福教育实践模式,课题对本人的促进也不明显。"可见,许多老师在做着看似漂亮、价值不小而实际上可能已超越教师科研能力范围或对教师专业提升不明显的课题研究。

上述几位教师做的研究只是其中一类,还有一批教师做的是大众化的理论研究,欲解决教育领域中大家普遍关心的问题,而不是针对"自己工作中"面临的实际问题开展研究。正如一位老师所反映的:"我们学校'十一五'期间申请的课题是'问题学生家庭教育指导模式研究',让课题组的老师分别去做,并请了两位专家进行指导。开题会上,一位专家对家庭教育指导模式有些了解,想帮助学校梳理科研思路,就提了一些中观层面的建议,如模式的基本要素是什么,学校要从哪里做起。另一位专家则只对课题报告的写作提了一些建议,如核心概念要界定清楚,研究方法要用行动研究,学校要总结好的家庭教育经验进行宣传,现在她正在做个案的模库,学校好的经验总结出来后,可以进入这个库。"显然,"问题学生家庭教育指导模式研究"这个选题很有实践价值,但是问题太大,学科教师当下对此类课题研究也不太感兴趣,专家指导也不给力。现实中,许多课题研究是以学校为单位组织力量进行攻关,这似乎迎合了"校本教研"的要求,其实,"校本"的理念误导了人们以为"以校为本的教研"是教研的最小单位。这些"校本问题"或校本课题最终要分解到参与课题的教师个体头上,而这些问题往往不是教师的现实问题,也不是教师感兴趣的问题,脱离学校或教师实际。最为典型的,一些学校的课题是某些专家的大课题的子课题,学校被挂牌美其名曰"课题实验学校",学校又把子课题分解"指派"给教师,这种"空降式"的课题往往远离教师的实际需要,只是给学校装点了门面,而对教师发展少有裨益。这样的科研漠视了教师的研究志趣,多半只能引起教师"科研"倦怠。结果出现这样的科研现象:一些课题或者大而不当,或者虚而失实,存在着诸如"说起来重要,做起来次要,忙起来不要"的科研现状,对教师的教育教学实践无法产生应有的作用与效应。也就是说,当下一些教师从事的研究课题并不是自己遭遇的问题,或有心想去研究解决的现实问题,而是分配的任务,属于一种被动研究,缺乏必要感。

同时,也存在另一种现象:在有些教师的心中,一直坚持认为教育科研就是一种纯理论性的研究。因此,在教育科研选题时,他们常常会出现偏差,不顾具体实际,一味追求高不可及的理论问题,而忽视了自己在教育教学过程中遇到的实践性问题,这样不但没有充分利用教师处在教育教学一线的优势,反而将自己的劣势明显地表现了出来,还会让其他人对自己产生错误的评价,极大地影响今后参与教育科研的热情。理论取向的科研固然能够使教师明白应该如何教育教学以及为什么要这样做的道理，但知道如何做却不一定能做好，就好比写字——知道横平竖直，要有力度，但不一定写得一手好字；也好比游泳——知道如何游的原理和技巧，但却不一定游得好，甚至不会游。了解理论上"为什么"这样教、知其所以然跟成绩提高有一定关系，但不是简单的线性关系！相对一个教师个体而言，知道这些原理与不知道这些原理对教学可能有区别，但教学成绩主要是通过实践做出来的，理论取向的科研获得的"如何做"往往是宏观的，难以到达操作层面，不能直接指导教学实践。这样的课题研究可能难以直接提高教师的专业水平和教学能力。

二、教师的教育科研方法"不当"

教师又是怎样做科研的呢？杨老师说："我主要是搜集古今中外名人、名家受教育的文献或典故，结合现状改编成励志教育故事，按年级段适当安排，在课堂教学实践中适时插入讲述这些故事，或班会上讲述并让学生讨论、发表看法。"从研究方法视角来看，杨老师所做的还不能算是文献研究，仅能算是文献的搜集和在教学实践中的应用，而这个"文献"还不能算是研究文献。董老师说："我还真不知道到底怎样进行研究，因为没有系统学习过教育研究方法。"还有教师说："我们学校很多教师，包括我自己，都不懂怎么做教育科研，更别说如何运用科研方法了。尽管身边的同事有些已经开始了运用，比方叙事研究、个案研究等方法，但你要是让他们说说到底什么是叙事研究、什么是个案研究，估计大多数其实还不能真正理解。因此出现科研不规范的状况也就不奇怪了。"由此可见，教育科研过程中依旧存在不规范的现象，这将直接影响到研究成果的科学性，降低了教育科研成果的理论和实践价值。

而在多数人眼里，"科研就是写文章"，正如一位教师针对"教师如何进行课题研究"所做的报告描述的那样："教授生动详细地为我们介绍了进行课题科研的方法，很现实地为我们提供了课题科研的有效方式和一些独到并且幽默的观点。比如教授提倡做课题选题要选热不选冷，要会'胡说八道'，课题题目要做到'语不惊人死不休'等观点。还详细为我们传递了论文写作和发表的五大'秘诀'……夸张的言辞、幽默的语言让我对于课题的开展和论文的写作有了新的认识。正如教授所谈到的'天下文章一大抄，关键在于你会不会抄'。"科研认识的偏颇，科研方法的缺失，误导了教师对科研活动过程的本质认识，从而无法从事真正的科研活动，从科研活动过程中也就无法获得应有的提高，以致产生科研厌弃心理。正如一位科研室教师所说:"一部分教师在开展教育科研时,随意性很大,想到什么就做什么,不能从始至终,缺乏严谨的科学态度,存在临时抱佛脚进行突击的现象。"一部分教师虽然有课题,但是科研立项后并没有具体的研究计划,从而导致研究前期、中期和后期缺乏连续性和系统性,全部工作积压到结题前,匆忙赶成果,从而使"做"科研变成了"写"科研,使得极富创造性、极富活力的教育科研工作变得枯燥虚假,丧失了应用的价值,失去了学校教育科研应有的生命力。从教育科研计划的制定到真正展开,有着许多的程序,其中必然涉及科研方法的综合运用,而学校既缺少专家的有效指导,又缺少这方面的有效培训。因此,大部分教师在这方面无疑是缺乏经验的,这种状况下的教育科研质量也就可想而知了。

很多中小学教师在师范教育中只接触了一些教育学原理,缺乏对教育科研规范的认识,导致对教育科研程序模糊不清;抓不住关键问题,选不准研究课题,找不到研究变量,对研究变量间的关系也阐述不清;不会写开题报告;研究结论也多为经验总结。种种现象必然使得中小学教育科研只能停留在表面描述上,而科研行为不规范以及对科研工作不负责任等现象也层出不穷。

三、教师的教育科研常被拔高

在访谈中,我们发现当问及中小学教师对于教育科研的看法时,大部分教师认为教育科研是一项比较高深的活动,涉及的教育理论也是比较深奥的,做教育科研理应是教育专家的事情,自己没有能力做教育科研之类的工作,当务之急是做好自己的教学工作。林崇德教授认为:"中小学教师应该基于自身的实际情况选择教育科研课题,将教育教学过程中出现的亟待解决的以及具有价值的问题作为自己选题的内容,切忌盲目追求高深的课题。"[①]中小学教师对教育科研理解的偏差很容易导致他们对教育科研产生畏惧心理,或者没有活力地进行教育科研,长此以往都会影响教师教育科研的积极性。以上这些实际存在的问题,导致中小学教师虽然有从事教育科研的想法,但是要付诸实际行动却看似遥遥无期。有学者提出,校本教研的目的是"解决学校实际问题、提升教师教育教学水平、促进学校持续发展"。这让教师科研承载了太多的责任、过重的压力。教师教育研究的目的定位应该重在提高教师自身,针对自己教学中遇到的问题和障碍进行分析研究,发现症结所在,探索解决途径,而不应是为了解决学校的或普遍性的教育教学问题为目标。在全面推进新课改的当下,常规的教育科研方式已经不能适应新课

---

① 林崇德.教育科研:教师提高自身素质的重要途径[J].中国教育学刊,1999(1):52-55.

改的新要求,急需不断创新学校教育科研模式,因此,有人提出中小学教师应尝试做小课题研究,它是以小型课题研究为载体,在一个阶段内围绕一个专题,以多种形式、分层次推进的小课题研究。① 它是一线教师以新课程标准为重要参考,立足于课堂之上,从日常教学困惑中提炼出来的需要解决的较为复杂的问题,然后在认真审视、反复分析的基础上进行一系列的研究活动。可是,小课题研究的"是具体的小问题,但又不是一己的、个别的问题;而是由点及面,推而广之的,教师都普遍关心的'类问题'",这对教师科研要求仍是高了。教师完全可以研究解决一己的、属于自己的特殊问题,不需要考虑这个问题是否是大家关心的热点问题,只需要考虑这个问题能否改进自己的教学,这个问题研究起来是否具有可行性。其实,正是这类问题的研究才能很好地和教学实践融合在一起,在促进教师教学水平提高的同时,也促进了教师科研能力的发展。可见,教师教育研究者和教师管理指导者在定位教师教育科研目的时有扩大化或拔高之嫌疑。

一位科研室主任说:"大部分教师认为教育科研与他们自身的教育教学工作没有关系,将两者划分开来,教育教学归教育教学,科研归科研,这样就使得教育教学和教育科研成为互不关联的两张皮,让教师觉得科研是额外的工作,成为一种负担……"不得不说,教育科研与教育教学的分离,不但让教育科研失去了实践的根基,而且发挥不了它对教育教学活动的指导作用,同时失去了学校教育科研的应有之义。实际上,教育科研与教育教学具有密不可分、共生共长的联系。教师应该认识到教育科研应贯穿于教育教学活动的始终,教师并不是在另外的时空中进行教育研究,而是紧紧扎根于实践,基于实践,更是做为了实践的科研。现实中,许多教师科研不是在研究解决教师本人教学实践中面临的现实问题,而是在使用不当的科研方法研究与自己教学"无关"的一些问题,这可能是导致教师科研难见实效以至于对科研不感兴趣甚至阻抗的一个根本原因。

四、教师的教育科研过于激进

我们让老师谈谈在教科研方面的体验时,北京海淀区的 XTX 老师深有体会地谈了她的观点与体验:

> 我是十分赞成一线老师进行教科研的,而且我也是这方面的坚定实践

---

① 祖雪英,赵芝.创新校本教研模式 丰富校本教研内涵[J].教育实践与研究,2009(10):12-15.

者。教科研在促进老师专业成长中的巨大作用，无需我在这里多言。我只想谈谈我是怎样进行教科研的。我的教科研的课题全部是从教育教学实际中来的，是为了解决自己实际工作中亟待解决的问题的。如，我曾经接手过的一个六年级班，这个班只有 4 名女生，是个典型的"和尚班"，学生火气大易急躁，因为一点鸡毛蒜皮的小事就大打出手。每天要是不解决几起矛盾纠纷，我都觉得不正常。我把解决这个班的问题作为我的教育科研课题。我是从指导孩子每天练字入手来解决孩子易急躁火气大这个毛病的。因为写字能使人心平气和，恬静除烦，长期让这班孩子练字，他们的性情是会发生改变的。事实也的确如此，经过近一学年的努力，这班孩子确实变了，变得遇事不急躁了，平和多了。根据研究，我撰写出了论文《怡情易性，渐变成习》。再有，学生自主评改作文的研究就是为了改变作文传统的批改模式，把老师从繁重的作文批改中解放出来，据此研究撰写出了《小学高年级自主评改作文的实践与探索》，该论文获海淀区教学创新奖。现在正在进行日记的教育因素研究，这个研究是从 2000 年开始的，积累了大量的第一手资料，撰写出了 30 多个案例。可以说，我的教育教学能力的全面提升与我这些年来自觉进行教科研有密切的关系。它使我具有了问题意识，能够从科研的角度看待工作中遇到的问题，这是最大的收获。教育具有滞后性，一项教育研究要几年甚至几十年的时间才能出成果。现在可好，刚开题就要出成果，就撰写论文。浮躁之风盛行！

提起研究动机，"这应该是中小学教师最熟悉的领域，不用研究就应该知道很多事情，如果一位教师对教育问题失语，太说不过去了"。有教师也发现，长期课题研究过程中养成的"八股思维"严重影响着一批又一批的年轻教师，表现形式之一便是申报课题之初就着急出成果。XTX 老师说："现在中小学教师科研过于急功近利，一些教师做研究就是为了发表文章。本末倒置，造成了人力、财力的巨大浪费。"

然而，什么是教育科研呢？众所周知，它是依托一种科学的方法，以教育领域中发生的现象为对象，以探索教育规律为目的的一项系统过程，核心要素是实践出真知，核心价值是改进提质量。叶圣陶先生曾说过："教育不是工业，是农业。"现在社会各界人士满腔激情地大谈对教育科研的殷殷期待，在书面上对于成果做出诸多要求。殊不知，教育是一个潜移默化的过程，教育科研更是如此。"科研要不得半点虚荣。欧洲的许多科研人员一辈子只做一项研究，旨在追求研究深度。正是由于这种对待科研的精神，才能出系统性的科研成果。而国内的一些量化考核,逼着教师刚开题就急着发表文章,这怎么能做好科研呢?"有教师说。教育科研成果的显现是一个缓慢的过程,需要积淀和耐心,教育科研对教学的影响也一样。教师对待教育科研的态度,既要防止"科研无用论",又要防止"科研激进论",更要杜绝做科研无用功。关键在于各级领导、各种评价要引导好、调整好过程和成果的关系。教育科研不单单是一个撰写论文的过程,它更是一个边学习、边思考、边实践、边总结的过程,具有滞后性。我们要把教育科研的过程和成果放在同等重要的位置,实现基于研究过程的科研成果,这样的科研成果才更具有价值。

此外,科研作为教师教学生活中的重要主题之一,其工具性目的之一是改造实践、提升教师教学活动的质量、实现学校改进。[①] 但与这种"改善实践"的目的相比,一线教师也常常会引用和论述党和政府等出台的相关政策或管理文件,例如,"党的十八大报告""基础教育课程改革纲要""相关学科的课程标准"等,而这其中又以后者被提及的频次最多。[②] 一方面,一线教师的科研活动大多是受政府资助,政策的引用能够有效支撑和合法化一线教师提出的研究问题;另一方面,教师科研的工具性被放大,教师科研活动在某种意义上被看成是贯彻政策的一种工具。如果教师在科研活动中无法认识和平衡提升教学实践与政策执行的关系,就可能会误读教育科研目的和消极对待教育科研。进行教育科研的目的本来就应该是服务于教学,也就是说教师教学水平的提高,是以其科研能力为后盾的,因为只有进行教育科研,教师的教学水平才能真正地走向更高层次。部分教师没有认识到,教育科研是教学的一个重要组成部分,是每一位教师必须履行的职责,是每一位教师提高自身价值的必由之路。教师只有主动地去发现、思考、研究问题,变"要我科研"为"我要科研",这样才有可能真正成为教育科研的主人。

第四节　关于教师教育科研的反思

不难看出,众多教师的科研价值取向是工具主义的,即把教育科研作为实现某一目的的手段,以科研成果为取利的工具。访谈资料也显示,教师渴望的是"短平快"和具有实效的研究,需要在教学成绩方面"立竿见影"的科研。这样很容易

---

① NOFFKE S E. Professional, personal, and political dimensions of action research[J]. Review of research in education, 1997, 22(1):305 – 343.

② 王晓芳,黄丽锷. 中小学教师如何理解"教师科研":话语、身份与权力[J]. 教育学报, 2015(2):43 – 53.

扭曲教师对科研的正确认识，导致出现"短视""浮躁""浅尝辄止"的研究。科研目的上，以职称评定或完成任务为导向，追求科研带来的利益；内容上，选择大而空的问题，趋于纯理论研究，披上华而不实的外衣，脱离教育科研实际；科研成果的表达手段上，强调"核心"的认可，不能应用到教育教学实践中，出现太多"研而无用"的现象。背后的本原性分析也表明，科研选题过泛过大或空降式课题不切教学实际，激发不了教师的科研兴趣和内驱力，理论取向的科研并不能造就教师好的教学成绩。我们应基于这些事实，去思考教师教育科研阻抗的消解策略。由此可见，要提高我国中小学教师的科研水平，真正发挥教育科研在教育实践领域内的实效性，广大教师就必须转变观念，改变工具主义取向的价值观念，走向本体性的科研价值取向。具体而言，科研目的上，从"求利"转向追求教师发展；研究内容的选择上，从"华而不实"转向研究教育教学实践问题；成果表达的手段上，从趋向"核心"认可转向能够反馈并应用到教育教学实践中去，注重成果表达的应用性。

一、价值取向——确定"自我为本"的教育科研选题取向，让教师的科研源于教学实践

教师对研究究竟抱有多大的热情，投入多大的精力，都取决于他们对研究的期待度以及研究带来的实际效果。任何真实有效的研究最终都来自于教师内心的需要，外力的作用始终是渺小和短暂的。只有从内心深处认同研究对自身发展的作用，感受到研究能提升自己的教育教学水平，能较快带来成就感，能使自己从纷繁复杂的教学事务中解脱出一些精力，能充分感受到研究带来的幸福和快乐，教师自己才会满怀激情地投身其中。因此，我们考虑的不是教师适合做什么课题，而是教师自己需要做什么课题！

有效的教师教育科研应从教学实际出发，从教学中遇到的现实问题出发。教师应该在自己熟悉的研究领域进行选题和研究，以解决个人教学情境中遭遇的实际问题为本，做适合自己的研究，将教科研活动作为常态教学生活的一部分。[①]唯有源于自觉地分析和解决教学中现实问题的研究，才有可能获得教育科研实效。因此，教师教育科研应该强调自我性，研究取向应该是解决教学现实中的问题，促进教师教学水平、教学效益和教学质量的提高，逐步完善专业自我，而不是像一般教育科研专职人员那样为了解决宏大的教育理论或普遍的教育问题而做出的纯思辨性研究。事实上，教育研究的理论与教学实践相脱离的关系让教育研

---

① 邵光华.教师教育科研阻抗的现象学分析[J].教育发展研究,2012(18):48-52.

究始终处在一种尴尬境地,教育学者们从对教育理论脱离实践的反省,到教育学的实践转向,再到建构实践教育学,一直都在尝试摆脱这种尴尬,但终究没能成功。① 显然,我们不宜把教师的教育科研再引导到教育学者们的研究轨道上来,教师应该有自己的研究领域、研究路径和成果价值取向,那就是以个人实际教学情境中遇到的实际问题的解决为本,这是改变教师科研现状、消解科研阻抗的必由之路。

中小学教师的科研工作具有自己的"实践逻辑",他们不能运用已有的原理与技术直接解决问题,而是要在揣测情境、调整方案和不断探索的过程中明确问题,找出解决问题的途径。② 与教育专业研究者相比,教师从事的研究活动是一种实践性研究,他们凭借经验不断反思和建构实践中出现的问题,最终形成实践性知识。由此可见,教师教育科研不应以高深学问作为主要研究内容,解决教育教学实践中遇到的问题,寻求真实的答案和改进措施才是教师教育科研的应然主题。教师在科研选题上势必需要改变以往追求"华丽"课题的观念,而将新课程实施中面对的各种具体问题作为研究对象,强调研究的实践性,注重解决实际问题。从教师教育科研的实践来看,在提倡校本教研的同时,必须树立教师"自我为本"的教研思想,教师选择研究课题应遵循"自我为本",而非"以校为本"的原则,更不能大而泛。教师需秉持实践取向或现实问题取向价值观,选的题目一定是对教学而言的真问题,研究内容和研究对象必须切合教学实际,尤其是要结合自己的教学瓶颈。也就是说,教师教育科研应面向自身实践,立足教学现实,解决实际教学面临的问题,同时抛弃其他好高骛远、不切实际的想法,从"自身遇到的小问题"着手,研究解决教学现实中的真问题,扫清教学中的障碍,旨在通过"小课题"做出"大文章"。③

二、科研观念——转变研究观念,走行动研究的道路,不以发表论文为终极目标

以论文写作或成果发表为取向的教师科研,对教师专业发展可能没有太多的实效,而恰恰发表论文通常是教师所追求的,也是课题主管部门进行课题结题的一把重要尺子。在教育系统内,课题和论文已成了达到某一目的(例如,职称评审)的必要条件,课题研究等同于写论文,而写论文就是东抄抄西凑凑,失去了课题研究和论文发表原来的意义和价值。尤其是现在许多不正规刊物、冒牌杂志或假冒机构为教师"发表"论文提供了广阔的"渠道",助长了教师在教育研究活动中

① 杨启亮.教师职业专业发展的几种水平[J].教育发展研究,2009(24):54-58.
② 王艳玲.教师形象的内源性考察[J].中国教育学刊,2011(2):58-61.
③ 罗才荣.论中小学教师教育科研的价值取向[J].教学与管理,2007(36):46-47.

的投机行为,以"搜、剪、拷、拼、粘"代替真正的科研活动,降低了科研成果的质量,严重影响了教师对教育科研的认识和态度,削弱了他们对教育科研的参与热情。教师进行教育科研的落脚点在哪里? 这是首先应当明确的问题。按照新课改"教师要成为研究者"的要求,教师不仅是教育实践者,同时更应该是教学过程的研究者,教育科研首先应该能够促进实施主体的发展,也就是说,通过教育科研训练出一批高质量的师资队伍,以提高教育教学活动的有效性和科学性,更好地促进学生的全面发展才是关键。有了好的教师,便有了推动学校发展的真正动力,只有教师发展了才能真正实现学生的发展。教师在看待教育科研时,逻辑起点不应该是"求利",教师在科研中实现专业发展才是最终目的。①

　　教师要树立正确的教育科研意识,以一种阳光健康的心态认识教育实践和教育研究活动。教育科研是教师对自己开展的教育活动的思考和探索,是结合教育实践活动在教育过程中进行的一种特定研究。因此,学校和教师应该有意识地下移教育科研重心,强调教育科研引导教学活动的针对性和实效性。教师只有转变这种观念,学会思考,学会总结,做到理论与实践相结合,教育科研才能真正成为促进教师专业发展的有效手段。所以,必须扭转教师教育科研观念,纠正"科研是写论文"的偏见,综合治理期刊出版市场,淡化教师以"评职称发文章"为目的的教研功利思想,帮助教师真正投入解决现实问题的教育科研中去。同时,要摆正教学活动与教育科研的关系,杜绝教学与科研"两张皮"的现象,树立起"教研相长"的信念,正确看待"做科研"与"提高教学质量"之间的渐变关系,从量变到质变需要过程,在提高教学质量方面立竿见影的教育科研可能还很难发现,但要让教师相信,只要坚持真正的科研,一定能提高自身专业素质。

　　教师工作在教育教学一线,他们作为研究人员能够及时观察到实践活动的全貌,感受到活动现象的变化,还能够发现新问题。因此,不宜将对教师教育科研的要求与专业研究者的研究水平相比较,而应更多地提倡做提高自身科研能力的教育行动研究。对承担着教学任务的教师来说,教育行动研究将教育科研与教学活动结合起来,成为最好的选择。所谓"行动研究",是一种以解决工作过程中出现的实际问题为主要导向的反思性探索研究,是一种理论与实践相结合、能力与智慧相结合,改进实践环境和解决实践问题的活动。教育行动研究对一线教师来说是一种研究方法,更是一种生活方式。在这种生活方式中,教师工作的全部意义在于同时让学生和自己都过上一种创造性的生活,自己成为真正的研究者。通过教育行动研

---

　　① 邵光华.基于教师个体差异的专业发展研究[J].教师教育研究,2011(5):32-36.

究,教师可一边提高解决问题的科研意识和能力,一边解决在教育教学活动中遇到的具体问题,寻求切合实际的改进措施。只有做到理论与实践相结合,普及与提高相结合,赋予教育教学活动以理性思维,才能提高教师教育科研工作的层次。① 一般来说,一线教师已经具备了一定的教育行动研究理念,只要将这些理念合理转化为具体的实施方案,"科研之树"定能在教师的教学园地里开花结果。

三、科研选题——养成问题意识,提高发现教学问题的能力,做科研的"有心人"

"教师科研"一方面集中反映了教师的综合素养,另一方面也与教师的综合素养互为条件和结果。因此,"教师科研"的现状和问题在一定程度上也反映出教师专业发展的状态,以及在促进教师专业发展方面的效力。既然教师的教育科研是以解决教育教学工作实践中出现的问题为根本目的的一种研究活动,那么教师的教育科研就应该立足于解决这些问题,着眼于改进教学工作。因此,与其说教师做课题研究,不如说教师进行问题解决!问题是研究之源,问题解决本身就具有探究性和研究性。加拿大著名学者迈克尔·富兰(Michael Fullan)说过:"问题是我们的朋友,因为只有深入问题中去,才能够提出解决问题的创造性的办法。问题是通向更加深入的变革和达到更为满意的途径。"②

西方哲学史上流传着这样一个故事:在剑桥大学,大哲学家穆尔有一个出了名的问题学生,叫维特根斯坦。有一天,大哲学家罗素问穆尔:"在你眼中,谁是最好的学生?"穆尔毫不犹豫地回答:"维特根斯坦。""为什么呢?""在我众多的学生中,他总是有一大堆问题,只有他一个人在听课时一直流露出迷茫的神色。"后来,维特根斯坦的名气慢慢地超过了罗素。有人问维特根斯坦:"罗素为什么落伍了?"他回答:"因为他没有问题了。"这则经典的哲学故事告诉我们,维特根斯坦之所以能成为著名的哲学家和思想家,是因为他具有强烈的问题意识。纵观整个历史,教育家的成长和教育科研的创新也是在问题意识的观照下发展起来。教育科研始于问题发现,教师教育科研创新的关键就在于发现问题。因为只有发现并提出教育实践中出现的问题,才有可能引起教师的反思,他们才会付诸行动解决。没有真正地提出教育问题,也就不会出现教师真正的教育思考。作为一种应用研究和行动研究,教师教育科研不同于专家进行的理论研究。这就需要教师树立起

---

① 邵光华.教育研究方法[M].北京:高等教育出版社,2016:251-272.

② 迈克尔·富兰.变革的力量——透视教育改革[M].北京:教育科学出版社,2004:35.

"问题即课题,教学即研究"的意识,不断地寻找教育实践活动中蕴含的问题和课题。教师教育科研的首要工作在于从大量的琐碎问题中,提炼出最值得研究、最感兴趣和最需要解决的真问题。从访谈中我们看到,教师似乎缺少这种发现问题的意识和能力。事实上,教师每天都生活在问题情境中,总会遇到这样或那样的问题,常常也会因为某种"问题"的困扰而影响到正常的教育教学工作,而教师教育科研恰恰应该以这类"问题"为切入点,以研究解决教育教学过程中存在的"问题"为目的,使教师的工作更加符合教育规律、符合学生的发展特点和要求,运用更有效的教育教学方式帮助学生获得更好的学业成就和发展。这就要求教师要有问题意识,不断提高发现和提出问题的能力,鼓励教师之间的教学交流,通过相互观课发现不足,找差距,寻问题。

教师要在教学反思中培养问题意识。反思始于问题,问题成于反思,教师的专业成长一定要以乐于实践、善于发现和勤于反思为基础。"很多普通教师……夜以继日地拼命工作,很难达到智慧教师的层次!究竟什么原因?缺乏思考!只会唯唯诺诺,不会反省深思;只管低头拉车,不管抬头看路,这样怎么会变成一名智慧教师呢?"①如果教师缺乏观察,缺乏思考,缺乏发现问题的能力,就难以找到教学中的"真"问题,要是没有"真"问题,研究问题也就无从谈起。

教师要在教育科研探索中培养问题意识。教师在参与教育科研的过程中,与其他教师交流分享经验,一定程度上增强了教师解决问题的信心。教师要搞真科研,要搞真研究,就要努力成为科研的有心人,培养良好的教育研究习惯,改进教育研究方法,提升教育教学研究能力。为此,要有问题意识,在司空见惯的不是问题的地方挖掘出有价值的问题来,善于"放大问题",并升华为教育教学研究课题。

教师要在理论观照中培养问题意识。教师要用学习去铺筑和夯实自己的研究道路,要见缝插针地多读教育理论文章,自觉地与教育教学实践联系起来。教师要注意积累资料,通过建立资料库和撰写读书笔记,消化吸收学过的知识和有用的信息,并转化成自己的"理论"。

四、科研环境——改善学校教育科研条件,营造良好的学校科研文化氛围

国外研究表明:教师参与教育科研的积极性和他们的研究水平深深受到学校

---

① 丁正后.做智慧的教师要善于思考[N].中国教育报,2005-09-14(6).

环境的影响。学校科研文化氛围是教师在教育科研过程中形成的一种研究风气，体现了他们的价值追求和研究旨趣，以及形成的自觉遵守的科研行为方式。相对于科研组织与制度建设这种"硬环境"来说，教育科研文化氛围就属于一种"软环境"，具有一种强大的渗透力量，看不见摸不着，往往难以把握，但却悄无声息地影响着教师的科研观念和行为方式。众所周知，学校科研文化氛围的形成是一种不断生成的动态过程，教师对研究价值和旨趣的共同追求会产生一股强烈的凝聚力，从而形成一种积极的和自觉的研究风气。这种浓郁的科研文化氛围不仅有利于教师进行思想碰撞，还有利于激发教师的科研动力，促使教师热爱上教育科研，推动学校教育科研的健康发展。试想一下，在缺乏科研文化氛围的学校环境中，教师怎么还能够积极主动地开展教育科研呢？只有通过营造良好的科研文化氛围才能激发出教师教育科研的动力和热情。我们能够看到一些学校已经基本形成了良好的科研文化氛围。

种子团队，让学校科研氛围日益浓厚

某中学为了强化浓厚的学校科研文化氛围，提高学校科研整体水平，推动学校教育科研工作开展，充分发挥教育科研骨干在教育教学中的先导作用，成立了科研骨干小组。

9月18日，学校召开了科研骨干小组会议，校长介绍了全县的科研形势，用详实的例子说明科研的重要性，肯定了学校具有重视科研的优良传统和取得的一些成就，最后提出了几点希望。

第一，要有强烈的荣誉感。学校现有在职教职工196人，进入学校科研骨干小组的老师只有27人。这是学校在对老师的科研基础、科研能力和取得的成绩进行反复考量后定下来的，是学校对老师的一种肯定。学校在评优、进修、培训及相关奖励等方面实行倾斜政策。

第二，要开展一系列活动。借助科研骨干小组的契机，老师们就有了一个可以相互交流的平台，互相学习，互相帮助，共同进步。

第三，要保持对教育科研的热情。一个国家，要屹立于世界之林，就要有先导项目；一个城市，要有活力，就要喜爱学习；一个学校，要持续发展，就要有科研助力。科研骨干小组的老师们都为学校教育科研工作贡献了很多，这全都源自大家对教育科研的热情，源自大家不怕吃苦、善于思考总结的良好习惯。为了自身的专业发展，为了学校的可持续发展，科研骨干小组的老师们都要始终保持对教育科研的热爱，在教师群体中起到带头作用。

成立学校科研骨干小组，就是播下科研种子；成立学校科研骨干小组，就是打造一个科研团队。"星星之火，可以燎原"，愿越来越多的教师爱上科研，善于科研。

此外，营造良好的科研文化氛围，离不开一种重要力量的支撑，可以说是学校教育科研工作成败的关键之所在，那就是校长。校长是学校变革的策划者和决策者，没有校长的引领和推动，学校教育科研就很难顺利进行。正如苏霍姆林斯基所说："想要激发教师进行创造性劳动的热情，不能只依靠一般的号召，还需要想点其他办法……没有具体实际的榜样，没有亲自引领的创造性劳动作为发源地，这样的领导是不可能的。"①

教师阻抗教育科研体现的不仅是教学"忙碌"和科研"不良"体验的转嫁，更多的是教师科研设计方案与学校科研现实基础及教师观念之间的冲突。当前，一般学校的教育科研条件相对来说比较滞后，专业书籍较少，现刊杂志订阅不多。我们考察了一所普通农村小学之后发现，学校没有图书资料室和期刊阅览室，平时只有一份《中国教育报》和一份本省的教育杂志散落在教师集体办公桌上，等到放假的时候，学校除了桌椅板凳，几乎四壁皆空。学校有一台电脑，但是上不了网，查不了资料，在这样的条件下，教师的确难以进行真正的科研。教育科研不是一拍脑袋就出来的事情，需要随时查阅文献资料和最新教育科研资讯。因此，丰富图书资料，购买一定的教育研究类书籍和期刊及相应的数据信息资料，加强网络资源库建设，势在必行。

在访谈的过程中也发现，一些教师从来没有学习过"教育研究方法"这一类的课程，也没有参加过相关培训，不知道怎样做研究，最多也就是写个经验总结，再带些反思性的内容。教师普遍对教育科研存在着畏难情绪，自感自身能力不足和知识方法缺乏，无力进行教育科研。因此，教师拥有了相关资料后，校长还需要组织开展教育科研培训，重点增加教育科研方法方面的内容，给教师做些科研方法方面的具体指导，更新教师对教育科研的认识，缓解教师不知如何做科研的焦虑情绪，有助于消解教师科研阻抗心理，促使全体教师愉快积极地参与到学校教育科研中来。

教师要进行教育科研就需要充足的资金作为学校教育科研活动顺利实施的保障。学校应该把科研经费投入纳入学校正常的教育经费开支中来，建立专项科

---

① 苏霍姆林斯基.给教师的建议[M].杜殿坤，译.北京：教育科学出版社，1984：507.

研基金,鼓励教师开展教育研究。

五、科研动力——在激励性制度中激发教师科研动力

美国哈佛大学的詹姆斯通过调查发现,一般情况下,一个人的主观能动性只能发挥 20%～30% 的能力,如果能得到激励,就能发挥 80%～90%。[①] 这足以说明在教育领域里,一定的激励可以激发教师的科研动力,调动教师参与科研的积极性。在管理心理学中,激励作为一种精神动力或状态,对人的行为起到加强和推动作用,并能够指引行为导向目标。

人本主义心理学家马斯洛曾提出"需求层次"理论,他认为人类需求从低到高就像阶梯一样按层次分为五种,即生理需求、安全需求、社交需求、尊重需求和自我实现需求,基本上反映了在不同文化环境和时代背景下人类共同的特点。目标满足需求的价值越大,激发的力量就越大。从学校层面上来说,教师从事教育科研的外部动力通常来自学校、上级部门等非教师的社会影响的动力;而内部动力通常来自教师本能的内驱力。因此,可以通过外部刺激的方式激发教师参与科研的外在动力,促进教师科研动力由外而内的转化。

因此,学校应始终坚持"以教师为本"的理念,充分考虑不同教师不同层次的需求,满足个性发展和价值实现的需求,激发他们的职业追求和高度责任感,帮助他们在学校搭建的教育科研平台上快速成长,真正成为教育教学战线上的中流砥柱。值得注意的是,在满足了生活和安全需要的基础上,才能有更高层次的精神上的追求。构建教师科研激励性机制,需要将学校管理目标与教师需求有机结合起来,相辅相成,同时学校科研激励性制度与手段实现多元化和动态化,稳步推进教师的教育科研,以提高它们的"效价"。

六、科研成果——采用反思性与应用性相结合的科研成果表达手段,大力推广研究成果

在学校教育科研的进行中,前期教师不但要对研究课题进行资料搜集,中期还要整理、归纳、加工和论证研究资料,将其上升到理论高度,撰写成教育科研论文。因此,将科研成果正确而完整地表述出来是教育科研过程中一项非常重要的环节。倘若不能正确表达自己的科研成果,这将影响到科研成果的推广与应用。在中小学教育科研中,广大教师对"核心期刊"总有一种莫名的向往,这种向往引

---

① 赵曙明.人力资源管理研究[M].北京:中国人民大学出版社,2001:84.

导他们"投刊所好"地写科研论文,以期能够在这些杂志上发表论文。而这些"核心期刊"往往以纯理论研究为主,所以很多教师的科研论文或成果就变得堆砌术语、抽象晦涩、格式死板,缺乏教育实践研究本该有的鲜活性。因此,广大教师需要在教育实践中不断反思不足之处,总结各种改进的可能性,多多进行教学反思。其中,以课后小结、反思日记等形式对自己每节课和其他工作进行记录,进一步寻找不足,思考改进之处,最终形成教研成果。如,某中学为了提高教师科研论文的撰写能力还特别制定了《教师教育随笔撰写制度》,希望通过制度化的形式督促教师勤于练笔,让研究和反思成为教师的自觉行为,培养他们的论文撰写能力。具体制度如下:

教师教育随笔撰写制度

(2013—2014 学年度第一学期)

一、制定目的

新课改要求教师不仅要养成"读书学习"的习惯,还要养成"撰写教育随笔"的习惯。教育随笔对教师自身专业发展极为重要。叶澜教授认为:"一个教师写一辈子教案不一定能成为一位名师,但如果一个教师写三年随笔则有可能成为一位名师。"为了激发学校教师的学习热情,提高学校教师的教育研究能力,学校特制定此项制度。

二、相关要求

1. 撰写内容

每位教师可从课堂教学、育人、管理等教育教学实践中撰写教学随笔,并认真做好记录。

2. 撰写形式

教师要针对自己的教学实际,灵活选择教学随笔类型,例如教育故事、教育日记、教学案例。

3. 撰写方法

教师要加强关于平时工作的随笔记录,采取"撰写式随笔"和"回忆式随笔"相结合的办法。

4. 撰写要求

(1)教师要运用新课程理念,创新多种方法撰写教学随笔,及时发现问题、解决问题、提炼教学经验,努力提高随笔水平。

(2)坚持教学前、中、后随笔,教学前随笔重在教学预测,教学中随笔重在教学智慧,教学后随笔重在教学批判。

(3)教师要将学生"学会学习"和教师"学会教学"相结合,把教学活动本身作为意识对象,用批判的眼光看待自己的教学思想和教学行为,并做出理性判断,把握好计划、控制、检查、评价、反馈和调节等教学阶段。

5.评阅

(1)学校定期对教师的教学随笔进行展示、交流,每月月底组织学校内部交流。

(2)学校鼓励教师建立个人"随笔集"或"随笔网站",每学年学校将组织教学随笔评选,并对优秀的教学随笔分类装订成册,实现资源共享。

此外,在科研成果的表达上,教师不应只采用规范的学术论文形式,还可通过小说、散文、诗歌、随笔、日记等更朴实自然的形式表达教师自己的实践和思考,实用又多样的科研成果的大量出现才能真正显示中小学教育科研的一片生机盎然。高质量的教育科研成果,不仅可以作为专家评审的主要依据,而且方便研究者进行学术交流,推广与应用研究成果。当前,课题结题乃至研究论文的发表仅仅是教师教育科研成功的开始,而不是终点,更重要的是成果的推广与应用。因此,把教师教育科研成果应用于教育教学实践,帮助改进教学活动效果,促使教育功能发挥到最大程度,这才是教师教育科研的真正目的。所以,将科研成果"活化"为教育教学改革的实践,激励教师大胆地将教育科研与教育活动融为一体,寓研于教,以研促教,教研相长。

总之,任何真实有效的研究最终来自教师内心的需要,外力的作用始终是渺小短暂的。任何研究的成果取决于所择定的课题同教师日常工作相关程度以及研究计划方案的可行性,取决于教师在研究过程中的积极体验。教师科研课题不应随性而定,要拒绝无意义和无价值的假问题和伪问题,拒绝无病呻吟的假研究,应围绕教师教学中的困惑,以改进和提高教学为旨归,让教育科研与教师日常工作相联系,成为教师教学生活的一部分。

只有当教育科研帮助越来越多的教师成为"有主张的教育者",帮助越来越多的学校成为"有特色的品牌"学校,教育质量实现整体性的提升,教师教育科研才算发挥了它的真正价值。

第七章

课程改革中教师教学阻抗的现象学研究

新千年课程改革打破了已有的课程体系,重塑了新的课程观念,从表现形式上看,是制定了新的课程标准,编写了新的教材,其实更多的是对原有的课程观和价值观的重大调整。教师作为改革的实践者,如何帮助其转变已有观念,理解、接受新课改的理念,以便在课堂教学中落实新理念,成为课程改革的核心追问,这不仅是改革的重要内容,而且关乎改革效果的达成。因为新课程改革倡导的理念在传统的教学实践中并不被老师所熟知,这对教师思想观念和实践两个方面提出了重大挑战。如果行动的改变在理念的理解之前,当在实践中遇到阻力时,便会动摇教师改革的决心,表现为在日常教学中找到一些应对课改的"法门",课改的阻抗由此而生。

第一节 教师教学改革访谈实录

为了了解教师关于教学改革的观点、思想和行为,我们对典型教师进行了访谈,访谈对象有教龄较长的农村教师,也有知名高中的教学名师。透过访谈内容,我们观察教师对待课改教学的观点和教学的思想观念,进而做出反思。

一、关于教师教学改革的访谈

访谈一:30 年教龄的农村小学数学教师 WKL 老师

2012 年 11 月 20 日,我们访谈了一位 30 年教龄的农村小学数学教师 WKL 老师,下面是访谈内容。

访谈者:课改之初您属于教龄较长的老师了?

WKL 老师:对。

访谈者:您对课程改革最深的感受是什么?

WKL 老师:教学改革、课程改革就是教材变新了。

访谈者:您在课改中的表现如何?

WKL 老师:思想上不想改,主要是因为没有能力改革,胡改质量没法保证。你想,质量不能保证,那怎么好改呢?

访谈者:只是心里没底、没把握就不改了?

WKL 老师:所谓的改,不主要是教材变了吗? 反正教学内容怎么改,就教什么内容。这不也是改吗?

访谈者:不是都培训了吗?

WKL 老师:培训时,一大礼堂人,跟看电影似的,根本学不了什么。后来就不去了。

访谈者:课程标准看过没有?

WKL 老师:什么课程标准? 是课时计划安排吗? 那个不重要,内容都能讲得完。

访谈者:教法改革方面如何?

WKL 老师:改教法,哪有很好的法,还是按原来的法教。教数学还有啥好法? 讲罢,再练。讲清楚,讲懂学生。对教材都比较熟悉,尤其是高年级的数学。

访谈者:其他老师怎样?

WKL 老师:年龄长的根本没有什么动的。年轻人就按大学学的进行。

访谈者:对课改有阻抗吗?

WKL 老师:思想上也不是阻抗,可能有意无意间就阻抗了课改。

访谈者:教学改革改了什么?

WKL 老师:没有改什么。

WKL 老师是一个代表,他代表了教龄 30 年以上的教师参加课改的常态。他们对课改的理解仅仅停留在教材版本的变化上,虽然接受过培训,但是针对性不强,没有实际学习过新的课程标准,将课程标准理解为教学计划,虽然感知到教学内容的变化,但教学目标以教材内容能够"讲完,讲清楚,讲懂学生,就行了",更多地侧重于认知层面的教学,而教学方法仍是以"讲练结合",对于改革不理解、没信心。30 年的教育经验、教学习性在此时成了他改革的阻力,面对新内容依旧照搬老方法,这也是我们前面提到的"屏蔽型阻抗"的一个体验缩影。

访谈二:一位重点中学的语文教师 ZH 老师

2012 年 12 月 3 日,我们访谈了一位重点中学的语文教师 ZH 老师,下面是访谈的内容。

访谈者:几年的课程改革,您觉得哪些方面改了? 新课程改革提倡的学生观您认可吗?

ZH 老师:2006 年,宁波开始实施高中课改,江苏课改那时候马上就失败了,城区的学生成绩不如农村好,家长意见就很大,就实施不下去了。在咱这儿主要是减少必修课的模块,增加选修课模块,增加选修课的课时量,给学生提供更多选择的自主空间。这个在导向上我说不出哪里不好。导向是好的,让学生能清楚自己的智能特点,鼓励学生的创新,发展创造性,但这个理念在中国文化背景里目前还是行不通的,其实这个理念就是一些专家在荷兰啊、芬兰啊搬过来的,但国情不一样的。

访谈者:新课程改革要求中有无您无法做到的,超越您现实的? 能具体说一下吗?

ZH 老师:2006 年,我们学校是作为样本学校的,肯定要先实行。但实施方面肯定不行,考试制度、社会文化背景、家长、社会,包括各用人单位,整个大背景不变化,最后肯定会失败,而且教师也觉得压力很大,教师对这些是改不了的。又要追求成绩、又要适应变化,搞不来的。

访谈者:新课程改革提倡的教学方式方法您认可吗? 新课程改革提倡的教学评价观您认为如何?

ZH 老师:新课改提倡发展性评价、过程性评价,比如社会实践、自主学习在高考时作为一个参考,但事实上肯定不可能,而且教师和学生会增加很多负担,很多用人单位不欢迎学生去实践。所以学生只能去敬老院,其实他们也不太欢迎。学生要社会实践,社会却根本没有对他们开放,没有给他们提供足够的活动空间。发展性评价不光注重社会实践,我们平时学生的自主学习、研究性学习可行性也不大,学生没时间没条件去研究,都是了解个皮毛,研究往往是立个项,到交成果的时候七拼八凑。理念不能说错,但没考虑国情,结果往往产生负效应,被很多人批评成反教育。像合作学习就要根据学生情况,需要就用,不需要就不用,现在很多公开课为讨论而讨论,只给学生一两分钟,完全是做表演,是浪费时间。备课时就要考虑,这个地方有难度,就讨论下,不需要讨论还装个形式讨论不就是浪费时间吗?

访谈者:听前边说的,也就是总体上您对新课改是不满意的。您认为新课程改革还有哪些不好的方面?

ZH 老师:嗯,考核不适合,观念没什么不好,但实施方面不可行。但新一轮课改又来了,我们学校又成为一个样本,这次力度更大些,还是增加选修、校本课程的模块,压缩国家课程,搞特色。这么多高中都搞特色,就是没特色,特色就是人无我有,人弱我强。那你培养学生不可能是你搞那个我另外搞这个,教育的规律就是遵循学生身心发展的规律,需要大家共同遵守,离开了这个搞特色就是反教育。上次课改,只会增加负担,老师更忙了,不仅研究必修课,还要研究选修课,还要自己开发校本课程,弄得更加忙乎了嘛,本来比较简单的。其实对老师来说不大公平,也就是在情感上不接受,结果都一个样。我的意见差不多是全国一线教师的意见,包括真的在搞教育的人的意见吧。

从访谈者谈话中,我们能感受到什么?ZH 老师对于课程改革强调多元智能的发展的理念表示赞同,但在学校的实践中这一理念被简化为课程安排中增加选修课,减少必修课。对于课程改革是否适应中国当下的国情,她产生了很大的疑问。首先她提出改革的理念产生于国外,萌芽的土壤不同使得简单的移植有水土不服的隐患,而且当前教育改革的外在环境没有变,家长和社会考量一个学校教育质量的最核心标准仍然是成绩,学校中从校长到教师对于改革都存有怀疑,但由于行政命令不得不改,改革在夹缝中进行。在评价标准方面,理论上虽然趋向多样化,但由于社会开放度不够、学生时间精力有限等原因,发展性评价等流于形式,甚至产生了负效果。而为了追求特色而忽略统一的内在规律,为了落实改革而"为讨论而讨论",不仅加重了教师的负担,而且强硬的行政高压使得一线教师虽然不得不做,但"情感上"并不接受。这些都说明在新课改的推行中她产生了阻抗,这也是我们前面提到的"内隐型阻抗"的一个例子。

访谈三:一位初中英语教师 LC 老师

2011 年 10 月 20 日,我们访谈了一所普通初中的英语教师 LC 老师,任教 5 年,带九年级两个班的课,不担任班主任,下面是访谈内容。

访谈者:您目前的知识与刚成为初中英语教师时相比,有没有比较大的变化,表现在什么地方,哪些专业知识增长得最快?

LC 老师:是有较大的变化,主要表现在对初中所学知识的体系化,专业知识方面主要是语法及词汇教学方面增长较快。

访谈者:那教学方法、教学策略等的知识呢?

LC 老师:教学方法仍旧以课堂的讲解、归类为主,多总结,将复杂问题简单化,便于学生理解和记忆。

访谈者:那您的教学还是以直接讲授为主了?

LC 老师:是的,呵呵。

访谈者:您认为现在使用的英语教材怎么样? 实际教学中有必要进行调整或补充吗?

LC 老师:现在用的教材为人教版新课改教材,包括听说读写,总体来说还是便于老师讲解、学生学习的。 实际教学中会给学生补充大量练习题,因为现在毕竟是以应试为主。

访谈者:呵呵,这个明白。您认为英语教学主要教什么,英语学习主要学什么? 您如何看待两者之间的关系?

LC 老师:初中英语教学应以英语学习兴趣及基础知识(基础词汇的掌握及简单句子的应用)为主,为高中学习打好基础,老师教的内容也应从听说读写四个方面对学生全方面培养,教师的教学方法及教学内容直接影响学生的学习兴趣及效果。

访谈者:英语学习呢? 学习知识,还是学会学习?

LC 老师:初中学习还是注重学习方法的培养嘛。养成良好的学习习惯是最重要的。 都是个人想法,可能不是很专业。

访谈者:可以了,都是在职老师谈谈看法,这样就很不错呢。

LC 老师:我就是不善于思考,思考得比较少。

访谈者:那是没有时间呢,还是别的原因?

LC 老师:一个是时间,重要的还是个人的意识。 偶尔也做一点反思或总结,但是很难坚持下去。

访谈者:可能也不是一个人的问题,有时候周围的氛围和别人的鼓励也很重要。

LC老师:嗯。

访谈者:您对自己所带班级学生的基本情况熟悉吗? 例如学生的家庭背景、学习动机、学习策略、人际交往等。

LC老师:每个班级有40个学生,但是特别熟悉的大概有1/3左右,大部分学生的家庭背景不了解,学习动机大部分都是为了考试,有一两个学生是因为自己喜欢,自愿地为了提高成绩。

访谈者:其他情况清楚吗? 学习方法、学习策略、学习上的问题等。

LC老师:有一些了解,但是不多,没有进行太深入的了解。

访谈者:通过对学生的了解,对您的教学有帮助吗?

LC老师:是的,了解学生后可以在课堂上针对不同的问题让不同的学生回答,激励学生学习。另外,也有利于自己的教学进度推进。

访谈者:对学生的学习效果,您通常采用什么方法来获得反馈的信息? 您认为如何对学生的学习评价会起到最积极的效果?

LC老师:一般采用月考、期中期末考试以及课堂小测验及布置作业的方式检测学习掌握情况。后一个问题是什么意思?

访谈者:就是这些方式,您觉得效果如何?

LC老师:我觉得效果还可以,我一直在小测验,课堂提问这个当然也在用,只不过课堂时间有限不能提问到每一个孩子,对吧?

访谈者:嗯,是的。不过这种改变已经有很大的进步了。那您在教学中,有没有用一些别的教学方法? 如小组合作学习,分成小组就某个问题进行讨论或学习。

LC老师:嗯,有,不过不是经常举办,还是觉得有点耽搁时间。感觉这个新的教学方法不是非常适合。现在还是以给学生灌输知识为主。

访谈者:老师基本也都根据需要选择自己认为比较好的教学方法。

LC老师:呵呵,是的。每个人都有自己的偏好。

访谈者:在教学活动中,课堂环境、学校整体的文化氛围或社会大教育环境(例如应试教育),对您的教学是否有影响?

LC老师:这个当然有影响。课堂氛围是最重要的,有了活泼的课堂环境大家可以轻松地学习,这样学习效果也比较好;至于应试教育这样的大环境也会有影响,但是我们是改变不了这种环境的。

访谈者:那也是,其实也是挺复杂的工作。在您从教之后,主要通过什么样的方式充实和发展自己专业方面的知识?您有没有参加过在职培训或者其他的外出学习?效果如何?

LC老师:有过,主要是暑假的一些专业培训,也有一些优秀教师做的示范课,然后还让各自准备教学内容,互相观摩学习,然后由一些专家教师给出意见和建议,收获很大。毕竟一个人的教学模式是很封闭的,所以学到了很多好的教学方法等。

访谈者:那您和您的同事之间经常进行类似的交流吗?这种交流对教学工作有帮助吗?

LC老师:嗯,每周都有教研活动,可以解决很多实际问题。大部分是老师们在教学过程中遇见的问题,然后在教研的时候大家一起解决。

访谈者:有足够的时间自己学习吗?

LC老师:没有。学校的其他工作量太大,有时候都很少有时间备好课,所以还得晚上加班。

对于从教5年来的变化,LC老师认为是"知识的体系化,专业知识方面主要是语法及词汇教学方面增长较快",这些更多的是知识层面的影响,对于新理念、新方法、新评价标准、新管理方式等未有提及。教学方法停留在简单的讲授上,然而新版的教材中可讲的内容减少,这就需要教师花费更多的时间补充课外习题,以应对考试,无形中增加了教师的负担。而对于新的教学形式,如小组合作、启发对话等,LC老师指出由于班级容量、时间精力、教学惯性等因素而采用较少,即使偶有涉及,也是从完成教学进度的角度去考虑。在教学过程中,较少反思,这与学校的整体氛围、超负荷的工作量也有直接关系,为了应对现有的工作任务,他将改革的要求作为一种"偏好",排斥在日常工作之外,他的行为正如第二章中提到的"屏蔽型阻抗",已经对课程改革造成了阻抗。

访谈四:一位农村初中英语教师 GCH 老师

2011年12月6日,我们访谈了一所农村初中的英语教师 GCH 老师,任教7年,带九年级两个班的课,不担任班主任,下面是访谈的内容。

访谈者:那您认为目前学校用的英语教材如何?你们学校用的是哪个版本的教材?

GCH老师:我们用的是人教版的。教材总体来说还可以,和以前的相比,内容丰富了很多,形式也比较灵活,便于根据教材提供的活动、话题等来组织教学。

访谈者:那除了根据教材提供的内容和素材来教学之外,您有没有还添加一些课堂之外的内容?

GCH老师:有,但是不多。我们是农村中学,学生的基础比较差,只要能熟练掌握教材的知识,就已经很不错了。

访谈者:您认为英语教学主要教什么,英语学习应该学什么? 您如何看待两者之间的关系?

GCH老师:主要教基本的语言知识,然后就是教会学生如何应用。学习就是学知识、学文化,还有就是听说读写能力能得到提升。两者之间的关系,根据需要选择要学习和教学的内容。中学生还是以基础知识和基本能力为主吧。

访谈者:您对自己所带班级学生的情况熟悉吗? 例如家庭背景、学习动机、人际交往等。

GCH老师:大概了解一些。农村孩子学习都是为了考上好的学校。比较忧虑的是,孩子们的课外生活很单调,男孩子大多很调皮,不听话的时候真是难管。

访谈者:那您现在教学一般会用哪些教学方法? 例如讲授法、小组合作学习等。

GCH老师:现在还是以教师的讲解为主,有些新的教学方法只在一些观摩课或教学比赛中偶尔应用。

访谈者:那您对这些新的教学方法熟悉吗?

GCH老师:还可以吧,不是很清楚的时候,会上网查一些相关的资料。不过要很好地应用,有些难。

访谈者:您从教之后,主要通过什么样的方式充实和发展自己各方面的专业知识?

GCH老师:自己看书,或上网找一些资料,假期有时候也会有一些专业培训和学习。

访谈者:专业的书籍看吗? 例如一些教学法、教学论之类的书。

GCH老师:这些对我来说是应该看的,毕竟我不是英语专业出身,不过看的也比较少。只是用到的时候会查阅一些,没有专门学习。

访谈者:您不是英语专业的? 那您之前学的是什么?

GCH 老师:当时教英语也是学校缺老师,之前是中师毕业,都学过一些,但是很不专业,呵呵。

　　访谈者:学校的工作量大吗? 平时有时间学习吗?

　　GCH 老师:两个班,要做的事情还不少。平时学习的时间不是很多。

　　访谈者:压力大吗?

　　GCH 老师:挺大的,主要是各种考试的压力,但现在主要是为了升学。

　　访谈者:那您认为现在影响自己专业知识学习的主要困难是什么?

　　GCH 老师:时间和精力,再一个还是自己想不想学吧。

　　GCH 老师是农村学校的一名普通教师,受制于地理位置,学校的发展缺少英语教师,而中师毕业的 GCH 老师由于在当时"都学过一点",所以才成为了一名英语教师。作为非专业出身的任课教师,加强专业素养应该是当务之急,但是学校繁重的教学压力让她不得不将个人的专业发展放置一边。而面对新课改的新要求,她更多地归责于教学对象的基础有限、实施条件不足而无须或无法改革,改革对她的教育活动影响不大。因此,她的描述属于前面提到的"屏蔽型阻抗"的一个例子。

访谈五:一位普通高中生物教师 FAL 老师

2012 年 12 月 15 日,我们访谈了一位高中的生物教师 FAL 老师,教龄 18 年,下面是访谈内容。

　　访谈者:您是哪年参加新课改的?

　　FAL 老师:2004 年。

　　访谈者:谈谈这几年您在新课改中的体验好吗? 所谓体验就是亲身经历的事情的心理感受,课改体验就是经历课改的心理感受,主体是"我",描述"我"在课改中的各种具体感受。不是对课改的认识,不是普众的说法。

　　FAL 老师:好的体验主要体现在四个方面吧:第一,新课改注重老师和学生的交流,注重学生和科学的对话,真正突出了以人为本的教学理念。第二,新课改教材向学生展现了丰富的学习素材,像科学漫步、想一想、说一说、做一做,使学生学习起来不感到枯燥乏味,同时,图文并茂的科学史让学生真正感受到科学就在身边。第三,习题的设置更贴近生活,为学生提供了探究、合作的交流平台,注重知识的形成与应用过程,趣味性极强,突出了学生基本能力的培养。第四,新课改让教师的教学手段更加生动形象、丰富多彩,能满足不同层次学生的需求,注重引导学生向主动学习和终身学习转变。

不好的体验主要体现在两个方面:第一,主要是学校的问题,就是活动课的体验少,原因在于客观条件的限制,资金投入不足,想上个实验课、活动课、探究课什么的,在时间允许的情况下,但又没有条件。第二,怕课时不够,不愿意多上活动课给学生充分的活动空间,恐怕学生对课本上的知识掌握不牢固,应试教育的分数提高不起来。

访谈者:请对课改前后的压力体验做个描述。

FAL老师:课改后感觉老师们的压力更大了,因为课时有限,还需要分配给学生研究性学习的时间,为了在较短的时间内圆满达成教学目标,需要老师精心备课,精选习题,更需要向课堂要质量,所以老师一点不敢怠慢。另外,学校多媒体教学资源不充分,老师知识面狭窄,包括跨学科的知识了解不够。

访谈者:课改中您最关心的是什么?

FAL老师:对老师和学生的评价要与新课改相符合,不能沿用传统的应试教育来评价学生,但是现在的学校仍然沿用传统的评价模式来评价老师和学生。

访谈者:描述一下当初参加课改的期望、激情或忧虑。

FAL老师:当初参加新课改时,是期望中国的教育能够焕然一新,尽情地把孩子们从题海中解脱出来,通过素质教育,培养孩子们的自主学习和终身学习能力,培养创新能力,完全摆脱高分低能的现象。我当时真想大喊一声:"中国的基础教育啊,你终于苏醒了!快把阳光还给孩子们吧,别把孩子们放在笼子里培养了!"当时是以满怀的激情投入新课改的实施中。但激情之余,也隐隐感觉到一些不安:高考体制不改革,每天都抽出一些学生的学习时间来进行研究性学习,最终的应试成绩能否保证?这些孩子们会不会吃亏?

访谈者:新课改增加了您的负担还是减轻了您的负担?具体谈谈。

FAL老师:从时间上增加了我的负担,因为要在课时少的情况下短时间内圆满达成教学目标,需要我用更多的时间来备课,既要备课本,又要备学生,以提高课堂效率;同时更要增加自己的知识面,并且真正在实践中应用自己的知识;还要不断学习新课改理念,以提高自身的综合素质。但仔细想想,虽然苦,但快乐着,因为对老师的自身发展有非常大的好处。

访谈者:课程改革这些年,您改了什么?又有什么没有变呢?

FAL 老师：只是在教学理念上有所改变，比如尽量把课堂还给学生，少讲精讲，让学生主动参与进来，以发挥学生的主观能动性。但为了提高应试分数，自己还是不敢让课堂真正放开，不能真正把活动课还给学生，怕耽误课时，还是受到了传统的教育模式的影响。

访谈者：在关注每个学生的发展方面，有什么体验？

FAL 老师：说实话，教育资源的缺乏，大班额问题有待解决，没有真正实现每个学生的发展都受到关注，任课老师主要还是关心孩子们的学习成绩，还主要以成绩来评价孩子们的发展，至于在素质方面的关注还是少的，因为这方面没有个具体的衡量标准。

访谈者：新课改给您带来了什么？

FAL 老师：有喜有忧。喜的是，新课改好像是一阵春风吹进了我的心坎，给我注入了一些新的希望，让我在教学方面有所改进，让我的教学手段更加生动形象、丰富多彩，能满足不同层次学生的需求，注重引导学生向主动学习和终身学习转变。忧的是，新课改让我有些失望，因为当前的教育还是改表不改本，孩子们还是在题海中战斗，还是不能让孩子们得到阳光式的教育！

FAL 老师 2004 年参加课改，对于新课改有较深的认识，但是他的体验是复杂的——既能够认识到新课改倡导的理念在于以人为本，合作交流，教学的应用性、实践性、趣味性，手段的丰富性等方面是进步的，又无奈于学校外在条件对教学改革活动支持的匮乏，以及固有观念和评价标准仍然是成绩使得改革出口窄化等。他经历了从热烈盼望"教育改革把阳光还给孩子"到"不安担忧"，在教学过程中感受到源自改革的压力和负担，虽然将课改视为"春风"，又在实践改革时犹豫、彷徨，这种体验使得他在执行新课改要求时会产生疑虑，进而影响他的行为。这种行为类似于第二章描述的"防备型阻抗"，虽然从思想认识上欢迎改革，但教学行为实际是有阻抗的。

访谈六：一位普通小学高级教师 XLY 老师

2012 年 3 月 13 日，我们访谈了北京某小学高级教师 XLY 老师，1981 年参加工作，下面是访谈内容。

访谈者：您是哪年参加新课改的？

XLY 老师：我是 1981 年参加工作的。大概是 2008 年参加的新课改。

访谈者:谈谈这几年您在新课改中的体验好吗?

XLY老师:没有参加课改之前,看到参加课改的老师写的经验介绍说参加课改很忙,很累,累掉了有几斤肉,我不太相信。参加课改后始知其所言非虚,真是这样的。

访谈者:请对课改前后的压力体验做个描述。

XLY老师:课改之前实施的是素质教育,取消了统考,等级评价学生,成绩不排队,老师教得轻松,学生学得愉快。老师闲暇聊天时无不充满了对那段时光的美好回忆。现在质量监测,让学校、任课老师都如临大敌。老师教得累,学生学得苦。老师不愿意上班,学生不愿意上学。这就是课改的结果。

访谈者:当下看课改跟当初对课改的看法有变化吗? 怎样的变化?

XLY老师:刚开始,对课改充满了希望。真希望中国的教育,通过这次课程改革上一个大的台阶,得到全面的提升。出发点是很好的,但实际的效果却不尽如人意。

访谈者:描述一下当初参加课改的期望、激情或忧虑。

XLY老师:开始是充满了期望,希望通过这次课改使自己能够得到全方位的提升,毕竟是一次难得的机会,谁不珍惜呢?

访谈者:新课改增加了您的负担还是减轻了您的负担?

XLY老师:课改增加了我的负担。

访谈者:课程改革这些年,您改了什么? 又有什么没有变呢?

XLY老师:说什么都没改是瞎说,本来还对中国的教育充满了热情和希望,现在是无比的失望!

访谈者:您对新课标的感受如何?

XLY老师:我不知道为什么要把教学大纲改名叫课标,这种文字改变毫无实际意义。叫大纲怎么了? 非得改名叫课标就能表示它新呀? 就能表明你和旧的决裂,你课改的决心?

访谈者:新课改给您带来了什么?

XLY老师:新课改给我带来了失望,带来了负担,带来了无尽的烦恼。让一个原本想干点实事的人,没有时间干正事,整天穷于应付。没有思考的时间,心总静不下来,没有时间研究学生,没有时间研究教材。

访谈者:同事是如何看待您在新课改中的表现的?

XLY老师:认为我由积极到消极,最后失去热情。

访谈者:大家都说"课改走样"了,您是否有体验? 谈谈您的体验。

XLY 老师:确实走样了! 虚华的形式退去后,只剩下一些败絮。任何课改如果不能很好地解决评价体系的问题,最终还是会回到应试教育的老路上。

访谈者:有人说,新课改受到一种无形的阻力,您这样认为吗? 如果是,您认为这个无形的阻力是什么?

XLY 老师:是的。这种阻力,来自教育部门的相关领导,来自不科学的评价。试问考试成绩要大排队,哪个学校、哪个老师还会牺牲排名,去搞素质教育?

访谈者:您本人对新课改有阻抗吗?

XLY 老师:我本人对课改没有阻抗。我希望中国的教育通过不断地改革变得越来越好,世界领先,能够适应社会经济发展的需要。不过这只是一个美好的愿望,现在的课改走样了。

访谈者:经过几年的课改实践,您的认识有变化吗?

XLY 老师:有变化。对课改越来越失望。

访谈者:最近一次看课标是什么时候? 谈谈您对新课标的感受。

XLY 老师:今年的 2 月份。由于没有仔细地研读,没有和旧课标对比,因而也就没有什么感受。

访谈者:谈谈您在备课、上课方面的感受体验。

XLY 老师:课改之前,在备课时我一般要做到三备,备学生、备教材、备教法。课改之后,各种理论、各种流派纷呈。谁掌握了话语权,谁就能兜售一种理论,下边的人就得跟着走。换了一个人,你又得赶紧改换门庭,跟着他走。这就是在所谓的课程改革下的备课的实际困境。这是造成老师累、忙的一个很重要的原因。

上课比备课还要让人难于承受。如上所说,长期脱离教学的,指导教学;不上课的,指导上课;外边听了几个讲座,听了几节课,俨然就成了专家了,就品头论足、指手画脚的。这就是所谓课改下的老师上课的实际困境。上课的老师成了受气的小媳妇儿,中国的课程改革能成功得了吗?

访谈者:您对新课改的体验还想谈点什么?

XLY 老师:该谈的,前面都已经讲了,只想补充一点。教材不要来回改动,尤其是义务教育阶段的教材更不要频繁改动。这是不成熟的表现,是对教育的不负责任,是对孩子的不负责任。要精选教材,给孩子有用的东西。教育不是筐,不是什么东西都能往里装。

访谈者：您希望课改下一步怎么走？

XLY老师：课改要由教育实践家主导，而不应由教育理论家去主导。中国的课程改革应该由对中国教育稔知的又具有国际视野的教育实践专家来主持。借鉴国外的经验，学习国外的理论是必需的，但只能作为参考，不能数典忘祖。我们更应该继承，要向我们的前人学习，要向我们的先人学习。远的不说，近现代那些教育家的成功办学经验就值得很好地学习！

访谈者：您期望课改怎样改？

XLY老师：教育具有滞后性，不要来回动，要保持一段时期的相对稳定，尤其是基础教育更应如此。教材不要来回改动。要精选教材，要给孩子有用的东西。要增加综合性、实践性的课程，要多建教育基地、学习基地、实践基地。要想办法让我们的孩子多参加社会实践，多和社会接触，每学期至少要保证不少于15天的公益活动、社会实践活动时间。

上课，要给老师更多的自主权、广阔的活动空间，要相信老师，要尊重老师的劳动。

最关键的，最核心的，也是最迫切需要解决的，是建立科学的评价体系。评价体系单一不科学，课改就不可能顺利，也就不可能不走样，说得严重些也就不可能成功！

XLY老师认为"课改走样了"。对于教育改革中推行的课程标准，她认为是一种"毫无实际意义"的文字改变，是"谁掌握了话语权，谁就能兜售一种理论"，"上课的老师成了受气的小媳妇儿"。XLY老师对待课改的态度由积极到消极，最后失去热情，但迫于自上而下的要求，又不得不去执行，但在过程中放弃了反思与能动，将自己视为行政命令的贯彻者，而面对丰富的教育实践，机械地执行显然无法达到改革的需求。因此，这属于第二章提到的"内隐型阻抗"的一种。

访谈七：某普通小学教师 LRH 老师

2012年11月29日，我们访谈了北京海淀区某普通小学一位语文教师 LRH 老师，以下是访谈的内容。

访谈者：您好，今天访谈的主题是关于新课改的，在刚参加新课改的时候，什么感受？

LRH老师：觉得特别迷茫，不知道这课改要改什么呀，觉得这教材改了一大片不知道改了什么；最后对教材接触了，也理解了，只是对课本从内容上去了解比原来的更灵活。我觉得是这样。

访谈者:您觉得课改怎么样?

LRH 老师:刚开始觉得不太好,慢慢觉得还可以。但对于孩子来说,知识面特别广,尤其从语文上来说吧,接触得多,写得多。比如说学拼音,以前就是直接学拼音,学了必须会,特别死,现在不是。一年级就是先学课文,等慢慢对汉字有兴趣了,再学拼音。

访谈者:语文的内容变了吗?

LRH 老师:比以前的内容更多了!形式变了。以前就是一单元两篇到三篇课文,然后直接到《语文天地》差不多的地方;现在只不过没有写作这些了,直接地拿《语文天地》作为积累,还是培养孩子能力层面的比较多。

访谈者:当时课改的时候有压力吗?

LRH 老师:有哇,你怎么教学生啊,怎么把人给教会喽,自己拿着教材自己也不知道怎么做。

访谈者:那全体老师都有压力吗?

LRH 老师:那必然有点压力啊。以前的教材从我毕业了开始教,大概有教了 10 年了吧,突然教材给改了,你想想,首先得让自己会,才能去教学吧。

访谈者:现在看课改和当时看课改有什么样的变化?

LRH 老师:现在看,熟悉这套教材了,这不是从一年级带上五年级了嘛,一轮马上要结束了,然后对这个知识体系慢慢有了了解。然后数学当中也是跟当时那个差不多,就是内容上有从情境入手的,原来是直接出例题咱们学,现在孩子探究的东西比较多,给孩子建模型什么的,这些都有。

访谈者:您教了这么多年,新课改让您最难忘的是什么?

LRH 老师:最难忘的啊?想一想。比如说语文吧,综合实践活动挺多的,孩子在收集资料中,畅所欲言,那些文章中,《语文天地》里让孩子去接触的也挺多;包括数学当中,有动手实践的,有时候会拿出一节课专门让孩子体会。

访谈者:那以前是不是没有这么多动手实践的呢?

LRH 老师:以前有,但是只是在课本里有,语文中有综合实践,单独拿出一节课做综合实践,让学生体会,然后通过综合实践,让学生写作文。

访谈者:都是些写作文、写日记?

LRH 老师:孩子不是有活动才有东西写嘛。

访谈者:课改中您最关心什么?

LRH 老师：关心孩子学到什么程度为止，学的这些孩子最后是不是都能懂，还有就是考试当中用不用。有时候灵活的比较多，觉得应该让考的和学的要基本能对上，不能说让孩子学一个，当然希望孩子学得越多越好，但是就怕多到，孩子学了后，考不到这些，再聪明的孩子没复习到也不会。包括考试出的作文题，平时的作文都是那些，也让孩子读书了，写读后感了，到最后考试并不是重点了。有时候灵活的比较多。

访谈者：刚开始参加课改的时候有什么期待？

LRH 老师：当时觉得课改改完了，教材就容易了，孩子也好学了。

访谈者：结果呢？

LRH 老师：结果压力更大了，学的东西挺多的，书上看上去没有什么东西，例题讲了，学生最后不一定能把练习题做对。

访谈者：书上知识点讲完了，但是练习题不一定会做？

LRH 老师：对的，像例题中没有这些换算单位，结果练习题中出现了。像语文中最简单的词语，有些是在写字表中的，有些是在认字表中，但是考试时候却考到了，说是学生自己积累，但是到底是积累到什么程度为好？

访谈者：像这种课文中没出现，练习中或者考试中出现了，课改中要求怎么办呢？

LRH 老师：要求，有些必须会，需要学生自己积累，比如一些龙的成语，如龙飞凤舞，有些是课文中能找到的，有些是找不到的，只能学生通过查成语书慢慢积累。

访谈者：新课改是增加了您的负担还是减轻了您的负担，当初和现在？

LRH 老师：当初感觉减轻负担了，提出素质教育，孩子课文一学给个优良就 OK 了；最终还是回到原来提倡分数上，虽然说素质教育全面发展，但是重点还是语数英，这些占的分数高，其他也考但是占的比例不是很高。

访谈者：新课改实施中，您觉得您哪方面改了？

LRH 老师：原来是教给学生东西多，现在逐渐学生自学形式比较多，学生自己先读懂课本，然后我再去点拨，当然我会提一些特别重要的问题，一些知识点一定不能落，原来就是直接给，告诉他们就完了，现在一般要学生自己慢慢发现。

访谈者：结果有什么变化吗？

LRH 老师：如果对于聪明的孩子，探究式的教学真的比较好；对于思维上比较慢的，研究了两节课也研究不出来，就得直接灌输式灌输给他。

访谈者：您对新课标感受如何？新课标怎么样？

LRH 老师：感觉新课标还不错，培养孩子的探究能力。

访谈者：您感觉培养了孩子了吗？

LRH 老师：如果真的往深入理解去说，老师真想按着那么做，需要找时间，不仅仅是课上的时间，要把所有时间利用起来。课堂上那点时间培养是培养不到的，一节课时间就这么点，还得靠平时去巩固抓紧，利用平时其他时间。

访谈者：这一节课时间是不够，绝对不够，以前灌输式都不够，现在探究式根本不够？

LRH 老师：对，根本不够，一节课探究完，根本没有巩固的时间。如长乘宽面积公式，理解了，或者认识某个字构造，最后却没时间去做练习，没时间去写字，到最后只能课后回家巩固，反而加重学生的负担。

访谈者：那这样质量就不能保证了？

LRH 老师：对啊，没有人盯着，他做不到。

访谈者：在关注每个学生的发展中，您有什么体验？

LRH 老师：关注每个学生做不到，我只能关注整体的比较多。整体都达标了，其他个别只能下去解决，个别辅导，一般只能学生之间结成一帮一，有时候学生真不会，自己也要站边上帮忙辅导，比如有些学生减法啊加法啊不会，只能自己一步一步教。

访谈者：您觉得新课改给您带来什么样的感受？

LRH 老师：孩子现在学的东西真多，太累了，一节课就这么多字，高年级还好，一年级很难跟上。

访谈者：这是给学生带来的，还是给您带来的？

LRH 老师：学生不会我还得改还得教，容易形成恶性循环，尤其是开始就没跟上的学生越到后面越不会，积累越多，天天得订正字，下课时候也订正，语文不认字不行。

访谈者：课改前和课改后您觉得自己有哪些变化？

LRH 老师：课改前轻松多了，教完孩子就行，只要按部就班完成任务就行了；现在不行，样样都得有。

访谈者：以前也不能说教完孩子就行，教完孩子他还得会啊？

LRH 老师：当然教完孩子得会了，那是直接教给孩子的，因为那时知识稍微简单点，可能有点时间。整体来说，也没有像现在这么多事情。从学生来说也是,学生的事情也变多,我们的事情也变多。

访谈者:您感觉真正培养孩子能力了吗?

LRH 老师:现在等于有点还在摘桃子,有时候你得托着他,不是他跳一跳就能摘到,老师得自己在底下顶着,顶着一般孩子,有点拔苗助长的性质了。有时候孩子到不了的程度你灌也得灌进去,等于加重学生负担。桃子就在那,老师顶着,有些真的上不来,只能落下了,目标太高了,把孩子想得太有本事了。

访谈者:有人说课改形式是课改了,但是实质没变,您觉得真正课改了吗?

LRH 老师:改了,但是把我们负担都加重了。

访谈者:是改了,是完全改了吗? 按照课标上?

LRH 老师:没有,课标上有的地方说得很简单,但是我们落实到实践中都是以最高标准去要求的。比如我们的考试作文,现在作文到三年级,考一段话就成了,到五年级350~450个字就成了。 实际不行啊,得写出一篇文章来,开头中间结尾都得有。四年级的孩子也是这个要求,这个要求越来越高了,三年级就得达到五六年级的要求了。虽然新课改中没有要求这么多,但是到了我们这儿变形了,必须就得让孩子写出一篇文章来。

访谈者:相当于超课改了?

LRH 老师:对啊,课改没提那么高要求,其实它的要求并不高,如果真能按课改做,没准课改真的挺好的。就是一层一层改了,加了要求了,目标变大了。

访谈者:您觉得是按着课改走好了?

LRH 老师:课改可以不改,要有统一标准,不要到了底下就变了形。

访谈者:您对课改有抵触情绪吗?

LRH 老师:抵触没有,既然课改,说明原来那套可能不适合现在了,思想有变化了,就是再怎么更好地去做,人家目标定好,咱们怎么去实施。就是感觉书变多了,感叹孩子什么时候能学完啊。

访谈者:您看了新课标吗? 有什么感受?

LRH 老师:没有再怎么仔细看了。

访谈者:说说您备课方面的感受。

LRH 老师:原来就是写教案,手写一篇教案两课时;后来改了,改成电脑打字的,还不容易学会;现在又不用了,改手写的了。现在教案格式分得太乱了,统一一张 Word 写出来就行了,思路写清楚,孩子该干什么写清楚,比如具体什么写出来,就行了。备课中如果真的仔细备,真的需要很大的知识量,得查很多资料。

访谈者:上课方面的感受和体验?

LRH 老师:小孩越大越不爱说话。小孩一般读词、读文,会把真实的感受说出来,不过有些课文太长了,孩子可能真不理解,不是他们不爱说、不理解,是不知道说什么,可能读半天没明白,只能给你说出一两句。

访谈者:但是,有一点,高年级孩子好像会的越会,不会的越不会?

LRH 老师:对啊,越不想说,越不说;越爱说的孩子,越敢说。知道你也不会批评他,就成了一个恶性循环,随时得督促他,可能需要一个方式方法。

访谈者:科研方面的体验?

LRH 老师:以前科研方面好像不是很多,整体活动也不多,现在学校里、中心里、区里,教研活动挺多,觉得岁数越大,活儿越多。原来只要参加区里的就行了,学校里把自己的课、学生教好就行了,现在一项一项,越来越多。如果几个合一就更好了,学校里、中心里、教研课题组,合在一起,大家都在研究一个主题。

访谈者:那样会更集中、更深入?

LRH 老师:关键是,现在你研究一个,他研究一个,这个星期研究作文,下个星期研究别的了。包括其他也是,你一条,他一条,对于一个老师来说,得多少条啊。学校、中心里要你研究朗读,过几天,教研组要你研究作文了,我们一个老师等于有三四人揪着你,所以多是皮毛,没有深入研究。

访谈者:您对未来课改有什么期望,有什么想说的?

LRH 老师:要让孩子理解,语文课文太深了,孩子读不懂。从要求上来说,怎么说呢,一个从目标上来说,上下一致,有目标,跟要求应该是一样的,不能说上头目标不多,但是下来一层一层,随着自己的理解,加得太深了,应该有这一方面的调研吧。其他方面嘛,培养方面,咱做做还行。但是比如收集资料,1/3 能做到,2/3 做不到,以咱们的程度来说,还要删减一些。还有就是减负,减负就是孩子回家不写,回家写得少,但是学校的时间真得充分利用。还有,课文呢,稍微变得容易些,不要太难,孩子听明白了,自己巩固练习,这样他能充分有问题直接找老师,这样成绩就提高了,你要带回家,有些家长是不会帮你的。

LRH 老师认为新课改之后,"看上去没有什么东西,例题讲了,学生最后不一定能把练习题做对","只能让学生通过查成语书慢慢积累",因此,虽然"课标上有的地方说得很简单,但是落实到实践中都是以最高标准去要求的"。LRH 老师认为按照新课改的要求能够培养学生的能力,但是老师如果真的往深入理解,按着标准那么做,需要找时间。在课上把所有东西利用起来,课上那么一点时间培养是培养不到的。应对新的教学任务已经让教师焦头烂额,对于解读、理解、更新新课改的新要求,教师进行教学研究等也只能停留在表面,而这种浅层的理解、被动的应付、简单的执行,与课改提倡的"教师成为研究者""在教学中成为引导者、导演、帮助者"的要求相差甚远,所以他的行为与前面提到的"内隐型阻抗"类似。

二、访谈反思

访谈的对象既有农村中小学的教师,又有重点中小学的教师;既有普通一线教师,也有学校教师团队中的骨干力量;既有"主课"的任课教师,也有"副课"的任课教师。面对改革,他们道出了同样的心声:"压力挺大的。除了学校的各种考核,还有家长的期望,哪一样都不能疏忽大意。""社会大教育环境和考试体系都是影响学生英语学习的指挥大棒,给学生施加了很多压力,无疑也给教师们带来了巨大的压力。"

课程标准是国家意志的体现,理解、执行课程标准是新课改下教师教学的基本前提,不了解课程标准的教学可谓是盲目的教学。教师需要通过课标的学习形成课标意识,以宏观指导自己的教学。我们的一项研究也表明,新课改经过十个年头时,仍有 1/4 以上的教师没有认真学习过课程标准。而经过进一步分析和访谈发现,教师不认真学习课标主要出于两种原因:一种原因出于对课改的阻抗和不认可、不信任,懒得去认真看课标,教学方面我行我素,一如既往,至多教学中根据自己所了解的新课程理念做个微调;另一种原因是对教材的过分依赖,认为新教材代表了新课标精神,那就是教学的蓝本和依据,"教新教材、用新教材教"就是新课改,还看课标干什么?[①]

课堂具有相对私密封闭性,教师在课堂中是否落实了课改精神只有自己清楚,缺少有效监督和制约,这使得课改理念的落实在很大程度上靠教师的自觉和自我约束。而多数人存在着天然惰性,加之体现课改理念的教学策略的缺失性或

---

① 邵光华,涂俊甫,范雨超."新课改"背景下教师教学发展现状研究[J].课程·教材·教法,2011(11):102-107.

非现成性,教学评价的依然单一性,以及教学惯性等综合影响,许多教师仍不能真正以改革者的身份与新课程"同行",而是潜意识存在着课改"阻抗",教学安于现状而缺乏创新,仍只关心学生的学习结果而不关注学习的过程体验等。社会把学生的教育工作、家长把学生的升学期望、学生把自己的未来全部寄希望于教师身上,导致教师无形的思想压力增大,致使许多教师在"熟能生巧"思想(而忽视"熟能生厌"的心理)的左右下,不顾上级教育行政部门三令五申的"减负"要求而给学生布置过多的作业和练习,而与此同时也增加了教师自身的有形的教学工作负荷。当问及"当前教学方面存在的最大问题是什么"时,教师普遍感到理念与现实存在冲突,先进的教育理念跟实践操作存在差距,都是"虚"的而无"实"的,都是能"说"的而无能力"抓"的。突出表现在,缺少实践层面的能提高教学质量(成绩)的有效教学方法和策略,如教师实践操作中无法顾及每一个学生而让他们都得到良好发展,无法消解日趋严重的学生两极分化的现象;没有有效调动学生学习积极性的方略,使他们真正爱上学习;有轻负高效的政策,却无轻负高效的具体方法;对后进生没有行之有效的管理手段,因材施教难以落实,差异教学难以实施等。[①]这些都困扰着教师的日常教学生活,这也是教师阻抗课改新理念的重要原因——说得天花乱坠,实际做时无法下手。

新课改将教师定位为"引导者",即当学生迷路的时候,教师不是直接告诉方向,而是引导他们辨明方向。教师的职责是坚信每个学生都有学习潜力,对学生不能形成先入为主的成见,对所有学生一视同仁。在课堂教学中,教师要尽量给予每一位学生平等的讨论机会。但目前教师的教学现实是:"教学方法仍旧以课堂的讲解、归类为主,多总结,将复杂问题简单化,便于学生理解和记忆。""上课时有小组合作,不过不是经常举办,还是觉得有点耽搁时间。感觉这个新的教学方法不是非常适合。现在还是以给学生灌输知识为主。"

新课改将教师定位为"帮助者"。在教学生活中,教师不是孤立地单独存在,而是与他人交互作用的"共在"。可以说,教师是一种伦理性存在。[②] 教师作为"帮助者",是在学生登山累了的时候,唤起他内在的精神动力,鼓励他不断向上攀登,而不是拖着他走。然而在教学实践中,社会的评价体系仍然牢固存在,考试和分数仍然是衡量发展的标准,"主要压力就是你教的学生成绩好不好,你比别人好吗?三年下来之后,你学校的成绩相比其他学校的成绩好吗?"处于其中的

---

① 邵光华,涂俊甫,范雨超."新课改"背景下教师教学发展现状研究[J].课程·教材·教法,2011(11):102-107.

② 罗儒国.教师教学生活研究——基于生存论的审视[D].兰州:西北师范大学,2007:18.

教师虽然是教学生活评价的直接执行者,但评价的标尺像一把利剑悬在每个教师的头顶,不敢怠慢。由于"做题目的学校,考出来的平均分,可能是会比我们不怎么做题目的学校高一些,这样一来,我们就感觉,啊,我们不行嘛,所以赶快做题目",教学重蹈覆辙。而新课改所提倡的唤醒与启发,在面对分数和考试的检验时,可能并没有直接讲授来得效率高,甚至这种帮助,会成为一种无为的表现,教师在理想与现实之间左右为难。"最大的问题是学生不会思考,可能是我们的压力,让学生取得好成绩,让学生不停地做题目,学生慢慢失去了思考的能力。老师也很矛盾,比如作业少布置一点,让学生多想想,但即使作业少了,他也不会去想。"

新课改将教师定位为"导演",要求教师不仅仅是实施者,也是研究者和创造者。把教学变成一种创造性的活动,对教师而言太难,没有明确和操作的指导,只是以往的很多经验不足以复制和参考,新课改需要教师付出创造性劳动。同时,帮助引导学生主动思考,而不是"自导自演"。然而在教学中,教师主体意识缺失,只是成为了社会的代表、知识的权威、道德的化身等,教师的个体生命体验被掩藏,失去了个性的"我",取而代之的是科学道德的代言人的"老师"。

第二节　教师教学阻抗的现象学还原

现象学研究的出发点是"回到事情本身",即"让现象本身根据显现的方式得以描述的一种方法,并根据人具有对自身的领悟因而是显现的基地这一点,把现象学导向对人自身的种种现象的描述,从而导致释义学的现象学"。本节根据这样的理解,通过现象学还原,厘清教师教学阻抗的深层次原因。

一、教师教学阻抗的知识观还原

教师的知识观是指教师对待知识的态度,即认为什么是知识,知识是以哪种形态存在的,知识有什么用,这是其教学观形成的基础。教师有何种知识观,在一定意义上影响着教师在教育中扮演何种角色。

在新课程改革中,教师持有的还是知识本位观,始终坚信"知识就是力量",教学就是"教知识",课改无非就是改教材内容。正如其中一位受访者所认为的,"教学改革、课程改革就是教材变新了"。循此逻辑,"教学内容怎么改,就教什么内容"，教学就是教教材中的内容。至于什么是课程标准都"不重要"，因为教学"内容都能讲得完"。

当知识是固定的、客观的、绝对的时候，教材内容则是由那些被证明永远正确的原则和观念组成。因此，教学活动是拥有知识的教师向尚未占有知识的学生传输知识的过程，教学活动变成了师生之间对客观知识进行传输、复制与占有的活动。受这种知识观的影响，教学的方式是深刻讲解、重复练习、机械记忆以获得知识量的最大积累，而检验的标准则是对知识回忆、复述的完整性和准确性，知识应用的熟练性和正确性，这是一种静止的冷藏库式的知识观。学生将知识塞进头脑以应对考试，走出考场则是空空的脑袋和"撕成一片片，撒向天空"的课本碎片。

新课标理念强调知识的非客观绝对性，从三维目标入手对教学过程和结果做出要求，重视知识被探究的过程，强调过程性和相对性，认为知识不是凝固不变的东西，它在社会自身的潮流中积极活动着；[1]知识不是等待被人发现的东西，它由人类构建出来，需要不断被经验修正。在这种知识观的引导下，学生成为学习的主人。课程内容要与学生的生活实践经验联系起来，为学生在实践中应用所学知识提供时间和空间，让学生活用所学知识。那么，课程内容就不仅仅只是教材中的确定的内容了，同时，教师只是"对教材都比较熟悉"已不够了。教师更加倾向于系统知识的传授，或传授系统的知识，这受知识是静止的、外在的观念影响。所以，教师认为"老的教材更系统、更清晰些，一步步地走，好操作一些"，这种"念旧"情怀跟教师的知识传授观有关。教师因为拥有知识而具有传授知识的权力，学生是被动的接受者，师生关系是不平等的授受关系，其中教师在知识传递中拥有至高无上的权威。同时，教师拥有对课程知识进行解释的权力，学生作为知识的接收方，能做的只是记忆、背诵、理解、重现、应用，以求占有知识。同时，由于教师对知识的解释内含既定的程序和明确的标准，教师自己的观点、感情和立场在解释中也被淡化。在与知识的相遇中，倘若人不能控制知识，那么知识就将控制人，人就变成知识的奴隶，[2]教师也因此沦为了知识的"传声筒"。新课改的知识观强调知识的建构性。学生作为鲜活的生命体，与教师一样拥有课程知识的解释权，带着自己的知识经验、思考和灵感参与教学活动，成为课堂教学中不可分割的一部分。

传统知识观下的教学活动围绕以教师、学生、教材为顶点的三角形的"五心"展开，它们分别是知识中心、教学中心、练习中心、考试中心和分数中心。教师的

① 杜威.杜威教育论著选[M].赵祥麟,王承绪,编译.上海：华东师范大学出版社,1981:36.
② 薛晓阳.知识社会的知识观[J].教育研究,2001(10):25-30.

角色定位为"知识的传授者",具体表现为:(1)知识单向传输:教师讲,学生听;(2)以知识传输为主,教师对学生的情感、态度、价值观关注度不够;(3)学生在教师的控制和监督下练习,接受考试;(4)教学目标、内容、方法、进程和质量评定都是依据当下的"小升初"、中考、高考而定。在传统知识观支配下的教学,原本就是教知识,考知识,而考知识通过两个方面,一是记忆,二是运用,后者又被称为能力。知识是人类劳动生产活动的抽象产物,脱离了"生源地",也脱离了生活土壤。因此,纯知识的教学往往会让学生由于枯燥、抽象而缺少学习兴趣。

新课改提倡的知识观认为,学生不仅是知识的接收者,还可以解释、重组和建构知识,他们也有权力、有能力对任何知识进行质疑和反驳。知识不再是固化的(一桶水)、孤立的(教师单项教授)、目的化的(围绕目标,精心组织)东西,允许教师和学生可以从不同的视角去思考,师生都可以是主动建构知识的主体,教学是师生共同创造的一种开放性、思考性的过程,不仅围绕着知识展开,而且流淌着审美的、生命的体验。注重过程,强调知识的学习应该连同"生她养她的母体"一起学习,主张教学回归生活。

而这种新知识观下的教学,教师无从把握,难道"公说公有理,婆说婆有理"吗?况且考试不是这样的,答案是确定的,考试评价与倡导的知识观之间的矛盾让教师无所适从,而课堂操作层面的苍白让教师又显得无助,阻抗由此产生。

二、教师教学阻抗的教学观还原

课程改革对教学的影响是什么?教师在其中担任什么样的角色?从访谈的资料中可以看出,教师还是固着于已有的教学观,认为教学"哪有很好的法,还是按原来的法教","教数学还有啥好法?讲罢,再练。讲清楚,讲懂学生"就是了。

课程改革中,教师角色被定位为"课程执行者",任务就是忠实于设计好的课程方案,典型的要求就是教师的教学必须是基于课程标准的教学。如此角色定位,让教师在课程改革中缺乏主动性,教师只能也只需要跟在课程目标后面亦步亦趋,被动地执行指令性的任务。教师考虑的则是如何有效地把规定的课程内容教给学生,而不是为什么要教,责任就在于忠实地执行课程标准。教师已经牢固地树立了"教教材"的"教书匠"角色意识,未能充分认识到教材对于教学的重要意义,也没能看到教材的局限性。鉴于此,学者指出教师要"用教材教,而不是教教材"。然而,仅有此观念,仍然解决不了"教"的问题——用教材"教"该怎样"教"?与"教教材"的教法一样吗?

在很长时期内,我国基础教育实践中缺乏课程理论的普及,一线教师的任务就是将教材内容按照教学计划、教学大纲按部就班地教授完成。因此,教师虽然接触到了新课改提倡的新的教学方法,但由于没有理解这背后的支撑理论,仅仅停留在形式上的复制和模仿。在教师培训中,教师都希望让优秀教师给他们上一堂"示范课"或"演示课",背后最原初的理由就是"模仿优秀教师的课",新课程给教师的教学带来的改变往往是"始于模仿也止于模仿"。因此,一些课尤其是公开课"徒有其表",并不是基于教师的教学观而生成的课。一些教师已有这方面的觉悟,"像合作学习就要根据学生情况,需要就用,不需要就不用,现在很多公开课为讨论而讨论,就给学生一两分钟,完全是做表演,是浪费时间。备课时就要考虑,这个地方有难度,就讨论一下,不需要讨论还装个形式讨论不就是浪费时间吗?"不再是一味地迎合,而是真正根据教学内容适当设计。

课程改革中,教师不仅是课程的实施者,同时是课程的开发研制者,是实现课程向教学实践转化的最主要的助推力。"教学中的课程""作为课程进程中的教学"等提法反映了这一倡导的新概念。"教学中的课程"明确了课程与教学的有机联系,强调应在具体的课堂文化氛围之中理解课堂内容,并且要通过师生间的有效交互来实现,"课程知识"的输出不再是教学任务的终极任务,教师应思考如何将课程内容更好地运用于教学情境,设计达到教学目标的具体途径,以加深对知识的理解和形成对课程实践的解释能力。"就这个意义而言,教师与作家类似,他们必须构思自己在课堂中的'演出',只是教师的'作品'是随写随读的。与此同时,作为'演出'的参与者,学生也要为课堂实践做出贡献。"①这是课程改革给教师带来的崭新的教学观。教师教学的改变或教学能力的提高,绝不是知道并使用新的教学方法那么机械,也不是"再加上转变教学观念就够了"那么简单。

课程改革要求将"教学"理解为课程的实施过程,教学成为教师与学生为获得课程意义而共同建构课程的过程,这对教师的教育素养提出了更高的要求。教师不能再安于执行既定的课程知识,任何想方设法通过精确的指令、知识的单向传授、测验考试的评估去控制学生的企图,都是不符合新课程改革要求的,将来必然会走弯路。教师和学生作为教学过程的主要参与者、课程事件的创造生成者,应形成一种相互对话的关系,共同建构知识。然而,习惯于对学生给出明确的指令,要求学生严格地执行,仍然是教学中常见的现象,这背后是对自己"教书匠"角色的依赖,阻抗由此而生。

---

① 高文.现代教学的模式化研究[M].济南:山东教育出版社,2000:6.

三、教师教学阻抗的课程文化还原

课程起源于文化传承的需要。"有史以来,传递一定的社会文化是学校课程唯一不变的宗旨。"①作为一种自主的文化形态,课程不仅具有主体性和主导性,同时也具有批判性和选择性,它的作用之一就是推动社会文化的进步、创新与生成。

然而,在历史发展进程中,课程更多地充当着执行社会文化命令的工具,主体性和主导性并未体现。当课程只作为传递文化的工具时,课程目标便是以促进学生对文化尽可能完整地掌握为中心,教学方法表现为"掌握学习"和"占有式学习",即牢记所学过的已物化的"文化",以至于"有没有文化""有多少文化"成为社会对人才的评价标准。这种学习方法不外乎两种:"不是把学过的东西硬塞进大脑里,就是小心翼翼地保存笔记。"②好学生的判断标准是尽可能准确无误地复述学习的内容。

作为文化传承工具的课程塑造出的也是工具式的人,如"思考比较少","偶尔也做一点反思或总结,但是很难坚持下去","学校的其他工作量太大,有时候都很少有时间备好课,所以还得晚上加班"。"所以老师也很痛苦,毕竟从课标的理念去引导学生,老师本身也必须具备很优秀的素质,他不是为了考试在教学生,但同时也能让学生考得好。"在工具性课程文化观下,师生都丧失了在教学过程中追问、批判与反思的能力,自主探究、质疑与思考的能力找不到适合发展的土壤。布迪厄曾说:"如果一个人只是将他的思想停留在不思的阶段,那么就表明他甘居于一种工具的地位。"③工具性课程文化观不仅钳制了学生的主动思考的能力,也无益于教师在教学中主体性的发挥。

原有的单向服从与信息传递式的师生关系已然不适合新课程文化的发展,需要建立起双向交互平等的师生关系,由权威转向平等合作。习惯于工具性课程文化的教师,虽然意识到以往的单向服从与信息传递式的教学活动已不适应时代的需求,然而由于教学的惯性,教师在教学活动中没有机会和条件思考,以至于最终没有勇气和能力思考"具体该如何做"。

新课程文化意味着对教师素质能力等方面要求的提高,要求教师从"独奏者"

---

① 郝德永.文化性的缺失——论课程的文化锁定现象[J].南京师大学报(社会科学版),2002(2):77-83.

② 弗洛姆.日常生活中的两种生产方式:占有与存在[M].林方,译.北京:华夏出版社,1987:331.

③ 邓正来.研究与反思——中国社会科学自主性的思考[M].沈阳:辽宁大学出版社,1998:12.

角色过渡到"伴奏者"角色,从以传授知识为主到鼓励学生思考、反思以及形成自己的理解。如果教师仍然将自己定位为"传统的教书匠",当新课程文化迎面而来时,他感受到的是一种无力感,无力创造一种开放的、有助于师生合作和学生独立探究的学习情境。如果学习不再是单纯地完成既定任务,教师不提供死记硬背的知识,那么这对教师在师生协商的基础上让学生探究性地学习的教学素养提出了更高要求。如果找不到方法,得不到自我发展的途径,阻抗自然产生。

第三节 教师信念及对教学行为影响的个案分析

影响教师行为的因素很多,其中之一就是教师信念。教师不坚定的课改信念直接影响教师的课改行为,包括课改阻抗行为。我们通过一个个案分析探讨了教师信念对教师行为的影响。[①]

一、课堂活动精细分析框架

本研究运用课堂观察、田野记录、录像、教师访谈等手段,以改造后的舍费尔德(Schoenfeld)的精细分析方法作为本研究的分析工具。[②] 分析框架如图 7-1 所

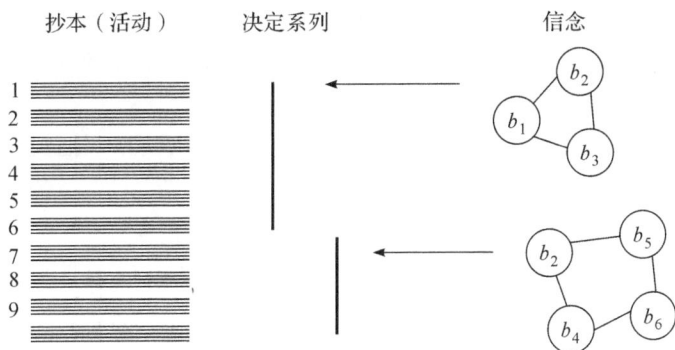

图 7-1 教师信念、决定与教学行为关系分析示意

---

① 李国强,邵光华.新课改背景下教师信念对教学行为影响的研究——基于课堂活动精细分析的视角[J].课程·教材·教法,2009(10):80-83.

② SCHOENFELD A H. Models of the teaching process[J]. The journal of mathematical behavior, 2000,18(3):243-261.

示,左边的横线表示师生活动抄本(详尽记录师生活动的文本材料),为便于分析和叙述,分别对抄本线标出序号;中间的竖线表示每个决定的影响时效;右边是影响决定的信念包,第一个信念包由信念 b_1,b_2,b_3 组成,第二个信念包由信念 b_2,b_4,b_5,b_6 组成(两个信念包可包含相同的信念);左指的箭头表示信念包开始发挥作用的地方。如第一个箭头指向抄本的第 1 行,表示第一个信念包在活动开始就发挥作用;同样,第二个信念包在抄本第 7 行开始发挥作用。

二、教师信念个案分析

本个案研究的对象是一位从事中学教学工作 12 年的数学教师(称为教师 A)。通过访谈,我们了解到随着新课程的推进,教师 A 对新的教学理念(如合作学习等)已有一定认识,但原有的传统信念仍挥之不去。也就是说,教师 A 的信念系统是双重的,许多方面还是矛盾的,甚至是对立的。他的传统信念已沉浸在长期教学实践中,新的信念正在显现、发展。在这样一个充满着矛盾或冲突的信念支配下,一些课改阻抗行为的产生也是自然的。

教师 A 的两套信念系统主要包括数学信念、数学学习信念与数学教学信念三方面,现归总如表 7-1 所示。

表 7-1   个案教师的信念系统

项目	传统信念	新的信念
数学信念	数学是由符号、结论、方法、操作技能等汇成的知识集合,包括定理、公式、法则和运算(证明)程序等	数学是有意义的活动,包括问题解决、调查研究、概念理解等
数学学习信念	学生要通过独立学习获得知识,听教师讲解、独立思考、记住题型及解题方法是学习的重要途径	学生应通过相互讨论,在领悟不同见解的基础上建构自己的理解,积极参与小组讨论是学生学习的有效形式
数学教学信念	教师是学生所学知识的来源;教师要讲明白、讲透数学知识,通过详尽的例题讲解以教会学生怎样解题;教师要清楚、完整地解答学生提出的问题	教师不是学生获取知识的唯一资源,更不是知识的直接来源;教师可通过提问等方式给予提示,不能直接告诉学生问题答案或解题步骤;教师可通过分组教学,对各小组动态管理,鼓励学生共同进步

从访谈中我们还发现,教师 A 认为传统的数学观确实有很大局限性。他承认他不清楚学生走出数学课堂、远离纯粹的符号操作时,还能在多大程度上感受到数学的价值。但是,教师 A 仍然认为数学教学的目的就是让学生掌握数学概念、定理、法则及运算技巧等。他不赞成把知识灌输给学生,但又担心如果教师不详细清楚、面面俱到地讲解教材内容,学生将很难真正掌握知识。

访谈中明显感觉到,教师 A 认同合作学习有助于学生建构知识和加深理解,有利于培养学生的合作意识、合作能力,同伴讨论、相互补充应该是促进学生学习的有效方式;同时,他又心存顾虑:经常的合作可能弱化学生的独立思考能力,也太费时间。应该说,他的新的合作信念还很脆弱,有些想法也不成熟。

三、个案教师课堂教学片段及分析

教师信念内隐于教师的心灵世界,为了从课堂活动精细分析的视角探讨新课程背景下教师信念对教学行为的影响,我们实地选取了教师 A 的课堂教学片段。

【片段背景】

教学片段是关于"一次函数的应用"课堂部分实录,学习任务是解决下面的实际问题:

> 某电信公司开设甲、乙两种市内移动通信业务,甲种使用者每月需缴 15 元月租费,每通话 1 分钟再付话费 0.3 元;乙种使用者不缴月租费,每通话 1 分钟付话费 0.6 元。请你根据一个月的通话时间,确定选用哪种通信业务更优惠。

在上课之初,教师 A 为便于分组讨论,把全班分成若干小组,每组 3～4 人。从教室课桌布置、学生的座位安排来看,这节课洋溢着合作教学的气氛。上述问题出示后,学生开始思考,然后相互讨论。教师巡视各组,并给予指导。当教师 A 走到由四位学生 L、W、Z、S 组成的小组旁时,一位学生向教师提出疑问。选取的教学片段由此开始(见图 7-2)。

【片段分析】

教学片段中,教师 A 主要做出三个决定。第一个决定(d_1)是让学生相互讨论、充分发表自己的见解。学生 S 向教师提出疑问(第 1 行),教师 A 并没有直接

抄本（师生活动）　　　　　　　　　　　　　　决定系列$d_1d_2d_3$　　影响决定的信念

1 S: 老师，不知道通话时间，怎样确定哪家业务优惠？
2 T: 你和他们几个讨论一下？
3 S: 我问他们了，他们也不知道。
4 W: 若一个月只打1分钟，用甲业务需要15.3元，乙业务仅需
5 　　0.6元，乙种业务便宜；若一个月打2分钟，甲业务需要
6 　　15.6元，乙业务仅需1.2元，乙种业务便宜；……
7 　　若一个月打10分钟，甲业务需要18元，乙业务仅需6元，
8 　　还是乙种业务便宜。所以结论是用乙种业务便宜。
9 T: （看着其他儿位学生）你们认为他说的有道理吗？
10 Z: 有，和我想的差不多。
11 L: 我试了一下，若一个月通话时间多些，如100分钟时，甲
12 　　业务需要45元，而乙业务需60元，这时，甲业务便宜。
13 S: 我知道了，每月通话时间多时，甲种业务便宜；每月通话
14 　　时间少时，乙种业务便宜。
15 T: 你能否说得更明确点，到底通话多少时间时甲种业务便宜？
16 　　通话多少时间时乙种业务便宜？
17 W: 不知道。
18 　　（教师A看着其他三位）
19 T: 你们谁能说说？
20 　　（其他三个同学摇摇头，都说不能。教师A迟疑了一下。）
21 T: （边在草纸上写边说）这个问题可这样解决：设通话时间为
22 　　x分钟，一月的费用为y元，对甲种业务来说，$y=15+0.3x$；
23 　　对乙种业务来说，$y=0.6x$，解方程$15+0.3x=0.6x$可得，$x=50$，
24 　　说明当一个月通话时间为50分钟时两种业务的话费相等。
25 　　（教师在同一坐标系中画出$y=15+0.3x$和$y=0.6x$的图像）
26 T: (结合图像)当通话时间多于50分钟时，$y=15+0.3x$的图像
27 　　在下边，所以甲业务便宜；当通话时间少于50分钟时，
28 　　$y=0.6x$的图像在下边，所以此时乙种业务便宜。
29 T: （看着四位同学）明白了吗？
30 L和W: 明白了。
31 Z和S: 还不太明白。
32 T: （看着L和W)你俩给Z和S讲一讲。讨论一下是否还有其他
　　　解法。
33 　　（教师A又走向其他组）

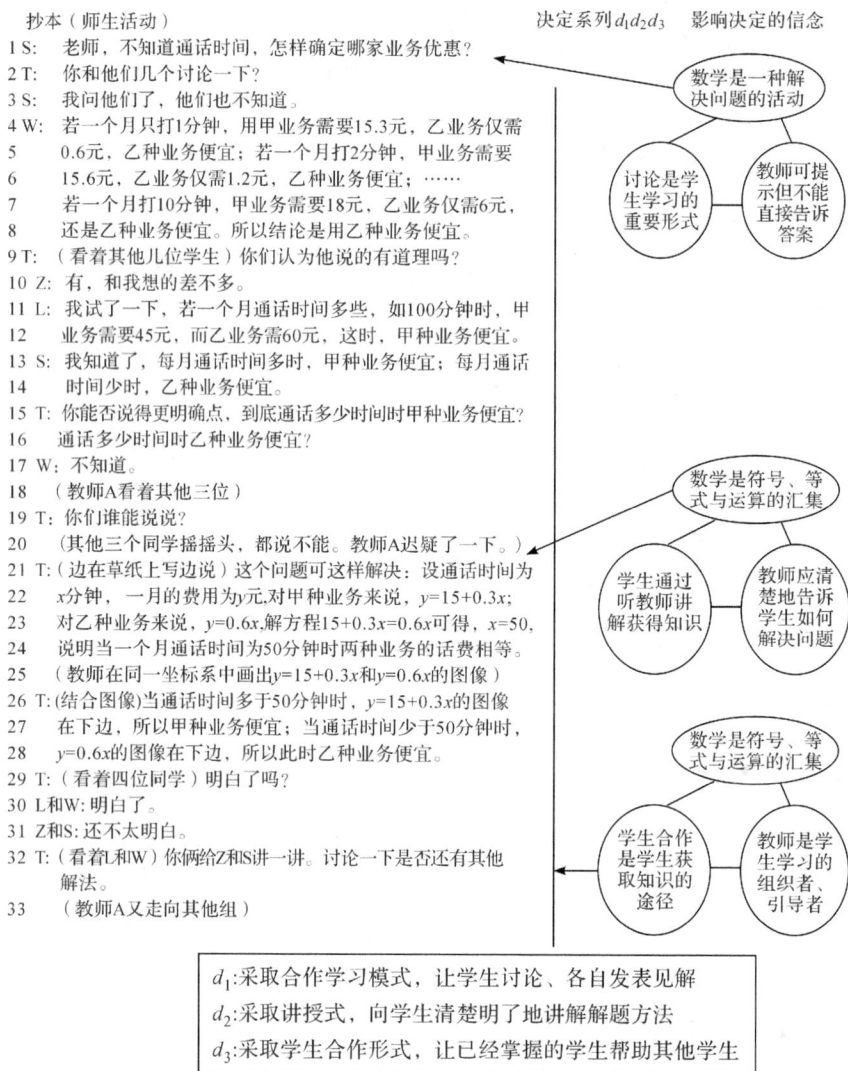

d_1:采取合作学习模式，让学生讨论、各自发表见解
d_2:采取讲授式，向学生清楚明了地讲解解题方法
d_3:采取学生合作形式，让已经掌握的学生帮助其他学生

图 7-2　个案教师的活动抄本、决定系列与影响决定的信念的示意

解释，而是让四位同学讨论（第2行）。从第3行到第14行，学生各自发表见解，虽然学生 W、学生 L 的想法较片面，但至少说明他们在思考。学生 S 的结论虽笼统，却向正确答案迈出了重要一步。可以说，在决定 d_1 的影响下，师生、生生之间的互动合作是有效的。当进行到第15行，教师 A 问道："你能否说得更明确点……"四位学生都说"不能"。教师 A 迟疑后，做出了与原来截然不同的第二个决定（d_2）:运用传统的讲授式，向学生清楚明了地讲解解题过程（第21行至第28

行）。这期间，学生的任务就是聆听教师的讲解，体会教师的思路，没有一个学生提出异议。到第31行，当教师A发现两位学生明白，而另两位还不太清楚时，教师A做出第三个决定（d_3）：不再重复讲解，让学生合作、互助。特别值得指出的是，教师A离开小组前，引导学生思考题目的其他解法。

在上述过程中，教师A为什么会不断地改变决定呢？从课后与教师A的座谈中了解到，教师A采取第一个决定（d_1），主要是以下信念组成的信念包影响的结果：(1)数学是一种解决问题的活动；(2)讨论是学生学习的重要形式；(3)教师可以启发学生，但不能直接告诉答案或解决问题。在这个信念包的影响下（第2行），教师A理所当然地重视学生解决问题的过程，放手让学生讨论，同时给予一定程度的提示，尽可能让学生发挥他们的主动性和创造性。

但是，当四位学生回答不出教师A提出的问题时，"教师A迟疑了一下"（第20行）。此时，教师A的合作信念受到质疑，他"容忍"不了学生的反应，正在思考一种可以替代的教学行为，帮助学生走出困境。这时，教师A的传统信念开始显现：(1)数学是符号、等式与运算的汇集；(2)学生通过聆听教师讲解获得知识；(3)教师应该清楚明了地向学生讲解解题思路。在这些信念组成的信念包的影响下，教师A转而做出第二个决定（d_2），把解题过程完整地向四位学生讲了一遍（第21行至第28行）。此阶段教师A关注的是学生能否把题目中隐含的关系用字母符号表示出来，对解方程（等式）的运算程序是否掌握，自己的讲解是否清楚。

第32行，教师A做出了第三个决定（d_3），教师A的教学行为又出现转机。这一决定与下面的信念是分不开的：(1)数学是符号、等式与运算的汇集；(2)同伴合作是学生获取知识的途径之一；(3)教师是学生学习的组织者、引导者。教师A的决定中隐含着让学生L、W向其他两名学生解释一次函数的解析式、解方程的步骤等。教师A意识到教师不应是学生知识的唯一来源，学生合作、互助也是学生获得新知识的途径。教师A离开小组前启迪学生讨论问题的其他解法，更表明教师A认识到教师只是学生学习的组织者、引导者，对学生的学习不能越俎代庖，要给学生留出探究思考、发挥潜能的空间。

纵观整个教学片段，教师A在原本充满合作教学的氛围中，表现出典型的传统教学特征，反映了两种信念系统对教学行为的影响情况。

四、结论及启示

(一)新课程背景下教师信念具有双重性

新课程改革带来了许多新的教育理念。客观地说，大多数教师对这些理念持赞成态度。教师在教学实践中也深有体会,他们承认传统信念确实存在一些弊端,不利于学生全面发展,应当改革。但是,由于一些新教育理念较为抽象且过于理想化,操作上存在一定的困难,而经过长期实践,教师原有的传统信念已经形成思维定式,在教学中发挥得淋漓尽致,特别是"学习成绩第一"的背景下,可以说是"成效卓著",很多教师对此颇有感情,甚至难以割舍。这就导致下面有趣现象的出现:虽然教师传统信念与新课程理念在很多方面是矛盾对立的,但是很多教师既坚信新课程理念有道理,同时又在传统信念的支配下进行教学,教师信念可谓处在一个"两难""激荡"的境地。教师 A 就是此转型期的一个典型代表。在他的教师信念系统中同时存在着并行的新旧两套系统,新的信念系统时而显性呈现,发挥效力,时而又被动摇,旧的信念系统虽有时被压制,但不时地又会冒出来左右教师 A 的教学行为,由此,教学阻抗行为产生。

(二)教师信念与教学行为通过教师的决定相互影响

分析教师 A 的教学片段,可以看出,教师信念是教师教学行为背后的有力支撑,教师信念影响着教师的教学行为。当然,有些影响可能是下意识或隐性的。课堂上,在不同信念(以信念包的形式)的影响下,教师做出决定。教师信念像一把尺子,始终在衡量和评判教师的决定。教师信念又像一把剪刀,教师一旦做出决定,就会对教学方式进行取舍,采取不同的教学行为。教师教学行为的效果(教学情境)对教师信念具有反作用,教师常常根据学生反馈回来的信息反思正在坚持的信念并不断进行调整。在对教师做出的决定进行评估的基础上,教学情境和教师信念一起引导教师采取新的教学行为。教师信念与教师决定、教学行为的关系如图 7-3 所示。

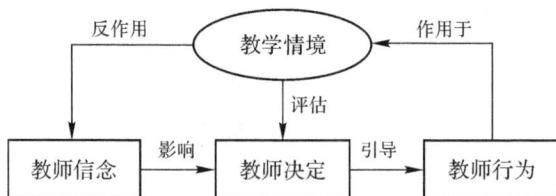

图 7-3　教师信念与教师决定、教师行为关系示意

教师信念与教学行为之间的交互影响关系提醒着课程改革的推广者,要想促进课程改革的成功实施,必须综合考虑教师信念与教学实践。

(三)转型期教师的信念正在逐渐转变

新课程的实施对教师来说,既是挑战,又是机遇。挑战意味着教师必须从观念到行为做出调整以适应新的要求,机遇意味着为教师的专业发展提供了新的契机。

如前所述,新课程提倡合作学习和分组教学,教师 A 也曾试图改变传统教学方式。在这样的背景下,教师 A 的合作信念应该对整个教学发挥着强势作用。但教学片段却显示,在师生互动中,与合作信念相符合的教学行为受到长时间中断,取而代之的是传统讲授式教学。这不能不让我们感到,在教师的信念系统中传统信念具有相当的稳定性和顽固性。但是,令我们欣慰的是,教师 A 在教学片段的开始部分,进行了相当成功的合作教学,教学片段结束时,也显示出较明显的合作信念。这说明,新课程背景下教师的教学信念正在逐步转变。教师 A 的合作信念虽然还比较脆弱,处于信念系统的边缘位置,根据前文中关于教师信念的相关理论,我们可以推想,如果教师 A 坚持合作信念,相信它必将能成为其主导信念,与合作信念对应的教学行为必将成为其惯用行为。

(四)反思教学成效有利于重构教师信念

在教师的教学生涯中,信念是不断被重构的,而这种重构又是十分艰难的。近几年,为推进课程改革,改变教师的传统信念,教育行政部门和相关机构举行了大规模的教师培训。教师培训的一贯做法是陈述传统信念的弊端,解读新课程理念的亮点,以此引导教师应该具有什么信念,不应该具有什么信念。这种改变教师信念的做法,已被不少学者证实大多是无效的。[1] 根据上述研究,我们认为要改变教师信念,不仅要从理论上进行诠释,更要反思原有信念和证实实践。如果新理念的实践有利于教师获得教学成效,教师自然愿意接受,进而成为他们新的信念;反之,如果一些原有信念对教师获得教学成效具有不利的影响,教师也自然会摒弃。因此,通过比较新旧理念下的教学成效,引导教师反思传统教学信念,让教师实实在在地感受到原有信念的不足和新理念的优点,是重构教师教学信念和改进教学实践的有效途径。[2]

---

① GUSKEY T R. Professional development and teacher change [J]. Teachers and teaching: theory and practice,2002,8(3):381-393.

② 邵光华,顾泠沅.中学教师教学反思现状的调查分析与研究[J].教师教育研究,2010(2):66-70.

第八章

课程改革中教师培训阻抗的现象学研究

　　新课程培训是伴随新课改而进行的一场大规模、全方位、时间长的教师全员培训。《基础教育课程改革纲要（试行）》第十七条明确规定："地方教育行政部门应制定有效持续的师资培训计划，教师进修培训机构要以新课程所必需的培训为主要任务，确保培训工作与新一轮课程改革的推进同步进行。"而对于培养新教师的"师范院校和其他承担基础教育师资培养和培训任务的高等学校和培训机构应根据基础教育课程改革的目标和内容，调整培养目标、专业设置和课程结构，改革教学方法。中小学教师继续教育应以基础教育课程改革为核心内容"。新课程改革要求教师与新课程一同成长，从教育理念到教学行为，从宏观理论到微观教学，大量的教师培训应运而生，这也是前七次课改不曾有过的。面对培训，教师们的态度如何？收获了什么？参与培训的体验怎样？有什么样的期望？……而这些又能给未来的教师培训工作带来怎样的思考？

第一节　从教师培训的研究中看到了什么
——历史的回溯

　　伴随新世纪基础教育课程改革而来的是教师培训。面临新课程理念、新教材、新教学方式，需要对教师进行更新教学观念、改变教学方法、树立新的学生观等方面的培训。正是这场课改涉及了大规模的教师的培训，使得这场课程改革像是一场浪潮,席卷全国,造势浩大。国内学者针对新课改背景下的教师培训的效果进行了深入的剖析调查研究。2008 年,关于中小学教师培训效果的一项调查研究表明,65.8％的参训教师表示满意,其中 19.8％认为培训总体效果"很好",选择"比较好"的比例占 46％。① 2010 年的一项研究表明,教师对目前开展的各种培训的效果总体评价一般,需要进一步增强教师培训的实效性。相比而言,教师对数学、语文、外语三门学科的培训效果评价相对高些,但科学科和人文科相对较低。教师不满意培训的原因很大程度上在于,培训目标不是指向专业知识发展的,太多是不切合当前学校教育教学实际、中听而不中用的理念和观点,一些经验介绍又不具有可复制性。② 2012 年的一项调查研究显示,只有 57.5％的参训教师对培训效果表示满意(非常满意＋比较满意)。③ 总体而言,还是有许多教师对培训并不满意,致使一些教师产生这样的疑惑而找不到答案:"最近,我常常在想,工作以来,参加过很多报告会和培训班,聆听了众多著名专家学者的学术报告,也听取了很多优秀教师介绍自己的工作案例,自己从中到底收获了什么? 对于我们广大一线教师的专业发展到底起了多大作用? ……"

一、教师培训相关研究综述

关于教师培训,一直以来都有,但都是小规模或针对部分教师的,像这种大规模的、几乎成运动式的全员培训是历次课程改革所没有的。关于新课程改革以来的培训,专家学者进行了诸多研究,下面略做梳理。

在培训制度上,伴随着我国中小学师资力量的发展,各级政府均制定了相应的教师培训制度,地方各级中小学教师培训制度同中央制度基本类似,主要包括组织管理制度、条件保障制度、考核与奖惩制度和培训机构制度等。④ 由于"自上而下"等方式造成教育管理机制的不健全,中小学教师的工学矛盾表现得较为突出,教师在岗位上都有自己的教学任务,甚至有些教师同时担任两三门学科的教学,繁杂的教学任务给教师培训带来了一定的影响。更何况优秀教师外出培训也会给学校的教育质量带来压力,校际间的竞争激烈,家长不答应,校长更负不起这个责任。如果培训是在教师工作时间开展,教师就要外出参加培训,这就导致他

① 于伟,等.新课改教师培训效果调查报告[J].中国教育学刊,2008(10):27－29.
② 邵光华.高中教师专业知识发展的状况[J].教育理论与实践,2010(35):34－36.
③ 薛海平,陈向明.我国中小学教师培训质量调查研究[J].教育科学,2012(6):53－57.
④ 薛继红.从制度的功能与变迁谈中小学教师培训制度的功能缺失[J].教育理论与实践,2015(1):39－43.

们在工作和培训之间产生了工学矛盾,从而对教师培训产生了消极作用,甚至油然而生一种培训阻抗。为此,学校的一般做法就是要么减少教师外出培训的机会,出现领导指定人选、论资排辈等现象,成为某些教师的"福利";①要么制约教师个性化学习。中小学教师培训也分层级,国家级名师培训是最高级别,其次是省级名师培训,培训旨在培养参训教师,发展他们的专业能力,希望返校后能辐射、带动其他教师,将培训成效转化为种子效应,以此抵消外出培训机会减少的影响。但种子效应只适合教师学习一般知识,并不适合他们的个性化学习需求。②培训结束后,培训者与参训教师间几乎没有交流,培训也缺少后期总结和跟踪制度,从而使得许多培训变成"到场"签到,取得培训学分,达到一些行政规定。培训内容或培训课程缺少系统设计制度,常导致培训内容重复,没有突破。

在培训方式上,中小学教师培训方式比以往要丰富新颖很多,例如专题研讨、教学反思、案例研究等,甚至时髦的拓展训练也开始应用于中小学教师培训活动中,对于促进教师的专业发展起到了一定的作用,但比较普遍的培训形式还是专题讲座或报告。不可否认的是,在组织方式上,专题讲座的方式显得灵活多变、简便易行,能邀请相关专题的专家学者针对教育教学领域的热点问题进行讲解,确实具有它自身的优势。但是,以专题讲座的方式代替中小学教师的学习,造成中小学教师不能直接获得第一手知识,只能获得专家学者传递的间接经验和结论。这样的代替学习如果只是传授知识便无可厚非,但教师参加培训的主要目的是集中在能力培养方面的,③并不是否认专题讲座式培训对提高教师的专业水平及促进教师的专业发展的作用,更不是否认这种培训方式的价值,这种培训方式的最大缺陷在于传授的专业知识不系统且非常零散,而且更多的是直接呈现已有结论和答案,并没有在培养教师思维能力、习惯及方式上下功夫。有学者通过实验研究表明:传统培训活动中出现"倒二八现象",即培训组织在培训项目本身投入了85%的资源,但是只产生了24%的有效性。由此可见,大多数的教师培训都是以传统"静听—接受"方式为主,忽略了教师实际情况以及教学活动中的具体问题,虽然尝试了一些其他的培训方式,但过于专业化和理论化,也大大降低了培训效果,实效性不强。传统培训方式以知识目的先行、单向度传递、看重结果性评价方式为主要特征,虽然对于增加教师的知识储备、提高教师的教学能力起到了一些

① 李中亮. 教师培训机构国家标准建设研究[J]. 中国教育学刊,2014(6):93-96.
② 陈上仁. 对建立中小学教师培训协同机制的思考——基于大学、进修学校和中小学校有效合作的视角[J]. 教育探索,2015(10):108-111.
③ 周昌宝. 中小学教师培训热的冷思考[J]. 教育评论,2012(3):39-41.

作用,但流于形式的培训无疑制约了当前中小学教师培训多元化和个性化的发展,这必然会使教师培训无法达到预期效果,导致培训目的片面、教师主体性旁落以及教师生命体验缺失的局面。① 试想一下,在这种传统的培训模式下,无法充分调动教师的积极性,那么在教师素质提高及能力培养上恐会缺乏必要的成长空间。

在培训内容上,教师培训内容的设计对促进教师专业发展具有十分重要的影响。由于一些传统原因,培训课程重理论轻实践的情况比较严重,脱离了教师专业和教学实践发展的需要。访谈中,大多数参训教师苦诉他们希望能学习到教学方法与策略、学生发展与心理健康等内容,但实际情况却是接受最多的内容是学科知识和纯理论。② 这使得参训教师不免觉得内容空洞枯燥。有学者进行了一项调查,结果显示92.7%的教师认为,校本培训的内容基本贴近学校教育教学实际,大部分学校在设计校本培训内容时能够征询并听取教师意见。从具体内容看,校本培训主要集中在“教育新理论”“教育科研方法”“现代教育技术”“师德修养”等内容上,“学科前沿知识”“教育评价”以及“班级管理”等内容相对较少,而这些尤其是学科知识的更新与拓展是教师专业成长所必需的内容。这足以说明,当前的校本培训内容还不够全面,对教师专业发展的核心需求回应还不强。部分学校在校本培训内容的设计上比较随意,没有系统性,学年间和学期间的内容缺乏连贯性,忽视了教师的个性化需要。③ 众所周知,教师专业发展是一个具有阶段性的过程,不同发展阶段的教师所必备的培训和专业发展重点大不相同。久而久之,参训教师就会不满意培训内容,要求培训课程具备较强的现实可操作性和指导意义,形式应与内容相匹配的愿望愈发变得强烈起来。④

在培训效果上,新的课程观、学生观、教学理念等成为诸多学者关注的焦点。根据国内外中小学教师的培训发展情况,专业化趋势已经体现在培训效果的方方面面上。例如,美国有关教育机构已经建立起专门的教师评价标准,并且围绕此标准开展专门的教师培训。英国的教师培训体系也已经发展得比较

① 辛继湘,李金国.从“静听—接受”到“研究—体验”——中小学教师培训模式的变革[J].中小学教师培训,2015(1):17-19.
② 薛海平,陈向明.我国中小学教师培训质量调查研究[J].教育科学,2012(6):53-57.
③ 胡秀丽,苗培周,祁丽莎.当前中小学教师校本培训现状分析与对策思考——基于河北省部分县区的调查[J].教育理论与实践,2012(8):20-22.
④ 刘莉萍.新课改背景下中小学教师培训的调查研究——以成都市成华区中小学教师培训为例[D].成都:四川师范大学,2015:27-29.

成熟,基本都有第三方机构来实施对于培训组织、培训效果等方面的评价,整个培训运作的市场化程度较高。有学者认为,对于我国教师培训效果应当从两个维度进行分析:一个是如何从教师专业化发展角度评价参训教师;另一个是如何从项目管理角度评价培训组织和实施。众所周知,关于有效教学,专家学者早有界定:"是指遵循教学活动的客观规律,投入尽可能少的时间、物力和精力,实现尽可能多的教学效果,从而完成特定目标,满足个人和社会的教育价值需求。"①据此,有学者提出,不妨采用有效教学的"三有论观点"来描述对教师进行的"有效培训":有效果,指对培训效果和预期目标的吻合程度进行评价;有效率,借用经济学的观点,指对培训投入与培训产出(效果)的比例进行评价;有效益,指对培训目标和个人与社会的教育需求程度进行评价。② 整理已有研究发现,我国中小学教师培训不管是在重视程度方面还是其他方面的投入都有了很大幅度的提升,但不可否认的是,依然还存在一些问题亟待探索改进。有学者提到,在新课改背景下的教师培训中,有效的教师培训能够在一定程度上改善教师的教学方式和教学理念,同时也能极大地提高课堂教学中学生的积极性及参与度,课堂的有效性得以实现。③

在培训政策上,除了现在制定了一些较为强硬的培训要求外,学者对培训政策中的价值取向进行了比较。有学者通过对比 1986 年国家教委颁布的《关于加强在职中小学教师培训工作的意见》和 2011 年教育部颁布的《关于大力加强中小学教师培训工作的意见》文件发现,分别处于改革开放初期和全面建设小康社会时期的两份《意见》中,教师培训政策价值取向发生了明显变化,具体表现为:从关注"社会价值"走向关注"人的价值";从关注"社会外在需求"走向关注"教师内在需求";从注重"效率"走向注重"公平";从注重"知识培训"走向注重"能力和素质的提升"。④

从已有的研究中,我们看到了新课改教师培训各方面的基本情况,也感受到了随着时间的推移,培训方式也在发生着变化,人们试图将培训实施得更加适合教师的口味;同时,也看到了教师培训自身的各种不足。

---

① 肖成全.有效教学[M].大连:辽宁师范大学出版社,2006:16.

② 冯延平,常一民.中小学教师培训有效性的实践研究[J].中国教育学刊,2010(1):76-78.

③ 张海燕,吴红梅,徐文彬."新课程"培训究竟对教师产生了哪些影响?[J].上海教育科研,2006(10):48-49.

④ 单志艳.中小学教师培训政策的价值取向变迁——基于 1986 年和 2011 年国家关于中小学教师培训(意见)的文本分析[J].教师教育研究,2013(3):44-48.

二、导致教师培训阻抗的原因分析

已有研究均表明,教师的培训满意度并不是很高。现实中很多教师不愿参加培训,对培训存有抵触情绪。究其原因,大致可归为如下两种情况。

(一)客观上,中小学教师培训的实际情况与培训理念存在差距

学生的自主学习能力、学习热情以及综合素质的全面提升是我国新课改的根本目的之所在,实现这个目的的关键则落在了教师的身上。然而就目前的教师培训现状来说,受到了众多客观因素的影响,培训的诸多方面都没有得到很好的落实。参训教师,很多都是具有丰富经验的老教师,一开始都是带着问题参加培训,但培训后普遍反映收获不大,培训时学的是一套,在实际教学中用的还是自己琢磨出来的那一套,这就存在"学习的内容用不上,实际问题又不能得到解决",教师没有了成就感。现在的教师培训只是从理论到理论的"游戏",并没有让培训时"倡导的理论"及时转化为教师"采用的理论"。这些问题主要表现在:

其一,理论联系实际不紧密,教育理论难以指导教育实践,制约了培训成效,表现为舍近求远,一哄而上,厚"洋"薄"中",不切实际。[①] 大多数教师表示培训时听到的理论确实不错,但终究只是"雾里看花",实质性的东西太少,没法用到教学中去。

其二,操作性不强,缺少"行动研究"。教育科研部门与课堂存在距离,成果相互转换困难。例如教育科研方法这门培训课程,参训教师迫切想看到一个实际存在的模型,把培训时说到的无形的东西变成可操作的东西,这样的想法在培训中难以得到满足,教师不免产生失落感。

其三,培训后缺少反思。一般情况下的教师培训只看重"训",培训组织者希望能尽早结束任务,从而缺乏引导教师进行教学反思,促使教师依靠自己的能力同化所学知识,从而实现知识的迁移,解决教学中的实际问题。然而,因为不能够升华理论,一段时间后必然会出现"穿新鞋走老路"现象。尽管如此,一些教师仍然"积极"地参加培训,这无疑是出于政策上的硬性规定和评定职称的特殊需要。

近些年,"菜单式"培训悄然兴起。这种"菜单式"培训的基本做法是:首先,培训组织部门提前在教师培训网络平台上公布即将开课的培训课程,包括课程名称、学习目标、培训基本内容、参考书目、任课教师、开课时间、学习要求等;其次,教师根据自身需求,在公布出来的众多培训课程中自主选择需要且感兴趣的课程

---

① 应畏之.走出师资培训的"误区"[J].教育发展研究,2004(8):41-42.

进行学习;最后,教师在规定的时间参加自选课程的培训学习,按照要求完成课程任务,达到培训目标。

"菜单式"培训能够让教师根据自己的实际需求选择课程,在一定意义上快捷高效,能最大限度地满足一线教师对于教学实践和专业发展的需求,有利于激发他们的参训热情,促进专业成长。菜单式培训是培训单位或培训机构将能够提供的培训项目或主题以及内容上传至网络,教师在这些培训菜单中选择自己想要参加的培训项目。一定意义上看,教师是根据自己的需求去选择,但是,要想真正满足不同教师的发展需要,菜单内容必须足够丰富。目前菜单中的"菜"的品种、品质是最大的问题。这种培训方式到了后期,便可能会失去自主选择的意义了。正如我们到了一个饭店,服务员拿出了餐单,餐单中根本没有你想要吃的,但又必须吃,只能勉为其难了。一些地方要求教师五年内必须要有 350 分的参训学分,否则考核不合格,开始还能参加自己想要学习的项目,到后来,选择的空间越来越小,到最后就找不到自己喜欢的培训项目了。可是,学分还没有够,就只能随意选择一个培训项目来凑学分。提供菜单的大部分是高校教师,他们所能做出的"菜"的品种也有限,仅根据自己的想象,看教师需要什么,结果许多时候高校教师申报的培训项目并没有中小学一线教师来选择,最后不能立项,原因就是高校教师"闭门造车","想当然"地设计培训项目,不符合中小学一线教师需求。因此,如何设计出更多更适合教师口味的"菜"是菜单式培训方式未来重点关注的,其中关键是要从教师那里获知他们需要什么。

(二)主观上,中小学教师对培训存在厌倦情绪

当前,中小学教师培训虽已基本建立了较为完善的培训体系,但中小学教师参加培训的热情程度一直不高,实际效果不理想,"流于形式""走过场"等现象频现。就校本培训而言,有学者调查显示,一些教师对校本培训的态度还存在问题,36.3%的教师认同"'校本培训、教师专业发展等'都是老生常谈的话题,学校抓得最实际的还是学生成绩、名次"等观点,25.2%的教师表示"限于学校的行政命令不得不参加校本培训,往往内心是极不情愿的,因为占用了大量的自由时间"。这说明,不少教师对校本培训的重视依然只停留在口头上,存在敷衍现象,更有一些教师参加校本培训的动机带有明显浓厚的功利色彩。[①]

导致教师对培训敷衍、搪塞、厌倦甚至阻抗的原因是复杂的。一方面是由于

---

① 胡秀丽,苗培周,祁丽莎.当前中小学教师校本培训现状分析与对策思考——基于河北省部分县区的调查[J].教育理论与实践,2012(8):20-22.

当前我国中小学教师的工作压力比较大。早期研究表明,教师是一个职业压力比较大的职业。中小学教师的职业压力主要来自于六个方面:其一,工作负担;其二,升学考试;其三,角色职责;其四,职业声望;其五,工作聘任;其六,职称学历。[①] 对于青年教师而言,职业压力主要来自以下 16 个因素:(1)待遇和工作条件,包括福利待遇、医疗保险、工资、住房、学校工作条件等导致的调动欲望等因素;(2)考试和评价,包括担心学生考试成绩不好、学生成绩排名落后、现行的教学评价体系等;(3)人际交往和领导关系,包括处理同事关系、进行社会交往、担忧领导挑刺、领导随机听课等;(4)工作能力,包括课堂教学不能得心应手、课程教材改革、教学方法革新、考虑职务地位升迁问题等;(5)学校工作制度,包括工作时间紧、学校规章制度等;(6)考评打分,包括学生和领导给教师打分、教师之间互相打分等;(7)上级部门或领导,包括迎接各种检查、领导的期望或重任等;(8)心理担忧,包括担心误人子弟、担忧前途、朋友亲属对自己的评价等;(9)自我体现,包括注重自我价值体现、成功欲望等;(10)学生,包括学生难管难教、学习积极性不高、维持班级纪律等;(11)竞争机制,包括升学率压力、教师末位淘汰制、教育系统中的竞争机制等;(12)工作负荷,包括教学工作量大、发表教研论文要求等;(13)素质教育要求,包括更高要求、素质教育实际操作难等;(14)责任重负,包括学生家长的期望、高度的社会责任感等;(15)行政行为,包括社会不够重视教育、校领导工作作风等;(16)评奖评优和随之带来的苦恼,包括某些人身攻击、评优评奖活动等。[②] 可以说,中小学教师是在素质教育和应试教育双重作用的背景下工作,如何在相互矛盾的两方面之间寻求生存缝隙,的确是令教师非常头疼的事情。[③] 尤其是新课改之后,教师更忙了,日常教学任务十分繁重,经常是"两眼一睁,忙到熄灯"。在这种状态下,教师被安排参加各类培训,往往会感到身心疲惫,意愿消失,自然产生不情愿情绪。这就需要培训者给参训教师创造条件,帮助他们排忧解难。培训者也要知道,教师是顶着各方面的压力参加培训的,因此,在培训过程中不能无视教师利益,要给予他们更多的人文关怀,真正提高培训质量和实效,让教师"培有所获"。

另一方面,由于忽略或缺少教师培训的可行性研究,即缺少培训实效性与教师实际需求相关的深入研究。主要表现为,过多关注培训模式、目的、内容、方法

---

① 林崇德.教育与发展——创新人才的心理学整合研究[M].北京:北京师范大学出版社,2002:194.

② 邵光华,顾泠沅.关于我国青年教师压力情况的初步研究[J].教育研究,2002(9):21-25.

③ 徐延福.中小学教师继续教育动力不足的原因及对策[J].成人教育,2004(8):40-41.

第八章 课程改革中教师培训阻抗的现象学研究 207

及有关方面的研究,过多考虑如培训分数和晋升职级等外部诱因,[1]从而导致中小学教师培训仍存在需求上缺乏针对性、目的上忽略多样性、观念上呈现滞后性、效果上体现低效性等问题,这也是中小学教师厌倦培训、需要真情关注的重要原因。

第二节 从教师培训的现实中发现了什么
——现实的反思

教师似乎并没有对外部的各种培训表现出欢迎的态度。参加教学交流活动、上级组织的培训和听专家讲座等方式,对教师专业发展起的作用并不理想,甚至有些收效甚微。"专门的新课程改革培训"本应受到教师的青睐,但从调查结果来看,似乎并没有收到当时所期待的效果,教师感觉到他们的专业水平没有得到多大提高,这是值得好好反思的。为什么我们的培训贴近不了教师的心? 到底是培训内容、还是培训方式、还是培训时间的安排上出了问题? 还是由于新课程理念与现实的应试教育相冲突,以致对教师的影响大打折扣,教师的认可度才会如此低呢?[2]

新课改培训给教师带来的感受对教师参与培训的积极性具有重要影响。在一次非正式的访谈中,一位教师道:"课程专家的讲座都是些公鸡讲怎样下蛋,怎样下好蛋,让母鸡学习的。"如果教师具有这样的认识,那么他就很难主动参加培训提升自己。因此,想了解教师参与课改培训的真实体验,培训帮助他们增进了什么,他们期待什么样的培训,我们需要更本原地去分析。

一、对新课改教师培训期待的现象学描述

在各种形式的教师培训中,我们常常听到的是教师不屑地反问:"你别和我们说这么多大道理,直接告诉我怎么做吧。""这种理论非常好,可是怎么操作呢?""按你说的做,能提高学生的成绩吗?"一线教师的这种茫然和渴望的背后隐藏着许多不同的声音。一种声音可能是在说,"你让我改革,那么你要告诉我怎么做,

---

① 吴雪敏.中小学教师远程培训的问题与对策研究[D].重庆:西南大学,2013.

② 张青民.课改十年:初中语文教师专业发展调查报告[J].教育实践与研究,2011(4):21-24.

然后我就怎么做就好了",这种声音表达的是对课程改革的不情愿;另一种声音可能是在说,"我实在烦了这些理论的说教,最好还是直接告诉我怎么做吧",这种声音是在发泄对教师培训的不满意;还有一种声音可能是在说,"课程确实需要改革,我们也确实需要学习新理念。但是,教师到底怎么做才能取得实效呢? 如何才能体现新课程理念呢?"这种声音表达了教师对课程改革必要性以及改革总体目标(大方向)的认同,同时说明他们愿意并有信心通过自己的努力或在专家的帮助下找到有效的实施途径。第一种和第二种声音反映的是面对外来压力教师做出的自我保护式的消极"不抵抗"。[①]

（一）教师参加培训需求的表达

我们围绕以下问题进行了集体访谈:"您哪年参加工作的?""谈谈您对培训的真实看法,对培训的真实体验、感受?""您希望教师应该被给予怎样的培训?"现摘录几位受访者的回答。

教师1:我是1984年参加工作的。我觉得培训要结合实际教学工作,否则只是一种形式,实际效果甚少。本次初中数学变式教学培训,收获不少。本来这些变式教学以往(实际)在教学中用到过,但通过本次培训,使变式教学系统化,对以后教学有指导意义。

教师2:我是1986年参加工作的。培训时间两天为宜,上班时间来培训牵涉课务调换很麻烦,使老师来参加培训成了"人在曹营心在汉"。老师们都很为难。多请中学教学一线的有经验的老师,介绍他们的一些做法,相信对其他老师会有直接的借鉴帮助作用。

教师3:我是1990年参加工作的。每次培训给我的感受是老师们并不是非常认真地来参加培训和听课,培训后自己的业务水平和收获并不是很大。希望今后能通过对各种优质课例的展示进行点评、讨论来提高自己的业务水平。

教师4:我是1993年参加工作的。培训的老师准备得非常充分,但内容大多是理论性的东西,对我们来说本应说是一次提升机会,但我还是希望有更多的事例展示,有更多的机会听听优秀教师、一线教师的课以及经验介绍。

教师5:我是1993年参加工作的。培训成效与期望有一定的差距,国家出发点是好的,实际是搭建了一个培训平台,高校各部门分享这块蛋糕。希

① 徐玉珍.论国家课程的校本化实施[J].教育研究,2008(2):53-60.

望与我们平时的教学更加贴切些,理论能够结合实际。

教师6:我是1996年参加工作的。感觉有时培训过于走形式,没有什么特别值得要学习的,还不如不培训,不要浪费大家的宝贵时间。希望培训教师给予我们切合实践的有效的理论和技术上的培训。在一线工作的优秀教师,他们能给我们带来不一样的理念。

教师7:我是2000年参加工作的。培训的针对性不是太强。希望能开展些真真切切对教师教学或自身提高有帮助的培训。

教师8:我是2004年参加工作的。有些培训的内容可能面太广,不精于一点,所以参加过的一些培训只是了解大概,而不能更好地对内容深层次学习和掌握。希望培训内容有针对性和层次性。比如之前参加的一次数学培训,从内容上是变式教学,相对于知识点而言,比较有针对性,而且三天的内容都是变式教学,每个给我们培训的老师都是从不同方面、不同层次来进行授课,让我可以了解的内容更加多和深一些。

教师9:我是2004年参加工作的。希望有一些实质性的示范课可以观摩、参加一些优秀教师的讲座,纯理论的可以少一些。但很多示范课根本就是在表演,这种课听过后也没有多大收获。对于培训项目,我看可以细化成各个技术的培训,不要太笼统。很多时候,培训会和繁重的工作任务相冲突,要调课很麻烦。

教师10:我是2004年参加工作的。纯理论的东西不具有吸引力。一线的特级或名师的课我们更感兴趣,上课内容可以是具体的课程研讨或习题讲解研讨。

教师11:我是2011年参加工作的。在实践中,我们往往会因为忙碌的工作而迷失方向,目标不明确,在小范围内,没有比较快地成长,类似井底之蛙。希望今后的培训能多请些一线特级教师、名师给我们上课,谈他们的经历和经验。

我们可以从中发现,给教师的培训跟教师希望的培训是有差距的。教师们更多的是希望:

(1)能带来实际效果的培训,对教师有切实帮助的培训,结合实际的。

(2)更希望一线名师给他们上示范课,听名师介绍他们的经验做法,以及对他们课的点评。

(3)对教育理论的东西不感兴趣。

(4)希望对一些专题内容做系统的介绍,有深入的了解。

这从一个方面折射了教师是讲"实惠"的。教师关心的是你告诉我怎样上课,怎样才能提高成绩,怎样才能管住学生。而且,只是告诉我们怎样上课还不够,应具体展示给我们怎样上课,这就需要名师的展示课,同时要说清楚他们的课好在哪儿,不足在哪儿。教师需要的是直观的可以观摩学习、比照,可以模仿做的。

可以想象,教师把自己看成的就是一个技术工,希望通过培训学一门上课的技术,或改进自己的教学技术,提高自己的教学技能,改进自己的教学效果,进而提高教学成绩。也就是说,这样的一种培训要求,是教师把自己当作"教学工具",只求教学技术方面的长进,所持的还是一种教师专业发展的技术理性观。

(二)教师参加培训的态度

【故事一】

　　这是 2012 年 4 月在海南兴隆镇××小学里的一个访谈。访谈者向彩虹老师了解他们学校的英语教师的国培情况。她表示去年他们学校也接到了国培的通知,但是学校里四个英语教师中实在没有年轻的了,他们几个教师都在四十岁以上,由于家里的孩子需要照顾,同时教学任务比较重,他们除了要上本校的,课外有的还要到分校去上课,所以去年他们都没有去参加国培计划培训。在问到他们的课堂是否按照新课标的要求执行时,彩虹老师认为新课标英语课堂是一个理想的状态,他们的课堂确实目前大部分还是按照传统方式进行着,但是他们也在慢慢地朝着新课标方向努力。他们希望学校编制能够松一点,也给学校引进一两个新教师,这样也可以在新课标方面带动他们一下,她认为新教师的观念新,可能在这方面办法会多一些。根据彩虹老师反映,他们几个英语教师都已经是小学一级或高级教师了,大家在一起相处还是比较愉快,大家都不想再往上评啥职称或者拿什么名师的头衔(用她的话说是"不想太挣扎"),搞好教学是他们的最终目标,这也是他们正在努力做的事情。①

————————

　　① 王家全,马玉蓉,丁才辉,等.海南小学英语教师专业发展的叙事研究[J].湖北函授大学学报,2013
(5):127-129.

学校工学矛盾以及教师职称方面的无追求等方面,都影响着教师参加培训的态度和积极性。在发生工学矛盾时,教师首先是牺牲自己的专业发展学习机会而考虑工作第一,尤其是在职称方面没有进一步要求的情况下。

【故事二】

在一次培训上,上课时间是 8:30。但是到了时间,一个学员也没有到。培训负责人说:"这批老师学习积极性不高,都皮了。"几分钟后,接二连三地来了几个,坐在那里成了"低头一族",拿出手机在上着网,发着短消息,微信聊着天,QQ 群里互动着。到了 8:50 左右,到了七八个老师。培训讲座开始了。培训教师努力地谈着这次培训主题的重要性:"数学教学是数学活动的教学,也是数学语言的教学,语言是思维的细胞,学生数学语言学不好,直接影响学生的数学思维。数学课程标准中也明确指出,要加强数学语言的学习,数学建模就是用数学语言表达情境问题中的数量关系和空间形式……"之后,围绕数学语言素养的重要性、数学语言的特点、数学语言的教学策略展开培训。培训教师卖力地讲授着,然而,参训教师并不买账,有听的,有不听的。培训教师说:"好像大家不感兴趣,这个课程不是大家自己选择的吗?"一个学员说:"教授,您讲您的,不用管我们听不听,我们只是拿个培训分数。"培训后的互动中,培训教师让大家看看有什么问题交流下,参训教师也并不提什么问题。培训教师说:"什么问题都可以。"这时,一个老师说:"评价方式不改革,讲啥都不管用。""课程改革再怎么改,总得抓成绩吧,所以,您讲得再天花乱坠,我还是要成绩。"培训教师问:"你们想过没有,我们怎么样才能提高成绩? 只有少讲多练、题海战术这一条路吗?"参训教师说,"你不做题反正不行!""你做少了,都不行!""教学中先讲深讲透,再大量练习。其他方法可能行,但谁敢试? 万一成绩下来了,怎么跟家长交代,跟学校交代?""只有穷则思变,像杜郎口中学那样,孤注一掷,我们还没到这个程度。""所有的改革都是作秀,就是想拿个奖。说一套,做一套。"

这是许多教师参加培训所持的一个态度,为了拿培训学分,如果没有"现场签到"的约束,不知能到多少教师。所有培训教师几乎还都是以提高学生成绩为目的,教师也一味地看重学生成绩,排斥尝试带有不确定性的新东西,认定死理——"只有多练才能出成绩"。没有教师敢创新,哪怕尝试"一个单元"的教学方法改革,看看效果如何,也不敢或不愿去做。多数教师专业发展方面没有与自身成长联系密切的明确目标,只是希望自己教出的成绩高。至于自己是成为教书匠,还是一直沦为教书匠,都不在乎。①

二、新课改教师培训的反思性分析

教育现象学家马克斯·范梅南教授曾经指出,培训其实暗含了"技术"的意味,这当然也是教师教学生活中很重要的一部分。对于教师来说,"教学不仅仅是一项认知活动,还是一种情绪实践。与认知一样,情绪也普遍存在于教学活动之中,对教师的教学生活产生影响。这意味着,要想全面认识到教师的专业实践,就不能遗漏对于他们情绪的理解。"②我们如果探寻到培训的本质,教育工作者在组织教师培训的时候就有很多的用武之地了。

教师培训的根本出发点体现在教学发展需要以及教师自身需要上。教师渴望在培训中获得什么,不管是教师参与培训的动机,还是教师培训的主旨,了解教师在培训中的需求,才应该是教师培训的基石。教师的培训需求主要来源于教师的生活世界,而教师生活世界的主要内容则体现在教学生活实践的方方面面。那么,只有基于教师教学生活实践来探讨教师培训才是有意义的。

(一)走向生活世界的教师培训

"从世界教师教育发展的历程来看,早期的教师教育在泰勒技术模式的影响下,重点注重教师培训,基本假设是只要把基本技术传授给教师,教师就能胜任课堂教学的任务。"③这种以客观知识为培训核心的教师专业发展模式虽然有它的积极意义,但它只是一种外在于主体的力量,抑制了教师本身的自然冲动,产生了诸多流弊。④ 必须尊重教师的主体性、生命的存在性,关注教师的生活世界。

走向生活世界的教师培训关注的是教师作为"人"的本质、发展和完善,体现的是教师培训需求的具体内容,而需求与心理、情感是相互作用的。教师是一个独特的有喜怒哀乐的生命体,具有复杂性和多元性的特征。作为一种独特的存在,培训过程中的一个个小细节就有可能会影响到教师具体的心理状态,有时还未必能被教师发现。1997 年,叶澜教授发表了《让课堂焕发生命活力——论中小

---

① 邵光华.基于高考研究的高中教师专业发展之路[J].教师教育研究,2010(5):58-61.
② 尹弘飚.教师情绪研究:发展脉络与概念框架[J].全球教育展望,2008(4):77-82.
③ 马云鹏,等.优质学校的理解与建设——21 世纪中小学教育改革探索[M].北京:高等教育出版社,2006:123-124.
④ 唐松林,聂英栋.用生命哲学照亮教师:教师是什么[J].中国地质大学学报(社会科学版),2013(3):140-145.

学教学改革的深化》这篇文章,掀起了对教师职业的生命性的研究,它突破了一直以来"对于教师的研究只注重从社会发展需要的角度对教师提出各种要求,对教师职业角色一直进行着片面的研究,忽视了教师在职业生涯中作为生命体的意义,忽视了教师在教育过程中的生命本质和高级需要,没有看到教师是一个蕴含着巨大生命活力和个性魅力的人"①。人是匮乏性的存在、需要性的存在,正是教师的现实培训体验引起了教师新的需求和动机。教师的培训需求正是教师自发的一种心理需求,它是一种匮乏性需求,对某种匮乏性需求的反思才能从真实的教学生活实践中想出解决实际问题的具体措施,形成丰富的教育资源。传统的教师培训过程是一套规范化和程序化的标准流程,将教师限定在一个具体的框架里面,使教师成为一个个接受知识的机器,妨碍和限制了教师的思考,影响了教师的发展视野,失去了教育资源生成的基础。

走向生活世界的教师培训是自下而上的,在培训之前深入教师教学生活实践中,多听、多看、多感受教师在教学实践中真正缺少的是什么,他们希望培训带来的是什么,再组织一系列的培训内容,只有这样才能真正让培训走进教师的生活世界,让教师的生活世界丰富培训。

（二）教师培训积极性是教师专业发展的"驱动器"

走向生活世界的教师培训应及时体察教师真实的生活境遇,洞察生活世界中教师丰富的教学实践,直面教师教学最原初的生活。教师培训要素不能从抽象的理论中寻找,更不能从有关的政策法规中寻找,而应该到教师的生活世界以及课堂教学实践中寻找答案。

教师培训的中心任务就是促进教师专业发展,关键是在终极关怀的意义上理解教师职业和教学活动,并不能把教师专业发展的目标只定位在知识更新和完善上。因此,教师教学活动不是一种技能性的工作,更不是教师实现谋生的手段。我们所理解的教师生活世界,不是简单地只包含传统意义,将教师的生活世界割裂为日常生活和职业生活,不得不让教师在讲台上和讲台下判若两人。教师的专业发展和生活世界都建立在社会人际关系网之上,教师面对来自生活世界方方面面的机遇和挑战,需要得到亲人、学生、家长、同事、社会等的支持与鼓励。这样,能在情绪源头上防止受到消极因素的危害,转变消极的情绪体验,大大增强培训积极性,推动教师内生式的专业发展和完善。

教师的专业发展回归教师的生活世界,必须认识到教师专业发展与生活世界

---

① 李定仁,赵昌木.教师及其成长研究:回顾与前瞻[J].教育理论与实践,2003(6):34-38.

之间的关联,从根本上让教师的专业发展真正回归到他们的生活世界,而不仅仅是纸面上的空谈,现实却还是承受着来自各方面的压力。走向生活世界的教师培训体系是一个有待开发的重要领域,这个领域的内容是丰富多彩的,但道路却是充满荆棘的。我们憧憬着一种基于教师生活世界的培训,让教师终身受益,让教师培训确实带来实效!

第三节　教师课程改革培训的策略思考
——未来的探索

认真梳理以往的教师培训工作,不难看出,重中之重是提高教师培训质量,增强教师培训的针对性。新课改以来,国家非常重视中小学师资队伍建设,投入了大量的人财物对中小学教师进行分级分批培训,旨在提高教师素质教育能力以及业务水平,这在教育部《关于深化中小学教师培训模式改革　全面提升培训质量的指导意见》中得以充分体现。于是,必须明确与之相关的各类问题:我们的教师缺少什么? 我们的培训应该给教师提供什么? 我们的培训能达到怎样的效果? 在广泛的调查访谈和分析的基础上发现,传统的教师培训已经远远不能满足教师教学实践的需求,所以我们应从教师的"生活世界"出发,以课堂教学实践为主要阵地,关注现实生活中的教师,借此推动教师培训工作的顺利开展。由此,形成了如下几点思考和认识。

一、从根本上扭转教师的观念

多数教师专业发展没有明确的目标,只是希望自己能教出成绩,过于实用主义、功利主义,[①]这种培训观念必须扭转。过于功利主义的教师的培训选择视野会很狭窄。如 2013 年某市的菜单式培训安排中,有这样的一个专题——"完善制度·立足校本·高层引领——教师培训之我见",适用对象是"初中历史教师",功利主义教师看到这样的题目参加的积极性就会下降;"数学史在数学课程构建中的作用",适用对象是"高中数学教师",功利主义教师根本不关注数学史在课程建构中的作用,可能对数学史在数学教学中的运用更感兴趣一点。而这其中除了看

---

① 邵光华.高中教师专业知识发展的状况[J].教育理论与实践,2010(35):34-36.

重是否带来有助于改进教学、提高教学成绩的因素外,另一个关键的原因可能是现在的所谓的绩效考核方式。绩效是否适合用于"人的培养",行业上还需谨慎论证,对于教师这个职业,按绩效进行评价,也许无视了伦理性原则。教师培养的是人,不是机器产品,既不能按照计件方式进行绩效评价,也不能按照工时,更不能只按成绩。而现行的绩效,恰恰都是按照一些可以量化的指标进行,大量的隐性发展被忽视,这种绩效评价方式可能会引导教师"背道而驰",导致当前学校教育只看到"教"而缺少"育",以至于许多的涉及理念转变的培训对教师而言简直是置若罔闻。而教师拥有的教育理念、教学观、学生观等直接制约着教师的教育教学行动,也影响着参加培训的动机、态度和积极性。因此,要让教师转变培训观念:培训不是"一招一式"地教给你怎样教学、怎样提高教学成绩,而是从基本教学素养方面来提高教师,而具体教学方面要靠教师在拥有了好的教学素养的基础上"教无定法"地去创新性教学。

二、绘制清晰的培训地图

培训地图是以教师专业能力发展路径和职业规划为中心而设计的一系列培训行为,是教师专业发展路径的直接体现。通过培训地图,教师可以找到自己从一名新手教师直至成为一名优秀教师的专业发展路径。培训组织者非常困惑的是每年都会向参训教师征集培训需求,制定出详细的培训计划,培训后的评价也都完成了,可为什么参训教师对培训仍然有很大意见?于是,培训组织者进一步增加培训次数、扩展培训范围等,但参训教师对培训还是抱怨连天,培训工作仿佛千斤重拳打在棉花上。其实,教师培训要想取得显著的效果,不应只从需求调研到培训评估这样的体系结构看,更应该从优化设计培训内容和培训方式看,辩证处理好教师培训的"形式与内容"的关系,着力于营造良好的培训氛围,培训地图则帮助培训组织者设计出卓越的教师发展体系。培训地图能够明确地告诉教师在每个阶段应该学习什么内容,努力的方向和目标是什么,好教师应该具备什么样的能力,从而为教师的学习描绘出详细的蓝图。培训地图在明晰教师职业发展路径的前提下,给予教师系统的学习规划和培训课程,使教师从进入学校开始,到发展成为一名优秀教师或学习专家,在这过程中的每一阶段都有相应的培训课程来支撑。

教师培训就是我们口中所说的走进教室上一堂课吗?显然不是,培训地图关注的核心内容大大超越了一般意义上的课程体系,这里的课程仅仅是诸多学习内容的载体之一,上课也仅仅是培训活动中的一个环节而已。基于清单的传统教师培训课程体系,可以满足每一位教师的专业发展需求。但是,这仅仅是一种静态的框架,未能根据教师的职业生涯发展过程形成具体的路径,而培训地图可以根据教师职业生涯发展对具体路径进行动态调整。教师专业能力的提升需要丰富学习内容,这些学习内容需要做到有针对性,并和需求紧密联系。根据不同的课程安排不同的知识点,为参训教师提供多样化的学习内容,是决定培训地图效果如何的关键因素。在培训地图中,参训教师可以自己选择适合的培训活动形式。培训组织者可以在培训地图中为参训教师提供多种学习方式进行选择,例如去教室上课,在网上自学,也可以参加实地调研,又或是多种学习方式相组合等。在绘制培训地图时必须仔细考量的关键因素就是如何为培训内容选择最为合理有效的培训方式。

三、搭建培训支持系统平台

教师若只是参加培训课程以及后期考核,并不能代表培训项目的完成。学校不会单纯地开展培训,要么是为了帮助教师更好地进步,要么是为了弥补教师能力的差距。很多培训组织者在培训课程结束之后,不是苦恼于教师不肯在教学中运用培训所学,就是苦恼于学校领导不愿意给予教师足够的支持。培训效果的转化是一项重大的系统工程,课堂教学设计成为这个系统的关键环节,核心就在于通过设计多样化的教学活动,将课堂与工作对接,加速教师培训效果的转化。这样看来,培训支持体系的建立势在必行。对于教育教学而言,运用培训成果才是中小学教师培训的真正价值所在。培训组织者可分别从建设专业成长平台和引导成果落地与推广两方面搭建起成果转化的培训支持体系。

一方面,短期集中培训难以满足教师专业发展需求,解决短期集中培训带来的问题对于优化教师培训方案来说显得尤为必要。与短期集中培训相较,闲暇培训可以适当避免“工学矛盾”,也可以慢慢累积培训效果。这样看来,闲暇培训具有更强的稳定性和长效性。大学、进修学校可以协同中小学校为教师专业成长的建设搭建培训平台(教学反思平台、教学反馈平台、信息交流平台等),让中小学教师充分利用闲暇时间,自主选择并就近参加教师培训活动,以解决中小学教师专业学习、教学反思和信息反馈等问题。

另一方面,培训前,考虑让参训教师撰写自己在教学与工作中遇到的典型案例或成功经验,培训组织者对它们进行分类整理,分别挑选出具有典型性和普遍性的内容作为培训课程资源。培训中,由专家和参训教师共同进行剖析研讨,使培训内容最大限度地服务教师的实际教学,让教师感到培训内容紧贴他们的生活,增强培训成果转化效果。为调动参训教师的行动积极性,参训教师在完成课程培训后,将学习到的内容做集体分享,在强化自己所学知识和技能的基础上,让未能参加培训的教师也学习到知识,实现教师培训成果的进一步推广。关于技能性知识,参训教师在学校内可以以实践活动等形式实现培训成果的显性化。

四、开展片区联动式教研活动

为解决工学矛盾,从培训方式上可以开展片区联动式教研活动。每一位教研员负责一个片区,做好该片区教研活动的规划、统筹和协调工作,为片区各校顺利开展教研活动提供帮助。片区教研以教师专业发展为中心,以教学主题活动为主线,以"网"内互动为形式,以"网"内全面发展为目的,开展校际会课、教学互访、同伴结对等丰富多彩的教研活动,推动片区内的校本教研。片区教研理念遵循"问题集中—课例带动—群体研讨—资源共享—教师反思"的原则,在片区内开展"课改沙龙、课例探讨、课堂开放、经验交流、成果展示"等多种形式的教学研究,形成"教学问题片区研究,课例教案片区探讨,教师成果片区共享"的环境氛围,在行动中反思,在反思中学习,在学习中成长。[①] 通过片区教研活动的组织、实施和总结,充分利用片区内各校的教研资源,提供给片区各校共享。值得注意的是,在教研员参与的片区教研活动中,教研员要注意放下专家的架子,不强势搞"一言堂",对观点和看法注意展开讨论,让教师的教学和课程思维发展碰撞,产生教育智慧的火花。

五、增强教师培训的针对性

就当前培训情况来看,对城区教师与乡村教师统一培训、统一要求,在一定程度上可能会难以满足城区学生对教师的需要,应该承认城乡学生的启蒙差异、家庭教育的投入差异、学生知识的拥有量差异,城区学生不论在"学识"上还是在"学习期望值"上一般都高于乡村学生。受教育对象不同,施教者的教育教学方式方法也应不同,这对城区教师无形中提出了更高的要求。面对这样的教育现实,城区教师的培训可考虑适当增加相应的培训内容,而乡村教师培训应该注重有效教学技能的运用。[②] 另外,还需重视高级教师的专业发展培训问题。高级教师专业

---

① 连文华,温圣岩.直借东风发春蕾 欲栽发木柱长天[J].中小学教师培训,2012(7):35-38.
② 邵光华,涂俊甫,范雨超."新课改"背景下教师教学发展现状研究[J].课程·教材·教法,2011(11):102-107.

发展方面几乎已经到了顶端,应专门思考"高职后"教师培训问题,重点突破高级教师发展瓶颈问题,让高级教师感到有必要学习、有一个目标,避免评上高级后就没有了发展目标的现象。一般教师 40 岁左右就能评上高级了,下一段如何发展?如何刺激教师的追求?如何让其有专业发展的需求和欲望?这些都值得去思考和尝试。

六、加强网络培训的有效性

当大规模中小学教师培训成为社会发展的必需品时,寻求一种有效的培训形式来平衡"成本"与"效益"之间的博弈关系就成为培训组织者必须面对的重要课题。很显然,即便人们现在依然认可陈桂生教授口中说的一种"由丰富经验的实践者担任'师傅'这个角色,对徒弟起示范作用,指导徒弟按规范行事,包括矫正差错"的"师傅带徒弟式指导",对于教师专业发展而言"可能会收到显著成效",①或者人们相信传统培训形式更有利于教师专业成长,但一般情况下,培训组织者都不会再将这两者纳入教师培训形式的框架中进行选择,因为想得到它们的"高效益"是要付出巨大"成本"的。② 所以,要想以"低成本"获得"高效益",就必须充分利用新技术环境下的"远程教育模式"。在某种程度上,还是要坚信约翰·丹尼尔(John Daniel)所说的,"远程教育,与传统教育不同,它可以同时实现低成本、高质量和高机会"③。只不过现实中,为了达到中小学教师培训"低成本、高质量"的宏伟目标,需要创新"远程培训形式",防止教师培训沦为廉价贩卖"证书"的大众活动。④ 国家十分重视远程教育的发展,承认远程教育学历证书,并不断加强网络培训的资源建设,从而使网络培训教育得到了快速发展。在硬件方面,从 2002 年起,国家在中小学校逐步推动"校校通"工程,截至目前,校园网建设几乎遍布每个学校。2003 年 9 月,全国教师教育网络联盟的成立,标志着中小学教师培训正式进入了"网络时代"。⑤ 教育部在《国家中长期教育发展与改革规划纲要(2010—2020 年)》中明确提出了"建设高素质教师队伍""构建灵活开放的终身教育体系"

① 陈桂生.中国教育学问题[M].福州:福建教育出版社,2006:92.
② 张丽,伍正翔.引领式在线教师培训模式理论创新与实践机制——以全国中小学教师网络培训平台为例[J].中国电化教育,2010(1):61-65.
③ 陈丽,张伟远.网络时代远程教育在终身教育中的定位和作用——"第 21 届 ICDE 远程教育国际会议"评述[J].开放教育研究,2004(2):8-15.
④ 张丽,伍正翔.引领式在线教师培训模式理论创新与实践机制——以全国中小学教师网络培训平台为例[J].中国电化教育,2010(1):61-65.
⑤ 伏雪涛.基于网络培训的中小学教师培训现状与思考[J].教学与管理,2011(24):8-49.

的要求,"互联网+"时代教师网络培训作为教师接受终身教育、实现专业发展的重要途径,已引起教育界的广泛关注。依托互联网信息技术,应用各类媒体技术,将培训课程资源实时和非实时地传输给参训教师的教育形式称之为"教师远程培训"①或网络培训。在中小学教师网络培训的发展过程中,还是能发现地域差异及经济发展不平衡、教师专业发展支持服务体系不够完善、远程教育技术制约发展、培训资源匮乏且缺乏针对性、培训评价与管理机制不健全等一系列问题。

2013年,教育部印发了《关于深化中小学教师培训模式改革 全面提升培训质量的指导意见》,要求落实按需培训,推行教师自主选学和培训学分管理制度,强化实践性培训,创新培训形式,推动结合校本研修与网络研修。以针对性和实效性为质量特征的中小学教师培训呼唤着新教师培训形式的产生,而此时,混合式培训应运而生。它将传统集中面授与以现代信息技术作为支持的网络自主学习相结合,利用线下研修与线上互动的有机融合,为教师培训提供了灵活的模式。正因如此,2014年,教育部教师工作司工作要点中明确提出,要"变革教师培养培训模式,全面提高教师综合素质"。教育部办公厅、财政部办公厅下发《关于做好2014年中小学幼儿园教师国家级培训计划实施工作的通知》(教师厅〔2014〕1号)也明确提出,2014年中小学幼儿园教师国家级培训计划实施,要有效利用教师网络研修社区,切实推行混合式培训,各地要将网络研修社区作为项目申报的重要条件。大的政策背景下,混合式培训日益发展为我国中小学教师培训的主流模式。② 在建构主义、混合式等学习理论的指导下,以实践为取向,以需求为导向,以网络研修平台为支持,通过科学的组织管理,将传统的面授形式与现代信息技术支持的网络自主学习结合,突出培训的针对性、实用性、互动性和整体性,实现线上网络研修与线下集中面授的有机融合,促进实现教师培训效果的最大化。

菜单式培训结合网络平台可以实现教师培训的优化。如山东禹城市打造的"互联网+"菜单式培训模式成为教师专业成长的"航母"平台。③

禹城市"以'国培'为引领,'省培'为拓展,'市培'为主体,校本研训为基础",把教师"研究课、上好课"作为培训的第一考量,为教师量身定做"教师点菜、名师下厨、送教上门、训研结合"菜单式培训。结合地方实际,帮助教师

① 何声钟.小学教师远程培训的优势与问题[J].基础教育参考,2007(11):53-56.
② 罗秀.中小学教师混合式培训的理念和实施策略[J].中小学教师培训,2015(9):23-26.
③ 德州市教育局.禹城市菜单式培训打造教师成长"航母"平台[EB/OL].(2015-08-05)[2017-04-28].http://www.sdedu.gov.cn/sdjy/_jycz/_sxhc/695964/index.html.

"研究课、上好课"，将全省中小学教师信息技术应用能力提升工程规划以及"一师一优课""一课一名师"活动进行整合设计，按照"重心下移、分级指导、以校为本"的原则推进教师远程研修向常态化、校本化转型。首先，分类实施研修项目。小学、高中教师以"用信息技术优化学科教学"为主题，以"优课"案例为载体，深化信息技术的学科应用；初中教师以"用技术改变教学"为主题，推动初中教师在课堂教学和办公室工作中有效应用信息技术，并与"优课"活动整合。其次，灵活创新培训方式。采取先分散研修后集中研修的形式，分散研修阶段与高中、小学"优课"活动省级晒课、赛课环节整合，组织教师对各市推送的"优课"进行线上观课、评课（评分）和线下研讨，并撰写观课报告。集中研修阶段采取全省统一时间，省、市、县、校共同组织的方式，利用省教师教育网，完成信息技术学科应用专题学习，并在分散研修阶段全员观评课基础上，由专家指导团队结合典型课例，对各学科"优课"进行点评和梳理。最后，严格落实督导考核制度。采取"学员自己查、小组组长查、指导教师查、参训学校查、县区项目办查、市教育局督查"相结合，市教育局专家团队和县区项目办每天都对研修情况进行统计，通报学校研修情况；关注学员、各学校组长和指导教师的研修动态，及时发现问题，查漏补缺，树立典型。对没有及时参加研修的学员通过学校、组长进行督促，并利用电话、短信等方式加强联系，保质保量完成研修任务。这种培训形式获得了很好的培训效果。

观课实质上是学校教育中经常使用的一种形式，目的作用具有多重性。新教师的成长需要经常观课学习，学校领导评价教师工作需要观课，带教教师指导实习教师需要观课，教材编写者为了编写适合特定学生的教材需要观课，研究人员为了研究课堂中的一些课题需要观课，等等。观课目的作用的多样性源于观课内容的丰富性。我们知道，"课堂是一个忙碌且充满变化的地方"，课堂包括教师、学生、教室环境和教学材料等物质组成要素。教师是知识的传授者、课堂的舵手，由于他们的性格、爱好以及自身拥有的知识、技能、能力、教育教学思想观念等特质影响着他们的课堂教学行为，所以他们在课堂上扮演不同的角色，可能成为课堂的主宰者、主导者、管理者，也可能是学生学习的合作者等。学生是知识、技能、态度、行为的学习者，其性格、兴趣爱好以及自身已拥有的知识、技能、能力、经验水平以及学习观等同样影响着他们的课堂学习行为，他们在课堂上也扮演着不同的角色，"顺从者""出轨者"（违反纪律者）、开玩笑者、合作者（与其他学生共同完成任务）、调查研究者（提问，解决问题，探索，检验假设）等。教室环境是教学行为发生的场所,常因学生的年龄、人数规模、教学的需要而改变,同一教室环境不同的教师可能会有不同的使用方法,从而影响着教学的形式,如教师甲可能把桌椅排成秧田式,教师乙可能把它们排成"圆桌会议"式,教师丙可能把学生分成几个小组围坐。教学材料包括书本和教室设备,任何教学材料都影响着教和学的形式。更重要的是课堂教学众多的隐形教学因素,如教学方法、教学艺术、教学风格、教学理念和教学策略(包括对资源的利用方式,为使课堂运行得更加协调、顺利所采取的方式方法等),内容丰富多样,这使得不同的观课者能够各取所需。教学研究人员可能更关注与其课题有关的内容,如教学方法的使用情况,课堂提问策略的使用情况;学校领导作为评价者可能更多地注意教师的提问、解释、班级控制、教学环节的组织和学生的学习情况。前者可能需要做很详细的记录,甚至需要照相、录像,而后者可能只需记一点可供下次学校教职工会议上发言之用的信息;对老教师的观课,可能更多地注意他的教学艺术风格,而对于实习教师或新教师,由于在上课时可能会有某些课堂管理方面的问题,所以校长观课的注意力就会集中于"为什么学生会产生违纪行为","他们事实上做了什么","教师如何反应","今后可采取什么措施来避免学生违纪行为的发生"等问题上。[①]

以教师专业发展为取向的观课有助于教师专业成长。实际上,被观课教师的教学过程就是一个活的教学案例,观课后的讨论实质上就是一个案例分析。案例教学在教师教育中具有重要作用,[②]观课活动同样具有案例教学的作用。其实,教师专业发展取向的观课的内在意义在于通过观课活动,互助指导,使教师共同感兴趣的问题得到切磋,使教师关注的问题得以案例分析,从而共同进步提高;也有利于将学校变成一个互相关怀的社群,从而利于学校发展。在具体开展观课时,要注意以下方面的策略:(1)注意根据目的确定观课内容。观课内容重点应依观课目的而定,不同的观课目的所确定的观课重心也不同。比如说,观课目的是探讨如何在课堂上照顾学生的个别差异,观课教师便要多留意授课教师的讲解是否能让每个学生都听得懂,小组讨论时有没有让水平高的学生照顾水平低的学生,所安排的练习是否适切不同能力的学生的需要等。(2)注意选择合适的观课方法。观察方法可以分为定量方法和定性方法,如果观课采用定量方法,那么就需要对课堂事件计数;如果采用定性方法,就需要对事件做出描述,关注意义、影响以及对事件的个体解释和群体解释。两种方法应根据观课目的适当兼用。(3)注意无声语言的观察。在观课中语言常常是被关注的中心焦点,同一句话(字

---

① 邵光华,王建磐.教师专业发展取向的观课活动[J].教育研究,2003(9):26-31.
② 邵光华.教师教育中的案例教学法研究及其启示[J].高等师范教育研究,2001(5):54-59.

面表达相同)用不同的语音语调说出来,表达的意思也不同,所以,观课中对这些有声语言应给予足够的重视。另一方面,无声语言也是一个重点,这包括教师的形体语言和教师在课堂上的移动或教师教室流向图。教师的一个眼神可能在制止学生的不良行为方面比大声训斥更有效,教师常用的手势之类的形体语言可能能更好地帮助解释,使解释更清楚;教师在教室中的位置移动,有时也暗示着重要的信息,如教师如果特意走到某一学生的桌旁,有可能是要提醒他注意力集中;教师教室流向图分析也可以反映教师在课堂上的巡视是否合理,是否为每位学生提供了问问题或寻求帮助的机会,是否为他们解决可能遇到的学习困难或障碍。(4)注意做好观课记录。由于观课活动的一项重要内容是观课后的分析和研讨,观课者要对课上的活动、对话做详细分析,所以有针对性的记录是必要的。观课记录方法有多种,如描述记录法、标记记录法、等级记录法等,各种方法都有利弊,最好综合使用。① 当前多数课堂记录采取录音技术,它可以提供为讨论、分析、核实笔录之用的可重复的声音记录,通过转录,可以获得整堂课的教师全部语言资料,同时,观课者要注意关注重要的可视线索,如教师的面部表情、手势、身体语言、移动,记录发言的学生个体等,以利于更深入地分析课堂。如果是线上观课,那就非常方便了,因为可回放,但同时由于不能全方位地观察到教室里的活动,也会失去许多现场课堂通过观察能获得的东西。(5)观课后的讨论技巧。观课讨论的焦点是课堂内容、教学处理过程和学生的行为表现,所以分析讨论时观课教师应不要急于赞赏、批评或下结论,而应先对原计划要观的内容做一番讨论。讨论中要如实报告观课记录,不妨多想象自己是学生,从学生的角度谈谈课堂里有怎样的体验。

七、实施训后激励措施

促使培训成果转化的关键在于,学校通过制定计划等环节,促使参训教师实现由单纯的学习动机向外在承诺的转换,通过外在承诺,实现教师培训成果的产出。如果仅仅依靠制度来"强迫"教师进行培训后的知识运用与效果转化,往往很难让教师产生行动上和意志上的改变,因为行动是多年来养成的习惯,改变习惯需要意志上的博弈,更需要发自内心的自我激励。要让教师心甘情愿地走出"舒适区",就要给教师提供足够的动力。实践证明,在学校管理工作中,建立一种良性的训后激励措施,从激励教师培训行为和满足教师需求入手,使其产生实现自

---

① 邵光华,董涛.教师教育校本培训与同事互助观课浅论[J].课程・教材・教法,2004(1):72-76.

我发展的欲望和对创造美好未来的渴望,最后让学校和教师都能"互惠""双赢"。对于参训教师来说,处理好这一个"需求—欲望—满足"连锁式过程,就能为他们营造一个良好的心理环境,从而保证学校教学和管理工作的顺利进行。作为学校领导者就是要不断深入研究探索,总结经验,为形成完善的激励措施做出贡献。学校可以评选最具学习力教师、优秀学员、训后学习转化效果最佳奖等奖项,再利用学校网站、宣传栏等渠道进行宣传,增加获奖教师的荣誉感和自豪感,也激励其他教师更有效地运用培训所学内容。培训评价是对培训的有效监督和激励。在教师培训中,评价工具没有很好地被利用。培训评价涉及对培训项目本身的评价、参训教师的评价、培训专家的评价三个方面。当前,对于参训教师的评价往往只有考勤记录、作业成绩,而这些多流于形式,培训考勤和培训教师往往都会"网开一面",达不到评价对参训教师的督促和激励作用。对于参训教师的培训效果评价倾向于简单的终结性评价,以量化的标准衡量所有参培教师,单一的评价方式忽视了参训教师在培训中是个发展的个体。同时,教师参训评价缺乏持续性和连贯性,往往培训结业证书拿到手就意味着培训的终结,而对培训实际效果"无人问津",这也严重影响和制约着教师的参训心态。①

中小学教师培训是教育管理部门应该加以重视的工作,而培训目标、制度、内容、形式和效果等更应是我们不断改进的工作重点。让中小学教师培训工作落到实处,让学生接受更优质的教育,是我们每一个教育工作者不断努力的追求。课堂的改变源于教师的发展,教师的发展源于教师的转变,②只有通过有效的培训才能使教师实现一定的转变。

八、加强乡村教师培训

乡村教师是乡村教育事业的主要承担者,乡村教师培训是促进乡村教师专业成长、提高乡村教师素质、推进乡村学校教育改革发展的重要途径。2015 年国家出台的《乡村教师支持计划(2015—2020 年)》明确提出,要把乡村教师队伍建设摆在优先发展的战略地位,必须进一步加强乡村教师培训力度,提高培训的针对性和有效性。

乡村教师培训是一个连贯的、整体的、持续的过程,在培训课程目标的确立、课程内容的设置、培训方式的选择以及培训评价的建立上,都应关注乡村教师整

---

① 党亭军.继续教育背景下乡村教师培训中的问题及对策研究[J].继续教育研究,2010(3):75-77.
② 邵光华.教师专业知识发展研究[M].杭州:浙江大学出版社,2011:129.

体性、系统性的提高。在乡村教师培训中,应注意以下几个方面。

第一,关注乡村教师培训发展的真正需求,增强乡村教师培训目标的针对性。未来乡村教师培训必须关注乡村教师的现实需求,在设计、实施与评估培训项目时始终把乡村教师发展作为培训的出发点和落脚点,想方设法激发广大教师参训的主动性、积极性,充分满足乡村教师对高质量培训的期盼,从而调动教师自主参训的动力。① 在培训目标的设定上,不仅要关注乡村教师理论知识的扩充与深化,更要注重乡村教师实践性和技术性知识的获得,以及实施教育教学方面的难点的解决指导,真正关注乡村教师培训发展的需求。在培训项目及目标设计上,应尽可能地关注不同层次的乡村教师的培训需求,有针对性地制定培训目标,使培训符合乡村教师专业发展的阶段性发展规律。在培训项目实施过程中,还必须设法将项目培训目标转化为参训教师的内在需求目标,只有当参训教师认识到这个培训项目的目标符合自己的需求并有意识地将培训目标作为自己的目标追求时,教师的参训内驱力才会增强,培训中参与度和积极性才会提高,效果才能真正好起来。

第二,强化乡村教师的选择性分层培训,推进乡村教师的菜单式培训。提供适合教师需要的培训课程内容是实现有效培训的关键。乡村教师培训要从乡村教师的实际出发,面向全体,适当采取分层培训。根据教师专业素养的专业知识、专业能力和专业情意三个维度,结合乡村教师需要,选择符合需要的培训内容,构建分层级、分类别和立体化的有效培训课程体系。② 针对理论素养需求强的乡村教师,采取以专题讲座的形式对教育学、心理学和教育方针政策法规等方面进行系统培训。针对专业能力和实践技能需求强的乡村教师,着重强化"同课异构"的教研培训模式。针对专业情意需要升华的乡村教师,采取情景再现的形式对师德内容展开讨论,对乡村教师的专业情意在潜移默化中进行熏陶。进一步完善自主选择性培训模式,将乡村教师培训的内容列入"培训菜单",这种"菜单式培训"让乡村教师自主选择自己需要培训的内容项目,提高培训的针对性和实效性。培训单位认真设计培训项目内容要求,按需选择在此领域有研究的专家进行有准备的培训,而不是凭着专家随意发挥。

第三,注重乡村教师培训方式的灵活性,大力开发和利用网络教育资源。灵活的培训方式是培训内容有效呈现的前提。以集中授课为主转向多样化的研修模式,对于青年教师,多采用实战式培训模式;对于薄弱学科教师,多采用案例式

---

① 李长娟.偏远乡村地区教师培训的实践探微与路径突破[J].教学与管理,2015(12):33-35.
② 宋海英,陈睿.关于提高乡村教师培训实效性的思考[J].教育探索,2011(10):127-129.

培训模式;对于骨干教师,多采用专项研修或主题式研修模式。可借助教师流动政策,采用"有效教学支持"志愿者活动方式对乡村教师专业发展进行引领,采取"上挂"的锻炼形式,在城区优质学校让乡村青年教师能够获得更快的成长锻炼。在当前"互联网+"时代,以资源为视角,充分利用网络优势,建立乡村教师培训资源公共平台,提供不同类型的优质资源,使乡村教师能进行网络学习或免费下载学习。

第四,完善乡村教师培训考核评估制度,三方联动提高乡村教师培训效果。有效的考核评估机制既能调动教师提高参与培训的积极性,也能提高培训专家的责任心。完善培训考核评估制度,构建对培训项目的评价、对培训专家的评价、对参训教师的评价三重评价体系,实现培训评价对培训效果提高的反馈作用最大化。①

总之,教师培训机制并不完善、校本培训多走形式、专业培训大众化、忽视了教师专业发展中的自我需要、培训的覆盖面不够广、培训内容和方式难以符合教师的特点和需求等教师培训方面的问题,使得教师在实施新课程的过程中遇到了很大的困难,这些因素在一定程度上也削弱了教师参与课程改革的积极性。而教师"被发展""被培训"是缺乏动力的表现,教师如果缺乏发展动力,再有力的教师培训也是苍白的。为了使教师新课程培训达到预期的效果,有必要采用"参与式"的方法,这就要求在培训中为参训教师营造宽松的氛围及分享的机会,减少阻抗,调动参训教师的学习积极性,激发他们的参与意识,使他们真正成为"学习的主人"。

---

① 张嫚嫚,魏春梅.乡村教师培训存在的问题分析及对策思考[J].教师教育研究,2016(5):74-79.

第九章

课程改革中师生关系重建阻抗的现象学研究

真正想要回答"做教师意味着什么?"就必须能够回答"所教的学生与你又是什么关系? 学生对你意味着什么? 你对学生意味着什么?"在教学生活中,教师和学生是相互确证的关系,没有了学生,便没有了老师,如果单单从生理学的角度去定义学生,它是无意义的。做教师必须正视与学生的关系,如何看待师生关系决定着一个教师的学生观。新课改提倡的新型师生关系,教师怎么看? 这种新型师生关系重建起来了吗?

第一节 课改中的师生关系描述

教育是人类认识社会、改造社会的高级活动。实施者是人,教育对象也是人,整个教育教学活动的基础同样离不开人与人的关系,特别是师生关系更是重中之重。在新课程改革的今天,我们要学会"用大脑走路,用脚板思考",建立新型师生关系也日益成为课程改革的重要内容之一。①

---

① 邵光华,卢萍.我国基础教育研究热点透视与趋势展望[J].宁波大学学报(教育科学版),2014(6):50 - 55.

一、师生关系的演变

我国师生关系的历史嬗变大体经历了三个阶段：(1)主体的缺失；(2)主体的发现；(3)新型师生关系的建构。① 第一阶段，主要体现于传统教育中非对称和不平等的师生关系，此时教师是整个教学活动的中心，处于绝对的"主体位置"，师生之间成为支配与从属、主导与被导、控制和服从的关系，这种授受关系中缺少学生的"主体体现"，甚至可以说不存在作为"主体"的人。第二阶段，主要缘起于20世纪我国教育界对"教师"和"学生"在教育教学活动中地位的讨论。在这场大讨论中，"学生作为受教育主体"的观点已经达成共识，"发现"作为生命成长主体的学生，是当代教育最突出的表现之一。随之而来的问题是：既然学生成为主体，那教师是什么？针对语文阅读教学法的改革，上海特级教师钱梦龙认为应该主张"三主说"，即"教师为主导，学生为主体，训练为主线"②，其中教育界普遍认同了"教师为主导，学生为主体"的师生观，它有一定的进步意义，但依然没有撼动"教师权威"的地位，因为主导必然需要控制。在这样的背景下，研究者们纷纷呼吁构建新型的师生关系，如叶黎明认为，师生之间应该充分体现"交互主体性"，也就是说教师和学生不应该是两个互相独立的主体，而应该是一种互为主体的关系，"他们谁也不是主体，谁也不是客体，他们应该是主体与客体的辩证统一。谁也不能控制、操纵谁，或者把意志强加于另一方"。③ 熊华军认为，师生关系应该发展成为一种身体间性——教学的过程是从身体(主体)的情感出发，通过身体实践，逐步实现从自然性的身体向文化性"人"的生成过程，它体现着身体(主体)之间"我—我"的主体间性关系。④ 新课改要求教师改变传统的"师道尊严"教育观，转变教师权威角色，端正教育思想，建立与素质教育相适应的民主、平等、理解、尊重、和谐的新型师生关系，⑤追求并逐步建立起一种以尊重学生的人格、平等地对待学生为基础，师生共同学习、相互促进、教学相长的关系。⑥

---

① 叶黎明.主体的追寻——师生关系的历史嬗变与启示[J].基础教育研究,2005(2):3-5.
② 钱梦龙.语文教育导读法探究[M].昆明:云南人民出版社,1985:17.
③ 金生鈜.理解与教育——走向哲学解释学的教育哲学导论[M].北京:教育科学出版社,1997:132.
④ 熊华军.师生关系:走向身体间性——师生主体间性的本体论建构[J].教育理论与实践,2007(11):33-37.
⑤ 谢庭香.如何构建新型师生关系[J].中国教育学刊,2014(S1):62+65.
⑥ 陈淼鑫.中学新型师生关系的构建研究[D].长沙:湖南师范大学,2014:7.

过往教师作为教学活动中"人"的主体地位被重视,新课改从应然的层面提出了应该构建怎样的新型师生关系。然而当提到如何建构师生关系时,回归到应然的理论指导层面,是否能够悬置已有的理性判断,去看、去听、去整体感知教师究竟是如何处理师生关系的? 他们的真实体验到底是什么? 在前期的访谈中,我们曾经尝试让老师们以"师生关系"为主题,自由地谈体验、讲故事,但搜集的资料大多停留在老师们的认识和看法层面。甚至有时候访谈变成了教师们"倒苦水"的时间。

回观已有研究,或是从伦理规范与实际价值角度,关注教师对学生和教育事业的热爱,抑或是通过理性思考,重新定义教师的爱的内涵。这些研究都是对师爱的抽象性、理性认识,虽然有助于建构有关教师专业发展的阶段、标准、行为模式、知识结构等维度,但是在这些外在指标之下,对教师在教育教学中的情绪情感等内在体验的关注是远远不够的。如今学生的学习和生命体验已被置于很高的地位,在教育改革和日常实践中,教师的体验却很少被关注,这值得人们深思。关注教师真实的当下性的体验,这正是本研究的目的和意义所在。

当教师在面对新课改所要求的建立新型师生关系的要求时,他们的做法和态度怎样? 这些很难从直接的问答中获得真实的答案,但却能够凭借现象学的直观去发现、考察教师内心深处对"新型师生关系"这一新课程改革的焦点问题的体验,对教师之爱进行情感叙事,并通过教师对"替代父母关系"的职业道德体验的描述及现象学的追问了解对教师来说"孩子们与他是什么关系? 孩子们对他意味着什么? 他对孩子们意味着什么?"通过这几个方面去探究教师教学生活中对师生关系的体验,反思教师体验到的与课程改革中倡导的师生关系有怎样的关联,进一步认识教师对课程改革的真实态度,并希望能够为改革和构建新型师生关系提供真实的第一手资料。

二、研究想要获得的认识和体验

在访谈中,老师们谈到自己的角色时,对师生关系都有自己的认识。

> 昨天他(学生)的妈妈打电话给我,说本子丢了,让我在教室里找找——本子丢了也要找我,老师就像高级保姆。(FZY 老师)
> 学生大道理听得太多了,只有给学生安全感,他信任你,才能和你把心里话说出来。(ZCP 老师)

新课改要求教师尊重学生,成为学生的朋友以及平等中的首席,不惩罚学生,尊重学生个性发展。已有研究大多立足于论证新课改提倡的建立新型师生关系的重要性和意义之上,作为教育实践主体的教师在实际处理师生关系的时候,又是如何处理"教"和"育"的关系的? 平等、尊重、"心向着孩子"是一种怎样的感情和体验? 教师们是否会在接受和实践中产生阻抗状态? 想要回答这些问题,首先应当获得教师对于师生关系的生活体验描述和情感叙事,从关键事件中抽取主题,进行反思,以获得教师的真实体验。

针对师生关系的主题,大致围绕下列问题展开访谈和资料收集。

- 在关注每个学生的发展方面,有什么体验?

- 和学生相处中,印象最深刻的事情是什么?(具体的例子,总的认识)

- 您觉得什么样的老师才是爱学生的? 和父母的爱、一般意义上的爱相比,有什么区别? 有没有这样的一件事,让您感觉差别特别明显? 做了哪些? 当时是怎么想的? 有什么样的感受?(请具体描述一下当时的语调、动作、眼神等)

- 有人说老师的爱,是爱之深,责之切,学生犯错了,有时候教师会忍不住批评几句,有时候甚至会有些过分(挖苦讽刺、惩罚),您有这样的体会吗? 能具体举个例子吗? 当时您的感受是怎么样的? 真的生气了吗? 怎么做/说的,是怎么考虑的,下意识的还是有意识的举动?

- 新课改要求建立新型师生关系,应该包括哪些内涵? 您觉得自己在这个问题上状态怎么样呢?

- 年级越低,替代父母关系越明显,随着年级的升高会下降,您是否有这样的体验?

- 一日为师,终身为父。事实上是怎么样的? 现代有没有一个延续?(怎么能从老师的反应中看出,既是老师,又是父母?)描述教师的实例! 体验和感受是什么?

- 谈心。(什么情况会叫学生去谈心? 主要是训导,还是交流? 谈谈"谈心"过程中,谈的内容、态度、坐的距离、高度等细节)

- 无条件的爱。您是怎么认识的? 有这样的例子吗?

- 不放弃每一个孩子。您是怎么看待的,是否有具体的实例? 当时具体情形是怎么样的?

- 教师的责任心,您是如何看待的? 什么是有责任心的表现? 有具体的例子吗?

· 忍耐。教师希望学生进步发展,这是教育的性质所在。当学生的学习取得进步时,老师欢喜自豪,然而,面对学习差的学生时,有一些老师却没有耐心,对他们进行批评、打骂。想让教师试图克制自己是否很难做到?

· 理解。有时候学生的表现或许不会让老师满意,他们可能会做出一些与他们的年龄很不相符或不成熟的事情。此时,很多教师便是对学生一顿批评、呵斥,您有过这样的经历吗?能具体地描述一下当时的感受吗?

· 尊重。现在的学生有很多途径接触外面的世界,因此在授课的时候,他们往往也会出现答非所问的情况,目的可能在于展示一下自己。您遇到过这样的情况吗?能具体地描述一下当时的感受吗?

· 新课改中,有没有让您觉得不合理的地方?具体到处理师生关系上,您觉得哪些地方不合理?说说您的想法?有没有具体的例子?您期望课改怎样改?

· 您对新课改的体验还想谈点什么?

三、日常教学生活中师生关系的描述

当我们努力回忆关爱学生的特定时刻时,常常是那些深刻的体验让教师们记忆犹新,这是记忆的伦理,可能这些经历都是极为寻常和普通的,也许很多教师都有过这样的故事。

主题一:犯了错,就得受到惩罚

在小学教育中见惯了学生受罚:罚站、罚抄作业,甚至蹲马步,老师殴打、谩骂学生屡见不鲜。甚至有些老师骄傲地说,挨打挨罚的学生对老师更有感情,毕业后的"好学生"对老师理都不理,反倒是学习不好的学生见到老师很远就跑过来叫一声:老师好。①

班主任的权威是家长授意的,上个周五在他妈妈的授意下,我打了一个小朋友的手心,真的很爽啊!他可能有点多动,但是他是单亲家庭,他妈妈管不了他,但我觉得不能回避这个问题而对他区别对待,惩罚一下,效果也是很好的。

---

① 张彪. 老师用戒尺打学生算不算"体罚"? [J]. 江苏教育,2007(13):84-85.

我拿着小棍子,手高高扬起,在快落下的时候稍微顿了一下,用棍子的前端碰了一下他的手肘,因为是冬天,他们穿得都很多,但是因为速度很快,其他小朋友也都看傻了,不敢说话,他也吓死了,根本不知道痛不痛。我在打的时候口中念念有词:第一下打你,因为你说谎;第二下打你,因为你不珍惜友谊……就这样打了五下,然后我挥着小棍子,告诉他们:"这是XHM老师第一次打人,你们谁想成为第二个挨打的人啊?"看着他们一个个呆呆的眼神,我心里就想:"让你们不服我!"

　　今天已经是星期二了,他们都特别乖,所以不能对他们太好。用这个行动告诉他们,老师不是光唬人,也会动真格的。(XHM老师)

在XHM老师眼里,打学生是为了帮助学生改正身上的"恶习",比如撒谎、不服从管教、不尊重老师等,使学生本性里的善得到彰显。然而,有的教师在帮助学生"除恶扬善"的过程中,却出现了"底气不足"的情况。也许我们会问,教师必要时是否可以惩罚学生?

在师生相处中,训斥或身体上的惩罚虽然仍然存在,但教师对学生的管理变得更加仪式性,具有隐秘性,以规训和纪律为掩护,成为师生关系重建的盲区。

　　一天早自习,我正在给学生讲习题,一声怯生生的"报告",从教室门口传进来,声音是那么的微弱,那么无助,以至于喊了好几声我才听到。全班同学也不由地把目光投向门口。我开了教室门一看,哦!原来是那个穿戴很差、长得矮小的袁可谅。一股怒气顿从心生,昨天才开过班会,强调不能迟到。我刚要发作,但看到全班几十双等着上课的眼睛,我压住了怒火,让她先回到了座位。她在众目睽睽下,灰溜溜地,把头埋得很低很低地走进教室。

　　我想,当初她是多么难堪,把自己当成了站在门口等待审判的"罪犯"。为什么一定要"打报告"呢?[1]

相信经历过学校教育的人,都曾经体验或者目睹过以上一幕。"报告"源于部队中下级向上级请示汇报用语。"打报告"在培养学生的纪律观念、养成文明守纪的习惯方面的确有促进作用。值得思考的是,假如文中迟到了的袁可谅轻

---

[1]　尚升强.为什么一定要"打报告"[J].基础教育,2007(11):38.

轻推开门回到座位,就是对教师不尊重吗?上课铃响之后为什么学生会怯生生地站在教室门口喊"报告",喊了好几声,直到老师听到,得到批准才敢走进教室?教室的门明明虚掩着,为什么她不敢进来?为什么学生成了站在门口等待审判的"罪犯"?教师让个别学生亲历或目睹过这样一幕之后,是否起到了以儆效尤的作用?也许我们会进一步追问,为什么迟到要喊"报告"得到允许后才能进教室?

面对重建新型师生关系的呼吁,有些教师的态度是"你改你的,我做我的",作为改革者的教师有意或无意识地忽视或忽略改革的存在。正如霍尔所说,即使偶尔看到关于改革的材料,教师们也是作为一个旁观者来审视这些材料,并没有实施任何改革。但是,微观权力散落在学校场域内,悄然渗透于日常的教学生活中,它处处体现着国家、社会对教育的要求和期望,充斥着各领域专家们发出的权威学术话语,在体罚被明令禁止的今天,局部的细小的沉淀已久的规训,以制度化的形式合法出现,师生交往活动成了权力秘密运作的媒介,将学生的行为锁定在既定的轨道上,以至于师生在选择自己的教学方式与处理师生关系的具体事务上没有多大的自主选择的余地。

主题二:我会好好教课,其他的,我做不到

教师面对教育改革,一般都抱有对未知的恐惧和对超越自我舒适地带的犹豫,他们会本能地担心人际或组织的变革给自己带来潜在的威胁和影响。[①] 他们可能会选择通过一些行为方式来消除不利影响,例如遮蔽传统教学、退出改革、抵制改革等。

> 教师既辛苦,又不总是"一分耕耘,一分收获"。很多时候,教师们都在默默地毫无怨言地付出着,为了工作,他们甚至可能会疏于照料自己的家人和小孩,而最大的期望无非是想看到学生的健康成长与成才。当自己的辛苦付出并没有换来相应的回报时,在日复一日的失望甚至是绝望之后,在教育的耐性已经被岁月磨光磨尽之后,嘲笑与蔑视便产生了。(PXM 老师)

也有的教师在改革前夕对教育改革培训非常欢迎,对改革理念无比认同,或者在改革初始阶段才刚刚成为教师,没有旧的积累,直接承接了新的理念和方法,在自己的课堂上进行了积极尝试与摸索。但是,这些积极的行为并没能维持太长

---

① 操太圣,卢乃桂.抗拒与合作:课程改革情境下的教师改变[J].课程·教材·教法,2003(1):71-75.

时间,由于未能完全被理解、改革前期探索困难重重等原因,导致教师改革满意度不高,热情消退,逐渐逃离了积极实施者的队伍,转而表现出一种更为保守的消极的适应或抵制状态。这也是一种务实的表现。

> 有时我真想当着学生的面痛哭一场。我觉得这种无助的感觉让我崩溃,我对学生和自己似乎期望过高。我企图全身心投入改造学生、改进教学、改善与上级和同事之间关系的事业当中去,然而我发现我终究还是太天真了!我对着"响尾蛇"真心地微笑,却反被恶狠狠地咬了一口,现如今,我已满身是毒!(WHR 老师)

将学生比作"响尾蛇",师生关系出现了严重对立,而矛盾的角度是如何改造学生,这本身暗示着师生关系的不平等。尝试的失败让他们伤心,于是他们把尝试过的教育改革视为需要防御或规避的对象,采取一系列的规避措施,来保证自己的利益不受到侵犯。这些不可侵犯的利益包括完成正常的教学任务、保持学生的成绩水平、保证自身的生活需要等。特别需要强调的是,这一行为类型的教师,大多数一开始并不排斥改革,反而认同教育理念,只是后来由于一些原因选择了较为保守或激烈的利己行为而已。

主题三:我成了学生的高级保姆

在访谈到关于新课改是要求如何处理现在的师生关系时,老师们都说出自己的看法。

> 新课改就是平等、尊重学生,但是有些学生,你对他太好,不行的。(PXM 老师)

> 一二年级的老师就像保姆,学生流鼻涕了、拉裤子了,得管;摔跤了,要学会紧急处理;小朋友之间有矛盾了,得做公正判断的法官;兴趣小组同学的乐器、衣服得放在办公室里帮他们保管;生病了,得给他冲水、喝药。你做着父母要做的事情,却没有父母的待遇和权力,你不能揍他,批评他的时候也不能太狠。而在学生看来,老师是授权者,亲近老师便会获得管理班级、获得更多奖品的机会,这与自身的利益是直接相关的。(XHM 老师)

承担孩子发展与幸福主要责任的是父母,但是,如今越来越多的儿童受到父母的支持与关爱愈来愈少,甚至一些父母很难保证为儿童健康发展提供完整的家庭环境。这些客观现实要求教师在培养儿童时,应该努力营造充满关爱的学习环境,最大限度地协助学生的父母完成他们应尽的育人责任。在这样的社会前提下,马克斯·范梅南认为教师应该对那些托付给他们照看的学生履行"替代父母"的责任。① "教师替代父母",就是说,师生关系就像是孩子和父母之间的关系,会有任何一个孩子感觉不到父母的眼神举止中反映的意义关系吗?又有哪个父母不能体会到孩子言行举止间的"言外之意"呢?然而教师实际体验到的却有不同。

> 在学生心中,爸妈的地位永远是超过老师的。虽然带一年级的时候,有很多小朋友放学了都不肯回家,喜欢围着我(说到这里,XHM 老师开心地笑了),但是从我们一入校,老教师就告诉我们:别想着你们可以取代他们的妈妈,做梦!(XHM 老师说完,又沮丧起来)

教师的爱特别单纯,有时候付出得特别多,只是想获得学生的认同和尊重。巨大的失望源自对学生付出关爱却未被认可。XHM 老师努力做一个受学生爱戴的好老师,当自己像妈妈一样照料了学生,倾注了自己的情感,希望学生也能够像对待妈妈一般地对待自己。当发现自己说的话,学生完全不在意,她产生了强烈的落差,进而产生了自己是保姆的不公平感。

新课改要求老师不再是权威,走下神坛,走近学生,然而矫枉过正,又变成了学生的高级保姆(不平等),在和家长与学生相处时,教师丧失了权威地位,也体会不到源自教师这个职业的"被尊敬",感觉不如以前,委屈。

> 传统的尊师重道已经遗落,取而代之的是教师是服务者,家长花钱,教师提供服务,没有尊严。(BXZ 老师)

上述教师的行为"忠于"执行课改的要求,遵照教育改革的理念、材料和方法进行行为塑造,以此来完成教育改革的目的。虽然教育改革得到了这些教师的接受和赞同,但实际上,他们仍然不明确自己正在实施的改革有着怎样的基本特征、如何操作或者应达到何种目标等。他们陷入了一种"虚假的明确性"中,把教育改革简单化、机械化,在改革过程中根据改革要求或行为习惯所形成的较为稳定的、有序的行为方式,不能觉察到所实施改革的深层变化与要求。而在改革过程中形

---

① 马克斯·范梅南.教学机智——教育智慧的意蕴[M].李树英,译.北京:教育科学出版社,2010:7.

成了模式化的行为,教师则不愿意花费太多时间和精力来突破模式,寻找新的改变空间,这实际上是一种积极行为背后隐蔽的阻抗。

主题四:课改,想说爱你真的好难

相较于那些深层或者肤浅地遵循改革要求而形成的行为模式,有些教师依然会在改革初始阶段按照要求进行改革。这类教师打心底里是赞同或欢迎教育改革项目并能够积极投入教育改革实践中去的,在与学生相处的过程中积极践行新理念新方法。但是,也正是这些积极的教师对教育改革要求的行为模式往往修改得更多。

> 有一天,小Q跑到办公室来和我说:"××的花死了,我帮他浇水,他不要,推了我。"遇到这样的情况,一般有两个方式可以选。第一个,训他一顿:人家的花死了,关你什么事。第二种,就是这次我选择的,我先深吸一口气,然后开始开导他:"你帮助同学是很好的,但是现在这个结果,是不是你做的有什么问题呢?"他立刻就安静了,似乎是怕了。我心里想,我说一句就没声音了,真没出息啊。他回答:"因为花是他的。"于是我继续问:"还有呢?"他抬头看看我的眼睛,确认了真的还有其他错误之后,又低下头沉默。我于是引导说:"花怎么样?"他说:"我没有得到他的同意,他说不让别人浇花,我错了。"然后我告诉他:"老师已经在班上说过了,每个人自己负责自己的花,如果你想帮助他,要得到其他小朋友的同意,不能自作主张。"
>
> 看着他回去的背影,我不确定自己做的是不是对的,有时候花时间去开导一个小朋友,但可能在他看来是:我这么做,老师并没有生气,没有害怕,下次可能还是会再犯。而第一种方法虽然简单粗暴,但是他会很怕你,并在一段时间内心有余悸,所以会老实一阵子,效果很好。用了第二种方法,如果发现他又犯了同样的错误,便会很生气,比用第一种方法之后更生气,因为觉得自己很用心地在帮助他,但是到最后发现自己说的话对学生来说没有任何意义,那种打击是更大的。所以以后遇到事情,可能更偏向第一种。
> (XHM老师)

新课改推崇素质教育,在学生发展方面,尊重学生个性,关心每一个学生,允许学生犯错。但现实却是,班级容量大,学生差异(家庭成长环境、性格、学习习惯等)明显,课改要求的那些教师很难做到,一些行为也具有理想化色彩,根据实际情况教师进行了自己的理解和操作。经过时间的"沉淀",这些"改动"容易形成一种变异教育改革的行为模式。不同于忠实执行、机械照搬课改要求的那些教师，他们阻抗课改是由于在理解和修改改革的过程中逐渐远离或者相异于改革要求了。而改变后的行为会融入自己的日常教学生活，成为与学生相处的一种较为稳定的行为模式，并影响着改革实践。

> 教育改革中新的教学内容和教学方式的确比较新颖，会让老师感觉眼前一亮，最主要的是它很贴近生活，学生也乐于接受。我根据学到的教学方式进行了一段时间的课堂实践，发现学生有了很大变化，相较于以前更活跃、思维更开阔了，这让我很开心，因为自己的付出没有白费。但是，总感觉改革后的教学会忽略很多基础性的知识，特别是一些底子本来就很薄弱的学生。所以，我在课程中会加入一些我认为重要的、考试要考的学科知识，这样能照顾到更多学生。像我这样讲下来的话，就是"不光有骨头还有点肉了"。①

上文中的教师拥有丰富的教学经验和知识储备、灵活的师生交往能力，让他不惧怕改革，而敢于尝试改革，争取各种有利的资源。在应用新课改的要求时，发现改革的要求和自己的实际发生冲突，甚至矛盾，使他产生了基于理解和学生发展需要去修改教育改革的冲动，造成了对教育改革的阻抗。当然，不能将这种异化一概视为消极的行为表现。因为，当改革自身存在缺陷时，或者过于理想化、脱离实际情况时，教师可以根据情境变化进行适当调整，这样反而更有利于当事者的利益。

第二节　师生关系中教师之爱的理解

教育活动是"在生命之间"进行的"主体际"活动，在这个活动中教师与学生之间的关系被确认，没有学生，就没有教师。教师与学生的关系首先是爱与被爱，没有爱就没有教育。现实教育活动中教师之爱是怎样被理解的，又是如何表现的？②

---

① 吴筱萌.理解教育变革中的教师[M].重庆:重庆大学出版社,2010:1.
② 邵光华,袁舒雯.教师之爱的现象学反思[J].全球教育展望,2014(7):60－66.

一、教师之爱的现象学描述

(一)教师之爱的目的是换来学生的听话吗

每当老师写总结或介绍经验时,都会大谈特谈师爱——爱能融化坚冰,爱能点石成金,然而,现实教学生活中,教师的体验又是怎么样的?

第一年当班主任的 PXM 老师说道:

> 刚开始教学的时候,因为刚从学校出来,想的都是对待学生要平等,要爱学生,所以上课都是笑笑的,如果不是很大的问题,就是说说算了。后来,是和学生成为很好的朋友,但是上课也完全不听我的了,很难管……这一级我当班主任,我从开始就很凶,现在学生都很怕我,班级纪律好多了。我也不想每天板着脸,但是这些学生让我爱不起来。现在只要有一点声音,我会马上大声地说"不要吵了""安静"。

PXM 老师在入职前充满对未来职业生活的向往,决心用爱去达到教育的目的。但是在不听话的学生面前,自己却从"温柔派"转为"严厉派",因为她发觉,她给出的爱换回来的是朋友关系,而不是让她的教学活动顺利开展的支持关系,更不是听话和顺从的关系,恰恰相反,学生不听话又难管。在 PXM 老师看来,教师之爱就是对学生积极的情感状态和良好的态度,对学生的喜爱和喜欢,不批评和训斥学生,从此观点看,教师最后觉得自己对学生实在是爱不起来了。

> 做班主任太忙了,早操、卫生、纪律什么都得管,真的没有时间……我是比较务实的,学校要成绩,我就好好教,班里只要不出大事,我都睁一只眼闭一只眼。爱学生?没时间。

身为非班主任的 WHR 老师,当谈及关爱学生的态度时,她认为:

> 初中的学生又不是小学生……情感投入的话,是班主任的事,任课教师只要教好课就好了。

关爱学生和管纪律、查卫生一样,成为老师们为了保证教学工作顺利开展的一项任务,因为其不可量化,所以有老师承认这是一个"良心活儿"——做与不做,做多做少就看老师个人了。WHR老师将"爱学生"理解为"情感投入",当情感变成"资本",目的便直指向收益,作为班主任的收益是能够有效管理班级,而作为普通任课教师,因为没有强烈的"收益需求",则不需要投入情感"资本"。而班主任PXM老师,用务实来解释自己的状态,对学生好但受挫后,全力投入教学管理之中,不可爱,便不爱。

爱确实可以影响人,且影响力很大,然而能够"点石成金"的师爱折射出的是教师对师爱理解的工具理性的思维方式,它强调通过一定的手段达成目的,具有可操作性。在科学技术高速发展的今天,工具理性具有不可替代的优势。然而在教育领域,当教师纯粹从效果最大化(好成绩、好表现)的角度考虑,漠视人的情感和精神价值,把教师之爱仅仅作为完成现阶段教学任务的必要手段,忽视促成学生作为人的生成发展,师爱就变成教师在教学生活中需要做的,这种"工具—手段"的师爱的理解方式是对师爱本意的背离。

教师之爱应是与教师的职业生活保持高度契合的,具有教育学意义,是教师的一种原初性教育行为。它不是一种可以被效仿复制的行为、状态或仪式,因学生可爱而爱学生,因不"可爱"而不爱,这是一种虚假的爱,"这种对'可爱之物'的爱是一种'迷恋',这种迷恋源于人们欠缺希望和信仰"①。教师如果没有清晰地理解教育的使命,仅仅把教育作为一种"规训",师爱则被当作达成"规训"的手段,那么这种教育就是失败的。在这种所谓的师爱的给予中,"师爱"则是一种"施爱",教师在寻求一种师爱而不理解其真谛,迷惑、迷茫便会接踵而来,还有些许的空虚。在某种程度上,这也是教育研究中所讨论的教师效能感低、教师职业倦怠等现象产生的根源之一。

(二)教师之爱是让学生取得好成绩吗

课程改革的一个主要任务是减轻学生的课业负担,于是限制书包重量、控制作业时间等具体可操作的方法应运而生。但是,负担本身是一个主观的体验,同样的作业量,有的学生做起来"下笔如有神",而有的学生则如"老牛拉破车"般吃力。用一把尺子去衡量,企图为负担找出一个统一的标准,这背后是科学理性的狂妄。而面对成堆的作业,老师们也有自己的体验。YG老师在谈到作业的问题时说:

现在虽然不公布排名,但大家都心里清楚的,如果不让学生写作业,会觉

---

① M.舍勒.爱的秩序[M].林克,等译.北京:生活·读书·新知三联书店,1995:54.

得自己比别人少了,吃亏了,成绩会下来,布置作业就是对学生负责……布置作业就是爱的表现。

课业负担过重是否是个伪命题?一方面,学生怨声载道;另一方面,课业压力不断侵蚀着教师的时间和精力,甚至有些老师不得不带回家批改,为了什么?目的都是为了让学生取得好的成绩,因为成绩意味着地位与权利。正如 YG 老师在访谈中说到的:

> 有了成绩就有了名次,名次不仅与学生在学校、班级中的地位、权利有关,也和教师的生存发展息息相关。班级排名高的老师昂首挺胸,班级排名低的老师免不了被校长请去谈话,被其他同事议论,甚至看不起。

有了不平等的权利与待遇,则带来了老师对不公平的体验,尤其是努力之后班级成绩并没有提高的老师,他们的不平衡感更强。因此,身为新老师的 DRN 老师说:

> DRN 老师:快到期中复习的时候,学校突然发下来一沓卷子,说是每周两张,但是,我才知道,这样就有四张卷子没有写了。于是趁着这个周末,我都布置下去了,让他们每天写两张。
> 访谈者:对于一年级的学生来说,作业是不是有点太多了?
> DRN 老师:那没有办法啊,其他班都做了,我们班不做,那到时候期中考试考不好,他们会怪我的。虽然我是新老师,学校对我不会有太多要求,但是我也想尽量对他们负责任啊,不说考第一名,但也不能垫底啊。

教育的目的是使学生的天赋素质得到全面的最大限度的发展,这也是师爱的最终目的。但是在功利的教育目标的指引下,教师对学生的爱、对学生负责的表现无一例外地指向"高分""好成绩""好的升学机会"。教师出于"爱他们"的目的,对学生进行知识灌输和题海战术,师生心灵的沟通较少,教师对学生内心关注不够,这种教育生活无疑是枯燥的、没有生机的。教师努力的付出为了让自己的学生有个好成绩,却给学生带来了痛苦。在师爱的调查中,大多数的教师都认为自己对学生充满了爱,为学生付出了很多,但是学生却表示感受不到这种爱。这不能不说是教师的这种"爱"出了问题。

苏霍姆林斯基曾说过:"有时教育者迷恋于摆样子的、外表动人的措施,忘记了教育的本质——人的相互关系。"①师生关系内含着教师对学生的精神引导和教育关系,没有这种关系,真正的教育就没有发生。教师的付出对学生来说没有感受到,就是师生之间没有达成沟通。这种情况下,教育是不可能发生的。这里需要说明的是,并不是说教师不应该追求让学生有个好的学习成绩,而是说如果教师把"取得好成绩"当成教育唯一重大的目标,通过机械化的控制和操作提高学生的成绩,这就与教育培养人发展人的目的背道而驰了,这样的学校也没有起到一个教育机构应有的教育、培养人的作用。因为,教育中人的不断完善本身就是目的,人只能作为目的,而不能当成工具来对待。

情感现象学中,理想的爱即真正的爱是一种追求精神价值的运动,是一种心灵的福乐,是一种为了自身的满足而追求无限的善。舍勒认为:"无论何时,只要作为个体或群体的人以为在某一有限的善上绝对最终地实现并满足了他的爱的冲动,那就是虚妄,那就是他的精神——德性的展开陷于阻滞,那就是受到本能冲动的束缚。"②爱的本质是无限的,对有限的善的爱只能产生不断地追求的恶性循环以及精神的空虚感。这也是许多痛苦、空虚、迷乱感受的渊源。教师对功利性教育目标的追逐而产生的师爱,并不应该成为教育所提倡的。虽然教师付出了自己的真心的爱,但却不应称其为真正的师爱。这一点应该是一种师爱的误区,也是许多教师对自己的教育事业产生迷茫的原因所在。

(三)改造另类学生是爱他的表现吗

丰子恺先生曾经在名为《剪冬青的联想》的漫画中描绘过这样一个画面:"画中的冬青一律被园丁剪掉了脑袋。园丁走到花园里,对着万年青等植物,只看一眼,就是'喀嚓'一声,参差不齐的枝叶便整整齐齐了。然后拿起一支早已准备好的竹竿,一边比量,一边大动剪刀,刀锋过去,就无一枝独秀,而是齐刷刷地一般高矮了。"③在日常教学管理中,很多老师也面临着另类学生的挑战,如韩老师的描述:④

记得刚接这个班的时候,我一直以为他是一个腼腆、老实、不合群的小男

---

① 苏霍姆林斯基.怎样培养真正的人[M].蔡汀,译.北京:教育科学出版社,1992:10.

② M.舍勒.爱的秩序[M].林克,等译.北京:生活·读书·新知三联书店,1995:48.

③ 刘德华.教师不做"园丁"[J].思想理论教育,2003(3):77-79.

④ 韩磊.小学教育叙事:我们的眼里要含"钙"[EB/OL].(2008-08-18)[2017-05-07]http://www.jiaoba.net/Article/JiaoBa_Html/Xushi/845_17482.html.

孩。我们暂且叫这个孩子"孙佳铭",个头儿不高,特别不爱说话,简直是普通得不能再普通了。可谁知,一个学期以后问题竟出在了他的身上。

那是一节体育课上,由于天气不好改在室内上。当时班里气氛很活跃,体育老师便要求大家坐好。等大家都坐好之后,老师意外地发现孙佳铭居然端端正正地坐在了桌子上。老师和同学们向他投去了疑惑的目光,而他呢,却若无其事地对老师说:"您只让我们坐好,又没说坐哪儿……"但这件事似乎只是一个开始,接下来的日子里,他的种种行为均使我感到头疼与费解……

科学理性主义常将教师隐喻为园丁,面对"另类"学生,教师有将他们"修剪"整齐的义务,然而这不仅是对教师职业的独立性缺乏扶持与关怀,而且对于师生关系也不可避免地会产生相应的冲突。① 孙佳铭出现种种"恶行",包括"坐在桌子上,上课玩铅笔,下课追跑打闹,作业不完成,字写得龙飞凤舞……"韩老师把他当成"叛逆"学生、"问题"少年,并想方设法地找到他"犯错误的原因",进而去改变他。如果对这种"另类"不管不问,就是放任自流,是"害"他们。然而,重新审视孙佳铭的行为,他的"恶行"大多因为触犯了作为一个学生应该遵循的行为规范,而变成为老师眼里的"另类"。被誉为"园丁"的教师在教育活动中,如果遇到一些妨碍人的观赏视线或是影响人的观赏品位的杂草,便会不自觉地出现如漫画中所描述的修剪行为。教师根据观念中早有的"另类"标准,对学生进行分类,之后才会有所谓的"另类"出现。换言之,"另类"只出现在教师的意识之中,而不是有另类的现象,但分类结果并不具有普遍性,而是分类者对被分类之物的个人经验性的产物。

一旦学生出现影响班级整齐划一的"另类行为",必然面临着被"修剪"。身为班主任的教师拥有对学生的塑造权、分类权,学生的发展被框束在教师的意图与审美情趣规定的方向上。这教师越是辛勤,学生的成长越不能自主,越是享受不到教育本身带来的生长的快乐和作为主体的求知之乐。师生之间并没有平等的教育愿景,也不可能造成平等的教育实践,践踏了教育相对于学生的私人部分。实际上,学生并不是教师的私有物,教学也不同于基于园丁个人审美情趣剪裁与分类的独角戏,学生不是客体,不是"我"实现目的的手段、工具,他们同样与"我"一样是有目的、渴望自由的人,是一个"他我"。

---

① 熊和平.教师理应是辛勤的园丁吗——由 2004 年度感动中国人物之一的徐本禹想到的[J].现代教育论丛,2005(5):9-14.

二、教师之爱的反思

在某种意义上说，人是一种关系存在。在某一时期会有一些重要他人、重要关系影响甚至决定着人的发展。师生关系是学生成长过程中一个重要的关系体验。教师对师爱的理解，影响着他处理师生关系的方式，而课业的压力和对高分的追逐也往往成为师生关系紧张的导火索，我们必须改变过分强调"教"、忽视"育"的冰冷的教育现状，建立新型的师生关系。

（一）教师之爱是教育发生的前提

传统教育将教师隐喻为园丁，它将教师和学生对立起来，有些教师就曾反对说："教师不做园丁，因为他的对象是人。"如果把追求某种有限的利益或功利性的目标当作师爱的全部，则不是真正的师爱。教师应明确教育事业是培养人的事业，应该将通过真心的沟通促进人的精神发展作为付出自己真爱的方向。

教师替代父母关系之所以是教育使命的源泉，原因很简单，父母与孩子不仅仅有着自然血缘的亲密关系，更因为父爱和母爱使这种关系变得更加强烈。这种家庭关系的亲和力是学校教育关系的原初形态，也就是"育"的原初形态。成年人和孩子在一起形成的关系首先是"养育"的关系，其次才是"教"，或者说的更准确一些，两者从来就是一体的两面，不可分离。所以，我们要探讨教育（pedagogy）就要从"育"（parenting）到"教"（teaching），以"回到事情本身"的现象学态度，寻求教育的"源头活水"。成年人是以某种态度、品质或情感和孩子在一起的，这种关系可能是"同感"（sympathy）的关系，也可能是反感（antipathy），可能是亲和，也可能是排斥，而这种或积极或消极的关系为我们创造或毁灭了教育发生的条件。而激发教育健康的关键是在"育"中蕴含师爱，像父母那样去爱学生，用心倾听学生的召唤并作出相应回应。教师在对学生生命与人格的爱怜、关切和爱护中，体验由于自身道德行为带来的幸福，促进教育健康（pedagogical fitness）和学生的全面发展。

因此，要时刻保持清醒的教育意识，抓住每一个教育瞬间寻求对学生心灵的触动，这是每一个教师应有的职业状态。无论现实的环境有多么的纷繁复杂，只要教师感受到教育实践中来自学生的那份被召唤感，就能坚韧、执着、智慧地走向实现教育意义之路，去实践真正的教育。当师爱真的发生，除了促进学生成长之外，老师也会得到心灵上和精神上的满足。教育关系首先是一种陪伴的关系、呵护的关系、牵手的关系、人与人真正相遇的关系。因此，无论是教师还是教育研究者，在师爱问题上应明晰教育使命，从更加根本的层面上去理解师爱产生的根源及其本质。只有这样才能厘清概念,为实践指明道路。

（二）教师之爱以生活世界为意义基础

一切客观科学都以生活世界的存在为前提,以便获得可理解性和有效性。对教师之爱来说,生活世界应是教育内容的意义基础。教师之爱的内容意义在生活世界中,但由于人们对"科学"和"理性"的崇拜,把"科学世界"和"理性世界"的教育当作人的全部教育,而更为根本的生活世界的教育却在不知不觉中被遗忘了,科学世界的教育与生活世界的教育产生了断裂。科学世界教育的一个质量评价标志就是分数成绩,而当下成绩已进入了一个怪圈,在多数人眼里,成绩意味着未来,衡量老师水平高低的是中考、高考等升学考试的成绩,受制于工具理性的现代,学校教育也将升学率作为教师的职称、福利、奖金和升迁的评定标准,教师拿不到理想的分数就没有发言权。于是,教师的学校生存被"分数化",他们在机械化的教学流程中迷失自我,在分数中"找回"自己。他们往往又被灌输以扭曲的价值理性,给为了追求分数的种种努力戴上神圣光环,从而顺理成章地将"分数化生存"职业化、崇高化、神圣化。高强度、大频率的分数刺激之下,师生也因不同得分而在各自的共同体中不断变换着空间位置——高分者荣耀而站在前排,低分者耻辱而尾随其后。学生按分数被物化为优等品(如所谓的"三好生")、合格品、残次品、废品和危险品。教师的教学生活世界、学生的学习生活世界被这样的分数世界所充斥,离真实生活世界越来越远,师爱也沾满了分数的气息,"分数负担"成了压抑师生心理的真正负担。教育脱离儿童的生活世界就是脱离"人的世界",这是理性化教育危机的重要表征。因此,教育呼唤回归生活世界。

回归生活世界所要求的是一种教育观的转变,让学校从一个压制人的、冷漠无情的、人作为其奴役的分数世界回到人的自由的、自主的、熟悉的、温暖的真实生活世界,让师爱回归教育生活意义的本真。

（三）教师之爱是一种教育关心与信任

教师之爱表现为教师的教育意向性行为,是教师的"原行为",是教师其他一切教育认识活动得以发生的基础。有了师爱,教师与学生之间产生真正的教育意义关系,学生从教师那里获得信任和力量,教师从学生那里获得期待和灵感,从而课堂迸发出更多的教学机智和实践智慧的火花。

在传统的教育教学中,基于对教育教学目标及学生角色的认识,教师把师生关系的价值定位于教育与受教育的范畴,形成了过分注重权威与控制的师生关系,其目的是为了把学生塑造成社会所期待、教师所期待的人。为了实现对学生的塑造,教师往往通过自己的权威来实施对学生的有效控制,以使学生按照教师的选择与指引而完成学业和人格发展。基于教学目标中对知识目标的高度认可，教学行为被抽象为单纯的告诉与接受。师生关系也失去了应有意义，教师与学生成为"猫鼠关系"和"警察与小偷"的关系，这种扭曲的师生关系被教师和学生作为应有角色及规范而固定了下来，师生之间从此挖下了人为的鸿沟，教师对学生缺乏基本的信任，学生对教师则充满戒心，教师角色赋予的权威常常使学生处于恐惧状态，师生关系处于控制与被控制之中。由于教师经常思考的是如何去控制学生，师生之间便缺乏了有效的交流与沟通。在这种彼此心存戒备的师生关系中，教师的教育影响力势必消减，教师的专业成长也失去了正确的认识基础。对于学生而言，在倾斜的或不平等的人际关系中，学生很难做到"亲其师，信其道"，人格发展会处于压抑状态。不少教师已经意识到这种对象化的师生关系所带来的职业内疚，如有教师感言："我不是园丁，只懂把知识和自以为是的关怀高高倾泻。我也不会只为博一声喝彩催你在冬天开花，春天到了，却让你枯萎在一角……我唯独不做园丁，把你奔跑的双足当作根，挖坑把你纠缠却自称爱护，也不会把你挥动的小手看作乞讨的叶儿。"[1]

学生需要支持才能获得独立，需要安全感才能去冒险。教师的职责是营造亲密的气氛，构建平等的师生关系，让师爱给学生以情感的共鸣、教育的关心、信任的力量，以帮助学生的外在兴趣、好奇心、探索精神和独立意识的成长。

第三节 师生关系重建阻抗的现象学反思

新世纪基础教育课程改革要求从课程目标、课程内容、课程结构、课程实施、课程评价等方面进行全方位的改革，可以说新课程改革是对教师传统教育方式的彻底改变，在这个过程中，教师面临着一系列的"矛盾"。例如，新课程自由空间变大与教师创造性实施能力较小之间的矛盾；新课程课时内容安排的灵活性与传统课程时间固定性之间的矛盾；新课程注重方法多样性与个别学生掌握知识不扎实之间的矛盾；新教材编排体系的变化与教师固有教学习惯之间的矛盾等。突然要求改变原有非常熟悉的教育生活方式，而按照新课改的要求进行全新改革，这无疑对于教师来说是一项巨大的挑战，亦可以说是"伤筋动骨"。他们或许无奈接

---

① 喻学荣.不做园丁[J].江西教育，2000(4):26.

受,或许变相抗拒,或许积极参与,但无论如何在一定时间内或多或少会影响到课堂教学,从而影响到教学生活中的师生关系。

一、教师观念层面:重塑"替代父母关系",倾听学生教育的呼唤

统一下达的政令在传达过程中可能出现异化,而教师已有的教育观念也影响着新课改要求的贯彻和执行。当教师注重传统教育观念,认为基础知识是学生必备的素质时,即使他们接受注重学生能力发展的改革新内容,也不能完全改变他们重知识的倾向,反而会在实施的过程中不时地改变,以一种复合的或者说异化的行为模式继续着革新;如果教师将实施改革当作一种满足自我需求的工具或途径,而非真正认同层面上地实施改革,那么改革实施就变成了一种"投资行为",教师从改革的利弊关系出发,全面衡量对改革的投入和产出比。

随着新课改的推进,民主平等的师生观也逐渐深入教师的心里,很多教师也在"与时俱进"地跟上新课改的步伐。但由于教师自身理论研究的缺乏,再加上对新课程理念的认识误区,不少教师主动或被动地走下"神坛",走近学生,想要努力创造一个平等的师生关系,同时将教师的权威与新课改对立。在师生交往中,表现为教师完全放弃自身合理的权威,这使得参与改革的教师不仅在日常的教学生活中感到身心俱疲,还在打乱或者占用本已少之又少的日常生活时间的同时,支持改革与实际操作中出现了左右为难的情况。有些教师总结出一套自己处理师生关系的"理论"。

> 教师C:如果学生实在不着调你还管他们干吗? 管了你还倒霉,没事找事干嘛! 特别是家长也不着调的,就更不要管了。你要记着,你的任务是教会学生知识及做人的道理,当学生表示他们不需要的时候,你得想想继续教育他们是否值得,值得那你就费费心,如果不值得就放弃吧。免得被学生打,被家长威胁……①

有些老师表达了更为悲观的一种情绪和更为消极的一种做法。

> 教师D:其实学生就是应付高考的机器,教师就是培训机器的人。有时候社会和学校对差生采取纵容态度,只要学生不出问题,不惹出大事,不影响

---

① 沈萍霞.教师权威的困境与出路探索[D].西安:陕西师范大学,2012:80.

其他学生学习,你想怎样就怎样,学校也是爱理不理。

教师C:我亲眼见过学生打老师一个耳光,就因为学生上课把腿放桌子上,我的同事Q老师让他把腿放下去。

教师C:怎么能打学生啊,学生打老师最多事后学生很不真诚地给老师道个歉,这要是老师给学生一个嘴巴子,估计第二天全国人民都能知道。①

案例中这些看似极端行为的背后,折射出了当下教育的虚弱与无力,折射出教师在改革背景下的矛盾与焦虑。当教师被定义为"高级保姆"、教育被视为"服务产业"时,教育走向一种"一切以学生意志为转移"的极端,教师自然不敢、不愿,也不能行使自己的"教育权"。对于出现问题的学生,要么不负责任地不管不问、听之任之,要么采取跪求式的感化。

从教学机智的角度出发,马克斯·范梅南提出教师应该"替代父母",用敞开的态度去了解学生,继而产生教育学意义,因为"教育学总是深深地凝结在教师和孩子的关系的本质当中"。身为父母则意味着生命中多了一种召唤,这是教育的召唤,谁听得到教育神圣的呼唤,谁就与孩子处在真正的教育关系之中。在教师的教学生活中,这种来自学生的召唤激发了教师的反思和行动,激励着教师意向性地指导学生的生存和成长,促使着教师凭着良心去实施教学活动。"替代父母关系",并不是简单地对学生进行父母般的呵护,而是要有一定陶冶性和培育性意义。孩子需要获得支持才可能学会独立,拥有了安全感才可能开始冒险。因此,老师替代父母履行职责,通过营造舒适、安全的学习氛围给予学生情感上的支持,这对学生自我的成长是非常重要的。马克斯·范梅南强调"替代父母关系"的本体价值的同时,也没有忽视它的工具价值。他认为,师生关系影响着教学质量,拥有良好的师生关系,是实现教育的先决条件,强调的是这种关系的教育性。② 因此,教师要寄予学生希望,对他们发展的各种潜能抱有耐心和信任,能够沉着平静地等待。与此同时,意识到教师的职业是充满责任心的,这种责任体现在教师能够感受到学生的脆弱,并能做出教育学和道德意义上的反应。从教育学的立场,努力调和各种社会上可能存在的影响,同时,利用社会因素对学生的成长施加积极的影响,激励学生迈出勇敢承担责任的第一步。

① 沈萍霞.教师权威的困境与出路探索[D].西安:陕西师范大学,2012:78-80.
② 马克斯·范梅南.教学机智——教育智慧的意蕴[M].李树英,译.北京:教育科学出版社,2001:7-17.

二、学校管理层面：冲破传统学校隐喻的束缚，营造良好的学校文化环境

学校是什么？是课程，是建筑物，还是机器？……尽管这些物质基础对于学校的存在而言非常重要，但人与人的相互关系才应该是学校的本质，良好的教学生活的建构取决于人际关系的良性互动。在现代学校中，学校的管理者、教师、学生在某种程度上都落入学校行政权力网络，是被操纵和控制的客体，无法享受身为学校民主、平等文化的主体身份。学校不仅是促进学生发展的地方，更应该有利于所有人的成长。而学校文化是学校发展历史的厚积，具有固守性和稳定性，是变革的重要阻力。工具理性主义课程文化观的制约、教师保守的专业个人主义文化、传统文化心理结构的负向牵引、校园文化建设的不良以及大众传媒和网络文化的冲击等都是导致教师抗拒课程改革的主要原因。[①]无论强势文化还是弱势文化都抗拒变革，新课程所倡导的教师文化形式与传统的教师文化形式之间的对立主要表现为自然合作与个人主义的对立；而在教师文化的内容上，对教师权威的崇尚，保守的价值取向、"官本位"的价值取向，社会分层的代理人等文化内容与新课程所倡导的教师文化产生对立与冲突，最终引发教师阻抗课程变革。[②] 在新型师生关系建立中，学校文化建设是关键。

要想建立一个重视合作民主的学习共同体，第一个工作重点就是挑战传统的教育理念，为新型学习文化的萌生和学习共同体的创生提供其发展的土壤。在这里，教学观从"选择与淘汰"转变为"促进与发展"。好的学习方式应该产生于一个民主的、倡导合作学习的环境中，"师生之间和学生之间越是相互关心、负责，越赋予支持性，学习的潜力就越大。只有基于积极的关系，学校才能成为一个有责任心的学习共同体"[③]。具体而言，要创生这样一种新型的学习共同体，从校长、教师到学生都要认识到旧教学范式的过时低效，只有冒着短期可能失败的危险，尝试改革，适应新形势，人人都能获得长久发展，赢得更好未来，这样的学习环境才具有强大生命力。

---

① 杨红英.新课程改革中教师阻抗的文化检视[D].桂林：广西师范大学，2004：22-23.
② 张雪.教师抗拒课程改革的文化解释[D].金华：浙江师范大学，2009：35-36.
③ 戴维·W.约翰逊，罗杰·T.约翰逊.领导合作型学校[M].唐宗清，等译.上海：上海教育出版社，2003：37.

倘若未能成功促使学校文化发生根本性转变,任何好的教育思想和理念在实施中都只是"邦迪"式的补救,"头痛医头,脚痛医脚",产生一些零零星星的效果,无法真正改变学生学习方式。所以,当前变革的首要任务,就是鼓励学校教师(包括行政人员)、学生为大家共同谱绘的美好学校愿景而共同努力,结成合作伙伴关系,努力构建具有合作平等气息的学校文化和课堂氛围。首先是培育民主的制度文化。以人为本的、宽松自由的文化制度环境是教师顺利开展教学实践的基础。其次是更新学校领导的管理哲学,发扬道德引领作用。学校管理者应积极推行校本管理理念,体现"以人为本"的人本主义精神,采用民主、合作、分享的领导模式,鼓励教师参与管理,让教师体验到主人翁的归属感;平等、公正地对待每一位教师;了解教师的教学现实,在教学生活实践中密切关注教师的体验与生活智慧,给予必要的生命关怀和人文关怀。开放的、充满人文关怀的生存和工作环境的营造,有利于教师主动性与创造性的发挥和教师教学生活品质的不断提升。最后,应致力于改变孤立、封闭的传统教师文化,努力建构一种自由、开放、平等合作的教师文化。

三、课程设计层面:宏大教育改革与微观教育系统的"排异"反应

改革与微观教育系统中的学校文化和师生个体差异相遇,很容易会出现"排异"现象,比如课程改革在内容设置与价值选择方面出现的城市化、贵族化、精英化和信息化倾向以及教材编制的城市化倾向,使得农村教育以及农村教师处于相对弱势的地位,他们在资源竞争中不断受挫,被剥夺感加剧,从而引起农村教师对课程改革的不满。而课程改革中存在的准备不足、过于仓促,课程改革中理论与实践的脱节,课程改革不完备,课程改革缺乏与之配套的可行的教学评价体系[①]等课程改革本身的问题,也会导致教师采取抗拒行为。改革本身的繁杂性与模糊性,让教师在改革还未真正开始前就产生了无法在课堂中生根发芽的主观印象,从而表现出不参与改革的倾向。

因此,课程改革中存在教师阻抗是正常的,教师阻抗反映了教师在落实课程改革时并不是忠实实施,而是有所思考,是教师在面对不确定性尤其是危险性时的正常表现。除此之外,它也能够促进教育政策的制定者和教育管理者对教育改革本身存在的不足进行反思。所以,对教师课改阻抗应持辩证的观点。面对大量的"排异"反应,值得反思,新课改提倡的师生关系是否适合现有的师生关系模式

---

① 刘义国.教师在课程改革中的抗拒[J].教育学报,2008(1):32-36.

也是值得反思的。

在新课改的要求中,教师不仅不再是知识权威,还丧失了权威。在教学生活中,从教室中桌椅的摆放到师生关系的建立都强调去中心化。但教学生活中并不是没有权威存在的,不同的是权威不再赋予到某一个实体人物的身上,而变成了课程改革的标准和要求。在省、市、县级举行的大型会课、赛课,或者学校内的公开课的课前课后,总会听到诸如此类的发问——"你的课符合新课程标准吗?有没有体现新课改的理念?"标准成为至高无上的"权威"。特别是在评课上,似乎只有符合新课标,体现新理念,才能被称为是"一堂好课"。① 而只有符合新课改理念要求的才是健康的师生关系。但师生关系能否做到真正的平等?换言之,真正的平等是否适用于师生之间?也许值得深思,师生平等的内涵也许需要深刻解读,或许在师生关系方面,存在某些方面的平等,同时存在某些方面的不平等,也许更适合有着特殊关系的个体。

传统的师生关系中,教师是有德性的、值得尊重的,师生在授受关系上是不平等的,但是相互尊敬的。随着学生掌握知识的情况,师生关系会有变化。教师拥有知识,学生学习知识,这种知识占有上的差异和不平等是客观存在的,也是现代教育存在的前提。但需要指出的是,知识占有上的不均衡仅仅意味着师生在占有工具上的不平等,而绝不意味着师生在质上有任何差异。尊重的背后是对真理的执著,在这个时刻,正是对真理的执著将师生共同笼罩在相互尊重的光环下。② 而对于新型师生关系,"美国人认为站在面前的教师卖给我他的学问和方法,就是为了赚我父亲的钱,就像菜市场的女商贩向我母亲兜售卷心菜一样……在美国没有哪一个青年,会同意让教师卖给他有关行为准则的'世界观',倘若以这种方式,我们也会拒绝接受的"③。这也意味着师生之间的关联——"教与学",丧失了古典师生关系的教育性。在教学生活中,对于如何理解"好人",教师、学生、家长每一个人都可以根据自己的偏好做出不同回答,这些回答还无法用理性加以判断,这就是所谓的价值相对主义和虚无主义。教师必须认识到开放是一种美德,平等对待一切价值观,尊重学生想法。如果教师真的做"领袖",向学生灌输"善恶观",那就是冒天下之大不韪。生命所持有的价值来源于深层本我的"价值创造",而创造本身意味着深刻的虚无。所以,浪漫主义和生命哲学进一步彰显了师生关系的非教育性。

① 姚小立.新课标≠圣经[J].江苏教育,2007(2):53-54.
② 保罗·伍德拉夫.尊崇——一种被遗忘的美德[M].林斌,马红旗,译.北京:商务印书馆,2007:243.
③ 马克斯·韦伯.学术与政治[M].冯克利,译.北京:生活·读书·新知三联书店,1998:42.

基于此,回归古典的目的论师生关系,重温目的论师生关系的亲密性、友爱性及敬畏性,有助于我们理解和解决当下师生关系问题。当然,回归绝不是简单的恢复,而是立足当下,在汲取古代智慧意义的基础上,运用实践智慧达到更高层次的回归。而新型的师生关系是对教师的专业能力和智慧的挑战,同时也应成为教师教育制度的改革的重要议题。教师和学生共同发展是新课程改革的基本理念,教师不再是一个孤立的知识权威,他是动态的、富有生机、渴望发展的人。发展教育素养不应当仅仅是职业要求,更将是教师自身的强烈需求。具有较高教育素养的教师才能真正获得社会的认可,才能真正实现自身的发展,重塑教师教学生活才能成为可能。

第十章

课程改革中教师的情感体验研究

狄尔泰说:"我们不再通过体系走向生命,而是从对生命的分析开始。"教师是课程改革付诸实践的关键所在,最终决定课程改革的成效。在教师和学生共同建构起来的教育群体中,如果教师"缺席"了,教育将无从谈起。教学作为教师的生命活动,不在生活之下,也不在生活之上,而体现在生活之中。关注教师生活的全部,追寻教师的内心世界,赋予教育以生活意义和生命价值,是课程改革的必然趋势。而在教师生活世界中,教师情感是一个重要方面。

第一节 教师情感及其相关研究

西方哲学的开端起源于米利都学派的泰勒斯,他认为"万物之源为水,水生万物,万物又复归于水",并非对人的追问,而是对自然界的发现,探索世界的本原是哲学的初期工作。直到苏格拉底才根本改变了这种状况,"认识你自己"要求哲学的研究对象从"自然"转向"自我",从"天上"拉回"人间",开始一场"心灵的旅行"。尽管当时对世界"本原"的追问依旧占据哲学形态的主导地位,但人们已经开始意识到"世界是人的世界,离开了人的世界也就无所谓世界"。众所周知,有一种根深蒂固的偏见一直存在于整个西方哲学史中,即把"理性"视为秩序的象征,把"情感"视为混乱的代名词。从古希腊开始,这种崇尚理性而贬低情感的态度就一直主宰着大多数哲学家的探求方向。当舍勒怀抱现象学的态度与世界直接接触时,他发现这样一个事实:与理性相对的人心,即情感感受,也有其秩序、逻辑、结构和法则。① 哲学家海德格尔引用荷尔德林的诗句,"人,诗意地栖居在大地上",②描绘了人类生命本真、自在的状态。让教师能够"诗意地栖居",不仅是理论上的强烈诉求,更是实践中的欲求。毫无疑问,无论是"走向生命"还是"回归生活世界",教育都应该指向教师的真实生活。这里,我们无意于追寻关于"人"的哲学踪迹,只想说,在教育学中也应该秉持一种哲学上研究"人"的态度。③

一、教师情感及其研究价值

俗语有云:人非草木,孰能无情? 关于什么是"情感",几乎没有固定的回答模式,因为任何人都可以根据自己的人生经验对"情感"下定义。文学作家曾经感叹:"人类情感的'蒙面舞会'持续太久了,应该摘掉假面,安静下来,怀着怡然的心情凝神关心一下人类的情感世界。"我们可以把某种境界或状态称之为"有情感的",但这并不意味着我们已经明确知道这就是情感。④ 古往今来,人们在情感世界里探索,品尝着万千滋味,却很难找出准确的字眼,用一句话将它描述清楚。对于"情感"一词,中国权威性辞书《辞海》和《辞源》里的解释很简单。其中,《辞海》中的释义为"人的喜、怒、哀、乐等心理表现",而《辞源》中的注释也仅仅是点明了出处而已,并没有进行深入分析和详细解释。心理学、哲学、社会学、教育学等学科的文献中都可以查阅到"情感"作为一个基础性概念而存在,其中"情感"的释义基本上也都是以心理学的研究成果为基础。整体而言,在心理学中,"情感"的普遍定义为"人对客观事物的态度体验,反映了人的需要是否得到了满足",把它看作是一种可以从意识上区分的主观体验。通俗地说,"情感"的基本内容就是:一个人对他生活中所发生的事情的内部态度的不同形式的体验。⑤

"情感"来源于外而有感于内,是人脑对主体与客观存在之间关系的特殊反映形式。我国学者孟昭兰亦指出:俄语中,"чувство"(情感)与"чувственность"(感受性)有着相同的词根;德语中,"gefühl"(感情)与"fühlen"(去感觉)一词的

① 张志平.情感的本质与意义:舍勒的情感现象学概论[M].上海:上海人民出版社,2006:32.
② 海德格尔.人,诗意地安居:海德格尔语要[M].郜元宝,译.桂林:广西师范大学出版社,2000:73.
③ 纪雪聪.教师教学生活中的情感体验研究[D].宁波:宁波大学,2015.
④ 金马.情感智慧论[M].北京:北京师范大学出版社,1993:28.
⑤ 彼得罗夫斯基.普通心理学[M].朱智贤,伍棠棣,卢盛忠,等译.北京:人民教育出版社,1998:412.

词源相同；英语中，"feeling"有感觉、知觉、同情等多种含义。这说明"情感"一词不仅包括与"同情""体验"等有关的"情"，还包括同"感觉""感受"等有关的"感"。可以说，"情感"的基本内涵集中体现了感情性反映方面的"觉知"，表达了感情性的体验与感受。一般将具有深刻而稳定的社会含义的感情性反映称之为"情感"，主要是感情内容。例如，对祖国的热爱、对事业的酷爱以及对人的羡慕与妒忌等表达出来的感情内容正是那时的深刻体验感受，即"情感"。① 情感指人具有的稳定的情绪态度和固定的心理状态，它是对现实中一些现象表现出独特的"眷恋"（或与之"疏远"），对它们所产生的稳定的"指向性"，基于此还产生了一定的"兴趣"。例如，我们常说母亲对子女的爱感、付出劳动之后得到回报的成就感、对敌人憎恶的情感等，还有一些心理状态、体验和动机，即愉快、忠诚、崇敬、痛苦等都属于情感领域。然而对我们来说，重要的不是判明情感的一切表现形式及其语言标记手段，而是要弄清楚激发我们兴趣的这一现象的内容。② "情感是体验的出发点，个体总是从现在的总体感受、内心的情感积累和自己的命运遭遇出发揭示生命意蕴；而情感也是体验的归结点，体验的结果往往生成了一种新的更深刻的情感。"③ 人们能够在体验中升华、引导自己的情感走向，不断提升自己的人生理想。不同于单纯对事物产生的"感性情感"，通过体验生成的情感超越了感知和经验，它是对生命意义有着深切领悟的"意义情感"。④ 故此，我们认为情感体验是以一种全身心的方式来感知、体会客观对象的过程，简单来说就是基于情感的"思"。

马克斯·范梅南教授曾明确指出，不仅儿童有属于自己的生活世界，教师也有属于自己的独特世界。在教学生活中，当教师成功地完成了"教书育人"的神圣使命时，他们的人格力量得以张扬，理想得以实现，完全沉浸于忘我的欢乐之中，这种情感体验便是美国人本主义心理学家亚伯拉罕·马斯洛（Abraham H. Maslow）所提出的"高峰体验"（peak experiences）理论。凡是产生这种体验的人，"却声称在这一类体验中窥见到终极真理和生活奥秘，仿佛一下子拉开了遮掩知识的帷幕……"⑤。有人曾这样说过：最好的人生是一首情歌。如果人类的精神世界没有丰富多彩的情感点缀，将只会剩下一片寂寥的荒漠。词人元好问代表作

① 孟昭兰.情绪心理学[M].北京：北京大学出版社，2005：8.
② П.М.雅科布松.情感心理学[M].王玉琴，译.哈尔滨：黑龙江人民出版社，1997：18.
③ 童庆炳.现代心理美学[M].北京：中国社会科学出版社，1993：51.
④ 陈佑清.体验及其生成[J].教育研究与实验，2002(2)：11-16.
⑤ 马斯洛.人的潜能和价值[M].林方，译.北京：华夏出版社，1987：366-368.

之一《摸鱼儿·雁丘词》中的词句"问世间情为何物,直教生死相许"也说明了人类对情感的苦苦追求。自古至今,"情"一直都是中国文化一以贯之的主导因素,同时也是中国教育发展的精神支撑。从中国古代的教育家孔子到现代的魏书生、钱梦龙、李吉林等一大批优秀教育工作者,其教育理念中无不充溢着朴素、诚挚且发自肺腑的"情"之意蕴。为了获得教学生活的乐趣和幸福,教师要从生活意义层面出发理解教学目的、反思教学生活状况并进行自我拯救,从而创造可能的生活。①

二、国外教师情感研究综述

20世纪中期,西方学术界掀起了一场"情感革命",情感成为哲学、心理学和社会学等学科关注的焦点。随着这场"革命"的发展,"情感"在教育研究领域中也崭露头角,情感教育理论逐步形成,但教师情感研究却鲜有涉及。

20世纪70年代,在认知心理学研究的刺激下,教师认知研究得到快速发展。到了80年代,心理学中关于情感的研究如雨后春笋般出现,但仍很少涉及教师情感,不多的研究中之大多数研究仅落在教师情感重要性论述方面,而教师情感与动机、教学过程、社会文化背景的关系,教师情感调节的机制,教师情感体验对职业发展的影响等方面的研究甚少。虽然当时教育界开始意识到情感的意义和价值,但由于西方文化长期存在对情感的偏见、情感本身的复杂性以及心理学领域"情感革命"的近因效应,许多教育学者和一线教师对教师情感的关注与理解非常有限,甚至存在各种误解。其一,在西方文化中,普遍认为情感是有问题的。② 当我们说一个人是感性的时候,通常是指这个人缺乏理性。尽管有时候情感可以指引方向,但大多数情况下,还是认为情感是失控的、幼稚的、具有破坏性的,而不是深思熟虑的,也不是文明的。③ 其二,尽管过去在强调教师情感重要性上做出了巨大的努力,但是学者们还是非常疑惑,因为他们认为情感是难以捉摸的,无法进行客观测量。其三,一段时间内,教育学者并不接受"教师情感是一种社会和文化现象",他们反而倾向于强调教学实践主要是一种认知活动。情感主要来自于个体内部,例如大脑功能和人格等方面。④ 因

---

① 赵昌木.教师的教学生活及追求[J].当代教育科学,2006(6):33-35.

② OATLEY K,KELTNER D,JENKINS J M. Understanding emotions[M]. Oxford:England Blackwell Publishers,1996:10.

③ ASHFORTH B E,HUMPHREY R H. Emotion in the workplace:a reappraisal[J]. Human relations,1995,48(2):97-125.

④ LUPTON D. The emotional self:a sociocultural exploration[M]. London:Sage,1998:176.

此,许多教育学者认为教师情感理应是心理学科的研究范畴,特别是认知心理学。在经历了曲折发展之后,1996年,尼亚斯(Nias)率先在《剑桥教育杂志》上发表了一篇关于教师情感的研究性文章。自此,国外众多知名学者开始真正重视和理解教师情感在教学过程和职业生涯发展过程中的价值和力量,渐渐加强了对教师情感的研究。

整体而言,20世纪80年代到90年代中期,教师情感研究重在树立对教师情感重要性的认识上。在此期间,研究的中心论点在于说明"有效教学和学习必然具有情感性,因为它建立在人类互动基础之上"①。同时还关注"压力"和"倦怠",尽管当时"情感"这个术语几乎从未用来说明教师职业生涯的理论基础。90年代后期,教师情感研究开始关注社会关系和学校政策,记录了教师情感的复杂性和范围。一些研究者认为,教师情感不可避免地与学校政策事宜相关,赞成"教学是一种'情感实践'"观点的声音也越来越多。教室和学校中的社会关系开始成为捕捉教师情感的主要出发点。此时,受社会学思想(特别是社会建构主义)的影响,学者一致认为教育工作者在教学实践中一直在建构一系列积极和消极情感,研究的核心在于探索教师、学生、家长和管理者之间的相互关系。值得一提的是,《剑桥教育杂志》专刊(1996)促进了情感实证研究的大发展,提供了一些理解教师情感、专业身份认同和教育变革三者关系的不同理论方法。其主要目的是将几种研究教师情感的理论方法合并,对教师工作体验(尤其是在改革的背景下)以及工作条件对身份认同的影响有一个深层次的理解。《剑桥教育杂志》专刊共包括五篇文章,基于社会心理学、社会学、哲学和教育学的理论方法,主要关注教师情感在教育改革或身份认同方面的体现,共同点在于关注社会环境,不同点体现在论述情感、身份认同和环境三者关系的方式上。②

对教师情感的关注并不是新框架和新结构的产生,而是范围的扩大。研究者需要时间去发展教师情感的概念和理论,探寻研究教师情感的实证工具。可以发现,引用相关领域的概念或相近词汇可能是比较有用的。在没办法解决或无从比较的问题时,更为重要的是证明研究教师情感的"新"方法不仅仅需要从其他学科领域中汲取资源,而且更需要一个严谨的说法。研究过程中,教师情感的研究者

---

① OSBORN M. Book reviews: the highs and lows of teaching: 60 years of research revisited[J]. Cambridge journal of education,1996(26):455 – 461.

② VEEN K V,LASKY S. Emotions as a lens to explore teacher identity and change:different theoretical approaches[J]. Teaching and teacher education,2005,21(8):895 – 898.

经常会陷入关于情感概念和理论的争论中。因此,研究者应扩大理论观点,转向教师自身、情感的社会政治方面以及它们之间的关联。目前,一大批研究者在调查多种教育情境下的教师情感,这些研究者强调情感不可避免地与教师教学、发展和身份认同密切联系,以及情感对教师生活产生重大影响。然而,到目前为止,还没有系统地综合出应该研究教师情感的哪些方面。实际上,研究者只是刚刚开始研究教学与情感之间的多种表现。这意味着针对教师情感的其他研究和理论亟待出现,这将帮助教育研究者更好地理解情感是如何影响教师的教、学生的学以及他们的生活的。

三、国内教师情感研究综述

近年来,国内关于教师情感的研究逐渐增多,不仅对纯粹的教师情感加以界定,而且为"教师情感"一词添加了不同后缀,构成了以"情感"为修饰语的各类词组,丰富了情感的内涵。例如,有学者提出"情感能力",概括了教师的五种情感能力:移情能力、情感调控能力、情绪辨认能力、自我愿望能力和体验理解能力。[①]在关于教师"情感功能"的描述中,有学者指出根据情感三大功能学说,教师情感的教育功能主要表现在三个方面:教师的积极情感是建立良好师生关系的重要基础,是献身教育事业的动力源泉,是取得理想教育效果的基本条件。[②] 还有研究者指出教师"情感劳动"是在教育情境中为有效达成教育目标,借以影响自己拥有何种情感、何时拥有以及怎样管理和表达情感的过程,包括情感意识、情感管理和情感表达等要素,共同构成了情感劳动的机制等。[③] 此外,一篇题为《走向现象学的教师情感研究》的论文将教师情感与现象学联系起来,指出现象学比之于哲学思辨和科学实证,更是一种适切于研究教师情感的方法。舍勒、萨特等现象学家的情感研究成果,包括马克斯·范梅南的教育情感现象学研究等,为教师情感研究提供了线索和路径上的启示:"价值"是教师情感研究之"藤","体验"是教师情感研究之"根",而"父母情感"是教师情感研究之"镜",这些研究成果值得理论界关注。[④]

在学科教育领域中,关于情感体验的研究亦不少,尤其是语文、音乐、美术艺术教育等。新一轮基础教育课程改革中,将过程与体验提到了突出地位,关

---

① 朱小蔓.情感德育论[M].北京:人民教育出版社,2005:24.
② 刘芳,贾晓波.心理健康教育与教师心理素质[M].北京:中国和平出版社,2001:3.
③ 赵鑫,熊川武.教师情感劳动的教育意蕴和优化策略[J].教育研究与实验,2012(5):17-21.
④ 徐志刚.走向现象学的教师情感研究[J].教育探索,2009(11):99-100.

注"人"成为其核心理念。其一,体现在目标上,新课程改革目标有了新的定位,它包含知识与技能、过程与方法、情感态度价值观三个具体维度。新课程改革目标中的"情感"不仅指学习的兴趣和热情,还包括对事物的审美等内心体验。① 情感、态度与价值观目标又称为情感目标,让知识与学生体验的生成与情感的丰富交织在一起,得到了前所未有的重视,充分体现了我国在"改变课程过于注重知识传授的倾向,强调形成积极主动的学习态度,使获得基础知识与基本技能的过程成为价值观形成的过程"上的努力。② 教育者要完成教书育人的任务,引导学生形成正确的人生价值观,促进学生品性的协调发展,就应当在教育过程中重视培养学生积极情感的体验,而这倒逼教师必须关注情感体验。其二,体现在主体上,学生是学习主体,教师是教育主体,两者都是有血有肉、有情感的个体,体现出各自不同的情感色彩。大多数学者强调了情感体验与学生发展密切相关,它不仅使学生体悟自我存在与生命的价值,也反映出学生对社会和人生的态度取向。③ 但也有学者从教师出发,认为教师教学生活中的高峰体验是教师在教学过程中充分实现自身的社会价值时产生的一种愉悦和完美的情感体验。它是教师自我价值实现的重要途径,对激发创造力、提高生命意识以及改变人生观、世界观和自我观都具有重要的价值。④ 教学活动中,师生间的情感交流有利于增进学生感受积极情感。⑤ 其三,体现在内容上,有学者专门指出语文教材内容都是作者"情动于中,而行于言"的创造,蕴涵了人类的丰富情感。教师有义务引导学生体验其中严谨的治学态度、淡泊名利的思想、克己奉公的作风。⑥ 其四,体现在途径上,有学者认为让学生完整地体验生活,关注学生在学校的情感体验,发挥课程的情感教育功能等,都可以促进情感体验。⑦ 对教师来说,就是帮助他们从"匠化"和"圣化"的角色定位回归到真实的"人",唤醒他们沉寂着的主体意识,让他们在充满活力的"生命课堂"中焕发出璀璨的生命之光,让他们在自由的教学中"诗意地栖居",从而促进教师获得更多的高峰体验。⑧

---

① 陈莹.初中课堂情感目标达成过程中存在的问题与对策研究[D].锦州:渤海大学,2013:9.

② 石鸥,侯静敏.在过程中体验——从新课程改革关注情感体验价值谈起[J].中学语文教与学,2003(2):8-11.

③ 李彬.情感体验与学生发展[J].黑龙江高教研究,2004(1):89-91.

④ 肖正德.论教师教学生活中的高峰体验[J].全球教育展望,2008(4):72-76.

⑤ 程媛.试论情感教育中的情感体验[J].教育探索,2007(5):99-100.

⑥ 程媛.试论情感教育中的情感体验[J].教育探索,2007(5):99-100.

⑦ 宋振韶,金盛华.情感体验:教育价值及其促进途径[J].教育科学研究,2009(1):64-67.

⑧ 肖正德.论教师教学生活中的高峰体验[J].全球教育展望,2008(4):72-76.

"没有爱就没有教育"本身就蕴含着对教师情感的要求,关注教师情感的研究,让教师有更多的情感投入教育,更多的爱撒在学生身上,乃教育之幸。围绕教师情感研究的主题还有许多有待深入探索。

第二节　课程改革中教师情感体验的现象学描述

关注人是新基础课程改革的核心理念,而教师自然处于基础教育课程改革的关键地位,决定着课程实施的事实走向。若教师能够切合实际,并在进程中且行且思,则能有效推动课程改革的进程;相反,若教师面临困境,感到压力,则会从身体、情绪、心理等方面产生抵触,影响课程改革的实施进程和效果。然而,基础教育课程改革渐渐将"以人为本"的理念倾向于学生,缺少了对教师教学生活中的情感关怀。据2009年人民网教育频道"教师生活状态调查"结果显示,大多数教师网友普遍感觉工作压力大、身体处于透支状态,多数教师对职业感觉麻木,希望尽快能改变这样的生活状态;据2011年中小学教师心理健康教育论坛报道,大约超过六成教师的心理健康状态不佳;据2012年一项卫生部门不完全统计数据表明:患一种及以上疾病的教师人数占全部调查人数的65.1%,大约有70.0%的教师处于亚健康或疾病的状态。这一切统计结果均表明,教师在课程改革过程中并未获得良好的体验。课程改革带给教师的是职业病的增加,压力和疏离感达到了前所未有的高度,教师无不处在现实和理想的夹缝中,在新课程和旧理念的斗争中举步维艰,进行着情感挣扎。① 教育本质上是构建生活方式、萌发生命意识、启迪精神世界、实现自我价值的活动。因此,只有激扬教师的生命,最终才能推动以生命为基础的教育变革的发展。正如叶澜教授所说:"教师生命质量没有提升,教育质量很难提高;教师精神没有解放,学生精神很难解放;教师没有主动发展,学生很难主动发展;教师没有教育创造,学生很难有创造精神。"②课程改革对教育实践的影响终将落在课程改革实施主体(教师)的情感关怀和解放上,不顾及教师精神层面感受的课程改革终将失败。③

---

① 邵光华,纪雪聪.教师课改困境遭遇及其消解策略[J].教育发展研究,2014(4):54-59.
② 叶澜,白益民,陶志琼,等.教师角色与教师发展新探[M].北京:教育科学出版社,2001:3.
③ 纪雪聪.教师教学生活中的情感体验研究[D].宁波:宁波大学,2015:4.

一、直面教师情感体验:基于空间的发现

空间,是与时间相对的物质客观存在形式,是物质存在的广延度和扩张性的表现。"在空间社会学的视角下,总是能有政治性和策略性的设计,有目的性地生产出'空间',它作为一种社会秩序与关系的非言语表达,成为社会建构的并被各种利益奋然角逐的产物。"①教学生活作为一种人为的和为人的生命活动,并不是在真空中进行的,明显具有"空间性"。随着概念的深化,空间慢慢渗入人们的生活,它的变化甚至成为人们所追寻的目的。"能大能小,其大无外,其小无内",这是老子的生命张力,那么教师置身其中的空间张力又呈现出怎样的景象呢?

(一)"穿透生命的课堂诵读"——教室空间的价值:"留白艺术"

从教十年有余,我始终"霸占"着我的讲台。以教师的权威保持着这种居高临下的课堂状态,并在这种所谓的"恩赐"中心安理得地享受学生们的"尊敬崇拜"。

准确来说,我算是一个腼腆的老师。常常听说某些名师在课堂上哭之笑之,舞之蹈之,顿时觉得自己很落后,与他们差距甚远,为自己的学生觉得委屈。我打心底里一直在酝酿着,希望能有那么一天上一节让学生血脉偾张的语文课,让他们深切感受到文学给予他们的心灵震撼。我庆幸自己有这种酝酿,决定了往后我能以一种从容的心态面对课堂,以一种民主平等的心态调整自己的教学。我知道有很多因素制约着我的课堂走向完美,但这并没有成为我革新课堂的障碍。

第一篇课文仍旧是毛泽东的《沁园春·长沙》,这首词是我第三次接触了。自己教过的两遍,大约也是按照教参设定的步骤进行的,因此课堂就缺少了自己的东西。这学期,我决心把同样的一节课改成自己的东西,给学生生命里一个不能忘却的纪念。

上课了。"下面,请同学们闭上眼睛,想象一下你们置身于1925年,你们就是站在橘子洲头的诗人,把感情酝酿好。"这时,学生把眼睛闭上了。"想到了什么,可以天马行空。好,可以了,谁来读,抓住这个机会,不要让感情流逝了。不用举手,想读的自己站起来读。"有一个同学站了起来。读完了,响起

---

① 唐小俊.空间社会学:透视学校"生活德育"的新视角[J].教育学术月刊,2009(12):35-38.

了热烈的掌声。"再来，声音再大些。"掌声又响了起来。"来，上讲台，不要顾忌，你是一个睥睨一切的诗人，你在和自然交流，你的眼中没有同学，也没有老师。快，快……抓住机会。你是强者，勇敢面对，放声朗读。"讲台下议论开来。"不要害怕，战胜自己，快，抓住机会。"有一位同学走上讲台，他目空一切，语调铿锵，赢得了最热烈的掌声。"我们说，机会是给少数人的，可能有同学正在后悔自己没能上来。来，大家起立，闭上眼睛，独立寒秋，开始，读……"我看见一个个笔直的身体，目睹一双双坚毅的眼神，聆听着气势磅礴的声音穿透教室，感觉到教室空气的凝重。突然敬重这群年轻的学生，敬重他们的朝气、他们的未来、他们青春的脸庞。我觉得一股气流仿佛要从喉咙涌出，我仰望着他们，跳上讲台，随着"浪遏飞舟"四字有力地砸出，教室里再次响起热烈的掌声，我相信这是对自己生命力的礼赞，对自己课堂上的突破感到由衷的欣喜。这是我从教以来最有成就感的一堂课，是我在课堂上亲耳听到学生说"过瘾"的一堂课。（DT 老师）

这是一篇语文老师的教学日记，里面的大篇内容基本上是围绕教师与学生的对话展开。我们首先可以感觉到这位语文老师在这节课上体验着澎湃激昂的成就感。DT 老师已经在"学生们尊敬崇拜"的表现以及自身的权威感的影响中"养尊处优"了很久，当听说"一些教师在课堂上听之哭之，舞之蹈之"时，"就来了精神"，并引发出一系列教学反思，发出"自己怎么可以这么落后"的感慨。在这种情况下，DT 老师没有对教育问题感到失望和无助，而是突破传统、革新课堂，看到了教师工作意味着研究和创新。在建筑现象学看来，场所是人们生产生活的舞台，为人们的活动提供场景。人们场所中的环境经历又成为"新的精神积淀"，促使发生更多行为。这句话揭示出作为"物"的人与空间的互动过程。我们也有理由相信，这种现象在教室空间中也是每天发生着的。

推开一扇教室的门，首先映入眼帘的是最为标志性的桌椅排列方式；黑板一前一后大小合适，前面的黑板是教室的标志性物件，后面的黑板是同学们根据学校的指示施展创意的地方；两边大多都是干净明亮的窗户；顶上挂着几盏荧光灯；教室前墙角会开辟出来一个小书橱，后墙角则是卫生角，墙面上贴着一些名言警句或孩子们的奖状，花花绿绿整齐排开。这样的教室"景致"，深深印在我们的少年记忆中，但是有多少人会对早已熟悉的场景有这样的疑问——教室空间是由教师、学生和教学物件构成的系统，怎么才能在现代人最为熟悉的教室"景致"中，既见常人之所见，又见常人之所未见；既言常人之所言，又言常人之所未言？如何看待教室,如何看待教室中的物,如何看待教室中的人?

从 DT 老师的故事中,我们意识到教室空间的价值在于它给教师提供了一个空白的地方,让教师可以把思维及感受装进去,达到与教室空间高度的情感契合状态,从而感悟空间,就如同我国传统艺术重要表现手法之一——"留白"。这里就不得不提南宋马远的《寒江独钓图》,只见一叶小舟泛于江上,一个渔翁独自垂钓,整幅画里没有一丝江水,却让人感到烟波浩渺,满幅皆水。以空白为载体表现出美的意境,予学生以想象之余地,达到"此处无声胜有声,此处无物胜有物"的境界。再多的教学语言形式只是想要将学生引入这空白之地,仅属于每个人自己的意识空间,这一部分空间却是一种不露痕迹的存在。认知赋予事物以意义,而情感赋予事物以价值。上文中的 DT 老师正是通过情感的联想,将生活的经验和感触转化到空白的教室空间中并赋予它们意义,也因为有了这样一种人性的思考,教室空间便不再是冰冷且虚无的存在。DT 老师想要创造的空间是有明确的针对性的,希望从教室空间中获得学生心灵震撼的期望值,与此同时,教室空间也期望透过这适当的改变来获得情感上更好的评价,这正是教室空间给予 DT 老师的体验。"一股气流仿佛就要从喉咙涌出""跳上讲台""有力地砸出"……DT 老师将浓烈的情感倾注于冰冷的教室空间中,从"教室"这个词所包含的意义中,可看到 DT 老师要在空间中获得功能与情感需求的平衡,DT 老师对教室空间的具体情感被形象化地表现出来,当教室空间所表现出来的情感现象作用于共享的情感经验领域时,物化的教室空间便在经验中被还原为情感,从而实现教师与空间的情感交流。

(二)"一只看不见的手"——学校空间的隐喻:"异托邦"

一只看不见的手

我为自己的人微言轻而难过,也鄙视自己的过分软弱,以至于我有时候很羡慕那些能够在学校里理直气壮地训斥学生的老师。不仅缘于自己温和的性情,更重要的是因为我没有足够的底气,所以我很少大声训斥我的学生。很多貌似冠冕堂皇的规定,令我生疑、心虚。可现在,想到自己时常都要被"一只看不见的手"牵着做一些自己不乐意做的事情时,心里就莫名地感到空空的。改变不了,只能妥协。(GXZ 老师)

GXZ 老师是某小学的语文教师,从教不满三年,作为新手教师,在处理师生关系时她觉得自己过分软弱,无法理直气壮地训斥学生。同时,对于已有的规定生疑、心虚,说明 GXZ 老师对于不易察觉地对学生行为进行规训尚未掌握,更无法熟练应用,教师并不是规则的制定者,更多地扮演着既定规则执法者的角色,从而有"一只无形的手"在操纵着教师。

游走于学校的体制内

学校应该是我大展身手的地方,是一个"乐园",在这样的地方,我应该能得到很好的发展和提升。可现在,唯有两个时候让我感到教师这个岗位的意义:一是我站在讲台上讲课的时候;二是在跟学生家长交流孩子教育问题的时候。这就是我全部的工作和全部的快乐。其实我不是一个特立独行的人,也不是一个愤青。相反,我很随和,平日里和同事相处也很好。只是,我有自己的定见,做出了明确的选择,所以对于无益于甚至有害于教育的事情,我会委婉巧妙地说不。我一直学习着理解更多的"学校现象",找到众多规则中的合理点,尽量让自己像庖丁解牛一样,更加游刃有余地游走于当下这个学校的体制内。我一直相信,学校给我的生活史写下了浓墨重彩的一笔。(JJQ 老师)

JJQ 老师是某中学的数学教师,从教十余年,所带学生往往成绩优异。但面对课程改革时,她变成了一个所谓的"愤青",她的行为就类似于动物界的防御行为,只不过教育改革中的"防御者"变成了实施改革的 JJQ 老师,而外部侵入的"教育改革"代替了凶猛的"捕食者",成为被防御的对象。在面对未知时,防御是出于本能的自我保护,而作为学校的中坚力量,一个老师往往要学会同时处理很多事情,一方面是学生们的种种问题,一方面是轮番的教学改革、教研的轰炸,这些往往会让教师产生一种力不从心的感觉。在这种境遇中,一些老师可以游走于学校体制内,一些老师采取沉默。

学校对于教师究竟意味着什么? 学校与教育同步而生,最初作为教师教学与学生学习的场所,后来却逐渐演化,承载了不一样的附加意义。JJQ 老师将学校视为一种自己的"乌托邦",寄予了他对事物和生活的最美好的设想。如果没有如此"乌托邦"的支撑,他将只会抱怨于他眼前所见的情境,如此就不会看得更远,也会渐渐郁郁寡欢。但我们必须要警惕的是,单纯的"乌托邦"现在已经失去了理想化的色彩。上述学校行为的目的是利用"一只看不见的手"控制和维持秩序,GXZ 老师才会因此而感到空虚。所以,认识到学校空间作为一种"异托邦"式的存在,才能够在封闭的控制领域中找到一种可能的出路和希望。

通过访谈,我们发现在学校空间中,教师也利用各种策略体验着各自的"异托邦"式的压迫感。反抗的常见形式就是教师试图在学校公共空间中创造出属于自己的私密空间。这种私密空间类似于美国著名社会学家尔文•戈夫曼在《日常生活中的自我呈现》著作中界定的"后台"区域,却又不是真正的后台。因为教师可以在真正的后台卸下正式的身份,而在学校里自己创造的私密空间中,身份是挥之不去的。JJQ 老师学会了理解更多的"学校现象",找到众多规则中的合理点,因为唯有这样的教育才能使 J 老师感到充实和快乐。从"乌托邦"到"异托邦",代表了教师对于学校空间体验的转型。

二、直面教师情感体验:基于时间的发现

空间是静止的,而人在空间场所中的活动却是运动着的,人的意识流动是抽象的动态形式,这样就给空间加入了时间的概念。过去、现在、未来是时间的三个尺度,与人们的生活密切相关,而人们的生活总是处于时间的无尽流逝中,其中的人必然会成为一个历史的存在。体验时间,必然感触颇多。在学校里,时间通过铃声、课堂、办公室、学校等各种形式表现出来,教师们又是如何感知时间呢?教师总是在一定的时间范围内进行教学实践活动,因此,教学生活时间可以说是教学生活的自然时间、社会时间和个体时间的总称。教育学家史密斯曾指出:"长久以来,诗人、哲学家、浪漫主义作家和科幻作家对时间特别着迷,而教育学家们却刚开始发现时间作为教育过程中一种变量的存在意义和影响。事实证明,时间确实比人们起初的想象更为复杂。"教师的人生价值在时间之流中慢慢实现,并将在时间之流中继续流传下去。因此,从时间角度对教师教学生活进行考察显得尤为必要,因为"任何一种存在之理解都必须以时间为其视野"①。

(一)"未来的脚印应该留在哪里"——弱循环时间体验

教师生涯的开始:

一开始,看待事物都是很新鲜的,感觉有很多理想、很多抱负要在学生的身上实现。因为我毕业刚参加工作,也不太懂,问题有时候处理不好,学生成绩提高不了,那时候还不提倡集体备课,一般刚工作都会有师傅带着你。但是即便有师傅告诉你应该怎么做,还是会暴露出很多问题的。(NJL 老师)

---

① 马丁•海德格尔.存在与时间[M].陈嘉映,王庆节,译.北京:生活•读书•新知三联书店,1999:418.

我想任何一个在师范类学校学习过的准教师应该都会对学生有一个直观的映像：他们存在于书本中。事实上，刚开始从事教育工作，一切都是从零开始。对于学生经常都是束手无策，在很多的束缚之下，不能打骂学生，不能变相体罚学生，但是呢，又恨铁不成钢。特别容易犯错误，有时候会迷茫、彷徨和退缩。相信很多教师都经历过这种阶段。（DT 老师）

刚开始的印象特别深刻：我发誓一定要成为一名优秀的教师，以谁谁为榜样。然后，渐渐觉得这份工作吧，它不是事业。大多数老师都是这样的，刚开始希望做得很好，对学生有爱心。前期教得挺好的，容易自我满足。因为一开始自己是没有判断能力的，觉得怎么好就怎么教，跟着前辈学的时候，觉得这样真好。日子长了，其他教师就会说：要有自己的东西。（SYL 老师）

我自己是非师范毕业的，汉语言文学专业。刚开始其实对于怎么教语文，完全都是自己摸索的。好的教师应该是基于理论基础之上的，我当时可能缺乏一种意识，没有意识到是这样操作的。这可能是新教师必经的一个阶段，曾经一段时间很想换岗位，不要在教育界，不要当老师。因为不会的时候，就会觉得很烦躁，不想去课堂上课。一直苦恼：为什么学生听不懂？为什么学生不听老师的？（FYF 老师）

教师生涯的延续：

后来经过一两年的反思，开始着急了：怎么成绩反差这么大呢？开始学会跟学生保持距离了。自己思想变化比较大，热情也没有以前那么高涨了。有过这样的想法，认为老师不就是平平凡凡地重复着昨天的故事。后来发现，每一年的学生是不一样的，老师的思想也要不断地更新，因为现在的班级光靠管理严格有时候是行不通的，做好学生的思想工作是比较重要的，让学生管理自己，我认为这是比较好的。（NJL 老师）

我觉得教师这个职业呢，是一个认识渐渐清晰的过程。经过一段时间之后，不能说得心应手了，但也算是掌握了一定规律。万万不可将学生当成一个个受教育的没有思想的个体，教师不只是教学生知识，当然这是很重要的，但实际上他们是有丰富的思想和内心世界的，你要去理解他们，带领他们走过这一段成长过程，希望给他们一点启示、方向，提供一个环境让他们对你敞开心扉。老师承担的并不是在黑板上给学生写多少字的板书，应该把自己也当作环境中的成员,给学生一种好的环境。这个时候,你在他们心目中的形象就不是一位单纯地在讲台上讲课的教师,而是在他们生活中的教师,是他们又敬又爱又怕的师长。现在,我在学生心目当中的形象就已经发生了变化,他们对我从之前除了上课、改作业之外不怎么爱搭理我,到了现在对我敞开心扉、互相交流这样一个阶段。逐渐褪去了刚开始的浮躁,带给了我几分成熟,能够让我知道我究竟想要些什么东西。这条路走得越来越窄,让我认清了这条路究竟在哪里,看清将来的脚印应该留在哪里。(DT 老师)

但是实际上,你会慢慢发现有些学生真的让你是爱不起来,你会对这份工作产生倦怠感,容易疲惫。日复一日,找不到刺激你的兴奋感。这种感觉不是一两件事情可以改变的,是一个日积月累的过程。估计要有 5 年的时间,慢慢培养教学能力和判断能力,自己要会思考,明白有些东西其实还可以这样教。(SYL 老师)

但是熬过了那个阶段,有一点点门道了,自己就会有更清晰的认识。慢慢懂得要怎么教,就会有一个互动:他们给你信心,你同时也给他们信心。情感上,从上课没有意义到上课很有意义,我现在每次上课,都像是洗了个热水澡一样,身心都非常舒畅的感觉。不仅现在学生对下课铃声没有知觉了,感觉上课这么快啊,连我自己也觉得心情是非常愉悦、非常放松的,上课时间也太短了。我记得当时有老师说:我们这些孩子们嘛,你就是陪他们玩嘛,陪他们度过这个阶段。我觉得有一点偏激,上课不一定是玩,但是也有一定的道理。作为老师,"传道、授业、解惑"以外,也许更多的是一个陪伴者。(FYF 老师)

从小的片段切入,45 分钟的一节课对入职初期的 FYF 老师来说,显得有些"手足无措",但在经过打磨之后,FYF 老师竟发现"却是如此地短""好像洗了热水澡一般畅快淋漓"!这一改变体现的是 FYF 老师发展历程中情感体验的沉淀影响到现在的情感体验,甚至是生命质量——在课时太短的感觉之下,原先 45 分钟的课堂内容现在 40 分钟已经完成了。可以发现,缩短的是课堂的时间,但增长的是教育的时间。一长一短,让 FYF 老师更加珍惜时间,努力让每一分钟都有价值,时刻反思时间是否都用到了让自己良好发展的方向上。从大的片段切入,DT 老师入职前,认为学生只是活在书本中;入职初期,仅是一个全新的开始,经历过迷茫、混乱;入职多年后,日积月累,慢慢掌握了规律,逐渐褪去了浮躁,赢来了成熟。DT老师将自己的发展置身于时间的绵延中,慢慢地对教学生活有了异于书本上的感悟和认识,对自己没有好好利用时间而懊恼和悔恨,对自己教学意识越来越清晰而愉悦和欣慰。

上述四位教师实际上体验的仍然是一种强度较弱的循环时间体验,只是他们不自知。正是这种循环时间体验让他们对自己的生命在指向未来的同时更多了一份紧迫。他们所持的弱循环时间体验是以学年为基本单位的,一天对他们来说太短,而且每天上的课程也不一样,但是每学年的课程表都一样,尽管上课的内容或多或少有所更改,但是情感体验以情绪过程的形式多次重复,仍会产生"年年岁岁花相似,岁岁年年人不同"的稳定的倾向性感受。

(二)"时间都去哪儿了"——匆匆时间体验

时间在世间穿行流逝,悄无声息。我们无法让时间戛然而止,也无法改变它流逝的轨迹,就像我们终将面对老去的现实一样。纯粹的时间是不变的恒量,每分每秒,不增不减,若是作为与人相关的一种存在,它却是一个变量,既为私人订制,更具有公共性质。但在教育这样一个"无限责任公司"中,时间成为天然的附属物,能够实现教师时间和学生时间的"无缝对接"。只要学生在校,授课教师也好,班主任也罢,都不存在完全意义上的"下班回家","24小时待机""随叫随到"已经常态化,教师都没有时间和精力坐下来想想:我们的时间究竟去哪儿了?

WFF老师兼班主任平凡的一天

7:00——今天是要在校门口值班的日子啊,得早点起!可是看看时间,5:45,已经不早了。我怎么能迟到呢?我可是学生们的榜样呀,倘若班上的学生出了点什么事情,我可担负不起啊。好吧,抓紧时间了,早饭就跟往常一样在公交车上解决吧。

7:15——去教室检查学生晨读的情况,然后回办公室打扫卫生,抽空看一下课前准备工作。这个时候,一些负责任的课代表就会抱着作业本过来了,整垛整垛地往桌上一放,听到这个声音,我的心就"拔凉拔凉"的。怎么办呢,两个字:改吧!

7:45—8:15——大课间活动。前半部分时间要跟着学生出操,后半部分时间虽然是学生的自由活动时间,但是可忙坏我了。一个小女生哭哭啼啼地跑来办公室找我,说:"老师,刚做操回来上楼梯的时候,程星飞快地冲上来,撞到我了。"我一听,心想:不会撞出什么事情吧。随即,带着她去到医务室,紧接着又叫来程星谈话。刚教育了1分钟,"叮……咚……"上课铃声响起,坏了,我第一节有课呢,多媒体还没有准备,教具还没有拿……匆匆准备了一下就往上课的教室跑。那个样子,别提有多狼狈了。

8:15—11:30——学生上课。我下课回来,瘫倒在舒服的椅子上,感慨着:要是能这么永远地歇着就好了。这时候,手机响了,一看才想起来这周的教研活动还没有准备。怎么办? 怎么办? 还有很多作业和听写要批改,中午还要看午自修,下午还有两节课呢,晚上回家之后再准备吧,就这样把所有需要的材料统统放进了包里,包立马就鼓起来了,好担心回家的路上包带会不会断了,晚上说好陪儿子去锻炼身体,看来是泡汤了,不奋战到凌晨已经很不错了。

11:30—12:30——中饭。提前到班级门口,一直等到下课组织学生排好队到食堂吃饭。这个时候,要在旁边监督,时不时地再唠叨几句。等学生吃完了,才有时间好好享受"美食"。

12:30—13:00——午自修。只有中午这段时间学生有空,各科老师们也都会抓住这个时间订正作业,所以这段时间我可以好好放心了,看到语文老师走进教室,我感觉自己回办公室的步伐都轻快了好多,学校的景色都美了好多。

13:10—16:25——学生上课。下午有两节课,昨晚已经提前备过课了,所以上起来相对轻松一些。两节课上完,回到办公室,刚坐下,科学老师就很严肃地朝我走过来:"最近,你们班的科学课纪律不太好啊,我担心学生的成绩会受到影响。"好吧,科学老师都到我这告状了,这些学生到底怎么了,我好好地反思了一下。

16:35—17:00——作业整理。趁着学生作业整理的时间,就科学课上的纪律问题一事,与学生们沟通交流,希望班上的学生和自己一起齐心协力共同建设好班级。话匣子打开就收不住了,不知不觉就超过了放学的时间,心里对学生满是愧疚,对等在门外接孩子的家长们也深感歉意。

17:15——回到办公室,有些老师已经回家了,看着手头的听写本还有很多。唉! 要对学生们负责啊! 唉! 改完再走吧!

18:30——回家。不出所料,包承受不了重量,在路上,材料散落一地……

以上是 WFF 老师的一天，WFF 老师是某城区初中英语老师。"时间一下子变得更珍贵起来，我们自己仅有的时间都奉献给工作了"，这是作为主课老师兼班主任 WFF 老师的感受。WFF 老师补充道："上课时间虽然只有这短短的 40 多分钟，但我要调动起所有感官，在教学的同时敏锐地捕捉学生的言行和思想的细微变化，以便能够及时调整教学节奏，让课堂更加高效。其实辛劳更多的是体现在课堂之外，有时甚至是学校之外，属于我自己的时间里。我不得不面对一个非常现实的问题：虽说能者多劳，但就算是打了鸡血，我的精力也是有限的啊。真的，说多了都是泪（累）！"WFF 老师对时间的认识其实是模糊的，有这种看似抱怨的话语也很正常，她觉得自己的时间完全被占用了，尽管没有这么说，否则她是出于怎样的目的又在后面补充"就算是打了鸡血，我的精力也是有限的"这种爆发式的"呐喊"。至于这种状态应该怎么释怀，WFF 老师自己似乎也不太清楚。

WFF 老师 7 点之前进校门，18 点之后出校门，每天工作近 12 个小时。一进办公室便马不停蹄地运转起来：检查晨读、做操和作业情况，督促打扫卫生，应对突发情况，了解学生发展近况，对学生进行思想教育，上课……所剩无几的时间批改作业、出试题、备课。常常遇上午休和深夜家长电话来访，也要放下手中的事情第一时间耐心答复。因为在家长他们心里，老师是 24 小时在岗的，没有上下班的概念。此外每周的教研活动、学校例会等，填表格、写反思、作总结、析数据，数不清的各种听课、评课，做不够的各种活动，忙不完的各种比赛……不知不觉，WFF 老师的时间就这样偷偷溜走了，溜得毫无痕迹。仔细看看，WFF 老师"抓紧时间赶公交""听到作业本放在桌上的声音心中拔凉""狼狈地跑向上课的教室""牺牲了晚上陪儿子锻炼的时间""没有时间好好享受美食""充满歉意地霸占学生时间"等行为中，可以读到一种对时间的情感体验——忙得找不到属于自己的时间了。这也许没有体现在一个精彩的教学活动中，没有体现在一次游刃有余的谆谆教导中，而是体现在一份对教育的执念中，因为 WFF 老师显然感觉到了另一种情感的呼唤，如果只有一种可能，那是无需质疑的：在她心中，学生的发展是重要的，重要到可以与自己的个体时间相抗衡的程度。说到这里，我们必须为这种执念庆幸，因为它意味着教育情境中的主人公并没有踏上"以敷衍学生为代价而盲目追求个体时间"的这条"不归路"。

概括来说，在厘清教师时间去向的同时，也大概可以发现当下社会的教育生态，窥见我国教育的时代缩影。

三、直面教师情感体验:基于师生关系的发现

教师作为教学生活的主体,是一种关系性的存在,情感体验极易受到教育者与受教育者之间关系的影响。师生关系是教育活动中一对最核心的人际关系,具有举足轻重的地位。通过长时间的观察,以及与教师的深度交流,产生的最大感受就是:教师的喜怒哀乐源自于学生。因此,运用现象学之"眼",探究师生关系下教师真实的情感体验,可以促使教育活动顺利地进行,同时能够达到教学的效果。

(一)"因为懂得,所以慈悲"——爱的付出

昨日,出手教训了学生。今日早上醒来,胳臂似乎比以前更疼,我宁愿这是昨日怒行之报应。说起来,昨日突然脾气见长,是因为同事的几句话。

办公室的同事都说我太仁慈、太好说话了,所以才造成了我们班学生一而再、再而三不服管教的结果。说这样的学生就得严加惩治,杀一儆百,必要的时候哪怕轰走他也在所不惜,还说就因为我的心慈手软,任课老师都说我们班的学生不好管理……虽然我总是认为自己是一个理想主义者,但是真正工作的时候也没什么崇高的想法了。希望我的学生能够快乐一些,给他们必要的自由,另外要尽可能尊重他们的意愿。

整个下午,我都在纠结一个问题:严惩还是宽容?所以,到傍晚的时候,我看到两个学生追逐打闹,便厉声呵斥,还用手里的书打了他们两下,那一刻,我想到的是严惩,想到的是杀一儆百,想到的是我当老师的权威,犯了错就要承担责任……但之后,我没有因为惩罚他们而感到让他们服服帖帖的快感,我总是偷偷地观察他们的反应,当看到他们没有了以前那般纯真无邪的笑脸后,我心里怎么也高兴不起来,我渴望看到他们开心得如花一般的笑脸。以至于到睡觉时,我心里还很不舒服。

也许,我并不适合做班主任,我不是一个执法不阿的严老师,我总是很体谅他们,或许正因为我懂得他们吧。一句话说得好:因为懂得,所以慈悲……①

这段描述是心态最为反复的一个。摘录它的时候,就觉得这段经历深深地影

---

① 笑笑乐去.因为懂得,所以慈悲[EB/OL].(2012-09-07)[2017-05-07].http://bbs.tianya.cn/post-140-622197-1.shtml.

响了这位教师。教师为什么会纠结宽容与严惩的问题？教师为什么在打了学生之后会有无法释怀之感，"偷偷地观察他们的反应"，"宁愿这是昨日怒行之报应"？我们要说的不是教师给予学生的特别待遇，而是在"慈悲"背后隐藏的东西——同情。她没有热烈的爱意的表达，也没有发自内心的爱意的俯就，而是一种忘我的爱意的牺牲。不得不承认同情给我们的心理带来很多变化，这些变化对教师来说尤为重要。

究竟什么是爱？如何才是爱孩子？那种"捧在手里怕掉了，含在嘴里怕化了"的爱，还能算是爱吗？在教师教学生活的日常观察中，很多教师怀着爱学生的强烈情感，在平凡的职业生涯中，勤勤恳恳，兢兢业业，甚至加班加点，一心为学生，此刻的爱作为一种真实的情感流露出来。爱学生，作为教师的一种情感体验，直接决定了教师的行为选择和趋向。它是教师职业神圣的使命感与义务感，责任感与道德感的高度凝聚，它在外界客观条件与时间变化的复杂影响下仍然保持着自己的相对稳定性，这是教师之爱的重要特征之一，表现为始终如一地爱学生，而不是瞬间变化的一种感情冲动。①

（二）"谢谢你们这么为我着想"——爱的回报

访谈中有这样一个问题：在与学生的相处中，有没有发生过让您极为触动的事情？下面关于 LMY 老师的记录给访谈者留下了深刻印象。

2011 年 6 月底，终于和带了三年多的班级说再见了，回忆过去和这些可爱的孩子们在一起的时光，有很多感慨。在初中最后一起相处的那几个月里，可以感觉到孩子们的心比较浮躁，因为面临中考择校的压力。所以在这段比较特殊的时期，班里经常会出现一些违纪现象。

坐在第一排的张明一直是老师们眼中非常聪明的孩子，积极发言，性格开朗，学习上进。但是当我那天走进教室的时候，却看见教导主任正在训斥他。此时，这段时间班里经常出现的违纪现象接二连三地涌入我的脑海中，我顿时怒火冲天，当着全班的面将他训斥了一番，张明坐下以后，小声地抽泣着。正当我还在生气时，发现有个女生坐在座位上，小声地嘀咕着什么。同学们在课代表的带领下，开始朗读单词。我故意走到她面前，她看了我一眼，然后红着眼睛又低下了头，我不知道究竟发生了什么，又不想让其他孩子看到，就把她领到教室的后面说："李姚，你怎么了？怎么哭了？"李姚说："老

---

① 邵光华，袁舒雯.教师之爱的现象学反思[J].全球教育展望，2014(7)：60-66.

师,我看到您每天这么辛苦,为我们操尽了心。但是最近一段时间,咱们班经常出现违纪现象,而且还害您被学校领导训斥,我觉得我们做得特别不好。"我顿时感觉心里暖暖的,然后将她揽入怀中,说:"谢谢你们这么为我着想!"这时,学习委员忽然站了起来,向我鞠了一躬,说:"老师,对不起,您辛苦了!我们这段时间表现得非常不好,但是我们会改正的,我们全班每人都写了一张对不起的纸条。"说着,把50张纸条递到我的手上。接着,又陆续看到孩子们站了起来,伴随着一个个的对不起,泪水立刻落了下来,是感动还是释放,我也不清楚了,总之那一刻就像是一个委屈的孩子得到了谅解。在这之后的日子里,孩子们变得比以前更懂事了,违纪现象也慢慢减少,顺利地通过了中考。在这个暑假里,我还接到了孩子们的电话,骄傲地告诉我考上了理想的高中,这是一件多么幸福的事情哪。

在这个过程中,可以发现 LMY 老师的情感体验表达"有很多感慨""顿时感觉心里暖暖的""将她揽入怀中""像是一个委屈的孩子得到了谅解"等这些感受因为学生的一句"老师,对不起,您辛苦了"得到强化或者加深。这里,我们无需进行理论分析就能明显地感受到教师面对孩子们时情感是非常细腻的。事后与 LMY 老师访谈时,问:您感受到的幸福在哪里?LMY 老师想了一下:"这时候吧,孩子们懂你。"这句话说得很模糊,但同时又让人觉得很有道理,至于是哪里有道理我们当时并没有休悟出来。在资料整理中,仔细推敲这句话的含义,觉得它似乎是对此类教师情感体验的一种既含糊又透彻的精练。从字面上说,"孩子们懂你"就意味着"你赢得了孩子们的尊重,得到了他们的理解"。尊重意味着理解和承认,态度是真诚的。教师受到尊重,会从内心产生一种动力去感恩,于公于私,都会尽力去"教书育人",处处为学生着想。这样,似乎就明晰一些了。

DT 老师对此表示:

> 我的执教生涯将近二十年了,其间送别一届又一届学生的那种真挚、纯朴、恋恋不舍的师生情,我想是其他任何职业都难以享受到的!"我们很舍不得你啊,老师。""我们很想你。"……这些话在我没有当老师之前听起来是挺肉麻的,但从教之后,从我的学生嘴里说出来却是那么让我感动。每每听到这些话,就好像赢得了全世界数不尽的赞美和瞩目。

这种与学生之间的爱与被爱是增加每一位教师幸福指数的必备条件。从某种意义上来说,教师的成就感并不是成绩的优劣、获奖的多少,而是学生对教师知识的折服、道德的肯定和感情的依恋。

第三节　课程改革中教师情感体验的现象学分析

情感是人之为人的本质特征,相较于科学求证和哲学思辨,现象学是一种适切于教师情感的研究方法。

一、对空间的现象学分析

教学生活空间不仅是教师生活的"背景"和支撑,而且还融入教师生命成长的过程中,对他们来说具有重要的意义。现象学视角分析教学生活空间应该坚持"物"和"人"相互融通转化的思维方式,关注教学生活空间怎样能更好地实现教师生命健康发展,怎样为"教师情感体验发展"提供良好的空间。

(一)教室空间具有动态生成性

在我们看来,课堂不是一成不变的,而是复杂多样且变化莫测的,是教师呈现自我、表达自我的过程,是师生之间心灵的对话与沟通。就像在 DT 老师的课堂上一样,焕发着精彩,洋溢着快乐。可见,教室空间与教师的情感体验密切相关,它是由认知、感悟等综合作用后形成的一种"精神场域",当学生走进这样的课堂时,就等于走进了接受真正教育的精神空间。简言之,教室空间就是师生之间价值共享、思维共振、情感共鸣的空间。这种自古以来教育本应具有且不必言说的人文关怀却成为当下一种奢侈的追求,令人反思。

丹尼·卡瓦拉罗(Dani Cavallaro)认为:"空间并不是人类活动发生的某种固定背景,也不是先于占据空间的个体及其运动而存在,而是由它们建构出来的。"①由此看来,空间不仅是存在着的客体,更成为构成人们生活环境的对话一方。人类不仅成为空间的存在者,也一直通过自身主体性的实践不断维持着空间的发展,改变原有的空间结构,从而建立新的空间以表达生活需求。空间作为主体性存在的场所,具有生成能力,它不单是人类赖以生存的"壳",还是由人的主观

---

① 丹尼·卡瓦拉罗.文化理论关键词[M].张卫东,张生,赵顺宏,译.南京:江苏人民出版社,2006:187.

活动生产出来,同时又反过来影响人类。空间必然蕴含着某种意义,"空间也许是原始赐予的,但组织和意义却是社会变化和转型的产物"①。由此,在学校生活中,教学生活空间(此处主要指课堂)不仅单纯地作为教学生活的背景性因素而存在,还是教师不断建构生成的带有鲜明主观色彩并可以被感知到的产物。实际上,教室空间不是单一的认知空间,而是由认知空间、道德空间、情感空间等形态组成的多维空间。德国著名教育哲学家博尔诺夫(O. F. Bollnow)曾指出:"只有在所有空间范围内,才可能充分扩展人的生活,但它们必须保持一种适当的平衡。如果疏忽乃至完全遗漏某一方面,人的整个生活同样也会受到伤害。"②因此,教师应时刻保持认知空间、道德空间和情感空间等形态在一定范围内达到平衡,避免顾此失彼。

这样的教室空间必定具有客观存在性,同时也毫无疑问地具有动态生成性。承认和强调教室空间的动态生成性,有益于调动我们进一步认识和研究它的意识性和精神性。事实上,在不同的话语场景中,不同主体总会赋予同一物理空间这样那样的意义,"人们不仅以不同方式结构化空间,还以不同方式体验所感知的生活世界"③。

(二)学校空间渐渐成为"异托邦"式的存在,教师在其中苦苦挣扎

作为社会组织的现代教育场所——学校,是一个特殊的社会空间形式。学校作为一个具有封闭性质的制度化空间,通过一种严格的例行化方式来维持它的存在,各项教育任务也高效地开展着。"知道什么场合应该做什么"是作为教师最基本的守则。

1516年,一个新颖的词汇"Utopia"(乌托邦)第一次出现在英国人托马斯·莫尔的著作中,莫尔通过一个航海家之口向人们描述了一个完美无缺的,但却永远无法实现的理想社会。从此,"乌托邦"一词成为此类著作的通用名称,寄托着人们对于美好未来的憧憬。学校空间独有的文化传承和思想启蒙的独特精神气质,成为在真实社会中的"希望所在"。尽管无法实现"乌托邦",但它却给未来带来了广阔的可能性,给教师的生存提供了多样的选择,正如卡尔·曼海姆(Karl Mannheim)所说:如果我们摒弃了乌托邦,那么人们将会失去创造历史的愿望。

---

① 爱德华·W. 苏贾. 后现代地理学——重申批判社会理论中的空间[M]. 王文斌,译. 北京:商务印书馆,2004:121.

② O. F. 博尔诺夫. 教育人类学[M]. 李其龙,等译. 上海:华东师范大学出版社,1999:98.

③ LOW S W,LAWRENCE ZUNIGA D. The anthropology of space and place:locating culture[M]. London:Blackwell Publishing,2003:100.

学校空间犹如一个舞台,它将一切和谐、冲突等情感体验呈现出来,教师在其中联合、反抗,在角色与秩序之间行走,在前台与后台之间游弋,在封闭与开放之间踌躇,成为一个真正的"异托邦"。要说,"乌托邦"是世界上一个并不真实存在的地方,但"异托邦"不是,它是实际存在的,是在一个单独的真实场所同时安排几个似乎并不相容的空间。现在的学校空间恰好正处于这样的一个状态,它象征一种各种权力关系交织的制约性力量,具有抽象性和强制性。作为一种社会公共空间,学校空间拥有一套完整的体系和形式准则,它以明确的规章制度和纪律规定着学校中的各种行为,有时更是作为一种潜在的"隐形力量"而存在,共同完成对教师的规训与控制。对教师来说,时刻在"前台"恪守着角色规范不敢越矩,可以说学校空间中几乎不存在一个供教师卸下角色"包袱"的空间。甚至,学校空间中教师仅拥有的一小块所谓的"后台"——办公室,在很多情况下,逐渐被侵占,而不得不转变为教师的"前台"。之所以说"后台"是一个可以让教师卸下"身份"的空间,是因为角色规范不会限制"后台"行为,相对而言教师可以比较随意。教师可以借遁入"后台"来缓冲紧张的状态,松弛紧绷的神经。"后台"允许一些小动作,而"前台"区域内的行为是不允许有这些不符合身份的行为发生的。教师被压得喘不过气来,却又不得不无奈地苦苦支撑。概言之,生活在这样的世界中,教师越来越感受到价值取向的狭隘与异化,目标追求的抽象与空泛,手段方法的机械与死板,教学内容的单调与乏味,评价标准的简单与随意,环境氛围的压抑与紧张。在学校空间的结构性制约和教师的能动性反应之间的交互过程中,学校空间被现实地建构起来。列斐伏尔曾指出,空间既是压迫的重灾区,也是反抗的空隙处,"虽然权力占据了空间,但空间一直在它的下面震动着"[①]。虽然学校空间是一个社会制度化生活延伸的权力交错缠绕的空间,但并非所有教师都简单、被动地接受学校空间中的规范和价值观,在权力的褶皱中,他们开始为自己搭建一个属于自身群体的世界,以营造属于自身的空间感。在相对的合作、不断的斗争中,教师体验着作为主体人的愉悦感和作为职业人的冲突感。JJQ老师反映:"我想过无数次辞职了,我相信以我现在的能力,完全可以在任何一个行业有所建树。那时候我每天都在寻找新工作,这在当时已经成为一种寄托,否则我会在绝望中自暴自弃的……"这是多么可怕啊!课改中的反抗一直存在,而且还表现在那些哪怕是明显接受统治意识形态的日常教学过程之中,但问题是如何发现这些反抗。因此,我们更应该关注课改反抗在教师教学生活中的表现,尤其是那心照不宣的表

---

① 宁云中.空间与对话:大学英语动态课堂的双重建构[J].武陵学刊,2016(2):137-140.

演（"公开语本"）、创造性潜台词（"隐蔽语本"）和非政治的政治（"外线政治"）。①特别是此次课改充满了模糊性和不确定性，而且教师个体因为能力和经验的差异而产生焦虑，他们比任何时候都更加需要"乌托邦"，因为其中彰显的乌托邦精神，将在对所处环境进行批判的同时不断激发教师活力，引领教师走向更富创造性的美好的教学生活。

二、对时间的现象学分析

"时间的度量总是借助于空间的符号或物体的运动才可能实现。真正的时间不可度量，不靠理智，只能透过知觉领会。"②教学生活时间贯穿于整个教育活动，却很少为人们所察觉，但又发挥着至关重要的作用。一位教师有怎样的时间观，有怎样的时间形态，决定了这位教师对职业以及人生的看法。细微处而言，影响的是个人的生命发展历程；宏观处而言，影响的则是教育教学质量，同样也影响着下一代的时间观。

（一）教师的弱循环时间体验隐匿于单向线性时间体验之中

时间是任何生命体存在的基本维度之一，正如《最后的独角兽》中所说："我和所有人一样都是生活在一个由分、秒、周末和新年筑成的屋子里，直至死，也从未走出过这间屋子。"③

通过访谈，我们发现在教学生活中，教师存在着两种时间体验，分别是单向线性时间体验和弱循环时间体验。单向线性时间体验把时间看成是一条直线，永不停息地延伸、流逝，一旦逝去便无法挽回。具体来讲，单向线性时间体验认为时间是由过去、现在、未来彼此交融的一个系统，无间可分。时间表现为物质形态中延续性与状态交替中顺序性的统一。整个序列就是存在状态不断更新的过程，它只朝向唯一新的存在状态延伸，绝不会完全返回到原来状态。④但不可否认的是，单向线性时间是异己的、无生命的、无意义的物理世界的代言人。⑤循环时间体验将时间理解为一个圆，按照自然规律周而复始。

如果以此反向衡量的话，案例中的教师实际上持有的是一种弱循环时间体

① 詹姆斯·C.斯科特.弱者的武器[M].郑广怀,张敏,何江穗,译.南京:译林出版社,2011:3.

② 高伟.论自由时间哲学的谱系[J].自然辩证法研究,2003(1):10-14.

③ 罗伯特·列文.时间地图:不同时代与民族对时间的不同解释[M].范东升,许俊农,译.合肥:安徽文艺出版社,2000:105.

④ 吴国盛.时间的观念[M].北京:中国社会科学出版社,2006:53.

⑤ 吴国盛.时间的观念[M].北京:中国社会科学出版社,2006:100.

验,认为从前发生的事情在下一轮周期中并不会严格重现,只是他们不自知。SYL老师在入职初期发誓希望成为一名优秀教师,这种令人激动的信念,出现了所说的情绪适应,日复一日,变得逐渐不再激动人心。DT老师和FYF老师从刚开始的"彷徨、迷茫、退缩",学会思考,经历了一个"认识渐渐清晰"的过程,渐而达到"豁然开朗"。这两段体验足以说明当可以刺激一定体验的客体循环不变地出现时,情感反应会因客体循环出现产生的适应感变得越来越弱,甚至产生职业倦怠感。相反,如果引起一定体验的客体含有可能影响情感反应的新成分时,这种循环出现不仅能改变情感反应,而且还由于已有的情感经验而让情感反应更加稳固与深刻,"看清将来的脚印应该留在哪里"。在这些教师中,弱循环时间体验并不是很强烈,他们也隐约用单向线性时间体验来看待自己的教学生活,指导自己走向新的历程。对他们来说,时间是以学年为单位循环的,但又在这样的循环当中向前发展,形成一个以循环为基本单位的单向线性。

时间体验一旦形成,就会在相当长的时期内保持一种稳定状态,但也并非一成不变。教师在从教初期的教育理想往往带有"乌托邦"性质,这种理想是要经受现实的打磨的,当经过了一定的适应期,经过了退缩和动摇,就会萌生出比较稳定、长期的教育理想。

(二)教师的个体时间表现出边界模糊的特性,教师在其中亦步亦趋

教育作为一种特殊的培养人的社会实践活动,不管规模大小,都必须经历一段或长或短的时间。每天的时间总量是固定的,一天对任何人来说都是24小时,不会因为个人原因缩短或延长。然而,教师整天忙碌、奔波,忘记了休息,也不敢休息。此刻,时间发生了变化,它不再是教学生活的度量形式,也不再是教师赖以参考的标准。

个体时间与教学生活中的其他时间之间存在一定的融合现象,也存在对抗。在古代,人们通常有"忙假""旬假",但现在学校中,教师已经很少能够根据个体时间来安排教学生活,而是根据教学生活来规划个体时间。教学生活时间的安排或许并不是教师教学成功的关键因素,它的存在使得教师牢牢记住一节课就是四十五分钟、每一时间段需要做哪些工作,于是教师的所有时间就绕着那规定的四十五分钟和那些工作转,虽然教师没有将它们挂在嘴边,但这已成为一种隐形的压力,"不赶紧上完的话,下节课还有新的教学内容"。在改革中,教师对应该采取什么样的措施才能获得学生和同事的认可、上级领导的奖励等类似好评时不知所措,他们会经常焦虑:这样做是否符合改革的目标?我付出了自己的时间能得到什么样的结果?这种模糊性给教师带来了不确定感,更是一种压力。渐渐地,在

课改的时间之流中,教师个体时间的边界开始变得模糊了。德国教育哲学家博尔诺夫认为:"在对时间的考察上,我们不能从钟表时间出发,而是要从时间具体的经历方式出发……不同于钟表测定显现的客观时间,具体经历的时间随着人的精神状态变化而变化。"①考虑到时间的珍贵性,学校将"能否惜时"作为评价教师"敬业与否"的重要标准。"安静的深夜繁星闪耀,教师的房间彻夜明亮。"近年来随着家庭教育功能的衰退,教师个体时间的"边界模糊性"表现得更加肆无忌惮了,常常不得不牺牲休息时间去处理学生问题。无限制地扩大"边界模糊性"可能会导致教师日常生活的精神枯竭、专业属性空洞化和职业认同危机。教师的个体时间处在课改时间之流的张力中,没有自己的主见,亦步亦趋。

上述 WFF 老师午休和深夜都要耐心答复家长和领导的电话,晚上在家里还要完成白天没有完成的工作,此时 WFF 老师的个体时间已然不在自己能掌控的范围之内。教师的个体时间终将走向何方? 也许,我们依然还是期待时间的价值。正如卓别林所说:"时间是写出未来结局的伟大作者。"我们创造了时间,时间同样也造就了我们。当然,在教育里,也有这样一批教育主体——教师,不仅感知到时间"压迫性"的存在,而且努力将时间的价值最大化。因此,除了将教师作为被改革的对象,要求他们最大限度地在能力、态度等方面做出改变以适应改革的需求外,我们需要重新反思:当教师的这种努力慢慢被消耗殆尽的时候,课改将会迎来什么?

所以,有教师抱怨:鲁迅说"救救孩子",福泽延及后代无数儿童。而与儿童息息相关的老师,一直在社会、家庭、学校等多重压力下工作着、生活着。新课改以来,老师们一边抱怨着工作的繁忙琐碎,一边依旧任劳任怨地在各种外在的和内在的压力之下努力支撑着孩子们的蓝天。他们在孩子面前扮演着温和善良知识丰富的朋友角色,在领导面前表现出工作认真兢兢业业的教师本色,但一旦终于有空余时间面对自己时,有谁听到过他们疲倦的呻吟、无奈的叹息,有谁注意过他们忧郁的目光、彷徨的心灵?

三、对师生关系的现象学分析

爱,是一个古老而永恒的话题,父母的爱、亲友的爱、朋友的爱、老师的爱……所有的爱无一不被人们用最美好的语言来反复吟诵。爱是一门学问,尤其是教育中的爱。有人说,"借助于感情之水,教育之船才能顺利达到成功的彼岸"。相信教师会在"爱"与"被爱"的氛围中更好地实现人生价值,体验到做教师的幸福。

---

① O.F. 博尔诺夫.教育人类学[M].李其龙,等译.上海:华东师范大学出版社,1999:78.

（一）同情应该成为教师之爱的一种表现形式

依据现象学观点，主体、精神及心理世界之间，不会是因果关系，也不是一种纯形式的逻辑推理关系，而应是一种"同情"（sympathy）关系。[①]情感现象学中，德国著名现象学家马克斯·舍勒明确指出，爱是同情的前提。在生活共同体中，成员之间存在着一种"自然而然的理解"，可以发现其中包含了许多同情感（fellow feeling）。[②]同情不是一种简单的怜悯之情，作为一种特殊的情感现象，一个人的同情总是意向性地指向他人，并透露出对他人的关爱，"同情是一种与他人共同分享一种情感或与他人情感发生共鸣的情感关联现象"[③]。在某种意义上，同情既包括对悲伤的同情，也包括对快乐的同情；既包括情感的自发共鸣，也包括有意识的理性反思。

不可否认的是，在交往过程中，师生之间自然会产生情感上的相互联系，而同情正是其中的一种情感体验。正是同情使得 XHM 老师愿意考虑到学生所处的困境，并愿意对学生抱有一种理解的态度，对学生的体验也会非常敏感和紧张。毕竟，孩子们无法选择他们的生命历程，教师面前的每一个稚嫩身影，都是他们生命故事的客观结果。XHM 老师对学生的同情体验并不是"静观"的，而是建立在对学生理解的基础上，更直接地"参与"并与学生情感保持一致。这种同情体验之上的教育行为是适合每一个孩子的，是富有教育意义的。教师只有深刻地感悟爱，才会在心中形成对教育事业和学生真正的"爱"。否则，教师内心的"爱"也只是停留在低层次的喜好状态，缺乏持久性。反之，教师应清楚地认识到一定程度上的情绪感染会产生消极影响，心理和行为也会受到某种情绪的摆布。例如，LMY 老师时常抱怨道："有时候心里头就觉得：哎呀，我的学生已经很烦了，他已经很累了，他已经很不开心了。然后这个就成为了我的心理负担，什么要求就不提了，反而会开始在意他的情绪。甚至有时候，稍微批评了一下我的学生，我都会立刻怀疑自己是否说得太重了。"此刻，LMY 老师已然完全生活在"他人"之中，迷失了自我。教师对学生的教育是无私的，因为教育出于同情。但同情绝不是怜悯，而是设身处地的体验。盲目的同情不值得提倡，因为这增强了同情对象的自我力量，有句俗语叫"授人以鱼，不如授人以渔"。当教师的生命涂上爱的底色，注入同情的血液，奔腾不息地在生命里的每根血管中流淌，那么教师生涯也定将是一路香花弥漫，"即使有泪可落，却不是悲凉"。

---

① 叶秀山.思·史·诗——现象学和存在哲学研究[M].北京：人民出版社，1988：105.
② 曼弗雷德·S.弗林斯.舍勒的心灵[M].张志平，张任之，译.上海：上海三联书店，2006：114.
③ 张志平.情感的本质与意义——舍勒的情感现象学概论[M].上海：上海人民出版社，2006：121.

（二）学生对教师的真挚情感是教师幸福感获得的重要来源，教师在其中体验幸福

教育是一项培养人的事业，教师的付出在学生的身上最终结出果实，学生的活动再现了教师的奉献精神。学生的学业进步和个体发展都体现出教师生命意义的延续，教师在学生的成长过程和对社会贡献中感受着奉献之后的幸福。

在心理学中，幸福（happiness）是实现人生意义时心理上的积极感受，是客观性与主观性的统一。幸福的主观性是指人们所具有的快乐的体验和感受，是幸福在形式上所拥有的属性。幸福的客观性则是指人们的需求得以满足，生存发展得以实现，是幸福在内容上所拥有的属性。简言之，幸福是个体得到满足时产生的愉悦状态。幸福感（sense of happiness）是满足需求和实现理想时产生的一种情绪状态，不仅与客观条件密切相关，还体现了人们的需求和价值取向。因此，教师幸福感就是教师在教书育人的过程中对满足自己需求的积极评价和愉悦的心理体验。生活中，我们经常需要从别人那里获得信心和勇气，一抹微笑、一句鼓励……都可能让茫然中的你得到心灵的慰藉，无助中的你得到继续前进的勇气。师生关系亦是如此，学生在情感交流中感受到教师对自己的关爱和期许，教师也用自己满腔的热情和真挚的情感赢得学生的尊重和理解，这种情感融通是其他职业感受不到的。美国心理学家詹姆斯曾说："人性最本质的需要是渴望被肯定。"从内心来讲，每一位教师都希望自己的劳动能够给学生的成长带来积极影响，得到与自己的付出相适应的正面评价。因此，在课改压力下，教师急需学生们的理解和支持，而学生们的表现恰恰提供了这方面的需要。人们的情感活动一直伴随着整个教育活动的始终，当教师看到学生身心发生良好变化时，必然产生欣慰；当学生面对教师的孜孜不倦时，必然产生感动；而这同时也是相互的。教师是具有巨大奉献精神的职业，它的劳动报酬不仅仅是物质上的满足，更多是精神上的享受。尊重是一切活动的前提，是一种对自己、对他人真诚的认可和赞赏。学生尊重教师的人格，尊重教师的付出，对教师幸福感的形成也起着至关重要的作用。学生尊重教师，教师才能全身心地投入教学活动中，以饱满的热情和激情在教学中尽情发挥。

学生的成长正体现了教师的职业价值，教师通过给学生提供快乐并得到学生提供的快乐而体验到幸福感。这种真挚的情感一旦形成，其产生的影响丝毫不会因为时空的距离而消逝。"很多孩子都有他们让你喜欢的地方：成绩好的学生让老师省心啊，调皮的学生，不谈学习，他们多可爱啊，阳光里的花朵，小姑娘多漂亮，小伙子多俊俏啊。其实，我想说每一个学生，我都很喜欢、很爱他们。有时候

也会非常讨厌他们,比方说一道题,横过来讲,竖过来讲,都是错的啊,哎呀……气呀,一边改卷子一边骂人呀。既是对学生的一种愤怒,也是气自己呀。但是,回过头来说,这个爱与恨啊,就像天使与魔鬼。绝大多数情况下,他们都有让你爱让你恨的地方。实际上从你教书的那天起,你和学生就分不开了。当然,他们会用一种特有的方式去爱你。现在,他们已离开了学校,离开了我,但他们率真可爱的面容和活泼上进的姿态,深深印在我心里。可惜的是,我因为一些原因当时错过了他们的毕业典礼,只能永远地错过了。"GXZ老师的体验恰是印证了这一点。

苏霍姆林斯基曾说过:"我拉着你们的手一步步向前走,我把整个心都交给你们。诚然,这颗心也会有疲倦的时刻。每当它精疲力竭时,孩子们啊,我就尽快到你们身边来,你们的欢声笑语为我注入新的力量,你们那渴求知识的目光激发我不断思考。"①只有互相尊重,才能互相理解,才能情理交融,才能建立新型的师生关系。

第四节　基于教师情感体验的思考

课程实施的成功与否,与教师密切相关。我国以往的教育实践过于注重生命以外的东西,例如考试成绩、职称评定等,忽略了把"人"的发展放在重要位置。因此应把教师也同学生一样看待,看成是学校里的人,"以人为本",关注教师的情感世界。

一、营造主体性价值彰显的文化氛围,让教师抒发积极的情感体验

如今,教师被赋予"传道、授业、解惑"的天职,扮演着"红烛""春蚕""园丁"等令人尊敬和赞扬的社会角色。以个人悲壮的生活状态成就了自己的奉献,作为师德的最高境界,这是以往师德典型中最常见的"榜样宣传",很崇高也很可怕。教师获得的全部尊严在于"育人",而教师"育己"的"时空"却被遮蔽了,"育人"掩盖了"育己",教师的主体性被淹没。当谈及教师的价值时,一些年轻的教师就此发问:老一代教师楷模们为学生付出一切的例子比比皆是,难道教学一定要以牺牲个人生活作为代价? 只有到了这样的境界才能成就"教师之爱"

---

① 苏霍姆林斯基.把整个心灵献给孩子[M].唐其慈,毕淑之,译.天津:天津人民出版社,1981:158.

吗？这一代年轻的教师出生于改革开放的年代,他们对个人的价值和教师职业的理解正在形成自己独立的看法,他们普遍对所谓的"道德高地"望而生畏,这也使他们对未来的教学生活产生了极大的不确定感。现在每一位被树立为"典型"而被宣扬和歌颂的教师,几乎都成就了千古绝唱,而更多的教师却陷入职业倦怠和疲惫中。

我们都知道教师劳动的繁重性,教师的工作时间很难以正常8小时来计算,更多地受制于钟表时间的控制,缺少在个体时间中那种悠然自得的感觉。用GXZ老师的话来说就是"一天到晚忙忙碌碌,大事小事不断","孩子们一会是天使,一会就变成魔鬼"。被时间异化了的教师像上了弦的发条,没有了对个体时间界限的感知,一切都按部就班,流水线似地进行着自己的人生。这样的情感体验下,教师只会是疲于应付,无暇顾及自身发展,每当按照社会期望完成各项工作后,教师会发现自我价值和主体性已悄然迷失。体力上的辛劳自不必说,"蜡烛"式的完美要求让教师产生心理压力。教师对已经过去的和正在进行的事情有一种不在乎之感,因为相似的事情会再次发生,如此对时间的流逝并没有明显的体会,他们隐约在自己的教学生活中感受到单向线性时间体验。访谈中,听到SYL老师自言自语道:"时间永远都不够用,无论怎么都不够用,无论怎么都不够用。"连续两遍的强化,表达了她对时间的感慨。她补充说道:"因为我做什么事都比较慢,所以就总体时间来说,总会觉得比别人慢。"也许正是因为慢,她一直把注意力放在教学上,不认为现在做的事情只是现在的事情,而是会在未来循环出现的,为可能遇到的各种事情做好了各种设想,这体现了她对"未来"的期待和耐心。对她来说,教学生活就是在这样的循环当中前进的,让她的生命在指向未来的同时更多了一份紧迫。

学校空间是一个由不可知和可知、想象和真实构成的生活世界,经验、权力、事情和情感在其中缠绕,它既是一个真实存在的场所,也是一个令人遐想的"异托邦"。学校空间凭借自己构造形成一种隐秘的权力机制,规训和控制成为日常生活的主旋律,渐渐将生活其中的教师锻造成一个个感受到压抑和痛苦的新主体形式。空间虽然带来了压迫性,但同时又带来了无尽的创造与可能。教室空间里的教师通过空间的"留白"创建了另外的一个生活世界,并在差异的缝隙中寻找着解放。研究中的DT老师正是"以时间换空间,以空间换时间",在常态下的课堂上,打破了学校教育的封闭空间,实现了"对自己生命力的礼赞"。教师在利用空间上使现代教室空间突显出其主体性;相应地,现代教室空间的效果也具有相应的生成性,而不是全部的预设性效果,它允许教师创造、发挥主观能动性,它的生成性也就应运而生了。"我在,但没有我。所以我们生成着。"恩斯特·布洛赫这样说。①

一个好的学校,在教师心里就是一个家,一个安身立命之地,在那个地方,充实有成就感,温暖有安全感;学校是教师能发挥自己潜能的巨大空间。对作为生命个体的教师来说,任何教育活动都是在有限的时间和无限的空间内追求某种价值,其中既有社会价值,也有个人的主体性价值。教师主体性的弘扬表现为一种对自己与他人利益、价值的关怀,对后人发展与未来的关怀,对他人与社会的责任感、使命感,对生命的终极关怀。任何生命只会在积极的生活方式中萌生,在体验中绽放。教师作为生命的个体,也应该主动向往快乐、追求幸福,更应该在教学生活中心存对价值和生命意义的期盼。从哲学角度看,"人的主体性从根本上说,是人在与客观存在相互作用中体现出来的能动性、创造性和自主性"②。增强人的主体意识,提高人的主体能力,培养人的主体性是社会发展对教育提出的要求。在强调学生主体性发展的今天,教师主体性的滞后发展尤其显得不协调,令人担忧。如果现实环境不能给教师提供相对充足的时间和空间,要想实现教育价值恐难有着落,现实环境往往会成为曲高和寡的"观赏物"。即便有了充足的时间和空间,倘若不能创造出与实现教育价值相对应的时间和空间构成——文化,教育价值仍难以实现。因此,给教师提供自主发展的文化氛围,这样的时空及其教学意蕴的生成性不是为生成而生成,而理应是教师教学生活的常态。主体性价值彰显的文化氛围是合规律性与合目的性的有机统一,教师有了这样的文化氛围才能发展主体性,追求主体性价值的实现。主体性价值彰显的环境是开放民主的,没有对教师教学生活的专制,没有权力赋予的特权,只有对教师的尊重、理解与爱护,只有教师自愿基础上的管理秩序,只有教师能够充分选择的机会,是科学精神与人文精神的统一。教学生活时间是一个绝对常数,教学生活空间是一个相对常数,当教师的教学生活在教师的心中有意义时,教师就有成就感。无处不在的文化以极其微妙、细腻的方式作用于人,"随风潜入夜,润物细无声",其影响渐渐显现。当教师的教学生活给教师带来积极的情感体验,不剥夺教师的生活时,教师就有尊严。成就感和尊严给教师带来快乐,实现教育目标和主体性价值。当然,"慢生活"不是支持懒惰、拖延时间,而是一种健康的心态、一种积极的奋斗、对人生的高度自信、一种生活态度,这些让教师在生活中找到平衡。教师教学生活同样是学校文化的一部分,重建学校文化有助于改善教师教学生活。反之,教师主

① 高伟.生存论教育哲学[M].北京:教育科学出版社,2006:234.
② 袁仁贵.人的哲学[M].北京:工人出版社,1988:153.

动改善教学生活的行动也是在促进学校文化的重建。

诚然,教师主体性价值的完全实现要等到教师获得全面解放的那一天,但这丝毫不能,也不会阻止我们今天的教师对主体性价值的追求。教师主体性价值的彰显需要各方外部力量的支持和教师自身潜力的发挥,是教师所处的教学生活环境有利于自身的发展及自我实现的成就需要,从而教师达到"环境育人、教育留人"的境界。教育中充满了无限可能性,我们可以通过一些小小的改变而缩小教育现实与理想之间的差距,实现"诗意生活"。

二、重拾教育信仰,让教师获得更多积极的情感体验

往往在现实的教学生活中,教师把主要精力放在教学上,还是"围困"于众多程式化的事情中,不但忽视了主动参与学生情感,也忽视了对情感体验的运用,与学生间始终隔着一个"看不见却真实存在"的门。而故事中的 XHM 老师清醒地意识到"因为这个人的存在而信任这个世界,这正是教育关系中最内在的成就"①,于是渴望倾听、引导和帮助学生,与学生建立一种"自然而然的理解"。对教师来说,教学生活的一切都在与学生的关系维系之下,而学生对教师的情感表达或许正是维系师生间情感交流的重要纽带。由此可见,学生对教师的真挚情感是教师幸福感获得的重要来源,没有它,师生关系可能会失去"内核",教师在教学生活中也会感觉到"心无所依"。

学者刘小枫在《我们这一代人的怕与爱》中说道:"我们可以理解学会'爱'的生活,但学会'怕'的生活确实让人费解。对我们民族来说,太过于陌生了。确实,'怕'的意识全然是某种民族文化的异质因素,但却不是人的异质因素。"②刘小枫所说的这个"怕",是"以虔敬和羞涩为质素的'怕',乃是生命之灵魂进入荣耀神圣的虔信的意向性体验形式"。简单来说,就是信仰。信仰对于专门从事教育工作的教师而言,更具有非同寻常的意义。教师这个职业需要教师学会爱,也呼吁一种对教育的信仰。问题是,应该如何去爱? 需要一种怎样的信仰?

从词源学意义上来说,"信仰"一词由来已久。《说文解字》中的解释是"信,诚也,从人从言;仰,举也,从人从卬";《辞海》中的定义是"人们极度信服和尊重某种宗教或某种主义,并以之为行动准则";《大英百科全书》中对"信仰"的解释为"一种在无充分理智认识以保证命题为真实的情况下,就予以接受或同意的心理状

---

① 马丁·布伯. 人与人[M]. 张见,韦海英,译. 北京:作家出版社,1992:141.

② 刘小枫. 我们这一代人的怕与爱[M]. 北京:生活·读书·新知三联书店,1996:2.

态"。信仰从本质上说是人的一种实践指向、行动指南和精神内核,是一个人不应该做什么和应该做什么的根本准则和态度,是一个人对人生观、价值观和世界观的无悔选择。教育信仰是教师在教学生活中实现理想的内在要求,是教师面对挫折后重新树立信心的精神动力。教师只有真正拥有教育信仰,才不会把职业看成是牺牲自己而成就他人的过程,而是在给予学生爱的同时,获得更多的爱来实现人生价值的过程。有教育信仰作为支撑的教师在与学生交往的过程中,散发出一种人文关怀,用宽容、善良的心去付出,用信仰来推动,教师在和谐亲密的师生关系中获得高度幸福感,学生也在学习的过程中体验到真正的幸福。

对教师应该有更多的理解。微信朋友圈里流传着这样一条"困在厕所里的老师"的段子:

一日正在讲课,一名学生要求上厕所,老师觉得影响课堂秩序,不准。结果孩子尿于裤中。家长状告教育局:该老师侵犯人权,剥夺学生上厕所的权利,应严惩。

又一日上课,又一学生要求上厕所,老师批准。谁知该生在厕所滑倒受伤。家长状告教育局:课堂期间该老师擅自让学生离开课室,导致学生受到伤害,教师未尽到监护义务,应严惩。

又一日上课,又一学生要求上厕所,老师害怕他在厕所滑倒,前往陪护,谁知老师离开课堂期间,大量学生在教室打闹,多人受伤。家长联名状告教育局:该教师上课期间擅离工作岗位,致使多名学生打闹受伤,应严惩。

又一日上课,又一学生要求上厕所,于是该老师带领全班学生一起去厕所。家长状告教育部门:该教师上课期间不传授学业,工作态度有严重问题,玩忽职守,不务正业,应严惩。

这尽管有点夸张地折射了教师的日子并不好过,但在一定程度上反映了教师的日常生活体验。

教师付出爱与尊重的同时,收获更多;成就他人的同时,也更好地实现了自己的人生价值。正如叶澜教授所说:"教师是一种让自己和其他人都会变得更美好的职业,它不仅帮助学生成才,更是实现个体主体性价值实现的主要途径。"[①]教师在付出的同时会发现一些意想不到的收获,总能一直体验到个体幸福的情感,

---

① 叶澜.论教师职业的内在尊严与欢乐[J].思想理论教育,2000(5):6-11.

当然这种付出正是由教育信仰引导下的奉献。从某种意义上说,如果没有对教育的爱与虔诚,教育信仰就如同空壳。教育信仰本质上是一种对教育的归属感,而这种归属感就是"爱"与"被爱"需要的满足。一个拥有教育信仰的教师,在理性维度上知道怎样做是正确的,在意志维度上能一以贯之地坚守,在情感维度上爱学生、爱教育,这样的教师更无畏挫折,内心充实,能获得全新的情感体验,在不断的发展中追寻自己教学生活的价值。①

---

① 张璇,高伟. 论教师的教育信仰[J]. 当代教育科学,2010(9):3-8.

第十一章

教师课程改革阻抗的消解策略

以外部主导的课改中,教师存在阻抗是一种正常现象,改革力量层层衰减也是自上而下的课程改革体制的自然规律。在讨论了教师对课程改革产生的多维阻抗之后,需要思考如何消除这些阻抗,以更好地深化课程改革。

第一节　教师课改阻抗消解的基本策略

事实上,教师是在课改阻抗中建构着对课改精神的理解,构建着符合自己实际的教学实践模式。所以,阻抗要么在课改推进的过程中随着课改观念的逐渐接受而慢慢消解,要么随着课改力量的不断"疲惫"而在理念有所回归中自然消解,要么在与课改的角力中始终处于张弛状态。但有种课改阻抗情绪长期存在总不利于教师的发展,我们还是希望能探讨一些有效的消解课改阻抗的策略。

一、教师课改阻抗消解的实质

所谓消解,不完全是指消失、解除,更多的是指淡化、模糊化。"存在即为合理",教师课改阻抗作为一种客观存在,是课程改革带来的产物,只要课程改革存在,教师阻抗就必然存在,于是就有了它存在的某种合理性,这是由课程改革性质决定的。对实际存在着、具体体现着并总是在直接或间接地发挥着影响的教师课改阻抗的消解其实是一个循环渐进的过程,教师课改阻抗体验并不能在短时间内消失殆尽,显然我们也无意在时间这一层面来探讨。那么,课程改革中教师阻抗的消解,可以从以下几个方面来把握。

就形式或途径的层面来说,教师阻抗的消解主要体现在两方面。一方面是教师个体,在主观意识上的"消解"——淡化与解构。这意味着,课程改革进程中教师头脑中的根深蒂固的误解的淡化与解构,就是要在教师的意识和心灵深处消除潜伏在教师内心的阴影,解除笼罩在教师心头上"课程改革"的压力,就是要让教师真实地释放自我,使他们从教学活动上的自在状态逐渐通达自为状态。从而在教学活动中,让教师真正地感受到身心的舒展,体验生命的精彩。另一方面是社会整体,变革是一项复杂的系统工程,在启动初期就应该综合考虑全局尤其是作为变革实践者的教师的需求和建议,也就是说,变革蓝图的规划过程应该真诚地邀请教师参与,聆听他们的意见。不考虑教师意见的变革方案是不完整的,不遭遇阻抗的变革几乎是不存在的,不对教师阻抗做预案设计和风险评估的变革构思是危险的。①

从内容或性质层面来看,我们在谈到教师课改阻抗时总是指其整体,而课程改革过程中的教师阻抗从来就是由于各种因素的"合力"或者说"相互作用的结果"。因此,我们在阐述教师阻抗的消解时最终主要是将其作为一个整体看待。当然,这并不等于说整体诸方面的消解是等而同之的。实际上,基于它们各自在功能和性质等方面的差异,它们的消解在具体的实施方式等方面也是各有侧重的。

一些学者抽丝剥茧般地分析教师成为课改阻抗因素的致因,最终都是为了能够消解教师对课程改革的阻抗,推动改革更好地发展。最为经典的是施良方教授在《课程理论——课程的基础、原理与问题》中所阐述的三种模式。②

第一种是消除抵制模式。这种模式基于以下假设:有计划的课程改革的成败,取决于课程领导者是否有能力克服教师阻抗课程计划;个体改变要先于组织改革,因为改革也是一种个人的经验活动,必须允许课程改革的实施中能够体现出人的个性特点;在课程改革中,必须明确教师与其他参与者的需要。这种模式认为消除改革阻抗的方法之一就是,课程组织者和领导者要让教师共同参与课程决策,防止后期教师对新课程方案产生抵制。如果给教师提供参与到课程计划的制定和实施中来的机会,则会让教师认为课程改革是与自己息息相关的事情,教师就会找机会以某种方式发表观点,逐渐成为课程改革的支持者。如此一来,可

---

① 韩登亮.教师阻抗学校变革的理性思考[J].当代教育科学,2011(1):3-6.

② 施良方.课程理论——课程的基础、原理与问题[M].北京:科学教育出版社,1996:136-138.

以一定程度上避免教师对新课程计划的阻抗。这种模式把课程实施分成两个阶段：发动阶段和动员阶段。实施新课程计划之前，要加强发动和动员，让教师清楚认识到新计划的意义。

第二种是领导—障碍过程模式。该模式可以看作是消除抵制模式的进一步延伸。这种模式认为，教师对新课程计划的抵制是新课程实施的主要问题。所以，要全面搜集材料以确定教师抵制课程计划的性质和程度。对课程组织者和领导者来说，更关键的是在于如何消除这些抵制或使这些障碍变得无效。这里只有通过以下五个条件才能做到：让所有成员都清楚地了解课程改革方案；让所有成员都具有必备的技能；让所有成员随时都能获得实施新课程所必需的材料和设备；让所有成员自愿付出时间和精力，共同推进新课程计划的成功；调整学校组织方式，使其与新课程计划要求相一致。

第三种是兰德变革动因模式。这个模式是由兰德集团在对美国联邦政府资助的四项主要课程计划的评价过程中形成的，体现了课程实施的相互适应取向（即课程实施过程是课程计划与班级或学校实际在课程目标、课程内容、课程方法等方面相互调整与适应的过程）。该模式认为，教师虽然是主动积极的"消费者"，但他们创造出来的知识与专家创造出来的一样重要。他们认为，在学校决定采纳新的课程计划之后，课程改革的主要障碍就突显在学校的组织动因中，而困难就在于教师已经习惯了原来的做法。兰德模式认为改革过程包括三个阶段，即发起阶段、实施阶段和合作阶段。在发起阶段，课程改革的发起者要努力使教师支持预期的课程改革计划，因此需要对目标做出详细的解释，以使教师理解新的课程计划并拥护将这项任务作为学校工作的共同目标；在实施阶段，根据情况适当调整新的课程计划，以适应学校实际；在合作阶段，已实施的新课程计划成为现行课程的一部分，课程专家、教育行政人员、学校领导、教师等密切合作，发起者提供必要的人力和物力，以使新课程能按既定方式实施下去。必要时，还要提供在职培训，以便教师能够与时俱进，胜任新的课程要求。

二、课改阻抗消解的基本策略

对于消解教师课程改革阻抗，已有研究者从不同视角出发，提出了许多具体策略。

（一）教师视角

教师是重要的教育资源，在课程改革中起到至关重要的作用。在调查研究中学者们发现，教师由于自身原因也产生了较大的抵触情绪。如要消解阻抗，势必要将教师自身改革作为主要着力点。

首先,教师应情感先行,这是教师从抗拒转变为关心的重要举措。教师应提高自信,正确认识新课改,内化课改理念,增强课改效能感,在新课改中寻找乐趣。[①] 应从根本上唤醒教师自觉改革的意识,创设一定的情境,赋予他们更多的权利;应动员广大教师积极面对深层次的变革,让"发现学习"成为教师建构课程观念的主要手段。[②]

其次,教师应时刻反思自我,充实知识。一方面要敢于面对困难,积极掌握正确的应对策略,学会调控自己的生活;另一方面,应逐渐具备创新的教育理念、扎实的知识基础、良好的教育技能训练等,[③]因此必须加强教师,尤其是农村教师的学科、一般教学法和教学知识的培训。[④]

最后,积极参与实践学习,以解决工作中遇到的问题,激发自我发展的动机。以科研促教学,教师以实际的教学问题为出发点做科研,[⑤]通过"请进来"和"走出去"两种方式来提高教师科研实践能力,通过提高工作效益,体现课改价值,体验课改成就。

教师对课程改革的"情、知、行"是在理解与误解的基本矛盾中不断发展的。通过对教师感情先行(情)、反思理解(知)、实践学习(行),使得教师在理解中消除误解,在消除误解中增进理解,做到"情、知、行"三方面的有效结合。[⑥]

(二)学校视角

学校是课改理念转变为实践的摇篮。长期以来,"优胜劣汰"的社会价值观让学校最关注学生的考试结果,教师也因此注重课程的功利价值,从而这些成为制约教师参与新课改的根本性症结之所在。有学者提出,应不断完善教师培训和激励机制,改革评价体系,建立规范有序的学校管理制度,创造宽松和谐的人际关系环境,构建良好的校园文化氛围,充分利用现代网络技术平台加强教师间的交流合作,进一步增强教师培训的针对性,[⑦]完善三级培训网络,建立持续有效的教师

---

① 杭海.论新课改中教师的阻抗心理及消除[J].新课程研究,2006(7):57-59.
② 王宗湖,李克信,程福蒙.关于教师对新课程改革阻抗的思考[J].现代教育管理,2007(1):57-59.
③ 张勇.课改阻抗的教师因素分析与应对策略[J].基础教育参考,2011(7):34-38.
④ 张新海.新课程实施中的教师阻抗研究[D].兰州:西北师范大学,2008:190.
⑤ 邵光华,涂俊甫,范雨超."新课改"背景下教师教学发展现状研究[J].课程·教材·教法,2011(11):102-107.
⑥ 张勇.课改阻抗的教师因素分析与应对策略[J].基础教育参考,2011(7):34-38.
⑦ 邵光华,涂俊甫,范雨超."新课改"背景下教师教学发展现状研究[J].课程·教材·教法,2011(11):102-107.

指导和培训制度,实现教师的主动发展。① 通过选拔和培养高素质校长,发挥校领导的带头和引导作用,②及时更新观念、转变角色,切实成为课程改革的促进者。③ 从校本教研的角度来看,学校应激发教师投入教学研究的热情,帮助他们纠正错误认识,打破合作障碍,推动改革的顺利实施。④

也有学者考虑到地域特殊性,指出一方面应改革农村学校的升学考试制度;另一方面应改革农村学校的管理体制,包括重视"以人为本"的管理模式,构建发展性教师评价体系等。⑤

总之,作为"社会、学校、家庭"三位一体教育层面的中坚力量,学校要积极创造条件、提供机会,让家长、社区和社会各界人士参与到新课改中,为新课改的推进和实施贡献一分力量。⑥

（三）社会或政府视角

课程改革是一次整体行动,仅靠教师一方执行课程计划很难达到预期效果,因此社会或政府要采取相应的措施帮助教师。具体来说,首先,各级政府及教育行政部门要提高认识,加强领导,增强对新课程实施的监督,坚定不移地推进新课程的实施,包括建立教育管理体制、信息反馈机制和奖惩系统等。⑦

其次,加强舆论宣传,动员社会参与,构建有利于新课程推进的支持系统,包括认真听取各方建议和意见,及时发现、解决问题;定期举行家长培训,改变固有观念,引导社会全体关注事关"每位学生发展"的课程改革,并从心态上和行动上全面支持新课程改革;加强宣传力度,不仅在报刊或电视节目上,还要在其他影响力大的媒体上宣传新课程改革,使新理念深入人心,引导公众了解、支持课改,形成良好的舆论氛围等。⑧

再次,加大教育经费投入和地方、校本课程开发实施力度,进一步加强农村教师,尤其是偏远山区和少数民族地区教师的培训,关注教师在新课程改革中的投入与回报问题。⑨

① 毕发贤.论我国基础教育课程改革的几个问题及其解决策略[D].武汉:华中师范大学,2011:23.
② 段旭.中学教师对新课程改革阻抗及其消解[D].长春:东北师范大学,2005:35.
③ 张新海.新课程实施中的教师阻抗研究[D].兰州:西北师范大学,2008:193.
④ 尚金鹏.校本教学研究之教师阻抗与应对[J].教书育人,2006(26):18-19.
⑤ 陈细波.农村初中英语教师新课程实施之准备[D].长沙:湖南师范大学,2006:49.
⑥ 教育部基础教育司,教育部师范教育司.新课程的领导、组织与推进[M].北京:高等教育出版社,2004:119.
⑦ 张新海.新课程实施中的教师阻抗研究[D].兰州:西北师范大学,2008:188.
⑧ 陈细波.农村初中英语教师新课程实施之准备[D].长沙:湖南师范大学,2006:50.
⑨ 张新海.新课程实施中的教师阻抗研究[D].兰州:西北师范大学,2008:192.

最后,同步做好中高考制度改革。有学者提出,在中考制度改革上可采取"三大举措",即实行开卷考试方式,创新素质实践加分制度、自主招生制度。在高考制度改革上可逐步形成分类考试、综合评价、多元录取的考试制度,包括推荐录取、定向录取、择优录取、自主录取、破格录取等五种录取制度。①

总之,基础教育课程改革只有受到各级教育行政主管部门、各级各类学校以及有关媒体的高度重视,加上大力宣传课程改革重要意义以及积极营造良好的改革氛围,才能真正聚集社会、家长、学校三者的力量。②

(四)文化视角

文化是人们认识世界的方式。在学校范围内,课程改革的直接诉求和终极目标就体现在再造"学校文化"上。因此,有学者从文化重建的角度提出消解教师阻抗的策略。首先,鼓励教师进行专业对话,倡导对话的课程义化理念,教师参与教育改革决策的主要途径之一就是对话。因为课程本身就是一种对话,是所有与课程相关的人员或部门间澄清形形色色的干扰和对抗的对话;其次,批判性地继承传统文化,作为一个相对稳定的综合体,传统文化是历史发展的积淀物,这种良好的稳定性保证了学校文化的积累与再发展,同时值得注意的是稳定性的负面因素,即消极保守形成了学校文化的惰性,阻碍着学校新文化的发展;最后,通过培育积极的社会运行机制,营造健康的学校人文环境。③

同时,需要认真审视教育本身存在的问题,采取措施加以改正,包括实施正确的改革策略、减轻教师的负担、建立合理的激励机制以及多边互动的课程决策机制;重塑教师文化,包括倡导教师的"团队合作精神"、民主型的开放的教师文化;促进教育界与社会各界的合作;提高教师的素质,注意树立新的教育观念、形成新的工作方式、培养复合型的能力素质;④确立课程改革激励机制,改变偏重技能的师资培训模式等。⑤

作为改革的不同主体,无论是教师、学校,还是社会、政府、社区,都承担着不同的"新课改"责任,应努力建构有益于"新课改"的新文化,促使教师积极主动地参与到"新课改"中来。⑥

---

① 毕发贤.论我国基础教育课程改革的几个问题及其解决策略[D].武汉:华中师范大学,2011:26-27.
② 张新海.新课程实施中的教师阻抗研究[D].兰州:西北师范大学,2008:188-189.
③ 陆竞文."新课改"中教师阻抗的文化检视[J].现代中小学教育,2005(11):35-37.
④ 段旭.中学教师对新课程改革阻抗及其消解[D].长春:东北师范大学,2005:32-33.
⑤ 蒋士会.试析教师对课程改革的阻抗[J].学科教育,2003(8):11-16.
⑥ 陆竞文."新课改"中教师阻抗的文化检视[J].现代中小学教育,2005(11):35-37.

第二节　教师课改阻抗消解的路径选择

新课程改革并不仅仅是内容更新或教材变换的问题,它还是指导思想、培养目标、评价机制、教学方式等各个方面的全面、深刻的变化,是一项重大的、系统的、复杂的、艰巨的课程建设工程。因而,新课程改革必然不会是一帆风顺的,前进的道路上仍然面临着严峻挑战,甚至可能是困难与阻力重重,需要进行充分论证和探索。通过学者对消解阻抗的方式和方法提出的具有参考意义和实际价值的论述,结合自身研究,我们认为消解教师对课程改革的阻抗,可从以下几方面入手。

一、社会整体:为教师正本清源,引导教师文化积极转向

教育需要必要的乌托邦,教育者需要怀抱一定的理想主义情结。"丧失个人理想会让人在生活中无法获得价值的召唤,也就是说,个人无法获得价值追求的精神动力,生活没有了恒定的目标,生命难以获得超验的抱负,而只停留在期盼欲望的满足层面上。个人失去了价值抉择和价值判断的能力,因此也就失去了自身的价值根基,具体化的现实欲望之物主导了生活价值。"[①]可是,目前教师的生活状态与教育理想渐行渐远,由于教师自带的惰性以及教育体制的制约,他们缺乏与时俱进的创造精神,更乐意关注具有操作性的模式与方法,沿袭既定的传统做法以应对课程改革中的变化,对教学行为背后的理论意蕴缺乏追问的品质。在强大的现实主义的包裹下,教育沉重前行,看不到个性,感受不到活力。教师具有自我改革的意识,但改革渠道并不多,教师大部分的实际权力还是局限于课堂教学中。因此,应时刻思考给教师提供更多机会,让他们施展能力,但同时也要关注教师的负担问题。

同时,在课程改革中,社会的一般回应都是希望改革之花能在"一夜"之间就结出果实,倘若改革没有像他们所希望的那样进行,那么改革的热情就会慢慢褪去,这就是霍尔(Gene E. Hall)所说的"事件心理"(event mentality)。这种心理忽视了改革过程中的诸多困难和不可预测性因素,忽视了任何改革都"是一个过程,

---

① 金生鈜.规训与教化[M].北京:教育科学出版社,2004:28,205.

而非一次事件"①。霍尔等学者的研究表明,由于改革基本都是从零开始,没有捷径可循。所以,绝大多数教育改革的实施年限基本都需要 3 年到 5 年(甚至更长),才能发展到一个较高的水平。这就意味着改革的促进者们(社会整体)需要具备一定的耐心,否则只会让课程改革陷入困境。

课程改革的实施需要运用新视角,冲破传统界限,探索新领域,首先是要获得课程改革的拥护者。在众多拥护者中,教师扮演着十分重要的角色。因此,消除教师的担心、焦虑和误解以及其他阻碍课程改革实施因素的举措势在必行。霍尔和洛克斯在改革研究中注意到教师的忧虑可以分为四个广泛的发展阶段。第一阶段:不相关的忧虑(unrelated concerns),在这一层面,教师没有完全意识到他们与改革之间的关系,并不知道改革会影响他们的生活或专业领域,因此教师不会拒绝改革。第二阶段:个人的忧虑(personal concerns),教师开始考虑与其自身利益相关的改革,教师关心课程改革如何与教师正在做的事情相比。第三阶段:任务相关的忧虑(task-related concerns),在这个阶段,忧虑与在课堂中的实际使用情况相关,教师开始关心如何真正实施课程改革,实施课程改革需要多长时间,实施课程改革最好的策略是什么,实施课程改革能带来的好处是什么。第四阶段:冲突相关的忧虑(impact-related concerns),当发展到此阶段时,教师更关心的是改革如何与其他人,或整个组织发生联系,教师对课程改革如何影响学生、同事和学校更感兴趣。② 因此,课程改革不仅需要政策的支持、观念的引领,更需要学校文化特别是教师文化的推动。

教师文化是学校文化中的一部分,主要是指教师群体内部各成员共享的基本假设、信念、态度和处事方式,教师的价值取向反映了这些假设和信念,并支配着他们的行为和认知等。③ 从理想的课程到实践的课程中间有很大的落差,新课程能否顺利实施,关键看教师的态度和文化素养能否达到改革的要求。但是教师更容易通过机械模仿,将其作为一种技术和操作程序来掌握,我们往往过分关注课程改革的形式和教师外显的教学行为,而忽视了具有内隐性的理论、方法和技术背后的文化价值冲突。因此,为了成功推进新课程的实施,必须倡导和扶植新型教师文化,使新的教师文化与新的课程文化相兼容,促进教师群体发生真正转变,把新课程理念转化为教师内在的动力,使教师力量成为一种积极力量推动新课程

① HALL G E, HORD S M. Implementing change:patterns,principles,and potholes[M]. Boston:Pearson Education,2014:36.

② 蒋士会.试析教师对课程改革的阻抗[J].学科教育,2003(8):11-16.

③ 张雪.教师抗拒课程改革的文化解释[D].金华:浙江师范大学,2009:7.

改革的实施。

那么，构建新型教师文化，最重要的就是站在教师的角度去理解教师。当教师未能尽快适应新课程的角色要求时，管理者和社会各界要充分理解相信教师，不能将教师定格为"因循守旧的个体"，直言他们是抗拒改革的，更不应该抱怨教师，否定他们怀疑新事物的态度，把改革进展缓慢的责任全部归到教师身上。我们要体谅教师，他们需要一定的时间和精力去应对改革，而不是变相加重教师的心理负担和精神压力。要知道，教师文化转向的主要动力必须来源于组织内部群体价值观的改变，而不是来自外部压力的强迫。为此，社会各方面应加强对教师文化的引导，使教师形成对课程改革理念的强大认同感而非抵制，让教师承担更多课程改革的角色而不是始终游离于课程改革之外。社会各种力量，即便是诚心研究和理解课程改革的人，如果不是长期置身于教师的教学生活之中，是不太可能看到一个真实的、正在发生的教育的。他的感受和自然地置身于课程改革之中的教师的感受会是一样的吗？他们能够确信，课程改革措施的出现没有促使他们原本想看到的课程改革本身发生改变吗？长期参与可能会让一位研究者更接近真实的教育，但无论怎样，都不会像中小学一线教师那样直接。

"有张有弛乃生活之道。"教师不是没有生命的机器，他们疲惫的身心同样需要整个社会的细心呵护。因此，需要减轻教师的压力，让教师感受到与生活"相遇"的"气息"，在轻松的学校生活体验中从事教育教学生活。[①]

二、教师个体：建立教育信仰，探究迷人的教育茂源

众所周知，中国的教师文化具有"尊师重教"和"师道尊严"的传统，在重建课程文化的过程中，教师文化也得以重建。新课程重建教师文化，实质在于重建教师的心智状态，所以他们必须从原来相对静止的角色状态中走出来，去在课程改革的大势之下，勇于自我挑战，在开拓创新中不断发展自身。"不确定性"反映着教师的教育生活常态，课堂"意外"的层出不穷既反映了教育的复杂性，也彰显出教师独特的智慧魅力。其实，"不确定性"并没有像我们以往理解的那么可怕，我们害怕的不过是如果教育超过了"确定性"的范畴，我们是否有信心面对，是否有能力应对。对于这一点，杜威很早就指出："确定性的寻求是寻求可靠的和平，是寻求一个没有危险、没有由动作产生的恐惧阴影的对象。因为人们不喜欢的不是

---

① 邵光华，顾泠沅.关于我国青年教师压力情况的初步研究[J].教育研究，2002(9)：21-25.

'不确定性'的本身而是由于'不确定性'给我们带来的陷入恶果的危险。"①现代教学生活中，"安全感"成为教师寻求"确定性"的合理借口，新课改的当下，教师需要从"确定性"的"迷信"中走出来，探究那片迷人的"不确定性"的教育荒源。

教育信仰是教师将自己的生命信仰、社会理想与教学实践活动结合起来认识与思考的结果，其中包含了教育经验和社会建构，同时也决定了教师如何认识自身在课程改革中的作用和实施策略的选择。一方面，日益积累起来的教育经验成为教师面临复杂教育情景时必要的强大后盾，但这些经验一旦固化以后，不可避免地会成为阻碍教师发展的桎梏。换一句话说，当教师习惯于用某一种方式应对教育情境时，对于新的教育理念和教育方式就会产生本能的排斥，从而出现了认知上的不认可、情感上的不认同、行动上的不作为，最终导致课程改革可能流于形式。所以，教师需要重拾一种基于课改的教育信仰，有了信仰就会有行动，想着"过河"与不想"过河"是不一样的，敢于"摸"与不敢于"摸"也是不一样的，因为正是在这个"摸"的探索中，才能找到课改的正确方向，寻到可行的道路。"以主体为中心的理性被看作是现代性原则"②，个人的独立才能带来自我实现的自由，也只有形成了教育信仰，个体的主体性才成为可能。教师要在课改中自我解放，在实践中观察，在观察中反思，在反思中形成信仰，然后成长。从某种角度出发，教师的教育信仰才是真正消解教师课改阻抗的前提之所在。

课程改革的工作注定是繁琐而劳累的，尤其是在当今的教育背景下，教育改革风生水起。没有一项教育改革能够让教师变得轻松舒适。既然"劳累"是不可避免的命运，那么教师接下来要做的就不应是一味地抱怨，而是转向思考：如何让教育之累，累出成长和发展来？

"教育"是一件"苦差事"，只有拥有教育信仰的教师方能苦中作乐。没有教育信仰的教师，犹如无源之水，无本之木，难有幸福感。教师只有真正拥有教育信仰，才不会把职业看成是牺牲自己而成就他人的过程，而是在给予学生爱的同时，获得更多的爱来实现人生价值的过程。转换角度后的思考，给教师带来的是心态的转变，教师不再以抱怨和抵触的心态从事教育教学，不再满腹牢骚地走进教室，不再带着"恨铁不成钢"的心情批改作业，不再唉声叹气地"敷衍"课程改革。有教育信仰作为支撑的教师在实施课程改革的过程中，用宽容、善良的心去付出，用信仰来推动，教师在和谐亲密的师生关系中获得高度幸福感，学生也在学习的过程

---

① 约翰·杜威. 确定性的寻求——关于知行关系的研究[M]. 傅统先，译. 上海：上海人民出版社，2004：5.

② 陈嘉明. 现代性与后现代性[M]. 北京：人民出版社，2001：396.

中体验到真正的幸福。所以，当代教师的发展极具意蕴，且任重道远。

三、合力消解，各有侧重

（一）"如果爱教师，就请给他们最需要的"——创新培训新模式，以解决教师教学实践问题为旨归

只有拥有数量众多的优秀教师的学校才是好学校，而优秀的教师绝大部分要来源于优秀的大学毕业生或研究生，可是高考时就几乎没有水平一流的高中毕业生会主动报考师范专业，而水平一流的大学毕业生或研究生更几乎没有人会主动选择教师这个行当。在这种情况下，教师队伍又如何真正优秀得起来，学校又如何真正好得起来呢？只有通过加强教师培训，逐步提高教师的业务水平。好在我们有"青出于蓝而胜于蓝"聊以自慰。

在课程改革实施过程中，国家和地方相继投入大量经费以开展教师培训。但是，经过培训的教师似乎并没有真正体验到思想上的"豁然开朗"。新课程改革的教师培训普遍呈现两种样态：一种是以知识本位、理论主导为专业取向的"专家""讲座式"培训；另一种是以经验本位、实践主导为专业取向的"教研员""教研活动式"培训。这两种培训中教师体验也有所不同。有教师说："我还是最喜欢那种实际的听课、观摩，然后针对这堂课提一些自己的想法观点，进而总结的培训方式，我觉得这样是比较有效的。讲座基本上很没劲，因为讲台上的理论和台下的实际结合不起来，无法把讲台上的东西应用到台下，我们需要的是和我们教学实际相联系的东西。"也有教师说："我们有些时候还是需要一些理论基础的。真让我们自己搞教学了，也是要以理论基础为参照，一点都不清楚肯定是不行的。而且，有些教研活动指导性不强，就是教研员自己搞自己的，听完这些课之后，教研员就会说大家可以尝试一下，后来就没有下文了。有时候我们就觉得很莫名，他讲了很多我们都知道的东西，我们要的东西他却没讲。"多数研究表明，培训更强调实用价值，这对课程改革中的教师来说可能体会更深，因为他们期望从培训者那里获得关于如何实施课程改革的可操作性内容，以及怎样做才算符合课改标准的"好的教学"的详细指引。

培训者所持的专业取向与教师的期望之间的距离，不仅是教师评价培训活动是否有效的重要指标，而且还影响到教师课程改革的真实体验。当前的培训不符合教师的实用价值观，会渐渐导致教师对课程改革的实施提出质疑："专家都不知道怎么做，还让我们去改、去做？"因此，研究者和培训者应该研究各种教学和学习方法在中国现实背景下的应用准则和操作规程。比如合作学习和自主探究模式

其实都是国外小班化的常用方法，在中国大班额下有效运用的机制需要探求，从而引导教师合理运用多样化的教学方法。同样，新的教育"理论"需要寻找与"实践"连接的"桥梁"。要真正了解当下教师的需求和渴望，应以"调研先行、需求导向"为原则创新培训模式，瞄准当前教师在课堂教学中遭遇的热点难点问题和专业发展中的短板，精心设计培训内容、切实增强培训的实效性，提高教师在新课程实施中的适应能力，为教师解决教学实践中的困惑提供有效指导，缓解教师遇到问题后的"无助感"。创新培训模式是新时期教师培训发展的根本需求，它不仅对培训目标，同时还对培训形式、培训内容的选择与安排等提出了新要求，使其能在现代基础教育进步发展的背景下，适应新时期课程改革的需要。

第一，教师培训目标的思考。培训目标，即培训的最终指向，是指预期达到的目的和完成的结果。它是培训的核心因素，取向应具有时代性、发展性和实效性，所以必须站在时代的高度来认识培训目标，看清新课改发展的方向，明确教师自身发展角度。由于参训教师的类型十分复杂，既可能是来自农村学校的教师，也有可能是城镇学校的教师；有从教十几年的老教师，也有刚刚走上讲台的新教师；有来自重点学校的教师，也有来自普通学校的教师。教师的个人素质、能力、经验差异较大，对培训的要求也就不同。因此，在确立培训目标的时候，需要综合考虑教师面临的情境和期待的要求，立足于共同点，思考对多样性的需求。

第二，教师培训内容的思考。教师培训致力于将教师打造成"研究型"和"智慧型"教师。选择培训内容不应只局限于拓展专业知识和提高教学技能，更要促进科研水平的提升，让教师养成思考教育的意识，学会反思教学的方法，掌握分析和解决教育教学中遇到的现实问题的本领。在培训内容上，可以采用游离于教师传统观念和行动问题中的专题培训。培训专题的确定应当考虑当前课程改革中的重难点及热点问题，体现针对性和实用性。

第三，教师培训形式的思考。教师教育理念的形成不是专业和理论知识学习直接作用的结果，教师接受的教育理念也不可能直接转化为教学行为，教师必须接受理论与实践的相互作用，在理论中提高实践，在实践中验证理论。因此，教师培训的实践性价值取向决定了当前培训形式更应突显实践性，传统纯理论的集中式专家讲授、学员听讲的培训形式难以适应当前参训教师的需求。所谓"混合式"的教师培训模式是指在培训过程中，融合多种方法（理论学习、外出考察、专家指导、案例研讨等），旨在更好地加强教师培训实效性的发挥，促进教师专业发展。

让教师在参与培训活动的过程中获得技术支持，领悟教育思想，指导日常教学工作。同时，教师也要改变对教育理论的看法，调整对教育理论"拿来就用"的期待,认识到教育理论与教育实践之间的相互关系,尝试着去理解并接受理论,并逐渐将理论融入自己的教育实践中。

（二）"如果爱教师,就请给他们最轻松的"——明确责任归属,减轻教师额外责任负担

古语云:"德高为师,身正为范。"尽职尽责是教师基本的道德规范。但是,教师的职责到底有多大似乎没有边界,本来学校教育、社会教育、家庭教育共融一体的教育体系最后多倾斜到学校教育身上,这更使教师承载了过多的责任和过大的压力。

1.关注教师实际工作量,明确核心工作是教书育人

如今,落实"以人为本"的教育理念,不仅要落在"学生"身上,而且还要落在"教师"身上,"学生"与"教师"作为教学活动中最重要的两个主体——"人",都需要得到关注。目前,社会各界对教师群体频频施压。舆论方面关注师德,希望教师能够践行社会主义核心价值观的要求;社会方面关注师风,希望教师能够成为学生的"替代父母";学术界方面关注师能,希望教师能够成为研究者;等等。这些希望和关注并不是没有道理,但是如何真正落实它们? 这就需要我们重点考虑教师实际工作量。

教师普遍反映学生的德、智、体、美全面发展,不是靠教师个人努力就能左右的,更不是一蹴而就的。在与教师的交流中发现,学校里普遍存在这样一种现象:只要教师在学校里盯着学生学习,大部分学生学得很认真。但只要出了校门,学生就把什么都抛诸脑后。所以,现在让很多教师困惑的是,怎样才能让学生把学习热情持续到校外。说到这个问题,有教师很激动:"学校里面只要教师在场,大多数学生都在认真学习。可只要出了校门,即便教师有再大的影响也没有任何关系了。再说家庭作业吧,只要是在校外完成的,收回来的有的就是根本不看题目在乱写,这是目前最苦恼的,不知如何改变。"当前,持"家长管养,学校管教"观点的家长依然比比皆是。当家长在教育子女的过程中感到无能为力时,也会以"到学校以后就老实了"的心理聊以慰藉。于是,家长在日常生活中可以心安理得地较少关心、教育孩子,而将教育孩子的任务寄希望于教师。家长这种对孩子放纵、迁就和姑息的态度,有意无意地放弃了对孩子进行教育的责任和义务。同时,家长言行的盲目性和随意性又容易对孩子形成消极影响,从而抵消学校教育影响的结果。一旦孩子出现问题,家长则一味抱怨学校、质问教师、要求学校和教师承担责任等。这种心理和行为其实是一种"责任外化",会从根本上增加教师的工作负担,泛化教师的教育责任。

众所周知,对每一个家庭来说孩子都是他们的重心,长辈对孩子都是全身心的付出。所以家长希望教师也能够和自己一样给予他们的孩子同样的关注。但现实却是,每一个孩子对学校或班级来说只是 1‰ 或几十分之一,反过来,教师却只能把 100% 的爱平均分给班级里的每一个孩子。在学校教育中,经常出现的问题是家长不了解教师工作的复杂和困难,特别是不了解教师难以控制影响教育的全部因素。因此,每当学生的考试成绩不能让家长满意,或者学生表现不好时,家长就会责怪教师。由于当前应试教育评价系统的导向作用,家长的思维方式依然难以转变,许多家长普遍接受的是分数型和学历型的学生成才模式,对心理、道德等都表现为潜在的淡漠,这将导致家长在学生发展过程中不自觉地只关注"成绩"和"分数"。① 当教师以理想主义的课程改革理念为追求开展教学实践时,就难以满足家长"高成绩"的要求,必然引发家长的失望与指责。

教师工作量关乎教师投入了多少时间、完成了哪些教学工作任务等,与教育教学质量以及教师职业幸福感密切相关。目前,教师教学工作任务内容较多,可以分为四种。第一种是核心任务,即教书育人,"教书"和"育人"是相互交叉的,也是最基本的;第二种是直接为"教书育人"服务的相关事宜,包括备课、批改作业、答疑辅导和组织考试等;第三种是支撑前两种工作的保障性事宜,包括专业发展、合作交流和学习进修等;第四种是其他辅助性或行政性事宜,包括参加会议、组织社团活动等。教师教学工作任务是教师工作量的核心载体,合理确定教师工作量,必须明确教师教学工作任务。教师教学工作任务是教师职业角色的外化,我们应该回归教师职业角色,确保教师能够全身心地投入教学工作中。只有让教师有充足的时间备课、反思、与学生沟通,才能促进教师专业发展,才能促进师生关系的和谐发展,才能呈现出丰富精彩的课堂。

2.充分考虑教师可承受责任度,给教师"减负"

权利和义务是一对基本矛盾范畴。马克思曾经说过:"没有无义务的权利,也没有无权利的义务。"为了形成家长与教师之间的良好关系,首先要区别"交流"和"沟通"的含义,因为通常会将两者混淆。"交流"具有互相流通的意义,但它只能够描述信息流通的方向,却不关注效果;而"沟通"则强调行为的效果,旨在通过"沟"的途径,达到"通"的目的,"沟通"已经不再满足于信息量的交换,而更多的是双方互相理解的过程。然而,教师在和家长的沟通过程中,双方极易形成各自"独白者"的场面,特别是教师的"独白现象"更为严重。这种"独白"不自觉地发生在

---

① 黄健.铸炼品格:教育的本义[J].教学与管理,2006(26):3-5.

日常谈话的时候,有时候难以令人察觉。相互理解是对他人的道德,"宽容是一种强者的表现"①。人最本质的意义一般是通过双方的"言"与"行"表现出来的。主体之间既有"言"的对话,又有"行"的对话。即便教师与家长之间没有言语上的对话,但若都遵循统一要求去行动,也有助于形成双方都相互理解的关系,从而合力促进学生的健康成长。重要的是,家长应该明白,教师是人不是神,不可能对家庭、工作等各方面都考虑得很周到,我们在呼唤人性化教育的同时也应该把目光重点放到教师身上,将教师的专业发展与教师作为一个完整的人的发展联系起来。所以,对家庭而言,家长与教师应该在如何形成合力促进学生发展方面给予更多的关注、理解和支持,而非一味推诿转嫁责任。家长应充分尊重教师的人格、相信教师的才能、宽容理解教师的言行,充分发挥家校委员会的作用,营造良好的家校互通环境。为了加强家长与教师之间的关系,应特别注重沟通。当教师与家长进行沟通时,应彼此敞开心扉,双方在"沟"的基础上达到"通"的目的,而不仅是在于形式上的沟通。

"立德树人"是教育的根本任务,师德的灵魂是"责任"与"爱","责任"是"爱"的化身,而"爱"是"责任"的体现。教师以爱为基点的尽职尽责是学生良好发展的前提。但教师责任应该有度,现实中家长有意无意地将无限的责任施加给教师,许多"琐事"影响着教师的正常工作,给教师带来诸多烦恼。"教师"只是社会职业中的一种,是职业就会有边界,不管是专业还是道德、义务还是权利,都是有限度的,教师不必将所有责任揽于一身,社会和家庭应该对教师的工作给予理解和宽容,应将社会的责任还给社会、家长的责任还给家长、学生的责任还给学生。唯有如此,教师才能在课程改革的道路上轻装上阵、健康发展,以"主人公"的身份与课改"相遇",获得生命的精彩;也唯有如此,教师才能切实有效地集中精力担负起学生发展的主要责任,同家庭、学校和社会一起达成共识,各司其职、各尽所能、相互配合,寻求更好的教育契合点,促进学生全面健康发展。

(三)"如果爱教师,就请给他们最温暖的"——创造条件,促进教师健康成长

陶行知先生曾经说过:"校长是一所学校的灵魂。"②后又有人言之:"有了好的校长,就有了好的学校。"校长是一所学校发展的领路人,在实施课程改革的今天,他的管理艺术直接关系到一所学校的前途命运。

---

① 伽达默尔.赞美理论——伽达默尔选集[M].夏镇平,译.上海:上海三联书店,1988:105.
② 毛士忠.校长是一个学校的灵魂[J].江西教育,1997(3):13.

1.校长自身的人性化思考——准确定位,培养魅力

学校管理并不简单,因为管的对象是人,也就是接受过多年教育的教师。我们可以发现:一个是"管",一个是"理",不能管人,但是不能不理人。你管他,他很生气,你不理他,他更生气。因此,中国式的管理就是从互相尊重开始。教师队伍是有着相对较渊博的知识面,具有敏锐的洞察力、感悟力,具有较强的分析力,具有强烈的人格自尊要求,且肩负着"教书育人"使命的知识群体。从马斯洛的需求层次理论出发,对教师来说,生理和安全的需求比较容易得到满足。但一些教师普遍抱怨自己不被尊重,被校领导管得很严,没有自由时间,有些甚至感觉到自己时常被遗忘。实现人性化管理的基本要求就是尊重教师,只有教师得到了尊重,他们才会真正产生一种被重视的感觉,才更愿意全心付出,达到自我管理、自我实现的人性化管理的境界,这一切都是以"尊重"为基石。

对校长来说,管理学校不仅仅需要权力,更重要的是思想。一些学校的管理最缺少的就是思想,在一个以权力为尊、教育思想缺乏的校园里,怎么会有真正的课程改革和教师长远的专业发展呢?一校之长只有认识到这一点,努力使自己的人格魅力影响教师,才能从感情上赢得教师的赞赏,唤起教师工作的热情。在学校教育中,缺乏人格魅力的校长只有用手中的权力攥着教师,而具有人格魅力的校长则用人格品质影响教师。教师是学校的主体,他们的工作热情直接关乎学校兴衰。我们传统观点一致认为,作为一所学校的校长,就是一位高高在上的领导,于是,校长也随之摆出领导的架势,让教师产生一种畏惧感,随即也产生了距离感。试想一下,这样的校长怎么帮助教师推进课程改革的顺利开展?一份心理实验表明,校长的一举一动,小到一个发自内心的微笑,对教师而言不仅是一种尊重,更能极大改善教师的精神面貌,激发教师的工作热情。

一位具有人格魅力的校长,需要付出情感,善待他人。感人心者,莫过于情。随着教育事业的快速发展,竞争日趋激烈,教师的工作压力和精神负担都非常大,许多教师都在超负荷运转。特别是青年教师正处于家庭和事业双重任务十分突出的矛盾处境中。此刻,在学校管理中,校长就要考虑建立一个关怀教师的情感平台,将心比心,多一些情感的投入,少一些行使权力的威严。一名好校长应是"变压器",外面的负能量到校长这里,校长就要把它转变成正能量。

一位具有人格魅力的校长,需要一种宽容的心态,这也是重要的领导艺术。学校是课程改革的"战场",要知道课程改革并不总是一帆风顺的,教师在大胆创新开展工作的时候,难免会出现问题。这时,校长不仅应能容人之长,而且能容人之异,还能容人之过。

一位具有人格魅力的校长,应该懂教育,努力成为教育家。懂教育,既要掌握教育科学的系统知识,又要对相关学科有所了解,通过阅读不断丰富知识,建构办学理念,形成教育智慧,探索培养适应社会的创新型人才的教学模式,为改革教育教学方法提供依据,成为一名知识型的校长。

总之,校长人格魅力的程度,事关教师参与课程改革的热情,校长和教师的情感交融中处处能体现这种人格魅力。对教师来说,校长作风和人格的方方面面都起着潜移默化的作用。在教育教学工作中,教师会心悦诚服地接受校长的影响。从这个意义出发,"一位好校长就是一所好学校"①。

2.教师队伍的人性化管理——淡化量化管理,注重人文关怀

学校的管理者校长应该是"人学"的感悟者,作为学校领导,应尽力为教师开创一种以淡化人为的行政手段为前提的人性化校园氛围,即宽松和谐的教育教学氛围。实践证明,这种氛围有一种强劲的凝聚力量,在这种力量下教师受到鼓励,得到尊重,能携手共同推进课程改革的实施。

在现代教学管理中,鉴于量化管理的科学性和系统性等特征,通常被作为一种常规管理的方式。但是,教育作为一项培养人的事业,有很多东西是无法用量化的数字来衡量的,如学生的身心发展、生活习惯、思想观念等。当下一些学校"一边喊着素质教育,一边抓紧应试教育",还理直气壮地高喊着"抓质量"的口号,但这里的"质量"却被偷换了概念,实指"符号化表现",如学生成绩、班级名次、学校位次、各级获奖、各类荣誉等,课改终未走出"符号化表现"的评价体系怪圈。注重"符号化表现"的日常教学生活使教师始终处于紧张而"残酷"的竞争氛围中,这种竞争也可能疏离教师间的合作关系、强化教师各自为政的行为、消解课改目标的全面落实、消退教师最初的课改热情。由此我们联想到舍勒的"怨恨理论",现实生活的残酷让人们丧失了对自然、宗教的浪漫"返回",使人们只好投身于世俗的经济活动中,头足倒立地"用手奔跑"。但"用手奔跑"显然不应是生活的常态,必然造成对主体心灵体验和精神特质的"价值颠覆"。于是,"爱"就转化为"怨恨"。② 在新课改实施的过程中,教师与课改之间的"暧昧"关系也似乎经历着由"爱"向"怨恨"过渡的过程,最后又走向回归。忙忙碌碌的教学生活中,教师只有全"身"投入的疲惫,慢慢失去的却是全"心"付出的信念和热情。这是工业时代的管理精华,它注重了量的积累,但在以培养人为目的的教育教学中,却很容易忽视

---

① 成友.一位好校长就是一所好学校[N].人民日报,2005-05-19(12).
② 郭景萍.舍勒:道德建构中的情感研究[J].学术交流,2003(9):21-26.

学生和教师的发展。说了这么多制度化管理的弊病,那是不是说就不要再继续制度化管理了呢？回答显然不是的,当今的学校管理应是"制度化管理"与"人性化管理"的统一。

教师队伍管理价值的体现就是校长将制度化管理和人性化管理融为一体,进行有机整合。社会在进步,学校也随之在不断变化发展,在制度化管理中渗入人性化管理,乃是学校管理的最高境界。制度化管理要细致科学,但更重要的是情感的沟通和发自内心的接受。以情换情,情感丰富是人独有的特性。古人讲:"亲其师而信其道也。"情感是黏合剂,能增加凝聚力;情感是润滑剂,能和谐人际关系;情感是动力源,能促人积极向上。因此,校长要学会"两条腿走路"——"以情感为纽带,以各种活动为途径,以人为本"的人性化管理思路,同时结合制度化管理。不再把制度化管理当作评价教师的唯一手段,比如说教师备课,如果只看哪一位教师的教案写得符合规范,就说他的教学好,岂不是太表面化了？相反,有些教案在量化的基础上看上去不是很理想,但教学效果是不是就一定不行呢？再比如,如果对教师实行"坐班制",就好比给教师戴上了"紧箍咒",可能不仅不利于教师的工作,而且对教师的积极性更是一个极大的挫伤。那么,校长为什么不尝试着适当地为教师的工作提供一定的自由度,让他们感受到没有压力,从情感上愿意为教育教学奉献力量呢？"人性化"管理是在"制度化"管理的基础上渗透"人性"的因素,把"人"看作是管理的核心,了解教师作为"人"的特点,关注教师作为"人"的需要,开发"人"的潜能,在管理中体现"人文关怀",让管理不再是缺乏"人情味儿"的"冷冰冰",而是充满情感、充满爱、充满关怀,让教师体会到"家"的温馨与关怀,培养教师高度的"主人翁精神",并带着这种热情投身到工作中去。可以说,人性化管理就是让教师在不自由的情况下感受到一定量的自由。

管理是唤醒教师而不是改造教师,制度是激励教师而不是约束教师。实践证明,只有在一种宽松和谐的环境下,个体才能最大限度地发挥创造性、体现积极性,教育教学活动尤为如此,而创造这种宽松和谐的环境的秘诀就在于管理的"人性化"。

(四)"如果爱教师,就请给他们最专业的"——立足教师教育科研实际,帮助教师成为真正的研究者

"每个人都可以成为研究者"的观点,可能有些人会认为这太夸张了,其实并不然。如果一位老父亲都可以成为研究者,我们还能说什么呢？下面举个例子。

"我刚从花鸟市场买了好几盆植物,它们都生长得很好,接下来的日子也应该会长得不错。"(说明这位父亲还没有反思与研究的意识)

(过了大半个月)"哎呀,你们看,这几盆植物在我这里怎么就养不活,别人怎么就养得活呢?"(开始进行反思,并有了专业发展的意识)

"我养不活,别人养得活,可能是和别人家的土不一样。"(提出假设,但这个假设还需要进行验证,这说明研究已经开始了)

"偶尔碰到熟人,他们说也是用院子里的土进行栽种的啊,和我的土并没有什么不一样。"(关注相关信息以验证之前的假设,但没有得到证实)

"有时候,在阳台上,看见别人浇水浇得不多,而且一天最多浇一次。这样做不湿,而且也不会太干。"(提出了新的假设,研究仍然在进行中)

"这会儿,我发现啊,养植物也不难,浇水量不能多,次数不能频繁,也不用老翻土。有啥难的,哈哈,以后你们说不了啥了吧!"(通过研究,最后获得了专业成长)

这个简单的例子给我们揭开了"研究"的神秘面纱:每一个人都可以成为研究者;研究不难,也并非高不可攀,并非要做多么高深的理论研究,完全可以从身边的小事寻找出发点;只有通过研究才能提高工作能力。

教师当然也可以成为研究者。苏霍姆林斯基曾说过:如果你想让教师的劳动能够给教师带来乐趣,使天天上课不至于变成一种单调乏味的义务,那么就应当引导每一位教师走上科学研究这条幸福的道路上来。研究给人的感觉一向是"讳莫如深",又或是"威严无比"。但这只是研究的一面,它也有平实的另一面,上面的例子就是最好的例证。孔子说:"学而不厌,诲人不倦。"教师只有时常做研究,时常找真理,才能学识丰富,才能让学生受益。陶行知也说,教学合一,教师一边教一边学,学习也是一种研究。科研型教师是一个全新的角色定位,这个角色主要围绕从事的教学工作,旨在培养教师解决教学问题的能力。不同于学术界专家们的大型课题研究,也不同于高等学校开展的假设性验证,中小学教师的教育科研更侧重于平常朴实的实践研究。

上面我们说过研究就发生在我们身边,它并不神秘。中小学教师作为研究者,已经开始着手进行研究工作了。但为什么他们仍然没有真切的体验呢?答案是因为他们还没有成为真正的研究者。教师要想成为真正的研究者进行中小学教育科研,需要重视四个方面:问题即课题,行动即研究,文字即成果,发展即收获。

1.问题即课题——教师教育科研的内容

对中小学教师来说,做研究的第一个障碍就是一提及教育科研普遍比较迷茫,不知道从哪里开始。目前广大中小学教师教育科研的通病可以说是缺乏问题意识。那么问题来了:"研究问题都是从哪里来的呢?"答案很简单,从教学场景中寻找,从阅读和交流中发现等。发现问题的一般途径就是教师进行教育科研的任务和目标,培养教师的问题意识以及他们察觉问题的敏感性。我们知道,教师平常的学校生活忙碌而繁琐,日复一日中,将身边的问题视为理所当然,比较容易在已经养成的习惯和行为中忽略问题。尽管教师的教学工作看似重复,而实际上却一直在变化着。因此,这更需要有意识地培养教师发现问题的敏感能力,让教师能够在看似没有问题的"教学惯性"中找出问题,在问题成堆时聚焦某一个问题,对教学生活中的事情深入思考,发现不足,提出建议,提升自身的生命价值,这才是教师做研究的真正境界之所在。生活在这样的境界下,教师是幸福的,学生也是幸福的。

在教育科研中,要注意两点:一是问题要小而实,相比大问题,小问题容易被忽略,"小题大做"是一种研究智慧;二是要贴近教学生活,要发现有价值的小问题也更为困难,所以教师既要敏锐地察觉问题,也要勤于记录问题,还要科学地整理问题。

2.行动即研究——教师教育科研的方式

教师"在教学中研究,在研究中教学"。为此,教师进行的教育科研是在教学生活中发生的,而不是在教学之外的时空做其他事情。当教师通过发现、解决、反思在教育科研中找到有效的教学策略时,就能够减少重复劳动,熟练解决其他相类似的教学困惑,在不增加工作时间的前提下提高教学质量,何乐而不为呢? 这种"教研相长"可以让"教师少教,学生多学"。行动研究提倡教师"为行动而研究,在行动中研究",教师首先要转变观念,不要把行动研究看成是一种负担,而是一种有效的学习方式。行动研究解决的不是其他人的问题,而是教师当下面临的最实际的问题;它在时间上很灵活,可以马上开始,亦可做足准备后再开始,效果也是立竿见影;它作为一个过程,为教师提供了与同事相互了解的机会,促进了同伴间紧密的关系,提高了教育实践的效果;最重要的一点是它为教师提供了另一种观察和解决教育教学问题的方法。

当然,教师行动研究方法有很多种。例如,其一,养成写反思的习惯。教师进行教学反思并非一般大众理解上的"回顾"教学过程,而是作为一名研究者来分析自己在教学实践中遇到的问题,把普通的教学工作与教育科研融为一体,根据新课程理念,反思教学过程中对课程标准的理解,对"三位一体"课程目标的落实情况。① 教学反思可长可短,重要的是它是教师在研究过程中不断进行自我反省的过程。其二,积极参加校本教研。在加强教师反思的同时,要特别重视教师集体的作用,强调教师间的互相切磋、合作学习和共同分享。有价值的想法都来源于思维的碰撞。校本教研为教师间建立积极的伙伴关系和教师间的对话机制提供了平台,创造了宽松开放的教学氛围,使得教育科研、教学生活和教师专业成长三者相辅相成。要充分肯定教师进行的教育科研,特别是要鼓励他们使用不同的方法呈现"精彩课堂"。其三,认真参加教学比赛。教学比赛是教师展示团队智慧的契机,每一位教师都有属于自己的东西,多学习,不丢人。从一节课的准备工作开始,授课、呈现、磨课,到最后的评价,每一个环节都会找到做研究的切入点。

3.文字即成果——教师教育科研的合理表述

如何合理表述科研成果,这也成为很多教师面临的困惑之一。当前既对"一线教师应该如何正确表述科研成果"这一问题缺乏足够的重视,又缺乏有效的指导。实际上正确表述科研成果不仅有利于提高教师参与教育科研的兴趣,也有利于加强教师间的交流,分享科研成果,促进他们共同成长。中小学教师进行教育科研的最根本目的就是通过做科研提升自己的教学水平,从而提高学校的办学质量。他们的真正目标不应该是流于形式的教育科研,而应是将教育科研的成果应用于自己的教育实践中或者将自己的科研成果进行推广,进而提高同行教师的教育教学能力,这理应是中小学教师进行教育科研的真正目的。

现实来说,一些教师在做完教育科研之后,不知道该如何将科研成果表述出来,甚至一提到"科研成果",教师脑海中基本都会不自主地想到论文、研究报告等,看上去好像只有表述这些成果才能证明硕果累累、才算是"修成正果"。但实际上,由于中小学教师教育科研与高等院校专业研究在研究目的和任务上大相径庭,中小学教师教育科研成果的表述方式相对来说往往更加多变,表达上也更加自由。我们发现,适合中小学教师教育科研成果的表述方式有如下几种:教育叙事、教学反思和教育研究报告等。

同时,要养成随时记录想法的习惯。教育科研需要中小学教师在用心观察的同时,拿起笔来详细记录,多写教育随笔、日记和反思。以文字的形式表述中小学

---

① 邵光华.提高教师教学反思能力的对策[J].教育理论与实践,2010(1):34-35.

教师教育科研成果，是教育研究非常重要的一方面。它可以记录教师当下的体验和思考，让往后的思路更加清晰，也便于指导教师教育实践，突显教育价值。之所以一些教师经常抱怨自己没有体验到研究的幸福，很重要的一点就是没有形成文字。

4.发展即收获——教师教育科研的潜在效益

中小学教师教育科研成果并不一定全都表现为论文或著作。众所周知，教育科研成果主要包括教学反思、教学日记、教育叙事和教育随笔等形式，本质上就是"讲述自己的故事，反思自己的教学"，描述的是教师教学工作的具体过程，总结的是教师教学工作的实际经验，解决的是学生发展中的突出问题。这些对学生来说是收获，对教师来说也是收获，对学校来说更是收获。

第一，营造科研氛围，促进教师"主动"研究。相对于科研组织与制度建设来说，教育科研文化氛围属于一种"软环境"，看不见摸不着，具有一种强大的渗透力量，往往难以把握，但它却悄无声息地影响着教师的科研观念和行为方式。众所周知，学校科研文化氛围的形成过程是一种不断生成的动态过程，教师群体对于研究价值和研究旨趣的共同追求会产生强烈的凝聚力，从而形成一种有序的、积极的、自觉的研究风气。营造良好的科研文化氛围，离不开一种重要力量的支撑，可以说是学校教育科研工作成败的关键所在，那就是校长。校长是学校变革的策划者和决策者，学校教育科研需要校长的引领和推动，学校领导应能够作为榜样进行学习研究，例如定期举行校领导读书会；除此之外，还应该致力于为教师从事教育科研提供精神上和物质上的支持，给教师营造良好的科研文化氛围。

第二，建立促进教师开展教育科研的激励性机制。学校始终坚持"以教师为本"的理念，充分考虑青年教师不同层次的需求，满足其个性发展和自身价值实现的要求，激发青年教师的职业追求和高度责任感，为教师进行教育科研创造条件，搭建平台，提供信息，帮助教师真正成为教育教学战线上的中流砥柱。值得注意的是，内外部激励性机制满足了教师不同层次的需要，在满足了生活、安全需要的基础上，才能有更高层次的精神上的追求。构建中小学教师科研激励性机制，需要将进行教育科研作为评价教师的重要内容，同时学校科研激励性制度与手段应实现多元化和动态化，鼓励教师多读书、多研究、多行动、多反思，实现教育科研的稳步推进，以提高它们的"效价"。

四、做好课程改革前期的准备工作

任何改革都需要造势,但任何改革都必须有其充分的"必要性"。因此,课程改革前期工作必须做踏实,包括课改前的必要性论证、可行性分析,尤其是理念先进的情况下必须考虑中国当下实际。

(一)课改之前要充分论证必要性、合理性、科学性和可操作性

新课改之初,理论观点众多,专家各执己见,一线教师感到无所适从。《中国教育报》2005年发表的一篇文章《新课改,你说我们该听谁的》给予了真实写照:"随着课程改革的深入推进,新课改中操作性不强等问题日益凸显,不少专家学者本着对历史负责、对广大中小学生负责的态度,开始就新课改中存在的问题,以发表文章、讲学等形式进行反思",不少观点和新课改有较大冲突,"专家学者之间的相关争论,却让广大基层教师和教研人员乱了方寸"。作者引用一位地市教研员的话:"课标组专家来时讲的是一套,一些国家级专家来时讲的是一套,大专院校和研究所的教授、研究员来时讲的又是另一套。这些人都是大专家、大学者,你说我们该听谁的?"①

文章真实地反映了教师在新课改中渴望专家的指导,但同时又对脱离教学实际的指导不满意。作者认为,教师之所以会在专家指导面前显得无所适从,除了有些专家各说各话、理论在课改实践中"水土不服"等客观原因外,还因为一些教师放弃自己的思考被动实施新课改。那教师需不需要思考和研究呢? 课程改革要求教师成为研究者、与新课程一同成长的呼声就是要求教师要思考和研究,但一些专家并不主张老师去做什么研究,而应该是去操作,或只是"按电钮",认为"课改其实很'简单'"。"课改其实不是'方法'的改良,是观念的革新,但任何革新都需要落实在'方法'上,通过'技术'的手段去加以实现,一旦离开了可触及的'方法''技术',就变成了纯粹的理论探讨。""指望用理论去解决实际问题是不现实的","课改就是改变学生学习状态"。教师不是发明火箭的科学家,教师只是发射火箭的按钮者——这就是教师的定位,如果教师的角色定位发生错乱,今天让他们搞教材创新,明天再搞教学艺术,搞来搞去,没完没了,反而令教师头昏脑涨,热情全无。这些深奥复杂的玩意儿还是尽可能留给专家们去研究吧,教师压根儿就不是研究火箭的人。教育研究者和教师根本就是两个概念,能不能各行其道、各

---

① 李小伟.新课改,你说我们该听谁的[N].中月教育报,2005-08-16(2).

尽其职？新课改就是如何让教师的工作单纯了再单纯，操作得越简单越好。① 那到底要不要教师做研究，做教学方式方法的发明人呢？显然专家的观点也不一致。另外，指导课改的思想——后现代主义可能扰乱了大家的思想，让人摸不着头脑，或不被认可。检视课改的后现代思潮及课改中的反应，一个突出方面就是"轻视知识"的教学，因为知识是可误的，"知识就是力量"受到质疑，从而教学过于强调过程性、不确定性，让教师无所适从。

许多具体的东西理论界都"公说公有理，婆说婆有理"，更难说到教师的心坎里了，除了一些"弄潮儿"和"先进分子"，一般教师难以积极响应和参与。给改革者自身带不来任何"好处"的改革如何刺激改革者参与的积极性？只有靠思想，靠大道理，靠责任，靠觉悟，靠改革的成熟度，靠改革的可操作性，靠教师的奉献精神。师德、师风、师尚、师责的教育和建设工作显得尤为重要。

透过这一切，我们也许会反思，课程改革，跟其他改革一样，都属于新生事物，都有其"先进""合理"成分，也很难退回来，不行也得"硬着头皮往前走"，但，教育改革最终是关于人的教育改革，跟其他改革可能还不完全相同，不能抱着试试的心态，完全"摸着石头过河"，需要理论指导实践，技术指导实践，在实施改革之前，理论和实践操作层面都需要基本"过关"，也就是要比较稳妥。尤其是借鉴西方较多的时候，还必须考虑国情、社情，"实事求是"、因地制宜、秉持科学的辩证法和方法论，不能过于超越时代，过于理想化、不接地气、不符合实际。

中国教育的实际是什么？中国教育的社会实际是什么？需要有充分的了解。中国现阶段及未来一个阶段，仍是一个功利化观念很重的时代，必然导致基础教育的功利化，正如当下，基础教育就太功利化，不仅教师功利化，学生家长也功利化。家长对学校、教师的要求是功利化的，学校的计划、发展方向是功利化的，学生的目标是功利化的，教师对学生的发展和成长是功利化的，这就是现实。

我们的教育哲学观也应多维。教育是让人为人的教育，成为理想社会的人；教育不是培养适应社会发展的人，而是培养能够改造社会的人，摧毁当下社会不良事物的人；教育是为当下社会培养劳动力的教育，培养现实的人，熟练掌握已有基础知识和基本技术的人；教育既要进行国际理解教育，又要看到国际社会的残酷性和现实性、保护国家主权的艰难性，进行国家意识教育；教育既要培养"公共属性"的"公民"，又要培养具有个性的人，过于极端的培养都不符合当代实际。这

---

① 李炳亭.高效课堂九大"教学范式"[M].济南:山东文艺出版社,2011:16.

些不同的教育观有些可能过激,有些可能过于务实,有些可能过于理想而不合当下,但都应有其合理性一面。

物质决定意识,经济基础决定上层建筑。经济基础是指由社会一定发展阶段的生产力决定的生产关系的总和,实质上是社会一定发展阶段的制度化的物质社会关系。上层建筑是建立在一定经济基础上的意识形态以及相应的制度、组织和设施,由意识形态和政治法律制度及设施、政治组织等两部分构成。意识形态又称为观念上层建筑,包括政治法律思想、道德、艺术等观点。教育属于上层建筑,它决定于当下的经济基础。中国的经济基础是什么样的?它决定的教育该什么样呢?过于超越经济基础的教育理念必然是不科学的,有违发展规律的。通俗点讲,就是社会主义初级阶段的教育按照共产主义阶段的教育理念来办,势难成功。而社会主义国家的教育若按照资本主义国家的那套理论和模式来进行,似乎也说不过去。

所以,让教育回归教育,也是不容易的,因为后者的含义大概只适合在理想的共产主义社会中,那才是本真的教育,而理想回归现实的残酷则成了一线教师难以逾越的鸿沟。我们要拿当下的标准来衡量当下的教育是否合格,就像让社会变好,让社会向什么方向发展一样。我们向往的社会是共产主义社会,但那是需要一个过程的。什么是本真的教育?现阶段我们的教育该显现出几分之几的本真教育?我们离真正的本真教育还有多少年?是值得我们理性思考和正确对待的。

教育与培训的区别就在教育的本质这里,后者是针对当下的,当下需要什么,就培训什么。所以,有时候针砭教育培训机构没按教育规律来培养学生,是没有认识清楚培训与教育的区别。教育要固守教育的发展学生的本质。

(二)实施政策解放,对教师应该人性化而非专业化管理

备课与写教案常被教学管理者看作是一回事。其实,写教案是备课的后期结果,备课的内容很多是写教案之前做的,如拿到一个教学内容,首先要细读教学内容,理解其中的核心内容,梳理出重要知识点、技能点、方法和思想,进而思考这个内容的教学目标,考虑每个内容如何分析和讲解,教学如何设计,这一切都完成了,才着手写教案。许多教学管理者认为写教案就是备课,教案写得越详细越工整,就说明这个教师备课非常充分,说明这个教师十分敬业。而研读教学内容、查阅背景资料、分析研究性文章等这些必须花费大量时间和精力的基本工作,领导基本是不关心的。领导要求教师每学期教案写多少篇,这就让教师没有时间构思教案设计。所以,教师们只好通过各种方式找现成的教案来应付。

教师做到心中有数与付诸教案显现的不同,在于领导不清楚你是否真的心中有数,这既是一个信任问题,也是一个师德问题。教师经常说干的是"良心活儿",

在教学上不会应付差事,对不起学生,从这一点我们相信大多数老师。但也不乏个别老师为了显示家教的必要性,该在课堂上讲的东西却放在家教班上去讲,正是这些老师扰乱了管理者的视线。从而,在过程管理和结果管理并重的教育管理理念下,加强了过程管理,教案编写就是其中过程管理的一个重要方面。教育的质与量,教师教学的质与量,不同于产品的质与量,一个学期下来,去检验教师的教学质量,这个质与量通常被反映在教师"生产"出的产品——学生的"质与量"上,而这个"质与量"不像工业产品那样可以用一个简单的固定标准去检测。教育质量的许多检测是不科学、不全面的,我们都知道人生发展中的"重要他人"的作用,一个教师的一句话可能影响了这个班级里的一个孩子或几个孩子,成了他们的"重要他人",这个作用就难以在任何制定的标准中得到检测。标准可以引导教师往符合标准的方向走,让"产品"符合标准。但这需要提高"技术工人"的技术和熟练程度,甚至革新技术设备,且前提是原材料一样。而教师的工作"产品"是不能用一个标准来判断和衡量的,正是这一点,我们反对说学生是教育的产品或将学校看成是生产车间。如果不是产品,教学质量的主体是谁?谁的质量?其实是学生的改变,通过教育学生,个体和总体发生的改变是教育的成效,改变多少、怎么改变的、朝哪个方向改变的,依此定质量。这是一个复杂的工程。而对一个学科教师而言,可观察、可测量的方面就更少了,也就更难以全面了。标准用于检测宏观教育质量,而落实到教师的管理上,我们认为应该更多地考虑人性化管理。

(三)课程改革的重要工作是转变教师的教学观念

一个人的观念会左右他的言行举止。教学观念也直接影响教师的教学行动。[①] 新课程实施以来,传统的教师信念与新课程提倡的教学理念存在的落差一直困扰着教师的教学实践。研究表明,新课程背景下的教师信念同时包含新旧两套信念系统,具有双重性,教师处在一个"两难""激荡"境地。教师信念常以信念包的形式对教师的决定施加影响,进而改变教学行为。教师信念具有稳定性,但处于新课改转型期的教师信念正在逐渐发生改变。反思教学成效将有利于教师信念的重构。

五、充分考虑教师信念对教学行为的作用

一般来说,教师信念是指教师在教学情境与教学活动中,对教学工作、教师角

<hr>

① 李国强,邵光华.新课改背景下教师信念对教学行为影响的研究[J].课程·教材·教法,2009(10):80-83.

色、课程、学生、学习等相关因素所持有且信以为真的观点和看法。① 罗克奇（Rokeach）认为教师信念是一个系统，处于整个教师信念系统中的某一层次，以"中心—边缘"的方式进行组织，越中心的信念越难改变。② 处于中心的教师信念发生改变会影响整个教师信念系统，处于边缘的教师信念经过日积月累的变化也能改变中心信念，进而改变整个教师信念系统；有些教师能意识到自己的信念，且能用语言有效表达，而有些则相反。奈斯普（Nespor）认为，个人所持有的各项信念在其信念系统中，并不需要有内部的一致性逻辑，各项信念之间可能出现矛盾或对立的情况；人们持有的信念聚成许多丛集（clusters），构成信念系统；系统内的信念丛集呈现互相隔离的状态，经常缺乏良好联系。因此，很多位于不同丛集的不兼容信念会维持原先的不一致状态。③

　　教师信念对教师教学行为有着重要影响。彼得森（Peterson）指出，教师信念是教师在课堂上产生思想和言行的内在基础，包括学科内容的呈现、呈现方式以及学生掌握学习内容的情况等；④帕杰斯（Pajares）等认为，教师信念不仅影响教师知觉以及处理信息与问题的方式，而且对教学目标和教学任务的确定也具有重要的作用；⑤莎沃森（Shavelson）认为，教师信念影响教师在教学过程中的思考和表现，教师在课堂上即使是一瞬间的行为，都会显现出隐藏的心智生活———一种对教学的理念与执着。⑥ 阿吉雷（Aguirre）等进一步研究指出，教师信念影响教学行为时，相互关联的一些信念经常作为一个整体，共同对某一活动发挥作用，他把这个整体称为信念包。⑦

　　人们已确认教师信念对教学行为有重要影响，如何在课改转型期加强教师信念的转变和更新，使教师信念能够吻合于课改新理念，是值得进一步研究的问题。

　　① 吕国光.教师信念及其影响因素研究——基于课堂活动精细分析的视角[D].兰州：西北师范大学，2004：1.
　　② 谢翌.教师信念：学校教育中的"幽灵"[D].长春：东北师范大学，2006：43.
　　③ NESPOR J K. The role of beliefs in the practice of teaching：final report of the teacher beliefs study[J]. Journal of curriculum studies，1987，19(4)：317－328.
　　④ PETERSON P L，FENNEMA E，CARPENTER T P，et al. Teachers' pedagogical content beliefs in mathematics[J]. Cognition and instruction，1989，6(1)：1－40.
　　⑤ PAJARES M F. Teachers' beliefs and educational research：cleaning up a messy construct[J]. Review of educational research，1992，62(3)：307－332.
　　⑥ 林淑芬，张慧博，陈锦章.个案教师的教学信念对演示教学影响之研究[C].台湾第十九届科学教育学术研讨会，2003：524－523.
　　⑦ AGUIRRE J，SPEER N M. Examining the relationship between beliefs and goals in teacher practice[J]. Journal of mathematics behavior，1999，18(3)：327－356.

结　语

一、课程改革始终在路上

很多人可能会认为，"这场新中国成立以来规模最大的基础教育课程改革，一定会极大地改变中国的教育现实，因为它使课程、教材这些教育的'硬载体'从头至尾焕然一新，在理念、体制上都有巨大的'革新'，在深度和广度上都无可比拟"。然而十几年下来，事实并非如此。再次证明，教育改革不可能一蹴而就，改革始终是进行时，"改革才是硬道理"。

二、课程改革只可能是引领，不可能是强制

"新课改"不是当下教育的"救世主"，它只能在它的能力范围内解决问题。课改的主体是教师，教师的积极性不能真正调动起来，课改就难以真正实施。教师是知识分子，有思想、有担当，任何改革都不可能强迫他们执行。改革只能是一种引领性质的。引领教师摆正教育在国家、社会、家庭和学生发展之间的关系。

三、不能幻想"课改神话"

十几年课改，在一定意义上，让教师重视了教育中的"人"，至少让教师思想观念里有了新的内容，知道理想的教育是怎样的，行动中的改变更多地受大环境所制约。教育改革不完全是教育领域的事情，不是教育说了算的，它与社会其他方面有着千丝万缕的联系，受制于社会方方面面。

新课改过分借助行政力量的强势推动。一项政策采用中央集权,从上层管理部门贯彻下来,的确能提高效率。新课改很好地利用了这种中央集权的优势,借助政府力量强势推行。这样有改革深度的新课改,如果不借助于这样的行政力量去强势推动,很可能会胎死腹中。但是,在民主推进的社会环境里,过分强势推进,全是一边叫好声,一边"封锁"反对者声音,会伤害广大教师的情感。不顾改革主体情感体验的改革注定不能取得好效果。

四、任何课程改革都应以评价为杠杆

"为了每一位学生的发展"是新课程的核心理念,可以跟美国"不让一个孩子掉队"法案相媲美。但是,美国法案规定了学校责任制,根据学生的测试情况,学校将被问责,或者获得奖励,或者得到制裁。中国课程改革没有这个规定,并没有把学生发展(成绩是其中的主要成分)评价作为奖罚学校的依据。成绩不公布,学生不排名,不能以成绩来考核教师,评奖评优。在这种没有对学校和教师的学生成绩发展为指标的评价中,教师的教学多凭良心。许多校长感言:现在成绩什么样,已不是主要的了,最主要的工作是学生的安全问题。如此一来,学校成为什么了?

教师拥有"怎样教"的权利,而权利与义务又是相互的,教师也有义务"教好"。而"好"的标准,不同教师又可能不同,这就需要把评价标准制定好。尤其是目标教学需要现代性调整,因为传统目标教学使得教师往往只是围绕教学目标和教学任务展开,教师的思考往往指向教学目标的达成和教学效果的优劣,眼里只有任务没有学生,而任务或目标的达成标准正是分数可以衡量判断的。教师的教学活动也被看成是一种游离于教师之外的对象性活动。而调整的方向就是切实把目标制定合理,把科学和全面发展的目标作为评价的杠杆。

加强对学校为主体的评价。将学校评价的指标体系告知社区,根据学校评价的结果,减少学校的投入或增加学校的投入,增加或降低学校升学保送名额。以学校为单位,以评价为杠杆,以学校和社区的共同作用来促进学校教育发展。

五、课程改革必须有助于实现教育的超前性

教育是为未来培养人才的,所以教育要超前,课程改革必须有助于实现这个超前性。但未来会成为什么样谁也说不清,这就是一个矛盾。那怎么超前?教育都是用旧的知识体系培养下一代,也只能是这样。所以,关键就是看在创造出来的已有知识体系中,选择哪些未来可能有用的知识进入课程体系来实施教育。这就涉及课程内容选择的问题了,谁来决定?依据什么决定课程?选什么内容?理

论上讲是未来社会学家,因为只有他们可能知道未来需要什么知识基础。

超前的教育除了知识维度外,还有意识、观念、思维、方法和能力维度的超前教育,如果说超前的知识教育的知识选择不当或错了的话,那么可以用超前的意识、观念、思维、方法和能力教育来补偿,而后者可能更为重要。这些就主要靠教育方式和学习方法的改变和创新了,包括创新意识、批判性思维以及问题解决能力。

六、课程改革必须从社会大视野去思考,否则就是头痛医头、脚痛医脚

基础教育改革非仅课程改革所能完成的。它是一个综合改革,涉及社会系统各个层面及社会观念,最直接的涉及管理和评价的改革、高考制度的改革、人们教育观念的转变引导等,尤其是高考改革这个牵动社会民心的大工程。始于 2014 年的新高考综合改革试点无形中已影响着高中课程改革方案的实施,"选考"和"一科两考"机制赋予了学生更多的选择权,迫使高中课程与教学实践模式的变革。"选考"和随之而来的"走班制"改变着学生的课程选择取向,影响着教师的结构性缺编或富余,进而影响未来人才的知识结构和人才质量,这会倒逼课程改革选择新的方向。[1] 在 2017 年修订的高中课程标准中,学科核心素养成了课程目标的关键词,课程内容做了结构性调整。课程改革必须考虑到这种复杂性和多边性,这需要一种协同机制。

七、课程改革必须关注教师的专业发展及情感体验

教师是课程改革的实施者和真正执行者,其"所作所为"直接决定着课程改革实施的成效。课程改革必须关注教师的专业发展,必须考虑教师的课改体验,给予情感关怀。专业发展路径很多,培训是主打。其实,基于自我导向学习的方式是非常有效的教师专业发展方式。自我导向学习模式比较适合教师自主学习,在教师专业发展中,可鼓励和引导教师根据自己所需开展有效的自我导向学习。[2]

课程改革科学与否或合理与否,不是简单地通过理论论证或借鉴别国成功的经验能确定的。它是要经过时间和实践的检验的,而且不是短时间内能够检验出来的。这也是课程改革、教育改革不同于其他改革之处。

课程改革,任重而道远!

---

① 邵光华,吴维维.新高考改革何去何从——关于新高考"选考"和"一科两考"问题的再思考[J].教育发展研究,2018(8):13-20.

② 邵光华,施春阳.自我导向学习:在职教育硕士专业学位研究生的有效学习方式[J].教师教育研究,2015(2):21-25.

参考文献

[1]AGUIRRE J,SPEER N M. Examining the relationship between beliefs and goals in teacher practice[J]. Journal of mathematics behavior,1999,18 (3):327-356.

[2]ASHFORTH B E, HUMPHREY R H. Emotion in the workplace:a reappraisal[J]. Human relations,1995,48(2):97-125.

[3]GITLIN A,MARGONIS F. The political aspect of reform:teacher resistance as good sense [J]. American journal of education,1995,103(4):377-405.

[4]GUSKEY T R. Professional development and teacher change [J]. Teachers and teaching: theory and practice,2002,8(3):381-393.

[5]HALL G E, HORD S M. Implementing change:patterns, principles, and potholes[M]. Boston:Pearson Education,2014.

[6]HARGREAVES A. Curriculum reform and the teacher[J]. Curriculum journal,1991,2(3): 249-258.

[7]HARGREAVES A. The emotional practice of teaching[J]. Teaching and teacher education, 1998,14(8):835-854.

[8]JANAS M. The dragon is asleep and its name is resistance[J]. Journal of staff development, 1988(3):13-16.

[9]KOTTKAMP R B. Means for facilitating reflection[J]. Education and urban society,1990, 22(2):182-203.

[10]LOW S W,LAWRENCE Z D. The anthropology of space and place:locating culture[M]. London:Blackwell Publishing,2003.

[11]LUPTON D. The emotional self:a sociocultural exploration[M]. London:Sage,1998.

[12]NESPOR J K. The role of beliefs in the practice of teaching:final report of the teacher

beliefs study[J]. Journal of curriculum studies,1987,19(4):317-328.

[13]NOFFKE S E. Professional,personal,and political dimensions of action research[J]. Review of research in education,1997,22(1):305-343.

[14]OATLEY K,KELTNER D,JENKINS J M. Understanding emotions[M]. Oxford:England Blackwell Publishers,1996.

[15]OSBORN M. Book reviews:the highs and lows of teaching:60 years of research revisited [J]. Cambridge journal of education,1996(26):455-461.

[16]PAJARES M F. Teachers'beliefs and educational research:cleaning up a messy construct [J]. Review of educational research,1992,62(3):307-332.

[17]PETERSON P L,FENNEMA E,CARPENTER T P,et al. Teachers' pedagogical content beliefs in Mathematics[J]. Cognition and instruction,1989,6(1):1-40.

[18]SáENZ C L. The child,the school,and philosophy:a phenomenological reflection[J]. Thinking,2000,15(2):34-39.

[19]SCHMITZ H. Der leib,der raum und die gefühle[M]. Bielefeld und Basel:Edition Sirius,2009.

[20]SCHOENFELD A H. Models of the teaching process[J]. The journal of mathematical behavior,2000,18(3):243-261.

[21]SIKES P J. Imposed change and the experienced teacher[M]//FULLAN M,HARGREAVES A. Teacher development and educational change. London UK:Falmer Press,1992:36-55.

[22]TYACK D,CUBAN L. Tinkering toward utopia:a century of public school reform[M]. Cambridge,MA:Harvard University Press,1995.

[23]VAN MANEN M. Phenomenological pedagogy and the question of meaning[M]// VANDENBERG D. Phenomenology and educational discourse. Durban:Heinemann Higher and Further Education,1996:39-64.

[24]VEEN K V,LASKY S. Emotions as a lens to explore teacher identity and change:different theoretical approaches[J]. Teaching and teacher education,2005,21(8):895-898.

[25]П. М. 雅科布松. 情感心理学[M]. 王玉琴,译. 哈尔滨:黑龙江人民出版社,1997.

[26]爱德华・W.苏贾. 后现代地理学——重申批判社会理论中的空间[M]. 王文斌,译. 北京:商务印书馆,2004.

[27]8名女生河边群殴女同学摆剪刀手拍视频[EB/OL]. (2015-05-16)[2017-04-21]. http://news.sohu.com/20150516/n413163320.shtml? pvid＝tc_news&a＝&b＝8％E5％90％8D％E5％A5％B3％E7％94％9F％E6％B2％B3％E8％BE％B9％E7％BE％A4％E6％AE％B4％E5％A5％B3％E5％90％8C％E5％AD％A6％20％E6％91％86％E5％89％AA％E5％88％80％E6％89％8B％E6％8B％8D％E8％A7％86％E9％A2％91(％E5％9B％BE).

[28]柏拉图.柏拉图全集:卷一[M].王晓朝,译.北京:人民出版社,2003.

[29]保罗·弗莱雷.被压迫者教育学[M].顾建新,赵友华,何曙荣,译.上海:华东师范大学出版社,2001.

[30]保罗·伍德拉夫.尊崇——一种被遗忘的美德[M].林斌,马红旗,译.北京:商务印书馆,2007.

[31]彼得罗夫斯基.普通心理学[M].朱智贤,伍棠棣,卢盛忠,等译.北京:人民教育出版社,1981.

[32]北京105中学女生被打,多名女生轮流掌掴脱掉被打者衣服[EB/OL].(2015-04-18)[2017-04-21].http://www.newyeezw.com/a/jiaoyupindao/xiaoyuanshenghuo/ nansheng_nvsheng/20150418/20852.html.

[33]毕发贤.论我国基础教育课程改革的几个问题及其解决策略[D].武汉:华中师范大学,2011:23.

[34]曹秋涛,浦月香."生活化"与"数学味"[J].云南教育,2005(32):27-28.

[35]操太圣,卢乃桂.伙伴协作与教师赋权:教师专业发展新视角[M].北京:教育科学出版社,2007.

[36]操太圣,卢乃桂.抗拒与合作:课程改革情境下的教师改变[J].课程·教材·教法,2003(1):71-75.

[37]陈桂生.中国教育学问题[M].福州:福建教育出版社,2006.

[28]陈丽,张伟远.网络时代远程教育在终身教育中的定位和作用——"第21届ICDE远程教育国际会议"评述[J].开放教育研究,2004(2):8-15.

[39]陈嘉明.现代性与后现代性[M].北京:人民出版社,2001.

[40]陈淼鑫.中学新型师生关系的构建研究[D].长沙:湖南师范大学,2014.

[41]陈上仁.对建立中小学教师培训协同机制的思考——基于大学、进修学校和中小学校有效合作的视角[J].教育探索,2015(10):108-111.

[42]陈细波.农村初中英语教师新课程实施之准备[D].长沙:湖南师范大学,2006.

[43]陈向明.教师如何作质的研究[M].北京:教育科学出版社,2001.

[44]陈亚丽.数学味是数学课堂的追求[J].内蒙古教育,2013(4):40.

[45]陈莹.初中课堂情感目标达成过程中存在的问题与对策研究[D].锦州:渤海大学,2013.

[46]陈佑青.体验及其生成[J].教育研究与实验,2002(2):11-16.

[47]成友.一位好校长就是一所好学校[N].人民日报,2005-05-19(13).

[48]程媛.试论情感教育中的情感体验[J].教育探索,2007(5):99-100.

[49]辞海编辑委员会.辞海[M].上海:上海科技出版社,1979:1449.

[50]戴维·W.约翰逊,罗杰·T.约翰逊.领导合作型学校[M].唐宗清,等译.上海:上海教育出版社,2003.

[51]丹尼·卡瓦拉罗.文化理论关键词[M].张卫东,张生,赵顺宏,译.南京:江苏人民出版

社,2006.

[52]党亭军.继续教育背景下乡村教师培训中的问题及对策研究[J].继续教育研究,2010(3):
75-77.

[53]德州市教育局.禹城市菜单式培训打造教师成长"航母"平台[EB/OL].(2015-08-05)
[2017-04-28].http://www.sdedu.gov.cn/sdjy/_jycz/_sxhc/695964/index.html.

[54]段旭.中学教师对新课程改革阻抗及其消解[D].长春:东北师范大学,2005.

[55]邓正来.研究与反思——中国社会科学自主性的思考[M].沈阳:辽宁大学出版社,1998.

[56]笛卡尔.第一哲学沉思录[M].庞录仁,译.北京:商务印书馆,1996.

[57]丁正后.做智慧的教师要善于思考[N].中国教育报,2005-9-14(6).

[58]冯延平,常一民.中小学教师培训有效性的实践研究[J].中国教育学刊,2010(1):76-78.

[59]弗洛姆.日常生活中的两种生产方式:占有与存在[M].林方,译.北京:华夏出版社,1987.

[60]弗洛伊德.精神分析引论[M].高觉敷,译.北京:商务印书馆,1984.

[61]伏雪涛.基于网络培训的中小学教师培训现状与思考[J].教学与管理,2011(24):8-49.

[62]高二女生跳楼自杀引关注 生命教育不能缺位[EB/OL].(2015-11-17)[2017-04-21].
http://dg.southcn.com/content/2015-11/17/content_137060860.htm.

[63]高琼琼.课程改革进程中的教师阻抗探究——以宁波市C镇Z小学教师为例[D].上海:
华东师范大学,2010:35-37.

[64]高文.现代教学的模式化研究[M].济南:山东教育出版社,2000.

[65]高伟.教育现象学:理解与反思[J].教育研究,2011(5):11-18.

[66]高伟.教育现象学:问题与启示[J].清华大学教育研究.2004(1):18-26.

[67]高伟.价值情感现象学:一种道德教育现代性的思考方案[J].现代教育论丛,2004(5):
22-27.

[68]高伟.论自由时间哲学的谱系[J].自然辩证法研究,2003(1):10-14.

[69]高伟.生存论教育哲学[M].北京:教育科学出版社,2006.

[70]葛春.变革背景下农村教师的"体制内生存"与"日常反抗":以皖中L县基础教育课程改革
为例[M].镇江:江苏大学出版社,2016.

[71]葛春,费秀芬.新课程实施中农村教师的"日常反抗"[J].教育发展研究,2009(4):43-46.

[72]耿传明.清末民初"乌托邦"文学综论[J].中国社会科学,2008(4):176-190.

[73]龚振黔.谈毕达哥拉斯哲学的内在矛盾性[J].贵州教育学院学报,1994(4):1-6.

[74]顾明远.教育要回归"人的发展"原点[N].中国教育报,2011-07-11(1).

[75]郭景萍.舍勒:道德建构中的情感研究[J].学术交流,2003(9):21-26.

[76]郭莹.论教育现象学的演变及其趋势[J].基础教育,2013(1):19-25.

[77]郭寻梅.浓厚的科研氛围在"十三五"开局之年已然形成[EB/OL].(2015-11-12)[2017-04-
16].http://www.lnjzsy.com/lnjzsy2013/webViewNews.do? newsId=12022.

[78]海德格尔.人,诗意地安居:海德格尔语要[M].郜元宝,译.桂林:广西师范大学出版

社,2000.

[79]韩登亮.教师阻抗学校变革的理性思考[J].当代教育科学,2011(1):3-6.

[80]韩磊.小学教育叙事:我们的眼里要含"钙"[EB/OL].(2008-08-18)[2017-05-07].http://www.jiaoba.net/Article/JiaoBa_Html/Xushi/845_17482.html.

[81]韩丽,马玉顺.新课改最大的误区——课堂教学的形式化[EB/OL].(2005-04-24)[2017-05-17].http://www.qtedu.net/sspd/jxlw/200504/8505.html.

[82]杭海.论新课改中教师的阻抗心理及消除[J].新课程研究,2006(7):57-59.

[83]郝德永.文化性的缺失——论课程的文化锁定现象[J].南京师大学报(社会科学版),2002(2):77-83.

[84]郝文武.教育学人讲演录:第5卷[M].北京:北京师范大学出版社,2015.

[85]何光辉,黎杰.国外中小学校教育科研改革举措[J].广东教育,1998(6):12-15.

[86]何声钟.小学教师远程培训的优势与问题[J].基础教育参考,2007(11):53-56.

[87]湖北当地某初中生因被老师批评后跳楼身亡[EB/OL].(2014-11-09)[2017-04-21].http://news.china.com.cn/shehui/2014-11/09/content_34005590.htm.

[88]湖南小学教师在学校被害 三名嫌疑人均未成年[EB/OL].(2015-10-20)[2017-04-21].http://edu.qq.com/a/20151020/029214.htm?tu_biz=v1.

[89]湖南高三学生办公室内当母亲面杀害班主任[EB/OL].(2015-12-04)[2017-04-21].http://news.163.com/api/15/1204/13/BA0BPRSR00014SEH.html.

[90]湖南邵东杀师案18岁学生:我从来没把他的命放在心上[EB/OL].(2015-12-10)[2017-04-21].http://gb.cri.cn/42071/2015/12/10/8334s5193724.htm.

[91]胡春光.学校生活中的规训与抗拒[D].武汉:华中师范大学,2007.

[92]胡塞尔.纯粹现象学通论[M].李幼燕,译.北京:商务印书馆,1995.

[93]胡萨.反思:作为一种意识——关于教师反思的现象学理解[J].教育研究,2010(1):91-92.

[94]胡萨,宁虹.教师反思何以可能——教师反思的现象学研究及其现实意义[J].首都师范大学学报(社会科学版),2010(1):67-71.

[95]胡秀丽,苗培周,祁丽莎.当前中小学教师校本培训现状分析与对策思考——基于河北省部分县区的调查[J].教育理论与实践,2012(8):20-22.

[96]胡振坤.做幸福的老师[N].现代教育报,2016-11-09(3).

[97]黄达卿.教师的角色意识[J].四川理工学院学报(社会科学版),1990(1):32-38.

[98]黄健.铸炼品格:教育的本义[J].教学与管理,2006(26):3-5.

[99]黄向真.新课改背景下教师的心理不适及其解决[J].教育评论,2002(6):43-45.

[100]JOHN ELLIOTT.课程实验:迎接社会变革之挑战[M].赵中建,等译.上海:华东师范大学出版社,2009.

[101]纪雪聪:教师教学生活中的情感体验研究[D].宁波:宁波大学,2015.

[102]纪雪聪,邵光华.我国基础教育研究热点透视与展望[J].教育理论与实践,2014(1):

55-59.

[103]伽达默尔.赞美理论——伽达默尔选集[M].夏镇平,译.上海:上海三联书店,1988.

[104]姜传松.高考制度的合法性、现实困境与出路[J].教育发展研究,2008(7):21-24.

[105]蒋士会.试析教师对课程改革的阻抗[J].学科教育,2003(8):11-16.

[106]江亚丽.留住课堂的语文味——谈语文教学生活化的理性回归[J].四川教育,2008
   (2/3):26.

[107]教师节学生未送礼 班主任大骂全班学生"狗废物"[EB/OL].(2014-09-14)[2017-04-21].
   http://news.sina.com.cn/o/2014-09-14/083830849742.shtml.

[108]教育部基础教育司,教育部师范教育司.新课程的领导、组织与推进[M].北京:高等教育
   出版社,2004.

[109]景国成.教育改革只能前进[N].中国教师报,2011-01-26(6).

[110]金马.情感智慧论[M].北京:北京师范大学出版社,1993.

[111]金美福.生活体验研究:含义、原理与主要环节[J].外国教育研究,2004(6):23-26.

[112]金生鈜.规训与教化[M].北京:教育科学出版社,2004.

[113]金生鈜.理解与教育——走向哲学解释学的教育哲学导论[M].北京:教育科学出版
   社,1997.

[114]靳晓燕.十年课改:改得怎样?[N].光明日报,2011-10-31(6).

[115]靳涌韬.教育学视域下我国现代学校变革有效性研究[D].大连:辽宁师范大学,2012:99.

[116]老师让学生扇同学耳光 谁扇得响奖励一个作业本[EB/OL].(2014-01-06)[2017-04-21].
   http://news.sohu.com/20140106/n392986678.shtml.

[117]李彬.情感体验与学生发展[J].黑龙江高教研究,2004(1):89-91.

[118]李炳亭.新教师标准[N].中国教师报,2012-02-15(6).

[119]李炳亭.高效课堂九大"教学范式"[M].济南:山东文艺出版社,2011.

[120]李长娟.偏远乡村地区教师培训的实践探微与路径突破[J].教学与管理,2015(12):33-35.

[121]李春玲.理想的现实构建——政府主导型学校变革研究[D].上海:华东师范大学,
   2007:58.

[122]李定仁,赵昌木.教师及其成长研究:回顾与前瞻[J].教育理论与实践,2003(6):34-38.

[123]李国强,邵光华.新课改背景下教师信念对教学行为影响的研究——基于课堂活动精细
   分析的视角[J].课程·教材·教法,2009(10):80-83.

[124]李国强,魏春梅."课堂观察"的实践探索[J].教师教育研究,2012(2):48-51.

[125]李红博.师爱的情感现象学解读[D].北京:首都师范大学,2009:10.

[126]李洪修.基础教育改革研究[M].长春:吉林大学出版社,2013.

[127]李瑾瑜.课程改革与教师角色转换[M].北京:中国人事出版社,2003.

[128]李树英.教育现象学视野下的教师课程决定研究[J].河南大学学报,2011(1):147-151.

[129]李树英.教育现象学:一门新型的教育学——访教育现象学国际大师马克斯·范梅南

教授[J].开放教育研究,2005(3):4-7.

[130]李树英,王萍.教育现象学的两个基本问题[J].华东师范大学学报(教育科学版),2009(3):40-45.

[131]李湘玉.论教师的角色意识及其调适[J].天中学刊,1996(8):72-74.

[132]李昕桐.施密茨的身体现象学及其启示[D].哈尔滨:黑龙江大学,2013:82.

[133]李小伟.新课改,你说我们该听谁的[N].中国教育报,2005-08-16(2).

[134]李允.课程改革中教师的心理压力及缓解策略[J].中国教育学刊,2004(9):33-36.

[135]李政涛.为学校变革寻找"机制之魂"[J].中小学管理,2009(4):卷首语.

[136]李政涛.现象学对于教育研究的意义[J].宁波大学学报(教育科学版),2003(4):9-13.

[137]李政涛,李云星.百年中国基础教育改革的方法论探析[M].北京:教育科学出版社,2011.

[138]李中亮.教师培训机构国家标准建设研究[J].中国教育学刊,2014(6):93-96.

[139]连文华,温圣岩.直借东风发春蕾 欲栽发木柱长天[J].中小学教师培训,2012(7):35-38.

[140]梁玉华,庞丽娟.论教师角色意识:内涵、结构与价值的思考[J].教育科学,2005(4):39-42.

[141]廖思伦.教育改革中的教师阻抗行为分析[J].基础教育研究,2013(12):3-5.

[142]林崇德.教育与发展——创新人才的心理学整合研究[M].北京:北京师范大学出版社,2002.

[143]林崇德.教育科研:教师调高自身素质的重要途径[J].中国教育学刊,1999(1):52-55.

[144]林卫东.关注数学本质,留住"数学味"[G].江苏省教育学会论文集,2013:209-215.

[145]林正范,等.教师学习新视野——生态取向的理论与实践[M].北京:教育科学出版社,2013.

[146]刘德华.教师不做"园丁"[J].思想理论教育,2003(3):77-79.

[147]刘芳,贾晓波.心理健康教育与教师心理素质[M].北京:中国和平出版社,2001.

[148]刘海峰.高考改革何去何从[J].教育研究,2005(3):29-34.

[149]刘家访.课程改革十年:本土实践视角的检视[J].福建师范大学学报(哲学社会科学版),2012(4):162-166.

[150]刘洁.现象学教育学之源——兰格威尔德的现象学教育学思想探析[J].教育研究,2012(9):152-157.

[151]刘洁.现象学教育学著作中的故事[J].教育研究,2005(2):62-67.

[152]刘景萍.舍勒:道德建构中的情感研究[J].学术交流,2003(9):21-26.

[153]刘莉萍.新课改背景下中小学教师培训的调查研究——以成都市成华区中小学教师培训为例[D].成都:四川师范大学,2015.

[154]刘良华.教育现象学的观念[J].教育研究,2011(5):19-24.

[155]刘佩佩.教学机智的教育现象学解说[J].河南教育学院学报(哲学社会科学版),2011

(1):106-109.

[156]刘庆昌.教育改革的正当性之思[J].教育发展研究,2014(21):1-12.

[157]刘邵岚,乔元正.主体间性视角下新型师生关系的建构[J].教学与管理,2012(11):30-31.

[158]刘小枫.我们这一代人的怕与爱[M].北京:生活·读书·新知三联书店,1996.

[159]刘徐湘,胡弼成.教育学中"具体的人"——现象学的视域[J].高等教育研究,2005(3):17-22.

[160]刘义国.教师在课程改革中的抗拒[J].教育学报,2008(1):32-36.

[161]刘毓.中小学教师对教育科研的心理阻抗及改变途径[J].现代中小学教育,1999(9):55-57.

[162]柳小梅.走出认识误区 创设数学味的情境[J].中国教育学刊,2009(1):78-80.

[163]龙红梅.培训总结[EB/OL].http://hebeixkgg.gp2012.teacher.com.cn/IndexPage/index.aspx.

[164]陆竞文."新课改"中教师阻抗的文化检视[J].现代中小学教育,2005(11):35-37.

[165]卢乃桂,操太圣.中国教师的专业发展与变迁[M].北京:教育科学出版社,2009.

[166]卢梭.社会契约论[M].何兆武,译.北京:商务印书馆,2010.

[167]罗伯特·列文.时间地图:不同时代与民族对时间的不同解释[M].范东升,许俊农,译.合肥:安徽文艺出版社,2000.

[168]罗才荣.论中小学教师教育科研的价值取向[J].教学与管理,2007(36):46-47.

[169]罗儒国.教师教学生活研究——基于生存论的审视[D].兰州:西北师范大学,2007.

[170]罗儒国.教学生活的反思与重建——基于生存论的审视[M].济南:山东人民出版社,2009.

[171]罗珊,葛静.走到背后——新课改阻抗之教师因素分析[J].新课程研究,2011(2):48-50.

[172]罗秀.中小学教师混合式培训的理念和实施策略[J].中小学教师培训,2015(9):23-26.

[173]洛伦·S.巴里特,托恩·比克曼,汉斯·布利克,等.教育的现象学研究手册[M].刘洁,译.北京:教育科学出版社,2010.

[174]MAXWELL J A.质性研究设计[M].陈浪,译.北京:中国轻工业出版社,2008.

[175]吕国光.教师信念及其影响因素研究[D].兰州:西北师范大学,2004.

[176]马丁·海德格尔.存在与时间[M].陈嘉映,王庆节,译.北京:生活·读书·新知三联书店,1999.

[177]马丁·布伯.人与人[M].张见,韦海英,译.北京:作家出版社,1992.

[178]马克斯·范梅南.教学机智——教育智慧的意蕴[M].李树英,译.北京:教育科学出版社,2001.

[179]马克斯·范梅南.生活体验研究——人文科学视野中的教育学[M].宋广文,等译.北京:教育科学出版社,2003.

[180]马克斯·舍勒.伦理学中的形式主义与质料的价值伦理学:上册[M].倪梁康,译.北京:生活·读书·新知三联书店,2004.

[181]马克斯·韦伯.学术与政治[M].冯克利,译.北京:生活·读书·新知三联书店,1998.

[182]马斯洛.人的潜能和价值[M].林方,译.北京:华夏出版社,1987.

[183]马云鹏,等.优质学校的理解与建设——21世纪中小学教育改革探索[M].北京:高等教育出版社,2006.

[184]马云鹏,唐丽芳.新课程实施的现状与对策[J].东北师大学报(哲学社会科学版),2002(5):124-129.

[185]马新英,程良宏.试论教师在课程改革中的虚假认同及其改善[J].教师教育研究,2010(5):32-36.

[186]迈克尔·富兰.变革的力量——透视教育改革[M].北京:教育科学出版社,2004.

[187]曼弗雷德·S.弗林斯.舍勒的心灵[M].张志平,张任之,译.上海:上海三联书店,2006.

[188]毛士忠.校长是一个学校的灵魂[J].江西教育,1997(3):13.

[189]梅新林.聚焦中国教师教育[M].北京:中国社会科学出版社,2008.

[190]孟昭兰.情绪心理学[M].北京:北京大学出版社,2005.

[191]孟育群.教师的自我意识与角色冲突[J].现代中小学教育,1991(1):49-52.

[192]米歇尔·福柯.规训与惩罚[M].刘北成,杨远婴,译.北京:生活·读书·新知三联书店,1999.

[193]米歇尔·福柯.性史[M].张廷琛,林莉,范千红,等译.上海:上海科学技术文献出版社,1989.

[194]莫里斯·梅洛·庞蒂.知觉现象学[M].姜志辉,译.北京:商务印书馆,2001.

[195]M.舍勒.爱的秩序[M].林克,等译.北京:生活·读书·新知三联书店,1995.

[196]男生被老师打后缝13针,当事教师一次性赔偿3万元[EB/OL].(2014-04-13)[2017-04-21].http://zj.qq.com/a/20140413/002656.htm? pgv_ref=aio2012&ptlang=2052.

[197]宁虹.教育的发生:结构与形态——发生现象学的教育启示[J].教育研究,2014(1):20-27.

[198]宁虹.教育的实践哲学——现象学教育学理论建构的一个探索[J].教育研究,2007(7):8-15.

[199]宁虹.认识何以可能——现象学教育学研究的思索[J].教育研究,2011(6):11-16.

[200]宁虹.实践——意义取向的教师专业发展[J].教育研究,2005(8):42-47.

[201]宁虹,钟亚妮.现象学教育学探析[J].教育研究,2002(8):32-37.

[202]宁云中.空间与对话:大学英语动态课堂的双重建构[J].武陵学刊,2016(2):137-140.

[203]女中学生遭两名女孩暴打,2分钟内被扇脸13次[EB/OL].(2015-08-16)[2017-04-21].http://edu.qq.com/a/20150816/007130.htm? pgv_ref=aio2015&ptlang=2052.

[204]O.F.博尔诺夫.教育人类学[M].李其龙,等译.上海:华东师范大学出版社,1999.

[205]帕克·帕尔默.教学勇气:漫步教师心灵[M].吴国珍,余巍,等译.上海:华东师范大学出版社,2005.

[206]潘新民,石雷.基础教育课程"渐进"改革的理论构建与实践探索[J].教育发展研究,2012(2):13-17.

[207]钱梦龙.语文教育导读法探究[M].昆明:云南人民出版社,1985.

[208]乔建中,等.知情交融:教学模式新探[M].合肥:安徽人民出版社,2010.

[209]乔建中,冯媛媛.新课改实施中教师适应性问题概览[J].江苏教育研究,2012(18):17-19.

[210]秦行音.教育研究、教育的科学研究与我们的选择——我国教育研究的现状分析与趋势研究[J].教育理论与实践,2004(21):13-16.

[211]Rich.一封给宁波市教育局黄局长的公开信[EB/OL].(2011-11-16)[2017-04-21].http://bbs.cnnb.com/thread-3221037-1-1.html.

[212]冉祥华.试析教师角色及其角色丛[J].黄淮学刊(社会科学版),1995(4):100-101.

[213]任京民."三维目标"几个有争议的问题探讨[J].中小学教育,2009(5):37-39.

[214]任玲.让语文课堂回归"语文味"[N].中国教师报,2015-01-14(6).

[215]阮成武.示范性高中教师队伍建设的特殊矛盾及对策[J].教育发展研究,2008(6):20-24.

[216]单文经.与教育伙伴谈"课程改革"[J].全球教育展望,2002(4):6-11.

[217]单志艳.中小学教师培训政策的价值取向变迁——基于1986年和2011年国家关于中小学教师培训(意见)的文本分析[J].教师教育研究,2013(3):44-48.

[218]尚金鹏.校本教学研究之教师阻抗与应对[J].教书育人,2006(26):18-19.

[219]尚升强.为什么一定要"打报告"[J].基础教育,2007(11):38.

[220]邵光华.发挥教师道德示范作用[J].教育研究,2014(5):73-75.

[221]邵光华.高中教师专业知识发展的状况[J].教育理论与实践,2010(35):34-36.

[222]邵光华.关于教师课改认知的反思性分析与启示[J].教师教育研究,2014(5):29-35.

[223]邵光华.国外教师压力研究综述[J].比较教育研究,2002(5):20-24.

[224]邵光华.高考视阈中的高中新课改[J].教育发展研究,2010(6):74-76.

[225]邵光华.基于高考研究的高中教师专业发展之路[J].教师教育研究,2010(5):58-61.

[226]邵光华.基于教师个体差异的专业发展研究[J].教师教育研究,2011(5):32-36.

[227]邵光华.教师教育科研阻抗的现象学分析[J].教育发展研究,2012(18):48-52

[228]邵光华.教师教育中的案例教学法研究及其启示[J].高等师范教育研究,2001(5):54-59.

[229]邵光华.教育研究方法[M].北京:高等教育出版社,2016.

[230]邵光华.提高教师教学反思能力的对策[J].教育理论与实践,2010(1):34-35.

[231]邵光华.新课改背景下教师阻抗及其现象学方法论分析[J].教师教育研究,2012(5):56-61.

[232]邵光华.教师专业知识发展研究[M].杭州:浙江大学出版社,2011.

[233]邵光华.样例学习的理论与实践[M].杭州:浙江大学出版社,2013.

[234]邵光华,等.社会转型期基础教育的变革与发展研究[M].杭州:浙江大学出版社,2014.

[235]邵光华,等.基础教育优质均衡发展研究[M].杭州:浙江大学出版社,2011.

[236]邵光华,董涛.教师教育校本培训与同事互助观课浅论[J].课程·教材·教法,2004(1):72-76.

[237]邵光华,顾泠沅.关于我国青年教师压力情况的初步研究[J].教育研究,2002(9):21-25.

[238]邵光华,顾泠沅.中学教师教学反思现状的调查分析与研究[J].教师教育研究,2010(2):66-70.

[239]邵光华,郝东.关于青年教师对优秀教师的认知研究[J].教师教育研究,2002(5):22-27.

[240]邵光华,纪雪聪.国外教师情感研究与启示[J].教师教育研究,2015(5):107-112.

[241]邵光华,纪雪聪.教师课改困境遭遇及其消解策略[J].教育发展研究,2014(4):54-59.

[242]邵光华,卢萍.基于学生分析问题能力培养的教师专业发展路径研究[J].教育理论与实践,2015(1):32-34.

[243]邵光华,卢萍.我国基础教育研究热点透视与趋势展望[J].宁波大学学报,2014(6):50-55.

[244]邵光华,涂俊甫,范雨超."新课改"背景下教师教学发展现状研究[J].课程·教材·教法,2011(11):102-107.

[245]邵光华,王建磐.教师专业发展取向的观课活动[J].教育研究,2003(9):26-31.

[246]邵光华,袁舒雯.教师之爱的现象学反思[J].全球教育展望,2014(7):60-66.

[247]邵光华,周碧恩.教师专业知识结构分析研究[J].宁波大学学报(教育科学版),2010(2):69-74.

[248]舍勒.人在宇宙中的地位[M].李伯杰,译.贵阳:贵州人民出版社,1989.

[249]沈萍霞.教师权威的困境与出路探索[D].西安:陕西师范大学,2012.

[250]沈之菲.新课程背景下上海市中小学教师职业角色认同的研究[J].心理科学,2005(3):723-726.

[251]石鸥,侯静敏.在过程中体验——从新课程改革关注情感体验价值谈起[J].中学语文教与学,2003(2):8-11.

[252]史晖.教师成为研究者阻抗因素的社会学分析[J].当代教育科学,2009(24):8-10.

[253]施良方.课程理论——课程的基础、原理与问题[M].北京:教育科学出版社,1996.

[254]施良方,崔允漷.教学理论:课堂教学的原理、策略与研究[M].上海:华东师范大学出版社,1999.

[255]施银燕,王尚志.关于小学数学课堂的数学味[J].江苏教育,2010(4):6-9.

[256]苏鸿.教育研究中"具体的人"——现象学的视域[J].教育发展研究,2007(2):19-22.

[257]宋凤宁,李一媛,张琼.新课程实施中教师阻抗因素的调查及对策研究[J].教育探索,2005(7):21-24.

[258]宋海英,陈睿.关于提高乡村教师培训实效性的思考[J].教育探索,2011(10):127-129.

[259]宋新芳,李芃.现象学教育研究方法与教师专业发展[J].现代教育技术,2008(4):66-68.

[260]宋新芳,刘成新.现象学教育研究方法探析[J].现代教育技术,2006(6):33-35.

[261]宋振韶,金盛华.情感体验:教育价值及其促进途径[J].教育科学研究,2009(1):64-67.

[262]STENVE HERNE,JOHN JESSEL,JENNY GRIFFITHS.学会教学[M].丰继平,徐爱英,译.上海:华东师范大学出版社,2009.

[263]苏霍姆林斯基.给教师的建议[M].杜殿坤,译.北京:教育科学出版社,1984.

[264]苏霍姆林斯基.把整个心灵献给孩子[M].唐其慈,毕淑之,译.天津:天津人民出版社,1981.

[265]苏霍姆林斯基.怎样培养真正的人[M].蔡汀,译.北京:教育科学出版社,1992.

[266]孙金鑫,王晓玲.关于教育研究方式转变的思考[J].教育科学研究,2012(3):15-18.

[267]孙利天.死亡意识[M].长春:吉林教育出版社,2001.

[268]孙龙存.知识经济时代教师面临的角色冲突探微[J].教学与管理,2001(1):3-5.

[269]孙元涛,许建美."教师抵制变革"的多维分析[J].教育发展研究,2009(15):12-15.

[270]谭全海.减少课堂"添加剂"增加数学味[J].广西教育,2014(4):27.

[271]唐松林,聂英栋.用生命哲学照亮教师:教师是什么[J].中国地质大学学报(社会科学版),2013(3):140-145.

[272]唐小俊.空间社会学:透视学校"生活德育"的新视角[J].教育学术月刊,2009(12):35-38.

[273]陶继新,等.名校解码——陶继新对话名校长[M].上海:华东师范大学出版社,2009.

[274]田慧生.新课改背景下的课堂教学重建[J].教育科学研究,2005(7):5-9.

[275]田佩章.学生的学习方式改变了吗[J].人民教育,2006(23):31-34.

[276]童庆炳.现代心理美学[M].北京:中国社会科学出版社,1993.

[277]万明钢,王平.教学改革中的文化冲击与文化适应问题[J].教育研究,2005(10):44-48.

[278]万伟.新课程改革下的困惑与思考[J].走进新课程,2003(2):25-28.

[279]汪霞.课程研究:现代与后现代[M].上海:上海科技教育出版社,2003.

[280]王传金.教师教学观念转变的阻抗因素分析[J].山东教育学院学报,2002(6):1-6.

[281]王道俊,王汉澜.教育学[M].北京:人民教育出版社,1989.

[282]王慧霞.生活体验研究:教师专业发展的新视阈[J].淮海工学院学报(社会科学版),2009(2):127-130.

[283]王洪才.现象学教育学:颠覆、回复与整合[J].比较教育研究,2007(8):22-27.

[284]王桂兰.2016年第一次国旗下讲话[EB/OL].(2016-02-17)[2017-04-21].http://www.szez.cn/Article/ShowArticle.asp?ArticleID=1281.

[285]王家全,马玉蓉,丁才辉,等.海南小学英语教师专业发展的叙事研究[J].湖北函授大学学报,2013(5):127-129.

[286]王丽荣.关注教师的心理成长:职业倦怠的心理调适[M].长春:东北师范大学出版社,2005.

[287]王萍.教育现象学方法及其应用[D].开封:河南大学,2010:9.

[288]王琼.基础教育改革中的教师行为类型研究[D].宁波:宁波大学,2014.

[289]王师宇.论农村新课程改革的教师阻力[J].滁州学院学报,2010(2):97-98.

[290]王铁群.制度化教育视阈下的新课改实施[J].辽宁教育研究,2006(7):47-50.

[291]王伟杰.课堂教学中的教师角色行为分析[J].外国中小学教育,2003(9):35-38.

[292]王晓芳,黄丽锷.中小学教师如何理解"教师科研":话语、身份与权力[J].教育学报,2015
(2):43-53.

[293]王晓玲,胡慧娟.论学校教研方式的转变[J].教育科学研究,2012(2):28-31.

[294]王艳玲.教师形象的内源性考察[J].中国教育学刊,2011(2):58-61.

[295]王雁.小学教师角色错位与角色意识的培养[J].中小学教师培训,2009(12):4-6.

[296]王延龙.我的教育教学故事[EB/OL].(2013-01-04)[2017-04-21].http://shanxicz2012.feixueli.
teacher.com.cn/GuoPeiAdmin/TeachingIntro spection/TeachingIntrospectionView.aspx? TiID=
36873&cfName ＝20130104 shanxicz201236873.

[297]王玉宾,梁晶晶.课改十年收获几何[N].山西日报,2011-03-24(C02).

[298]王宗湖,李克信,程福蒙.关于教师对新课程改革阻抗的思考[J].现代教育管理,2007
(1):57-59.

[299]魏春梅,邵光华.教师课改阻抗的原因与启示[J].教师教育研究,2013(2):78-82.

[300]威廉·F.派纳,威廉·M.雷诺兹,帕特里克·斯莱特里,等.理解课程[M].张华,译.北
京:教育科学出版社,2003.

[301]威廉·维尔斯马,斯蒂芬·G.于尔斯.教育研究方法导论[M].袁振国,译.北京:教育科
学出版社,2010.

[302]威廉姆·派纳.理解课程[M].张华,等译.北京:教育科学出版社,2003.

[303]维克多·维拉德-梅欧.胡塞尔[M].杨富斌,译.北京:中华书局,2002.

[304]吴刚平,陈华.课程改革政策滞后现象探析[J].湖南师范大学教育科学学报,2014
(3):46-50.

[305]吴国盛.时间的观念[M].北京:中国社会科学出版社,2006.

[306]吴筱萌.理解教育变革中的教师[M].重庆:重庆大学出版社,2010.

[307]吴雪敏.中小学教师远程培训的问题与对策研究[D].重庆:西南大学,2013.

[308]吴忠豪.跳出讲读课文的思维定式——也谈语文到底教什么怎么教.语文建设[J],2015
(28):22-26.

[309]笑笑乐去.因为懂得,所以慈悲[EB/OL].(2012-09-07)[2017-05-07].http://bbs.tianya.
cn/post-140-622197-1.shtml.

[310]肖成全.有效教学[M].大连:辽宁师范大学出版社,2006.

[311]肖正德.论教师教学生活中的高峰体验[J].全球教育展望,2008(4):72-76.

[312]谢庭香.如何构建新型师生关系[J].中国教育学刊,2014(S1):62＋65.

[313]谢翌.教师信念:学校教育中的"幽灵"[D].长春:东北师范大学,2006:43.

[314]辛继湘.体验教学研究[D].重庆:西南师范大学,2003.

[315]辛继湘,李金国.从"静听—接受"到"研究—体验"——中小学教师培训模式的变革[J].中小学教师培训,2015(1):17-19.

[316]邢红军.中国基础教育课程改革:方向迷失的危险之旅[J].教育科学研究,2011(4):5-22.

[317]熊和平.教师理应是辛勤的园丁吗——由2004年度感动中国人物之一的徐本禹想到的[J].现代教育论丛,2005(3):9-14.

[318]熊和平,潘岳玲.探究深层教育体制和宏观教育环境的细微切口与重要视角[J].全球教育展望,2012(7):62-67.

[319]熊和平,赵清良.教师:灵魂工程师的困境与出路[J].当代教育论坛,2006(11下):81-82.

[320]熊华军.师生关系:走向身体间性——师生主体间性的本体论建构[J].教育理论与实践,2007(11):33-37.

[321]许瀚月.中学教师批评学生口头语的教育现象学研究[D].重庆:西南大学:15-30.

[322]许可峰.警惕新课程中的"吃西瓜吃皮"现象[J].内蒙古师范大学学报(教育科学版),2012(6):25-27.

[323]徐辉富.教育现象学及其研究步骤[J].开放教育研究,2008(2):32-39.

[324]徐俊康.自我改变应克服"阻抗"的干扰[J].心理世界,2005(19):40-41.

[325]徐文彬,孙玲.课程研究领域中概念重建运动的新近发展与趋势[J].比较教育研究,2007(10):65-69.

[326]徐延福.中小学教师继续教育动力不足的原因及对策[J].成人教育,2004(8):40-41.

[327]徐友新."数学味"缘何会淡[J].辽宁教育,2006(6):49-50.

[328]徐玉珍.论国家课程的校本化实施[J].教育研究,2008(2):53-60.

[329]徐志刚.走向现象学的教师情感研究[J].教育探索,2009(11):99-100.

[330]薛海平,陈向明.我国中小学教师培训质量调查研究[J].教育科学,2012(6):53-57.

[331]薛继红.从制度的功能与变迁谈中小学教师培训制度的功能缺失[J].教育理论与实践,2015(1):39-43.

[332]薛晓阳.价值中立与教育研究的学术立场[J].教育科学,2003(4):16-20.

[333]薛晓阳.知识社会的知识观[J].教育研究,2001(10):25-30.

[334]颜林忠.数学首先要姓"数"[J].湖北教育,2013(1):40-41.

[335]杨红英.新课程改革中教师阻抗的文化检视[D].桂林:广西师范大学,2004.

[336]杨明全.革新的课程实践者——教师参与课程变革研究[M].上海:上海科技教育出版社,2003.

[337]杨启亮.教师职业专业发展的几种水平[J].教育发展研究,2009(24):54-58.

[338]杨启亮.一种假设:以新课程理念导引新课程管理[J].当代教育科学,2003(19):3-5.

[339]杨善华.当代西方社会学理论[M].北京:北京大学出版社,1999.

[340]杨艳颖.关于教师角色意识的几点思考[J].中小学教师培训,1993(4):2-3.

[341]杨跃.教师教育改革阻抗的社会学分析[J].湖南师范大学教育科学学报,2006(3):41-44.

[342]姚景根.怎样对待不完成作业的学生[EB/OL].(2014-10-15)[2017-04-21].http://c.teacher.com.cn/topic/topicDetail/65560? num=1.

[343]姚小立.新课标≠圣经[J].江苏教育,2007(2):53-54.

[344]夜幕下的烟雨楼.我做班主任的故事[EB/OL].(2006-10-21)[2017-04-22].http://bbs.tianya.cn/post-140-563993-1.shtml.

[345]叶澜.论教师职业的内在尊严与欢乐[J].思想理论教育,2000(5):6-11.

[346]叶澜,白益民,陶志琼,等.教师角色与教师发展新探[M].北京:教育科学出版社,2001.

[347]易运文.深圳十年课改失败了吗?[N].光明日报,2012-09-05(6).

[348]叶黎明.主体的追寻——师生关系的历史嬗变与启示[J].基础教育研究,2005(2):3-5.

[349]叶秀山.思·史·诗——现象学和存在哲学研究[M].北京:人民出版社,1988.

[350]义务教育数学课程标准研制组.为了一个共同的目的——数学课程改革进程中几个热点问题讨论实录[J].辽宁教育,2004(4):40-46.

[351]尹弘飚.教师情绪研究:发展脉络与概念框架[J].全球教育展望,2008(4):77-82.

[352]尹弘飚,郑鑫.课程实施中的教师改变:困境与对策[J].教师教育学报,2014(1):62-68.

[353]应畏之.走出师资培训的"误区"[J].教育发展研究,2004(8):41-42.

[354]于波.高中数学课程实施的阻抗因素[J].课程·教材·教法,2013(2):40-43.

[355]余慧娟.课改十年,我们走了多远?[J].人民教育,2011(18):33.

[356]余慧娟.十年课改的深思与隐忧[J].人民教育,2012(2):31-35.

[357]余文森.新课程教学改革的成绩与问题反思[J].课程·教材·教法,2005(5):3-9.

[358]余祥东.论民族权力与民族义务的关系[J].西南民族大学学报(人文社科版),2007(8):9-12.

[359]于动,黄敏.论课程改革进程中的教师阻抗及其消解策略[J].中州大学学报,2010(5):99-101.

[360]于伟,等.新课改教师培训效果调查报告[J].中国教育学刊,2008(10):27-29.

[361]喻学荣.不做园丁[J].江西教育,2000(4):26.

[362]袁仁贵.人的哲学[M].北京:工人出版社,1988.

[363]袁舒雯.中小学教师教学生活体验研究[D].宁波:宁波大学,2014.

[364]袁舒雯,邵光华,魏春梅.教师课堂身份显现的现象学反思[J].教师教育研究,2013(5):64-68.

[365]袁舒雯,邵光华.教师课改阻抗及消解策略研究回溯与反思[J].教育理论与实践,2013(17):33-35.

[366]袁振国.中国教育政策评论[M].北京:教育科学出版社,2002.

[367]约翰·杜威.确定性的寻求——关于知行关系的研究[M].傅统先,译.上海:上海人民出版社,2005.

[368]约翰 P.科特.领导变革[M].徐中,译.北京:机械工业出版社,2014.

[369]查有梁.十年新课程改革的统计诠释[J].教育科学研究,2012(11):5-15.

[370]詹姆斯·C.斯科特.弱者的武器[M].郑广怀,张敏,何江穗,译.南京:译林出版社,2011.

[371]张彪.老师用戒尺打学生算不算"体罚"?[J].江苏教育,2007(13):84-85.

[372]张海燕,吴红梅,徐文彬."新课程"培训究竟对教师产生了哪些影响?[J].上海教育科研,2006(10):48-49.

[373]张华.课程与教学论[M].上海:上海教育出版社,2000.

[374]张俊丽.十年课改,理性回归[N].中国教师报,2011-01-26(6).

[375]张丽,伍正翔.引领式在线教师培训模式理论创新与实践机制——以全国中小学教师网络培训平台为例[J].中国电化教育,2010(1):61-65.

[376]张良才.校长如何成为教育思想的领导者[J].教育科学,2009(6):20-21.

[377]张嫚嫚,魏春梅.乡村教师培训存在的问题分析及对策思考[J].教师教育研究,2016(5):74-79.

[378]张青民.课改十年:初中语文教师专业发展调查报告[J].教育实践与研究,2011(4):21-24.

[379]张尧均.隐喻的身体[M].杭州:中国美术学院出版社,2006.

[380]张素雅,田友谊."教学机智"研究误区的多维辨析——基于现象学教育学的视角[J].现代大学教育,2013(3):51-52.

[381]张璇,高伟.论教师的教育信仰[J].当代教育科学,2010(9):3-8.

[382]张祥龙.朝向事情本身——现象学导论七讲[M].北京:团结出版社,2003.

[383]张雪.教师抗拒课程改革的文化解释[D].金华:浙江师范大学,2009.

[384]张新海.新课程实施中的教师阻抗研究[D].兰州:西北师范大学,2008.

[385]张勇.课改阻抗的教师因素分析与应对策略[J].基础教育参考,2011(7):34-38.

[386]张志平.情感的本质与意义——舍勒的情感现象学概论[M].上海:上海人民出版社,2006.

[387]张志勇.在新阶段新起点上努力深化新一轮高中课程改革[J].当代教育科学,2007(21):3-8.

[388]张宗奎.教科研是高层次的进修[J].中小学教师培训,2001(5):59-60.

[389]赵昌木.教师的教学生活及追求[J].当代教育科学,2006(6):33-35.

[390]赵曙明.人力资源管理研究[M].北京:中国人民大学出版社,2001.

[391]赵鑫,熊川武.教师情感劳动的教育意蕴和优化策略[J].教育研究与实验,2012(5):17-21.

[392]赵祥麟,王承绪.杜威教育论著选[M].上海:华东师范大学出版社,1981.

[393]浙江职高女生遭多人猛踹掌掴 被拍视频上传网络[EB/OL].(2015-09-14)[2017-04-21].http://news.163.com/15/0914/20/B3GGSB8800014SEH.html.

[394]郑震.论梅洛·庞蒂的身体思想[J].南京社会科学,2007(8):46-52.

[395]钟启泉.中国基础教育课程改革:问题与行动[J].全球教育展望,2004(1):11-15.

[396]钟启泉,崔允漷,张华.为了中华民族的复兴 为了每位学生的发展[M].上海:华东师范大学出版社,2001.

[397]周彬.论高考制度教育功能的缺失与提升[J].教育理论与实践,2009(1):17-21.

[398]周昌宝.中小学教师培训热的冷思考[J].教育评论,2012(3):39-41.

[399]朱小蔓.情感德育论[M].北京:人民教育出版社,2005.

[400]朱江涛,邵光华.教师多重角色实现困境分析[J].教学与管理,2010(11):8-10.

[401]祖雪英,赵芝.创新校本教研模式 丰富校本教研内涵[J].教育实践与研究,2009(10):12-15.

[402]左群英.儿童同情的教育现象学研究[D].重庆:西南大学,2010:19.

[403]佐藤学.课程与教师[M].钟启泉,译.北京:教育科学出版社,2003.

附　录

附录 1　教师课改体验的访谈提纲

尊敬的老师,您好!

为了更好地开展下一步课改的深化工作,我们想获得您关于新课改的真实感受和体验,所以,麻烦您根据下面的提纲准备下我们的访谈。谢谢!

1.您是哪年参加工作的,哪年参加新课改的?

2.谈谈这几年您在新课改中的感受、体验好吗?

3.请对课改前后的压力体验做个描述。

4.当下看课改跟当初对课改的看法有变化吗? 怎样的变化?

5.新课改让您最难忘的是什么?

6.课改中您最关心的是什么?

7.描述一下当初参加课改的期望、激情或忧虑。

8.新课改增加了您的负担还是减轻了您的负担? 请具体谈谈。

9.课程改革这些年,您改了什么? 又有什么没有变呢?

10.您对新课标的感受如何?

11.在关注每个学生的发展方面,有什么体验?

12.新课改给您带来了什么?

13. 同事是如何看待您在新课改中的表现的?

14. 大家都说'课改走样'了,您是否有体验? 谈谈您的体验。

15. 有人说,新课改受到一种无形的阻力,您也这样认为吗? 如果是,您认为这个无形的阻力是什么?

16. 您本人对新课改有阻抗吗? 怎样的阻抗? 怎样的表现? 谈谈个人的体验。

17. 经过几年的课改实践,这个阻抗有变化吗? 怎样的变化?

18. 最近一次看课标是什么时候?

19. 谈谈您对新课标的感受。

20. 请谈谈您在备课方面的感受和体验。

21. 请谈谈您在上课方面的感受和体验。

22. 请谈谈您在教学科研方面的感受和体验。

23. 关于在新课改中的感受和体验,您还想补充谈点什么?

24. 您希望课改下一步怎么走?

25. 您期望课改怎样改?

附录 2　让教师围绕一个主题进行口述的提纲

敬爱的老师,您好!

想了解下您参与课改方面的感受,请围绕下面的提纲准备,然后自由地、无所顾虑地进行口述。您的口述,我们只是做研究用,不会外泄。谢谢您的支持!

1. 几年的课程改革,您觉得您自己哪些方面改变了?

2. 新课程改革要求中有无您无法做到的,超越您现实的? 能否具体说一下?

3. 您认为新课程改革不好的方面是什么?

4. 您觉得在课程改革方面,哪些是应该改而没有改的?

5. 新课程改革提倡的教学方式方法您认可吗?

6. 新课程改革提倡的学生观您认可吗?

7. 新课程改革提倡的教学评价观您认为如何?

8. 课改中您有无情感挫伤?

附录 3 教师角色体验访谈问题

1. 您认为您在平时的教育教学中都扮演了哪些角色？就其中某个角色简单谈谈。

2. 每天踏入教室的心情是什么样的？

3. 您进入课堂之后，通常是盼望着下课铃响，还是希望下课铃晚点响？为什么？

4. 您觉得教师和学生能平等吗？您和您的学生是一种平等关系吗？是怎样的一种平等？

5. 请大致描述下自己每天的教学生活。对这样的生活，您有怎么样的感受？

6. 在以往的教育教学中让您感到后悔的事情，能简单描述一件吗？

7. 您觉得您离课程改革理念的要求还差多少？主要是哪些方面？

8. 您觉得课堂上教师该是怎样的？课上的您是什么样的？课下的您又是什么样的？

9. 您认为老师应该是什么样的？您是一个怎样的老师？包括自己眼里、学生眼里、同事领导眼里的样子。

10. 在对待学生方面、上课方面、教研方面、自我成长方面有什么特别之处吗？

11. 能否对课上自己的常态做一个描述？

12. 每天踏入教室，您有什么样的体验？每天的心情是不是会有所不同？（班级是很安静还是很吵闹，分别是什么心情）是什么影响了心情？月考之后、上新课之前，和一般的练习课、复习课，一样吗？什么样的状态，能描述一下吗？如果有特别兴奋或者愤怒，是什么事情？能具体谈谈，那种兴奋、愤怒是一种什么样的体验吗？

13. 每个老师都有自己的招牌动作或口头禅，您有吗？为什么会有这样的动作或口头语？使用这些动作或口头语的时候有什么体验？特别放松，还是兴奋？能描述一下吗？

14. 课堂上有被学生打断的情形吗？能具体说说吗？当时您是怎么想的？是生气还是无所谓？那是一种什么样的感受？

15. 有自己上课的风格吗？什么风格？自己是如何设计的？

16.有没有特别盼望着下课铃声响的时候？什么样的情况？您当时是一种什么样的感受？

17.其他的,如震惊、羞愧、愤怒这些情感,您在课堂上体验过吗？什么样的情形,能具体说说吗？

18.课上课下您的状态有差别吗？这种变化是以铃声为界限还是以班级的门为界限？

19.下课了,您的心情会感觉放松吗？

20.以教室的门为界,您觉得在进入课堂这个空间之后,您有变化吗？为什么会发生这样的变化？是学生在,让您觉得自己是老师？还是什么其他的原因？(比如学生的目光、竖起来的耳朵、积极的举手)那时候的体验是怎么样的？

21.请大致描述下自己每天的生活。这样的生活,您有怎么样的感受？麻木、痛苦、日复一日？具体说说这种感受是怎么样的？

22.是否萌生过不想当老师的念头？能说说您当时的感受吗？

23.学生一批批地换,老师越来越老,您有这样的体会吗？那是一种什么样的感受？

24.教的好的成绩都是过去时,还得继续努力;教的不好的,每一次结束意味着一次新的开始,您有过这样的感受吗？

25.新学期前,有没有辗转难眠过？为什么？您在想什么？

26.在教学中失利过吗？具体描述一下当时的感受好吗？

27."下次不敢了。""你还想有下一次？"您在教学中有过这样的对话吗？能具体描述一下当时的感受吗？

28.每学期的课程进度是老师自己安排还是学校制定？

29.有快到考试了,新课还没讲完的情况吗？当时怎么办？什么样的心情？

索 引

后　记

　　新千年之初,国家相继于 2001 年 5 月 29 日发布《关于基础教育改革与发展的决定》,2001 年 6 月 8 日颁布《基础教育课程改革纲要(试行)》,2001 年 7 月 1 日颁布全日制义务教育各科课程标准(实验稿)及科学和历史与社会等综合课程标准,掀起了一场以"深化教育改革,全面推进素质教育"为宗旨的基础教育课程改革运动,启动之快、造势之足、推进之猛、影响之大,远超历次教育改革。然而,十多年的实践证明,课堂没有发生根本性的变化,先进的课程理念没有转化为课堂教学实践,基础教育课程改革的目标实现程度并不理想。

　　众所周知,教师是课程改革实施的主体,除了课程改革自身存在的问题之外,教师基于这样或那样的心态产生不同方面、不同形式、不同程度的阻抗行为应是导致课程改革实施困境的重要原因。在这样的背景下,从研究教师入手,从教师真实的、原初的所思所想,来考察课程改革实施难点及改进措施,具有较强的理论研究意义和实践应用价值。为此,本研究尝试从"回到事实本身"的现象学态度,通过教师新课改教学生活体验描述和分析,探讨新课改中教师教学阻抗、培训阻抗、科研阻抗的本原。

　　本研究课题以十余年新课程改革历程为线索,试图研究课程改革中教师阻抗的形成及其内在动因,以个案研究与叙事研究为主,通过对课程改革中的教师、学生与学校管理人员进行访谈和观察,研究教师日常生活体验。全书内容共分 11 章,首先查找和梳理已有的研究文献,寻求方法论基础,设计研究工具,构建研究框架;再对样本学校进行教育现场考察和描写,之后对典型教师代表进行个案访谈和观察;最后进行描述性研究、意义分析,通过现象学反思把握当下教师日常教学和阻抗的现象本质,提出消解教师阻抗和改进课程改革实施的策略与建议。第一、二、三章为第一部分,主要论述研究的构思与设计、研究问题的提出、相关文献的检索和研究方法的选择。第四至十章为第二部分,试图以现象学的态度,从多维度分析课程改革中存在的各种阻抗现象,避免课程改革盲目性的发生。第十一章为第三部分,基于前面章节对教师课程改革的多维度阻抗研究,主要讨论如何消除或减少这些阻抗,更好地深化课程改革。

本研究课题内容充实丰富,视角较为独特,通过在研究过程中的生活化选题、对话式访谈、描述性写作、主题式分析与现象学反思,揭示教师以身体体验为主的日常教学生活本质,以及体验背后的教育学立场,以展现教师课改阻抗背后的情境,为改进课程实施策略和教师培训方式寻找新的可能性和突破点。

本书在编辑过程中得到了吴伟伟等编校人员的大力支持和帮助,他们在内容编排、文字表述加工等方面做了细致工作。全国教育科学规划办及相关评审专家将本研究课题评审为国家社科基金一般项目,使本研究课题更好地得以完成。在此致以最诚挚的敬意和感谢!

在课题研究过程中,得到了许多中小学老师、学生和校长的大力支持,给本研究提供了诸多帮助。在此谨表最诚挚的感谢! 在研究过程中,参阅和引用了大量文献和资料,在此,谨向文献作者表示衷心的感谢!

本书的完成,离不开我的两个研究生袁舒雯、纪雪聪的倾心投入,许多研究内容都是我们共同完成的,一些章节是以她们为主完成的。没有她们的辛勤付出,不可能有本书的问世。另外,在研究过程中,我的研究生兰爱爱、周敏在调研、访谈、数据处理等方面做了大量工作。在此谨向她们表示最深情的谢意!

虽然本书集聚了众多智慧,但鉴于作者水平有限,书中不足之处在所难免,还敬请各位大家批评指正。

邵光华

2018 年 4 月 27 日于宁波大学

图书在版编目（CIP）数据

　　教师课改阻抗及消解策略研究 / 邵光华著. —杭州：
浙江大学出版社，2018.5（2021.4 重印）
　　ISBN 978-7-308-18043-6

　　Ⅰ.①教… Ⅱ.①邵… Ⅲ.①教育改革－研究－中国
Ⅳ.①G521

　　中国版本图书馆 CIP 数据核字（2018）第 050622 号

教师课改阻抗及消解策略研究

邵光华　著

责任编辑	杨利军
文字编辑	王建英
责任校对	沈巧华　张振华
封面设计	闰江文化
出版发行	浙江大学出版社
	（杭州市天目山路 148 号　邮政编码 310007）
	（网址：http://www.zjupress.com）
排　　版	杭州青翊图文设计有限公司
印　　刷	广东虎彩云印刷有限公司绍兴分公司
开　　本	710mm×1000mm　1/16
印　　张	22
字　　数	395 千
版 印 次	2018 年 5 月第 1 版　2021 年 4 月第 3 次印刷
书　　号	ISBN 978-7-308-18043-6
定　　价	78.00 元